Hans-Dieter Kübler

Mythos Wissensgesellschaft

Hans-Dieter Kübler

Mythos Wissens-gesellschaft

Gesellschaftlicher Wandel zwischen
Information, Medien und Wissen.
Eine Einführung

2., durchgesehene
und erweiterte Auflage

VS VERLAG FÜR SOZIALWISSENSCHAFTEN

Bibliografische Information der Deutschen Nationalbibliothek
Die Deutsche Nationalbibliothek verzeichnet diese Publikation in der
Deutschen Nationalbibliografie; detaillierte bibliografische Daten sind im Internet über
<http://dnb.d-nb.de> abrufbar.

1. Auflage 2005
2. Auflage 2009

Alle Rechte vorbehalten
© VS Verlag für Sozialwissenschaften | GWV Fachverlage GmbH, Wiesbaden 2009

Lektorat: Barbara Emig-Roller

VS Verlag für Sozialwissenschaften ist Teil der Fachverlagsgruppe
Springer Science+Business Media.
www.vs-verlag.de

Das Werk einschließlich aller seiner Teile ist urheberrechtlich geschützt. Jede Verwertung außerhalb der engen Grenzen des Urheberrechtsgesetzes ist ohne Zustimmung des Verlags unzulässig und strafbar. Das gilt insbesondere für Vervielfältigungen, Übersetzungen, Mikroverfilmungen und die Einspeicherung und Verarbeitung in elektronischen Systemen.

Die Wiedergabe von Gebrauchsnamen, Handelsnamen, Warenbezeichnungen usw. in diesem Werk berechtigt auch ohne besondere Kennzeichnung nicht zu der Annahme, dass solche Namen im Sinne der Warenzeichen- und Markenschutz-Gesetzgebung als frei zu betrachten wären und daher von jedermann benutzt werden dürften.

Umschlaggestaltung: KünkelLopka Medienentwicklung, Heidelberg
Druck und buchbinderische Verarbeitung: Krips b.v., Meppel
Gedruckt auf säurefreiem und chlorfrei gebleichtem Papier
Printed in the Netherlands

ISBN 978-3-531-16408-3

Vorwort zur Nachauflage

Zeitdiagnosen haben es so an sich, dass sie einerseits zur Reflexion und Selbstverständigung des sich gerade Vollziehenden, der Zeitläufe, beitragen sollen und wollen, andererseits zwangsläufig ephemer sind. Mit der Jahrtausendwende, der anhaltenden Expansion und wachsenden Nutzung von Informations- und Kommunikationstechniken, vor allem des Internet, dem Gründerboom oder gar digitalen Hypes seit Ende der 90er Jahre in dieser Branche, der zu Beginn der nächsten Dekade allerdings abrupt in sich zusammenbrach, mit der dann folgenden Entwicklung des so genannten Web 2.0, das für die einen nur als ein vergessen machendes Schlagwort, für die anderen als die nächste Evolutionsspirale interaktiver, digitaler Kommunikation firmiert und neue ökonomische Chancen verspricht, aber auch mit der Heraufkunft und öffentlicher Diskussion vieler anderer zeitgenössischer Sujets wie weiterhin die anhaltende Globalisierung, der Klimawandel, die Endlichkeit fossiler Energie und der Rohstoffe und noch etlicher globaler Herausforderungen mehr ist die Welt noch komplexer und unüberschaubarer, vielleicht sogar risikoreicher, sind die Entwicklungen noch weniger konsistent und kalkulierbar, ihr Tempo noch schneller, die öffentlichen Diskussionen noch hektischer und unübersichtlicher geworden. Die viel thematisierte Moderne mit ihrer vorgeblich erhöhten Reflexivität scheint vielen kaum rationaler und berechenbarer als frühere Phasen. Jedenfalls fügt sie sich kaum mehr in einfache, kompakte Bezeichnungen und eindeutige Termini – selbst wenn es von forschen Zeitgenossen wiederholt versucht wird.

Davon nicht unbetroffen sind auch die noch vor wenigen Jahren kuranten Nominationen der gesellschaftlichen Transformationen: die so genannte Informationsgesellschaft, wie sie korrekter und meist international heißt, und die Wissensgesellschaft, wie man sie im deutschen Sprachgebrauch noch ambitionierter titulierte. Denn ungeachtet der inzwischen vielfach vorgebrachten operativen Kriterien wie die wachsende Informationsökonomie, ihr Anteil an der nationalen Wertschöpfung und die entsprechenden Proportionen von Beschäftigten wie die schon erwähnte Diffusion und Durchdringung sämtlicher Lebensbereiche mit digitalen Kommunikationstechnologien inhärieren diesem als Weiterentwicklung der Industriegesellschaft gedachten oder deklarierten Stadium Verheißungen von Fortschritt, noch größerer Rationalität, womöglich sogar von fortschreitender Demokratisierung, Friedfertigkeit und Humanität. Was und wie sehr daran Wunschdenken, Ideologie, Mythos oder Reklame war und ist, referiert und analysiert dieses Buch – nicht ohne auf die implizite Semantik und Ambitioniertheit ihrer zentralen Termini hinzuweisen und auch angemessene Konzepte für ihre künftigen Komponenten zu entwerfen: Denn Wissen ist sowohl im Alltagsverständnis als auch in der vielfachen wissenschaftlichen Tradition nicht eine Kategorie, die sich auf größeren, dichteren und bequemeren Datenaustausch oder auf wohlfeile Informationsdistribution durch die Medien reduzieren lässt.

Diese Erkenntnis bzw. solch definitorisch-analytische Strenge scheinen sich inzwischen weitgehend durchgesetzt haben. Ebenso sind viele euphorische Prognosen des unternehmerischen, instrumentellen Wissensmanagements ernüchtert und auf das realistische Maß menschlicher Kommunikationsformen beschnitten worden. All diese Rekurse mögen den Erfolg dieses und die Nachfrage nach diesem Büchlein befördert haben, so dass der Verlag um einen Nachauflage gebeten hat. Als Autor freut man sich natürlich darüber, zumal es wissenschaftliche Literatur heute bei ihren Leserinnen und Lesern nicht leicht hat – auch ein Trend in der „Wissensgesellschaft", der schwerlich ins euphemistische Bild passt und deshalb bei den optimistischen Darstellungen meist ignoriert wird.

Eigentlich hätte es einer gänzlichen Überarbeitung und Aktualisierung bedurft, und sie wird auch demnächst angegangen. Denn einerseits sind im Zuge der öffentlichen Debatte viele weitere Analysen und Diskurse erschienen, die es wert sind beachtet und vor allem reflektiert zu werden (sie sind zumindest in den aktualisierten Literaturhinweisen verzeichnet). Andererseits stellt sich immer dringlicher die Frage nach besagter Zeitdiagnose, wenn sie nicht mehr in jene Schablonen passt. Gewiss werden die Termini „Informations-" und „Wissensgesellschaft" noch gegenwärtig bemüht, fast selbstverständlich, ohne Fragezeichen, gewissermaßen als breit akzeptierter gesellschaftlicher Rahmen, zumal in öffentlicher, politischer Rede, aber dort haben sie fast schon den Charakter eines Reflexes, sozusagen einer nicht mehr zu debattierende Faktizität oder auch Banalität, so dass mittlerweile jeder fast alles darunter verstehen kann: Wissensgesellschaften soll es demnach schon in der Antike gegeben haben, etwa die Athenische Polis, sofern man angeblich universale, ahistorische Indikatoren dafür anlegt, und so kennzeichnet der Terminus mithin keine aktuelle, gar künftige Transformation mehr. Andere sehen ‚die' Wissensgesellschaft längst noch nicht etabliert und überbieten sich in mehr oder wenigen seriösen Prognosen: 30 Jahre dauere es mindestens noch, hat kürzlich eine volkswirtschaftliche Dissertation errechnet (Rohrbach 2007). Jedenfalls: eine Enquetekommission zur Wissensgesellschaft wie 1998 dürfte der Deutsche Bundestag heute nicht mehr einberufen. Und auch bei der EU sind die Investitions- und Förderprogramme nicht mehr vorrangig auf die Durchsetzung der Informations- und Kommunikationstechniken ausgerichtet, wenngleich sie oft noch ‚Informationsgesellschaft' im Titel führen.

Dieses Ernüchterung und Skepsis können auch Chance sein: Denn der so genannte humane Faktor, der Mensch, hat sich auch bei dieser zunächst nur technisch und ökonomisch ausgerichtete Instrumentierung (wieder einmal) durchgesetzt. Seit den Pisa-Erhebungen ist sie wieder eher an Bildung und deren sozial (ungleiche) Ermöglichung geknüpft – auch eine originär deutsche Begrifflichkeit, die so, zumal mit ihrem Pendant Erziehung, in anderen Sprachen nicht vorkommt – ob zum Glück oder zum Nachteil wird jeweils kontrovers gesehen. Jedenfalls, wenn es gelänge, Bildung mit Wissen in dem hier vertretenen alltagsorientierten, konstruktivistischen Sinne zusammenzuführen und noch einige soziale Tugenden wie Kompetenzen einzubeziehen, könnte ein unvoreingenommen offener Diskurs über die Weiterentwicklung und Zielsetzung gesellschaftlicher Entwicklung stattfinden, wie ihn das Bändchen anregen wollte und will. Welches Etikett ihr dann jeweils gegeben wird – ob Medien-, Informations-, Wissen oder Netzwerkgesellschaft – ist dann wohl weniger wichtig, vermutlich werden in folgenden Phasen noch jeweils neue Labels kreiert.

So kann und darf sich diese Nachauflage nicht zuletzt mit den Passagen legitimieren, die über die Darstellungen allzu tagesaktueller und opportunistische Konzepte auf die (theoretischen) Grundlegungen menschlichen Wissens wie des gesellschaftlichen Wandels ausgerichtet sind. Denn deren Entwicklung und Fortgang schreiten voran – wie im 8. Kapitel noch ein wenig weiter ausgeführt worden ist –, und sie tun es gewiss ungeachtet der jeweiligen zeitdiagnostischen Etiketten. Mein aufrichtiger Dank gilt den Lesern und Leserinnen, den Kritikerinnen und Kritikern der ersten Auflage, die dem Buch Beachtung und Auseinandersetzung geschenkt haben und so zu dieser Nachauflage beitragen; er gilt aber auch dem Verlag und Lektorat, die mich zu ihr ermuntert haben.

Werther/Hamburg, im September 2008   Hans-Dieter Kübler

Inhalt

Einleitung		7
1	**Zeitgenössische „Unübersichtlichkeit"**	11
2	**Auf dem Weg zur „Informations-" und/oder „Wissensgesellschaft"?**	16
3	**Aktuelle, signifikante Paradigmen des gesellschaftlichen Wandels**	21
	3.1 „Dienstleistungsgesellschaft"	23
	3.2 „Nachindustrielle Gesellschaft"	24
	3.3 Medien- und /oder Kommunikationsgesellschaft	27
	3.4 „Risikogesellschaft"	37
	3.5 „Erlebnisgesellschaft"	41
	3.6 Vergleichendes Resümee	44
4	**Zur Entwicklung der Informations- und Kommunikationstechnologien**	48
	4.1 Revolutionen menschlicher Kommunikation	48
	4.2 Globale und digitale Vernetzung	51
5	**Konzepte und Konturen der „Informationsgesellschaft"**	59
	5.1 Zur Entstehung des Begriffs und des Programms der „Informationsgesellschaft"	59
	5.2 „Informationsgesellschaft" im nationalen Diskurs	63
	5.3 „Informationsgesellschaft" in europäischer und internationaler Diskussion	75
	5.4 „Informationsgesellschaft" ohne informationstheoretisches Konzept?	82

6	**Von der „Knowledge Economy" zur „Wissensgesellschaft"?**	**89**
	6.1 „Wissensgesellschaft" – aktuelle und attraktive Metapher	89
	6.2 Wissenstheorien und -soziologien: Abriss der Forschungsgeschichte	97
	6.3 Mythen über Technologie und Wissen	118
	6.4 Eine pragmatische Typologie des Wissens	128
	6.4.1 Erkenntnis(wissen)	131
	6.4.2 Professionelles, fachliches Wissen	134
	6.4.3 Kulturelles Wissen oder Bildung	137
	6.4.4 Alltagswissen	139
	6.4.5 Natürlich-intuitives Wissen	142
	6.4.6 Weitere erforderliche Differenzierungen und Prägungen von Wissen	143
	6.5 Kurante Paradigmen der „Wissensgesellschaft"	146
	6.5.1 Wissensmanagement	147
	6.5.2 Wachsende Wissensklüfte und digitale Spaltung?	151
7	**Trends und Segmente der „Wissensgesellschaft"**	**159**
	7.1 Globale und digitale Wirtschaft	160
	7.2 Expansive Informations- und Kommunikationstechnologien	165
	7.3 E-Government: Erosion konventioneller Politik oder neue Partizipation?	168
	7.4 Medienflut und -konvergenz	174
	7.5 Alltag und Konsum: zwischen Gewohnheiten und elektronischen Optionen	179
	7.6 Event und Virtualität statt Aura und Utopie? Digitale Kultur und Kunst	187
	7.7 Mediales Edutainment statt Lernen und Gedankenarbeit?	189
8	**Resümee: „Wissensgesellschaft" ante portas?**	**194**
9	**Literatur**	**204**
10	**Sachregister**	**223**

Einleitung

Kaum ein Tag vergeht mehr, an dem nicht in öffentlicher Rede der anhaltende Wandel und die erforderlichen Veränderungen in der Gesellschaft und in all ihren Sektoren beschworen werden. Meist werden sie mit den Schlagwörtern „Informations-" und /oder „Wissensgesellschaft" belegt, sofern es die nationalen Aspekte betrifft, und zudem mit „Globalisierung" für die internationalen. Solches Labeling genügt meistens, um Kennerschaft oder gar Einverständnis zu signalisieren, weitere Explikationen, was denn die Etiketten gesamtgesellschaftlich, weltweit und erst recht konkret zu bedeuten haben, welche Transformationen oder Indikatoren wirklich gemeint sind und was sie jeweils aussagen können, werden selten aufgeboten. Nicht nur in populären, auch in wissenschaftlichen Darstellungen fügt man gern zu Zeitdiagnosen für diesen oder jenen Bereich, für diesen oder jenen Aspekt den Oberbegriff hinzu; sogar eine Universität – nämlich die in Paderborn – trägt „Informationsgesellschaft" in ihrem Amtssiegel.

Überwiegend werden diese Termini mit dem Unterton der Fortschrittlichkeit, Innovation, Zukunftsgewissheit, mindestens der alternativlosen Unausweichlichkeit vorgebracht, so dass vermeintlich keine gründlichen Auseinandersetzungen, nicht einmal mehr Diskussionen über valide und verlässliche Anhaltspunkte, ihre möglichen Übereinstimmungen oder Abweichungen erforderlich zu sein scheinen: Die „Informations-" und/oder „Wissensgesellschaft" kommt so oder so oder ist schon da, heißt es explizit oder unterschwellig, da bedarf es nicht mehr der kritischen Verständigung, schon gar nicht der empirischen Verifikation.

Doch allein schon, dass noch unklar ist, in welchem Transformationsstadium sich die jeweilige Gesellschaft – die bundesdeutsche, die hier primär im Blick ist, aber auch die vergleichbarer Nationen – befindet, welche Phasen sie durchläuft und welche sie noch vor sich hat, müsste stutzig machen und nach soliden Erklärungen und Bestandsaufnahmen verlangen; ebenso, dass es bislang nicht gelungen ist, konsensuale, mindestens grob akzeptierte Indikatoren für die eine oder andere Bezeichnung ausfindig und stichhaltig zu machen, die über die pauschale Versicherung hinausgehen, dass nunmehr Information oder Wissen – schon dafür gibt es bislang keine plausible und anerkannte Abgrenzung – für die gesellschaftliche Entwicklung wichtig oder gar zu prägenden Produktivkraft geworden sei. Denn prompt folgt jeweils der Einwand, dass sich menschliche

Entwicklung schon seit ihren Ursprüngen nie ohne die Produktion, Speicherung und Vermittlung von Wissen vorstellen lässt, in welcher Form auch immer. Mithin sei jede gesellschaftliche Formation immer auch Wissensgesellschaft gewesen, es gebe demnach nur graduelle, aber nicht prinzipielle Unterschiede, wenn man die historischen und phylogenetischen Umstände einbezieht.

Geändert haben sich jeweils die technischen Optionen, die Rekonstruktions-, Distributions- und Verbreitungsmodalitäten – gemeinhin: die Medien – und damit natürlich die Parameter der Zugänglichkeit, Quantität, Beschleunigung, Vervielfältigung, Dokumentation und Speicherung, die Codierungen und Formen, nicht aber die relative Qualität und Relevanz von Wissen und Information. Damit wäre das kurante Label kein überzeugendes und ausreichendes Unterscheidungskriterium für den gegenwärtigen gesellschaftlichen Wandel. Deshalb votieren viele dafür, im gegenwärtigen Wandel ein neues, gewiss besonderes und untersuchungswürdiges Stadium der Industriegesellschaft – oder kritischer: des Spätkapitalismus – zu sehen, das zweifelsohne gravierende Metamorphosen, auch Einschnitte für das gesellschaftliche, wirtschaftliche und kulturelle Leben, allerdings in den jeweiligen Gesellschaften unterschiedlich, zeitig, nicht aber eine gänzlich neue und klar identifizierbare Gesellschaftsformation konstituiert. Aber letztlich wird sich diese Frage nicht aus zeitgenössischer, sondern nur aus retrospektiver Sicht entscheiden lassen. Immerhin lässt sich erkennen, dass gegenwärtige Zeitgenossenschaft eher dazu neigt, Wandlungen als revolutionär zu kennzeichnen und als Zäsuren zu bewerten, während in früheren Epochen eher Kontinuität und graduelle Evolution apostrophiert worden sind. Nicht zuletzt die gewaltig vervielfältigten und omnipräsenten Medien sind auf sensationelle Akzentuierungen und eingängige Übertreibungen geeicht, um in der überbordenden Masse von Informationen, Nachrichten und Meinungen jeweils für sich Aufmerksamkeit zu erregen, das Publikum an sich zu fesseln, sich interessant zu machen und im öffentlichen Gespräch zu halten.

So ist es derzeit einigermaßen gerechtfertigt, auch die Begriffe „Informations-" und „Wissensgesellschaft" eher noch als Mythen zu verstehen. Denn Mythen sind komplexe, aber nicht gänzlich rational begründete, sondern weithin irrational oder gar transzendent geschöpfte Gedankengebäude/Konstrukte oder Vorstellungswelten zur Legitimation unerklärlicher Zusammenhänge, die man glauben möchte, ohne sie durchschauen zu können; und oft genug nehmen sie sogar unbestreitbaren Dogmencharakter an. Dabei enthalten sie meist Spuren von Wahrheit, aber sie fügen sie so in emotionale Kontexte ein, dass sie einerseits zu fixen Sinninterpretationen oder Lebensorientierungen gerinnen können, andererseits für jedwede ideologische Vereinnahmung und Umdeutung anfällig sind. Nach Roland Barthes (1964; 2003) verwandeln sie Inhalte in formale Abstraktionen und entpolitisieren sie gewissermaßen. So klingt „Informations"-

und/oder Wissensgesellschaft" neutral, angenehm und verführerisch fortschrittlich, technologisch fast zwingend und bar jeden politischen und instrumentellen Interesses, jedenfalls im Vergleich zu früher gehandelten Etiketten wie Industriegesellschaft und erst recht wie Spätkapitalismus.

Denn Information scheint unendlich verfügbar, zumal in einer überbordenden Medienlandschaft, für jede/n zugänglich und nutzbar, und über Wissen verfügt auch jede/r, so oder so, über welches auch immer. Es lässt sich objektiv grenzenlos erwerben, in Bildungseinrichtungen und Bibliotheken, via Internet und mittels (betrieblicher) Fortbildung, und vieles braucht man auch nicht zu wissen oder will es gar nicht. Eine Interessen- und Lobbypolitik wie noch in der Industriegesellschaft im Antagonismus zwischen Unternehmern und Arbeitnehmern kann es in der neuen Gesellschaftsformation eigentlich auch nicht mehr geben, da Information und Wissen ja keine knappen Ressourcen, eigentlich nur teilweise vermarktbar sind, aber eben demjenigen, der sie verkauft, ebenso bleiben wie dem, der sie kauft. Immer nur die materiellen Seiten an ihnen lassen sich privatisieren und aneignen, entsprechend abschotten und schützen, nicht ihre symbolischen und subjektiven. Mithin suggerieren die kuranten Begriffe potenzielle Gleichheit, mindestens Chancengleichheit für jeden, so dass überkommene strukturelle Antagonismen und Interessenunterschiede früherer Gesellschaftsformation zu verschwinden scheinen.

So eignen sich beide Etiketten vorzüglich für die „schöne neue Welt", verheißen Positives und Harmonie, Chancen und Wohlfahrt gewissermaßen tendenziell für alle, entsprechend werden sie bereitwillig, weithin schon inflationär verwendet. Und daher fragt auch kaum jemand mehr nach Substanz und empirischen Indikatoren, nach Reichweite und Validität der Begriffe, denn es könnte ihm ja so gehen wie dem Kind im Märchen „Des Kaisers neuer Kleider". Aber auch dieser Vergleich trifft nicht ganz: Denn nichts anzuhaben ist in der neuen, omnipräsenten Medienwelt fast schon ein viel verwendeter professioneller Habitus, zumindest für die Damen, nach den Direktiven und Wünschen der Männer.

Diese Einführung sondiert und erörtert einschlägige Begriffe, Konzepte und Prognosen vornehmlich auf theoretischer und programmatischer Ebene, die es über „Informations"- und/oder „Wissensgesellschaft" inzwischen zuhauf gibt, so dass keine Vollständigkeit erwartet werden darf.* Daneben werden andere Bezeichnungen für den gesellschaftlichen Wandel geprüft, die zeitweise oder ständig in Rede stehen. Obwohl sie alle mit tendenziell totalitärem Anspruch daherkommen, ist es bislang kaum unternommen worden, geschweige denn gelungen,

---

* Diese Ausarbeitung entstand im Kontext eines Medienpakets (Kübler/Elling 2004) für die Bundeszentrale für politische Bildung, an der sich viele Experten aus diversen Disziplinen beteiligten. Was dort in einzelnen Beiträgen dargestellt wird, ergänzen und erweitern die Ausführungen hier, die aus einem Guss und mit eigener Akzentuierung erfolgen.

sie aufeinander zu projizieren und ihre Plausibilität komparatistisch abzuklären oder gar zu bewerten. So scheint sich im internationalen Diskurs eher der Terminus „Informationsgesellschaft" zu behaupten, und die im deutschen Kontext als Weiterentwicklung oder gar Höherwertung begriffene „Wissensgesellschaft" dürfte sich zunehmend (wieder einmal) als deutscher Sonderweg herausstellen – trotz ihrer geschätzten Prädikate.

In einigen wenigen Skizzen und Trends werden auch die empirischen Dimensionen des Wandels angesprochen; würde dies ausführlich geschehen, wäre eine neuerliche Bestandsaufnahme der gesamten Gesellschaft und aller ihrer Sektoren in voluminösen Ausmaß erforderlich, wie es bislang allein der amerikanische Soziologe Manuel Castells mit seinem dreibändigen Werk zum „Informationszeitalter" (2001, 2002, 2003) – zumal weltweit – gewagt hat. Das würde nicht nur den Rahmen dieser Einführung sprengen, es ist auch nicht ihre Absicht. Denn auch Castells bleibt notgedrungen in vielen Segmenten lückenhaft oder an der Oberfläche.

In unzähligen empirischen Arbeiten werden längst viele dieser Segmente sondiert und bearbeitet. Sie immer wieder zusammenzufügen und aufeinander zu beziehen, ist sicherlich ein berechtigtes Interesse, aber wohl nur interdisziplinär, von einer Vielzahl von WissenschaftlerInnnen zu leisten, wie es etwa die später angeführten Enquete-Kommissionen des Deutschen Bundestags anstrebten, aber leider auch nicht erschöpfend und befriedigend erreichten. Hier musste der schmale Grat zwischen theoretisch-programmatischer Verlautbarung und empirischer, exemplarischer Veranschaulichung ausgelotet und gegangen werden. Denn das primäre Ziel dieser Einführung ist es über den gesellschaftlichen Wandel, hervorgerufen durch Informationstechnologien und Medien, theoretisch aufzuklären und diskursive Sondierungen vorzunehmen, um dadurch Anhaltspunkte, Kategorien, Orientierungen über die Fülle empirischer Daten und Trends zu erhalten und dadurch fundierte Diskussionen anzuregen.

Werther, im Oktober 2004
Hans-Dieter Kübler

1 Zeitgenössische „Unübersichtlichkeit"

Spätestens seit den 70er Jahren wähnen zeitgenössische Beobachter die bundesdeutsche Gesellschaft, damals noch West, in einem strukturellen Übergang und thematisieren ihn auf vielerlei Weise. Historisch werden folgende (aber auch noch etliche andere) Anhaltspunkte angeführt:

- Seit Ende der 60er Jahre verlangsamt sich das lang anhaltende Wirtschaftswachstum („Wirtschaftswunder"), zunächst verursacht durch den Aufbau- und Nachholbedarf der Kriegsschäden, und gerät mit den Struktur- und Energiekrisen in den 70er Jahren sogar zeitweise ganz ins Stocken. Die Quote der Arbeitslosigkeit wächst stetig, und da sie sich auch während konjunktureller Hochphasen nicht mehr gänzlich abbaut, erweist sie sich zunehmend als strukturelles Defizit. Vollbeschäftigung, immer noch das beharrlich propagierte politische Ziel staatlicher Wirtschaftspolitik bis in diese Tage hinein, stellt sich mehr und mehr als Trugschluss heraus. Wohlstand und Sozialstaat lassen ihre Grenzen erahnen, sind jedenfalls nicht mehr für alle selbstverständlich und unaufhaltsam weiter zu verbessern.
- Auch weltweit, zumindest für die Industrienationen wird zunehmend über die „Grenzen" eines nur quantitativen industriellen „Wachstums" und das Ende der Arbeitsgesellschaft nachgedacht, insbesondere vom damals renommierten *Club of Rome*, einem informellen Zusammenschluss von kritischen Unternehmern und Intellektuellen, die sich um die Zukunft der Entwicklung sorgen (Meadows u.a. 1972). In vielen, jährlich erscheinenden Reports und Deklarationen, die allerdings inzwischen öffentlich kaum mehr wahrgenommen werden, diskutieren sie einen neuen und verantwortbaren Begriff von Wohlstand („wellfare"), zumal mit Blick auf die so genannte Dritte Welt, der sich nicht mehr länger nur am linearen, quantitativen Wachstum ökonomischer Wertschöpfung, an den Steigerungsraten des Bruttoinlandsprodukts misst, sondern qualitative und auf die Entwicklungschancen der Menschen ausgerichtete Kriterien einbezieht.
- Mit dem allmählichen, aber kontinuierlichen Ausbau des europäischen Binnenmarktes, zunächst seit 1967 unter der Ägide der Europäischen Gemeinschaft (EG), seit 2000 unter der der Europäischen Union, wächst die Verflechtung der bundesdeutschen Wirtschaft mit den anderen europäischen

Ökonomien, aber auch darüber hinaus, und es intensiviert sich die wechselseitige wirtschaftliche Abhängigkeit. Diese De- bzw. Transnationalisierung der Wirtschaft ist nicht nur der Motor für die politische und rechtliche Integration Europas, sie macht auch die Wirtschaft zunehmend unabhängiger von den nationalen Wirtschafts- und Finanzpolitiken, lässt sie aber mehr und mehr auf die internationale Konjunktur und ihre Finanzströme angewiesen sein. Um sie zu steuern, bedarf es neuer Informations- und Kontrolltechniken, die die weltweite Verkabelung (wie es damals noch heißt) und ihre mikroelektronische Steuerung – als so genannte „Telematik" – bereitstellt. Die heute viel apostrophierte „Globalisierung" zeichnet sich zusehends ab.

- Insbesondere die Ölkrise 1973/74, die politisch durch das Embargo der OPEC-Staaten verursacht wird, führt diese weltweite Abhängigkeit drastisch vor Augen, lässt aber auch das Ende der fossilen Rohstoffe und damit des Reichtums der Industrienationen erahnen, die ihre Energieversorgung, ihre chemische Produktion und ihre Verkehrsinfrastruktur weitgehend auf dem Erdöl und seinen veredelten Produkten aufbauen. Intensiver als früher wird nach alternativen Energien gesucht – die Kernkraft gilt (zunächst) vielen als solche –, zugleich gewinnt das Bestreben, mit den natürlichen Schätzen der Welt sorgsamer und sparsamer umzugehen, mindestens in den europäischen Ländern, öffentliche Beachtung und Anhänger.
- Vor allem die Umweltbewegung, die sich zunächst aus vielerlei Gruppen, von der Friedensbewegung über die Naturfreunde bis hin zu Kernkraftgegnern und die Frauenbewegung zusammensetzt, thematisiert und verkörpert dieses Bestreben öffentlichkeitswirksam, in *Greenpeace* auch leibhaftig militant. Mit der Gründung von Grünen Parteien – seit Anfang der 70er Jahre lokal und regional, 1979 bundesweit – politisiert sich die Umweltbewegung vollends und sucht Einfluss auf die politischen Entscheidungen. Nachhaltigkeit wird als oberste Maxime des politischen Handelns propagiert.
- Für viele gelten die Grünen als politische Erben der so genannten 68er- und Studentenbewegung. Auch sie markiert das Ende der westdeutschen Nachkriegsgeschichte, wie der Eintritt der SPD in die Große Koalition 1966 und vollends die Kanzlerschaft Willy Brandts 1969. Mit ihr endet die „Adenauer-Ära", einerseits die Epoche konservativer Restauration unter dem Schutzschild der Alliierten, insbesondere der Amerikaner, nach den politischen Experimenten und Wirren in der unmittelbaren Nachkriegszeit, andererseits auch eine Phase relativer Stabilität, wenn nicht wachsender Indifferenz und Trägheit. Die Reformdebatten stellen nicht nur durch ihre massive Kritik am Vietnam-Krieg die selbstverständliche Anlehnung an die USA und die nordatlantische „Wertegemeinschaft" in Frage, sie verlangen auch

1 Zeitgenössische „Unübersichtlichkeit"

eine schonungslose Aufarbeitung der nationalsozialistischen Vergangenheit und ihrer offiziell betriebenen Camouflage in der Nachkriegszeit. Öffentlichkeit, Transparenz und Partizipation in allen öffentlichen Feldern bis ins (vorgeblich) Private hinein, ist eine ihrer Losungen, die Bundeskanzler Brandt in seiner Regierungserklärung 1972 mit dem Postulat: „Wir müssen mehr Demokratie wagen!" als regierungsamtliches Motto aufgreift.

- Diese Forderung ist nicht zuletzt die politische Fortsetzung der seit Beginn der 70er Jahre mit dem Bildungsgesamtplan begonnenen Bildungsoffensive und -reform, mit der die Bundesrepublik als rohstoffarmes Land die anstehende Modernisierung – nach dem Sputnikschock von 1964 auch als Wettlauf der Systeme verstanden – gewinnen will. Denn wenn mehr Menschen besser qualifiziert und im kritischen Denken (wie es damals heißt) geschult und ermuntert werden, dann verlangen sie nach politischer Beteiligung und Mitbestimmung in allen, auch in den wirtschaftlichen Entscheidungen, zumal in einer komplexer und riskanter werdenden gesellschaftlichen Entwicklung. Daher greifen Reform- und Demokratiebestrebungen in nahezu allen gesellschaftlichen Bereichen um sich, von den Bildungseinrichtungen bis zu den Betrieben, den Krankenhäusern bis zu gesellschaftlichen Organisationen, den Kirchen bis zu Kulturinstanzen.

- *Die Grenzen des Wachstums* markieren noch nicht die Grenzen des Machbaren; im Gegenteil: die Politik lässt sich durch erhebliche, auch selbst überschätzende Rationalisierungs- und Planungsschübe leiten und legitimieren, die einen etatistisch gesteuerten Wandel der Gesellschaft ermöglichen sollen. Politik soll mit wissenschaftlicher Unterstützung und sachlogischer Rationalität dem Gemeinwohl dienen und die bestmöglichen Lösungen realisieren. Es ist die Zeit der Experten-Kommissionen und der politischen Braintrusts. So sollen schon Mitte der 70er Jahre die sich abzeichnenden informationstechnischen Innovationen, ihre Optionen, ihre Bedarfe, ihre Kosten und ihr Veränderungspotenziale, durch gründliche Expertise geplant und Feldversuche erprobt werden. 1974 nimmt etwa die *Kommission für den Ausbau des technischen Kommunikationssystems (KtK)* mit 22 Mitgliedern aus Politik, Wissenschaft und Wirtschaft ihre Arbeit auf und legt Ende 1975 ihren Abschlussbericht, zusätzlich mit acht Anlagebänden, vor (Bundesministerium 1976). Darin stellt sie viele Bedarfs- und Kostenrechnungen an und empfiehlt etliche weitere Untersuchungen. Doch die politische Diskussion hat sich bereits auf die Einführung des Kabelfernsehens und nicht zuletzt auf die damit verbundene Zulassung privater Rundfunkveranstalter kapriziert, die immerhin ab 1978 in vier so genannten Kabelpilotprojekten in Mannheim/Ludwigshafen, München, Dortmund und Berlin nach politischem Proporz erprobt werden. Doch auch deren wissenschaftliche Ergebnisse werden nicht mehr abgewartet, stattdessen wird die Republik seit 1982, mit dem Start der CDU/FDP-Koalition und der Kanzlerschaft Helmut Kohls, von der Bundespost, bald als Post und Telekom separiert und privatisiert, flächendeckend verkabelt.

All diese und noch etliche andere Entwicklungen sowie Beobachtungen lassen das Gespür reifen, dass auf jeden Fall die Nachkriegszeit unwiderruflich zu Ende sei, wenn nicht sogar die gesamte Phase der so genannten Moderne, wie man die prägende Ära des 20. Jahrhunderts bezeichnet. Doch wie man das aufziehende Neue umschreiben soll, ob es überhaupt schon der Kennzeichnung fähig und wert ist, bleibt umstritten, eigentlich bis heute. Manche sind mit neuen Etiketten und Attributen schnell bei der Hand - die wichtigsten werden im nächsten Kapitel behandelt - andere verwerfen sie wieder, viele sind zögerlicher und bevorzugten weniger dezidierte. Von Seiten der Kultur- und Kunstdebatte wirbt oder kokettiert man bisweilen mit dem Rubrum der „Postmoderne" (Huyssen/Scherpe 1997) und kann darunter bis heute alle Stilvarianzen packen.

Natürlich muss auch bedacht werden, dass mit dem Ausbau der Sozialwissenschaften, insbesondere mit der Zunahme kommerzieller demoskopischer und marktforscherischer Prognoseressourcen und dem generellen Anwachsen einschlägiger seriöser oder auch nur spektakulärer Publikationspotenziale sowohl die Kompetenzen gesellschaftlicher Beobachtung und Selbstreflexion als auch ihre medial-öffentliche Distribution expandieren, so dass unaufhaltsam zirkuläre Selbst- und Fremdprophetien verbreitet werden, die ihrerseits prompt reflektiert, kommentiert, modifiziert und revidiert werden. Der zeitgenössische Selbstbespiegelungsdiskurs ist mithin pausenlos im Gang – und niemand kann sich ihm ganz entziehen.

Mitte der 80er Jahre wirft Jürgen Habermas (1985), letzter und eigenwilliger Vertreter der Frankfurter Schule, das Epitheton von der „neuen Unübersichtlichkeit" und der „Erschöpfung utopischer Energien" in die Debatte, dessen Ursprung er freilich schon seit Ende des 18. Jahrhunderts datiert. Auch es macht umgehend von sich reden; denn – so Habermas' bedrohliche, aber zugleich ermutigende Begründung –: „Die Zukunft ist negativ besetzt; an der Schwelle zum 21. Jahrhundert zeichnet sich das Schreckenspanorama der weltweiten Gefährdung allgemeiner Lebensinteressen ab: die Spirale des Wettrüstens, die unkontrollierte Verbreitung von Kernwaffen, die strukturelle Verarmung der Entwicklungsländer, Arbeitslosigkeit und wachsende soziale Ungleichgewichte in den entwickelten Ländern, Probleme der Umweltbelastung, katastrophennah operierende Großtechnologien geben die Stichworte, die über Massenmedien ins öffentliche Bewusstsein eingedrungen sind. Die Antworten der Intellektuellen spiegeln nicht weniger als die der Politiker Ratlosigkeit. Es ist keineswegs nur

1 Zeitgenössische „Unübersichtlichkeit"

Realismus, wenn eine forsch akzeptierte Ratlosigkeit mehr und mehr an die Stelle von zukunftsgerichteten Orientierungsversuchen tritt. Die Lage mag objektiv unübersichtlich sein. Unübersichtlichkeit ist indessen auch eine Funktion der Handlungsbereitschaft, die sich eine Gesellschaft zutraut. Es geht um das Vertrauen der westlichen Kultur in sich selbst" (Habermas 1985, 143).

Zehn Jahre später, nämlich 1995, anlässlich der ersten zehn Jahre des dualen Rundfunkssystem in Deutschland, nimmt die von dem damaligen Bundespräsident C.F. von Weizsäcker einberufene Expertenkommission den Begriff Habermas' in ihrem „Bericht zur Lage des Fernsehens" (Groebel u.a. 1995) konkret auf und bescheinigt dem bestehenden Mediensystem ebenfalls eine „neuartige Unübersichtlichkeit". Denn mit der „enormen Zunahme der Informationsangebote" drohe der „Verlust der Qualität der Informiertheit" (Ebd. 72). Doch ihre Diagnose blieb weitgehend folgenlos, zumal in einem immer härteren Konkurrenzkampf der Medien.

Von solch ephemeren Etikettierungen durch Zeitgenossen hält hingegen Habermas' notorischer Kontrahent, der Soziologe und Systemtheoretiker Niklas Luhmann (1927 – 1998) prinzipiell nicht viel: Die Moderne könne „sich selbst noch nicht ausreichend beschreiben, also markiert sie ihre Neuheit durch Bestempelung des Alten und verdeckt damit zugleich die Verlegenheit, nicht zu wissen, was eigentlich geschieht" (Luhmann 1992, 14). Mit dem Vertrauen der westlichen Kultur in sich selbst ist es demnach nicht weit her, zumal andere – wie etwa der amerikanischen Entwicklungssoziologe Samuel P. Huntington (dt. 1996) – die Welt in globale Kulturkonflikte oder gar -kriege, in den „clash of civilizations", hineinschlittern wähnen, die vor allem mit der Expansion und dem Aggressivitätszuwachs religiöser, politisierter Fundamentalismen verursacht werden.

Immerhin: in der offiziellen Debatte rückt inzwischen anstelle von „Unübersichtlichkeit" und Ungewissheit zunehmend der zukunftsgewisse Gestus eines anderen Schlagworts, das ebenfalls Anfang der 80er Jahre in Deutschland aufkommt: nämlich das der „Informationsgesellschaft". Deren empirische Substanzen und Indikatoren, deren strukturelle Zusammenhänge und voraussichtliche Trends in möglichst vielen Segmenten dieser Gesellschaft nachzuzeichnen, sind Thema dieses Bandes.

2   Auf dem Weg zur „Informations-" und/oder „Wissensgesellschaft"?

Nach wie vor wird der Begriff der „Informationsgesellschaft" – neben anderen – zumindest in der öffentlichen und populärwissenschaftlichen Debatte am meisten gebraucht, um vielfältige, häufig kaum näher identifizierte Veränderungen der Gesellschaft zu apostrophieren. Schwieriger ist es, ihn und vor allem seine gesellschaftliche Substanz analytisch zu fassen, dafür überprüfbare Indikatoren und valide Erklärungen zu finden. Deshalb sei zunächst seine begriffliche Genese und Semantik dargestellt – und dies, obwohl ein wissenschaftlicher Kenner, der Hamburger Politikwissenschaftler Hans J. Kleinsteuber (1997, 45), bereits Ende der 90er Jahre die „Informationsgesellschaft" als für „verbraucht", mindestens als „sozialwissenschaftliches Paradigma" für „verschlissen" erklärt hat.

Womöglich macht deshalb seither der Begriff der „Wissensgesellschaft" als neues, vorgeblich noch unverbrauchtes und damit ebenso erklärungskräftiges wie attraktives Epitheton die öffentliche Runde – selbst wenn dafür die Anhaltspunkte kaum stichhaltiger und überzeugender sind. Schon Anfang 1998 hat nämlich der damalige „Zukunftsminister" Jürgen Rüttgers mit Gewissheit verkündet: „Information erhält ihre menschliche Dimension und damit ihre gesellschaftliche Bedeutung erst dann, wenn sie von Menschen aufgenommen wird, wenn die Information zu Wissen wird. Wissen macht handlungsfähig. Zuverlässige Informationen sind die Voraussetzung dafür. Aber erst die bedeutungsgerechte Beurteilung erweckt sie zum Leben" – und mindestens in das *Sondervotum der Arbeitsgruppe der Fraktionen von SPD und BÜNDNIS 90/DIE GRÜNEN* der Enquete-Kommission des Deutschen Bundestag *Zukunft der Medien in Wirtschaft und Gesellschaft – Deutschlands Weg in die Informationsgesellschaft* ist diese Einsicht, freilich an unbeachteter Stelle, eingegangen (Bundestag 1998, 115).

Seither wird der Terminus „Wissensgesellschaft" immer wieder thematisiert, mal als ‚Weiterentwicklung' der „Informationsgesellschaft", mal als ihr Synonym, mal als unentschiedenes Kompositum, um alle Eventualitäten und Dimensionen sprachlich abzudecken: Die „Informations-" und "Wissensgesellschaft", möglichst noch mit dem Attribut „moderne", ist jedenfalls stets passend. Denn so bedenkenswert diese Perspektive auf den ersten Blick anmuten mag, da die Begriffe, erst recht die Indikatoren für die eine wie für die andere gesellschaftliche Formation längst noch nicht hinreichend eruiert, eindeutig, klar mess- und identifizierbar sowie übereinstimmend akzeptiert sind, erweist sich das eine Etikett so beliebig, vage oder willkürlich einsetzbar wie das andere.

So ließ die rührige Bertelsmann-Stiftung (2002) schon bald bei ausgewiesenen oder als solche apostrophierten Experten anfragen, was „nach der Informationsgesellschaft" komme. Die elf Antworten fallen nicht weniger willkürlich aus, mal euphorisch zukunftsgewandt und selbstgewiss ob der eigenen Prognosefähigkeit, mal eingestanden verlegen und unsicher. Darin ist auch der Hinweis auf die kürzliche Umfrage des Münchener Journalisten und Verlegers Achim Pongs enthalten, der renommierte Wissenschaftler und Zeitgenossen mit der Frage konfrontiert hat: „In welcher Gesellschaft leben wir eigentlich?" Nicht weniger als vierundzwanzig Antworten bzw. Bezeichnungen hat er darauf bekommen, angefangen von der Dienstleistungs- oder Tätigkeitsgesellschaft über die Technologie-, Medien- und Managementgesellschaft bis hin zur Informations- und Wissensgesellschaft (Rust 2002, 42ff). Und der Kommunikationswissenschaftler H. Rust bastelt daraus die „informationstechnologiebasierte Wissensdienstleistungsgesellschaft mit industriellem Kern" (Ebd., 66), um ja nichts auszulassen.

Heuristisch mag es durchaus sinnvoll sein, „Informationsgesellschaft" als provisorischen Arbeitsbegriff – mangels Besserem – zu verwenden, wiewohl er inhaltlich mit unterschiedlichen, mit progressiven ebenso wie inzwischen auch mit konservativen Konnotationen gefüllt werden kann. So bezeichnet der kanadische Kommunikationswissenschaftler William H. Melody solche gesellschaftlichen Formationen als „Informationsgesellschaften", die in ihren zentralen Funktionen und Leistungen zu einem erheblichen Maße von komplexen elektronischen Informations- und Kommunikationsnetzen abhängig geworden sind und die einen ebenso wesentlichen Anteil ihrer privaten wie öffentlichen Ressourcen für Informations- und Kommunikationsaktivitäten aufwenden (Melody 1990). Gleichwohl wird vom Anspruch „eines universalen Gesellschaftskonzepts" inzwischen zunehmend Abstand genommen; doch angebracht bleibt es weiterhin, die wachsende Produktion immaterieller Güter und Medien – also gewissermaßen ‚Information' – und die zunehmende Wissensbasierung und erhöhte Reflexivität sämtlicher gesellschaftlicher Bereiche, von sich mehrenden und optimierenden Steuerungs- und Managementkonzepte über den Ausbau der Wissenschaften und die erhöhte Verwissenschaftlichung vieler Sektoren bis hin zur steigenden Beeinflussung alltäglicher Tätigkeiten durch Informationstechnologien, als Ausgangspunkt wie als Parameter für die analytische Beschreibung von Gesellschaften zu nehmen. Gewissermaßen erzeugt die „Informationsrevolution" selbst unentwegt sozialwissenschaftliche Konstrukte, die sich in pluralen, differenzierten Formationen und möglichst in den jeweiligen gesellschaftlichen Wirklichkeiten als adäquate Parameter niederschlagen: Daher entstehen viele Typen von „Informationsgesellschaften" in weltweiten Nuancierungen bzw. als diverse Modelle von ihr, nicht nur eine, oder der Terminus lässt sich als reichlich abstrakter für noch zu bestimmende übergreifende Strukturen und Trends verwenden (Löffelholz/Altmeppen 1994, 571, Kleinsteuber 1997, 45; Giesecke 2002, 347).

Allerdings muss man dabei als analytisches Problem gewärtigen, dass nicht allein ihre vorgeblich symptomatischen Charakteristika eindeutig zu identifizieren und zu isolieren sind, sondern letztlich gegenwärtige Gesellschaften als ganze und möglichst vergleichend in den Blick genommen werden müssen, womit eine immense interdisziplinäre, letztlich wohl nicht erschöpfend leistbare Aufgabe avisiert ist. Mit tendenziell universalem Anspruch hat dies bislang als einziger der amerikanische Sozialwissenschaftler M. Castells in seinem umfassenden und epochalen Werk *Das Informationszeitalter* (3 Bände: 2001, 2002, 2003) gewagt: Der „informationelle Kapitalismus" – so seine Diagnose – ist ein „dynamisches, offenes System", weltweit unterschiedlich verbreitet und vernetzt, globalisiert, mit „dezentraler Konzentration" und vielfältigen Formen weltweiter Arbeitsteilung versehen, aber auch ausgestattet mit neuen Optionen für soziale Veränderungen und kulturelle Entwicklungen, für eine „Kultur der realen Virtualität" (Castells 2001, 527ff).

Demnach konstituiert sich „Informationsgesellschaft" aus zwei miteinander korrespondierenden, aber nicht unbedingt gleichlaufenden und sich potenzierenden Entwicklungstrends:

- Zum einen schreitet die weitere, interne Informatisierung, d.h. die Ausstattung und Durchdringung sämtlicher Lebensbereiche mit Informationstechnologien, angefangen von der gewerblichen Industriearbeit bis hin zum privaten Zuhause, ständig voran und erweist sich gewissermaßen als potenzierte Industrialisierung, nunmehr der intellektuellen, kognitiven Tätigkeiten des Menschen, emphatisch: des ‚Geistes'.
- Zum anderen wird die Informatisierung, zumal in Zusammenhang mit der globalen Arbeitsteilung, auch als Überwindung herkömmlicher industrieller Strukturen erachtet. Dadurch dürften sich ihre bislang massierten Strukturen, ihre konzentrierten, standardisierten Produktions- und Arbeitsorganisationen, ihre weitgehend fixen Berufskarrieren und ihre inflexible Marktbedienung allmählich auflösen, und an ihre Stelle treten jeweils dezentrale, flexiblere, offenere, aber auch ungewissere und riskantere Produktions- und Arbeitsweisen.

Allerdings reichen die meisten Konzepte nicht so weit, dass sie zum einen die vielfältigen Interdependenzen zwischen technologischen Innovationen, Produk-

2 Auf dem Weg zur „Informations-" und/oder „Wissensgesellschaft"?

tionsstrukturen und gesellschaftlicher Umwelt und die möglichen Kontingenzen ihrer Entwicklung genügend sondieren und gegenseitig verrechnen und dass sie zum anderen auch die (latenten und unbeabsichtigten) Folgen der Modernisierungsprozesse hinreichend berücksichtigten. Insoweit ist die gesellschaftliche Reflexivität längst noch nicht genügend und differenziert genug ausgeprägt.

Deshalb sei hier der Versuch unternommen, möglichst viele Dimensionen und Aspekte in den gesellschaftlich relevanten Bereichen in den Blick zu nehmen – wohl wissend, dass solch ein Vorhaben nie erschöpfend und vollständig sein kann und dass auch manche Entwicklung so rasch und unauffällig voranschreitet, dass sie noch nicht hinlänglich wissenschaftlich erfasst ist. Am Ende sollen auf den Gebieten der Wirtschaft, der nationalen wie der globalen, der Informationstechnologien und ihren Anwendungsfeldern, der Politik und des einschlägigen (Informations- und Medien-)Rechts, der Medienmärkte und -inhalte selbst sowie ihrer Rezeption und Nutzung, der Kunst und Kultur, des Alltags sowie der Bildung und des Lernens exemplarisch Entwicklungsprozesse, Risiken wie auch Optionen skizziert und bewertet sowie jeweils gefragt werden:

- welche gravierende Veränderungen und Besonderheiten sich im Sinne eines grundlegenden gesellschaftliche Wandels abzeichnen;
- welche Informatisierungsprozesse sich wo bemerkbar machen, aufgrund welcher Ursachen oder Zusammenhänge mit welchen gesellschaftlich-kulturellen Folgen;
- welche (informations)technologischen Innovationen und Entwicklungen bereits implementiert sind, (wie?) genutzt werden und welche in der absehbaren Zukunft noch zu erwarten sind;
- welche Risiken und Verwerfungen für und in Gesellschaft, Politik, Kultur und für die individuelle Identität drohen können, aber auch welche Chancen sich eröffnen, wie es um deren Realisierung jeweils steht und welche Faktoren dafür verantwortlich gemacht werden können;
- welche strukturellen und welche subjektiven Reaktionen auf den gesellschaftlichen Wandel erkennbar sind, wie sie zustande kommen, welche Ausprägungen und sozialen Anteile sie haben und welche Folgerungen sie ihrerseits zeitigen;
- wie es mithin um den Entwicklungsgrad und die Qualität der „Informationsgesellschaft" hier zu Lande bestellt ist, mithin wie angemessen und valide dieser Begriff und die mit ihm verbundenen Implikationen sind und wo und wie sich bereits Weiterentwicklungen und/oder Modifikationen zur „Wissensgesellschaft" abzeichnen.

Diese (und andere) Fragen zu beantworten, darüber können jeweils nur kursorische und als zeitgenössisch begrenzte Einschätzungen gelingen, nicht endgültige, gar abgeschlossene Urteile. Das gilt sowohl für die empirischen Beschreibungen als auch und erst recht für die theoretische Einordnungen. Denn die einen müssen sich durch ständig neue Daten und Entwicklungstrends auffüllen, wenn nicht modifizieren lassen, die anderen können sich wohl nur als einordnende Sondierungen verstehen, um der Komplexität und dem Tempo des Wandels analytisch Herr zu werden. Denn wenn eines „Informationsgesellschaften" kategorial und unbestreitbar auszeichnet, dann sind es die enorme Beschleunigung und ständig steigende Kontingenz ihrer Veränderungen sowie die wachsende, zumal öffentlich publizierte und diskutierte Reflexivität, die wiederum die Medien unaufhörlich verbreiten und vervielfachen.

3 Aktuelle, signifikante Paradigmen des gesellschaftlichen Wandels

Gesellschaften wie alle anderen sozialen Gefüge konstituieren sich durch das Handeln der Menschen, die in ihnen leben; daraus ergeben sich Institutionen und Organisationen, aber auch immer wieder neue aktionale Konstellationen. Daher befinden sich Gesellschaften stets im Wandel, mal im heftigeren, mal im gemächlichen, mal im auffälligen, mal eher im latenten. Wandlungen werden meist erst retrospektiv, von Historikern, entdeckt und (unterschiedlich) bewertet; oft genug versuchen sich aber auch Zeitgenossen an solchen Diagnosen. Moderne Gesellschaften zeichnen sich offenbar durch besonders schnelle und tief greifende Transformationen aus, entsprechend den technischen Innovationen und wirtschaftlichen Triebkräften, und anscheinend beschleunigt sich ihr Tempo unaufhaltsam. Dadurch sehen sich Zeitgenossen nicht nur motiviert, sondern geradezu gedrängt, solche Veränderungen zu identifizieren, zu interpretieren und mit einprägsamen Termini zu versehen. Je mehr Gesellschaften dafür Beobachtungsinstanzen, insbesondere in Form von Sozialwissenschaften und Prognose-Instituten, bereithalten – und deren Anzahl und Pluralität charakterisieren eben auch moderne Gesellschaften –, umso häufiger und oft auch plakativer fallen derartige Einschätzungen, Nominationen und Trendbeschreibungen an.

Das Wissen und Bewusstsein vom Wandel, sei es individuell oder kollektiv, wird also nicht nur von objektiven und strukturellen Veränderungen hervorgerufen, sondern ebenso von ihrer öffentlichen Reflexion und Diskussion, die vornehmlich in den Medien moderner Gesellschaften geführt werden – womit sich bereits ein gewisser Kreislauf abzeichnet: Denn die Fülle und Präsenz von Medien multiplizieren und potenzieren die Selbstbeobachtung einer Gesellschaft, wie sie auch vielfältige Prognosen über all ihre Segmente begünstigen und lancieren. So lässt sich nicht immer hinreichend präzise unterscheiden, was objektive Daten und repräsentative Indikatoren sind und was nur mehr oder weniger spekulativ gegriffene Interpretationen oder überzogene, sogar haltlose Behauptungen, die zudem mit jeder neuen Konjunktur und Mode wechseln können.

Unbestritten und breit akzeptiert ist jedenfalls, dass die traditionelle Industriegesellschaft, wie sie sich seit Ende des 18. und im 19. Jahrhundert mit der so genannten industriellen Revolution, also zunächst mit der Mechanisierung, sodann mit der Elektrifizierung und Chemisierung menschlicher Arbeit und natürlicher Rohstoffe, mit der Kapitalisierung und Konzentration der Produktion in zentralen Industrien, formiert, nicht mehr länger allein prägend ist. Vielmehr bilden sich neue Zweige der ökonomischen Wertschöpfung, insbesondere Dienstleistungen in Handel, Verwaltung, Forschung und Entwicklung sowie in sozialen und personenbezogenen Aufgaben (Bildung, Gesundheit, soziale Betreuung) heraus und verbreiten sich weiterhin.

Neben den Erwerbsstatus des Arbeiters fügt sich schon seit den 20er Jahren des 20. Jahrhunderts der des Angestellten, nicht zuletzt für Frauen in nieder angesiedelten, schlecht bezahlten Funktionsbereichen als Sekretärinnen, Verkäuferinnen oder etwa in Telefonvermittlungsstellen. Gewerbliche Arbeit verändert sich insgesamt, auch in der Industrie durch Automatisierung und Informatisierung, d.h. durch den ständig wachsenden Einsatz von Informationstechnologien und ihrer Produkte (z.B. Roboter), erst recht aber im Dienstleistungssektor und den vielen Zwischen- und Transferbereichen. Arbeit wurde und wird sauberer, flexibler und personenorientierter, zunehmend verlangt sie – wie man heute sagt – soft skills wie Teamfähigkeit, innovatives Denken, soziale Empathie, kreative Veränderungsbereitschaft etc., da sie nicht zuletzt Aufgaben, die früher der häuslichen Obhut (z.B. Erziehung und Gesundheitspflege) vorbehalten waren, nun professionell übernahm

Positiv bewirkt haben diese Transformationen, dass gewerbliche Arbeit für viele einen wachsenden Identifizierungsgrad erreicht, so dass neben dem Terminus der „Angestelltengesellschaft" (Kracauer 1929, 1971; Drucker 1949; Braun/Fuhrmann 1970) auch der der „Arbeitsgesellschaft" (Offe 1984; Altvater/Baethge 1985) gebräuchlich wird. Er markiert nach wie vor das zentrale Identifikationspotential für den modernen Menschen, der seine Identität und soziale Stellung vorrangig über seine berufliche Tätigkeit und seine Position in der gewerblichen Arbeit definiert (Negt 2001). Allerdings markieren nach Nachkriegsboom und „Wirtschaftswunder" seit Ende der 60er Jahren erste wirtschaftliche Rezession und Stagnation die „Grenzen des Wachstums" und die „Krise der Arbeitsgesellschaft", sie signalisieren die Endlichkeit der natürlichen Ressourcen sowie die vermeintliche Erschöpfung der Arbeitsgesellschaft (Meadows u. a. 1972; Matthes 1983) und verlangen nach Umstrukturierungen der industriellen Produktion, nicht zuletzt durch die wachsende internationale Verflechtung und Arbeitsteilung. Dadurch verlagern sich die Gewichte der ökonomischen Wertschöpfung sukzessive in nicht-industrielle Sektoren hinein, wenngleich sie zunächst noch sehr nah an der Industrieproduktion angesiedelt sind und diese unterstützen. Aber sie schaffen auch neue Produkte und Märkte – etwa in der Unterhaltungselektronik –, und durch ihre anwachsende Expansion infolge intensivierter Infrastruktur und sich weltweit entwickelndem Handel binden sie beträchtliche Personalressourcen in Logistik, Marketing und Dienstleistung.

3.1 „Dienstleistungsgesellschaft"

Schon zu Beginn des 20. Jahrhunderts, vollends in seiner Mitte, nach dem Zweiten Weltkrieg, bürgert sich für diese neuen Strukturen und Wirtschaftssegmente der Terminus der „Dienstleistungsgesellschaft" ein und wird ebenfalls mit vielen unterschiedlichen Attributen wie Erwartungen bedacht: So sieht der französische Soziologe Jean Fourastié (1907 – 1990) in ihr die „große Hoffnung des 20. Jahrhunderts" (1954). Denn ihre charakteristischen Arbeitsformen lassen sich aus seiner Sicht kaum rationalisieren und von Maschinen ausführen, weshalb das Problem der Massenarbeitslosigkeit auf Dauer gelöst sei, so seine euphorische Erwartung in den zukunftsgewissen 50er Jahren. Für den amerikanischen Soziologen David Riesman [(1958) 1909 – 2002] kündigt sich vollends die „Freizeitgesellschaft" an, in der mehr Menschen mit der Bewältigung ihrer Freizeit denn mit ihrer Arbeit Probleme bekommen.

Offener noch oder in ihren Entwicklungsprognosen unentschiedener fallen Zuschreibungen aus, die schlicht das ‚Danach' betonten: *The Active Society* (1968; dtsch 1975) des amerikanischen Soziologen Amitai Etzioni (geb. 1929) zeichnet sich als „post-moderne Gesellschaft" dadurch aus, dass sie sich von ihren innovativen Kräften stärker bedroht sieht als von ihren traditionellen und um die Priorität ihrer Wertstrukturen kämpfen muss. Je nachdem wird es eine Gesellschaft werden, die sich ihren Technologien, die sie selbst schafft, unterwirft oder ihrer Herr wird. Aber vorrangig werde sie eine Gesellschaft der „Massenpartizipation" werden (Etzioni 1968, S. VII) – ein Paradigma, das Etzioni (1995) zwei Jahrzehnte später zur Theorie des Kommunitarismus erweitert.

Der Managementtheoretiker Peter F. Drucker (geb. 1909) antizipiert ein „Zeitalter der Diskontinuitäten" (1969, dtsch. 1969), mithin des unaufhaltsamen gesellschaftlichen Umbruchs in der Wirtschaft und Arbeitswelt, in der sich neue Organisationen als strukturelle Koordinaten, neue Formen der Erwerbsarbeit wie der Wissensarbeiter – gemeint ist fast ausschließlich das Management – sowie neue Formen des Wissens als praxisrelevante, wirtschaftsbezogene Potenziale herausbilden. Denn aus Druckers Sicht ist schon damals „Wissen zur eigentlichen Grundlage der modernen Wirtschaft und Gesellschaft und zum eigentlichen Prinzip des gesellschaftlichen Wirkens geworden" (Drucker 1969, 455f). Dabei unterstellt er einen recht eingeschränkten Begriff des Wissens, den er selbst vom üblichen, erst recht vom geisteswissenschaftlichen Kontext trennt. Für die entstehende „knowledge industry" sei Wissen wie Elektrizität oder Geld eine Form von Energie, die erst entsteht, wenn man in entsprechenden Verwertungszusammenhängen handelt. Mithin sei die Bildung der Wissensindustrie nicht Teil der Geistesgeschichte, sondern konstituiere sich als Geschichte der Technologie, die dadurch entsteht, dass Menschen arbeiten und Werkzeuge benutzen. Diese Art Wissen formt sich also nur, wenn man etwas tut: genauer: etwas ökonomisch Verwertbares tut.

Gleichwohl gilt Druckers Formulierung der „Wissensindustrie" inzwischen als terminologisches Initial für die nun heraufziehende gesellschaftliche Formation der „Wissensgesellschaft" – obwohl seine Bezeichnung durchaus eingeschränkter, eben nur bezogen auf den ökonomischen Sektor gemeint ist und sich damit eher als Segment anderer Gesellschaftsformen verstehen lässt. In seinen folgenden Publikationen (1989; 1993) differenziert Drucker sein Konzept der Wissensindustrie weiter aus und aktualisiert es jeweils, behält es aber in seinen Grundzügen bei. Ingesamt bleibt es das Konzept eines Managers, der nach der tragenden Organisationsstruktur einer Gesellschaft aus ökonomischer Sicht fragt und Wissen vornehmlich unter dem Primat praktischer, wirtschaftlicher Verwertung betrachtet, also dem Produktionsprozess unterworfen lässt (Steinbicker 2001, 21ff).

3.2 „Nachindustrielle Gesellschaft"

Als „post"- oder „nachindustrielle Gesellschaft" haben die beiden Soziologen, der Franzose Alain Touraine (geb. 1925) und der Amerikaner Daniel Bell (geb. 1919), die sich herauskristallisierenden Konturen der neuen Gesellschaftsformation bezeichnet. Touraine liefert eher eine allgemein gehaltene Darstellung des Strukturwandels (1972), den er vor allem in strukturellen Veränderungen der Ökonomie, etwa in dem Abflauen bzw. der Institutionalisierung des Konflikts zwischen Kapital und Arbeit und dem Bedeutungsverlust der Arbeiterbewegung als Gesellschaft verändernde Kraft, wirksam sieht. In den neuen sozialen Bewegungen, von der Umwelt- bis zur Frauenbewegung, erblickt er indes Umrisse eines neuen historischen Subjekts als Träger gesellschaftlicher Innovation. Doch die achtziger Jahre dämpfen bereits diese Hoffnungen, so dass Touraine sein Konzept, das er dem von Bell entgegensetzen will, als letztlich gescheitert beurteilt (Touraine 1988, Steinbicker 2001, 20).

Bells Analyse (1973), die er schon seit den 50er Jahren in Vorträgen und Aufsätzen – zunächst unter dem programmatischen Schlagwort *The End of Ideology* (1960) – vorgetragen hat, wird zum berühmten soziologischen Paradigma und zum Motto für einen „in erster Linie [...] Wandel der Sozialstruktur" (Bell 1996, 8), wie er ihn vorrangig identifiziert – und zunächst eben nicht als Analyse gesamtgesellschaftlicher Transformation. Dennoch soll sich dieser Wandel in nahezu allen wichtigen Sektoren vollziehen:

1. Im *wirtschaftlichen Sektor* als ein sozio-ökonomischer Wandel, nämlich von einer Güter produzierenden zu einer Dienstleistungswirtschaft.
2. In der *Beschäftigungs- und Berufsstruktur* ist die Industriearbeiterschaft rückläufig, und werden Berufe vorherrschend, die tertiäre Bildung (College oder Universität) und höhere Professionalität erfordern, also eher technische und administrative Berufe.
3. Als *Axiales Prinzip* wird die Kodifizierung theoretischen Wissens bezeichnet. Es ist kennzeichnend für die postindustrielle Gesellschaft und wird zur Grundlage von technischer Entwicklung, wirtschaftlichem Wachstum und Politikberatung.
4. Die post-industrielle Gesellschaft erfordert eine bewusste *Zukunftsorientierung*, etwa hinsichtlich der Projektion und Planung der technologischen Entwicklung und ihrer Bewertung.
5. In der post-industriellen Gesellschaft tritt an die Stelle der Maschinentechnologie eine „intellektuelle *Technologie*", die auf der Basis von Algorithmen und Modellen arbeitet und beispielsweise der rationalen Entscheidungsfindung bei komplexen Problemen dienen kann. Sie ist auch die Grundlage von Software, etwa in Expertensystemen, und nutzt als wichtigstes Hilfsmittel den Computer (Ebd., 32; Steinbicker 2001, 54).

So kristallisiert sich in Bells umfänglicher, detailreicher Analyse „idealtypisch" eine Gesellschaft heraus, die ihre „neuen axialen Strukturen und Prinzipien" vornehmlich durch den „Übergang von einer Waren produzierenden zu einer Informations- und Wissensgesellschaft" erzeugt. Im „Bereich des Wissens selbst" wandelt sich die „Abstraktionsachse", wird der Empirismus durch die Theorie, die „Trial-and-error"-Methode durch „systematisches theoretisches Wissen" abgelöst, „das die Neuerungen steuert und die Formulierung der Politik bestimmt" (Bell 1996, 374). Dieses theoretische Wissen charakterisiert die neue Gesellschaft, die Bell nicht als „nachkapitalistische" verstanden wissen will, da sie nicht mehr durch den Wert der Arbeit, sondern durch den des Wissens bestimmt werde. Von heutiger Warte aus muten solche Prognosen als reichlich optimistisch an und können wohl kaum uneingeschränkt bestätigt werden. Immerhin identifiziert Bell auch neue „Probleme des gesellschaftlichen Managements", die die Entstehung der nachindustriellen Gesellschaft aufwerfen, und zwar: „neue Hierarchien technischer Eliten und Bürokratisierung der Wissenschaft, Meritokratie und Gleichheit; Aufkommen einer antibürgerlichen Kultur, kommunale Gesellschaft und die Schwierigkeiten, einen Konsens zu erzielen, kurzum, Probleme, die die ganze Skala vom Ethos und den Werten bis zur politischen und sozialen Organisation umspannen" (Ebd.; siehe auch Mattelart 2003, 71ff). Doch Bell belässt es bei dieser beliebigen, vagen Aufzählung, ohne die einzelnen Problemfelder hinlänglich zu konkretisieren und mit empirischer Anschauung zu erläutern, so dass sie nicht in das Konzept der „Dienstleistungsgesellschaft" strukturell integriert sind.

In den 80er Jahren deutet Bell die Entwicklung und den rasch verbreiteten Einsatz der neuen Informations- und Kommunikationstechnologien als dritte technologische Revolution (die erste war die Mechanisierung, die zweite die Elektrifizierung und Chemisierung) und schreibt daraufhin sein Konzept der „nachindustriellen Gesellschaft" fort. Diese Phase ist vor allem durch die folgenden vier Prozesse gekennzeichnet:

- Übergang von mechanischen und elektrischen Apparaturen zur Elektronik
- zunehmende Miniaturisierung elektronischer Bauteile
- Digitalisierung als Umwandlung von Information in einen binären Code
- Entwicklung von Software zur flexiblen und anwenderfreundlichen Programmierung (Bell 1989, 164ff; Steinbicker 2001, 66).

Entscheidend für diese dritte technologische Revolution ist, dass sie nicht nur den engeren High-Tech-Bereich umfasst, sondern alle gesellschaftlichen Sektoren durchdringt, weshalb Bell seine frühere Analyse nun auf ein Konzept der „Informationsgesellschaft" (Bell 1980) zuspitzt, das vor allem die „intellektuellen Technologien", also den Computer und die Informationsverarbeitung, als vorherrschende wirtschaftliche Tätigkeit betont: Wissen als strategische Ressource, als Quelle eines ökonomischen Mehrwerts und Information als transformierende Ressource rücken ins Zentrum der Gesellschaft und ihrer Analyse. Denn Wissen bleibt auch, selbst wenn es verkauft wird, verfügbar; ist also letztlich öffentliches Gut, wodurch sich Märkte und Kapitalstrukturen langfristig verändern müssen.

Doch just mit dieser Fokussierung auf das Wissen und seiner normativen Überhöhung als „ultima ratio des Wandels", mit der einhergehenden Vernachlässigung basaler gesellschaftlicher Konstituenten, vor allem der Transformation der Kapitalstruktur und der Erwerbsarbeit, und der ehedem aufgezeigten Verwerfungen in der „post-industriellen Gesellschaft" gelingt Bell keine vergleichsweise tragfähige und weiterführende theoretische Fundierung der Informationsgesellschaft; vielmehr wird ihm eine reichlich technokratische Prämisse und damit die Annahme vermeintlich zwangsläufiger Dynamik vorgeworfen, die letztlich unsoziologisch und apologetisch ausfällt (Stehr 1994, 99ff): „Die Theorie der postindustriellen Gesellschaft enthält kein plausibles Argument oder keine überzeugende Analyse, aus der hervorginge, wie und warum die neuen Technologien das soziale Leben der modernen Gesellschaft von Grund auf neu bestimmen, wie sie zu neuen Arbeitserlebnissen und -organisationen führen, wie sie Krankheiten verursachen oder wie Lebensformen insgesamt neu gestaltet werden" – so der Soziologe Nico Stehr (Ebd., 146). Immerhin lassen Bells Arbeiten „ein Deutungsmuster und ein Grundgerüst von zusammenhängender Problematik" erkennen, urteilt der Berliner Soziologe Jochen Steinbicker (2001, 77); sie könnten „wichtige Anstöße für eine Theorie der Informationsgesellschaft bieten [...]". Allerdings ermöglichen sie keine schlüssigen Perspektiven für die Zukunft mehr, wie sie die Theorie der postindustriellen Gesellschaft ursprünglich intendiert hat und bisweilen bis heute noch beansprucht (Stehr 1994, 174).

3.3 Medien- und /oder Kommunikationsgesellschaft

Dass moderne Gesellschaften (auch) Mediengesellschaften sind, ist ein viel strapazierter Gemeinplatz besonders in der Öffentlichkeit geworden. Aber gerade seine Evidenz und Selbstverständlichkeit hat offenbar wenig dazu motiviert, dafür vergleichsweise grundlegende und differenzierte Theorien auszuarbeiten. Zwar kursiert eine Fülle Literatur über die gegenwärtigen Mediensysteme, über die (Massen)Medien und ihre gesellschaftlichen Folgen wie Auswirkungen, über den expandierenden Medien-Sektor als „Kulturindustrie", Legitimations- und Loyalitätsapparat, über *Mediokratie* (Meyer 2001) als interessenbestimmte Zurichtung der öffentlichen und politischen Kommunikation auf heute gängige Maximen wie „Serviceorientierung" „Boulevardisierung" und „Infotainment", über die Transformation der Kultur zur „Medienkultur", (Hickethier 2003), schließlich über die tendenziell völlige Durchdringung aller Lebensbereiche von den Medien, die als „Medialisierung" (früher: auch „Mediatisierung") oder auch als totale Inszenierung und „Simulation" apostrophiert wird (Leschke 2003; Karpenstein-Eßbach 2004) – und zu jedem dieser Aspekte und Schlagwörter ließen sich weithin bekannte theoretische Gewährsleute und mehr oder weniger stichhaltige Arbeiten anführen –, dennoch stellt sich die Diskussion darüber als eher disparat, wenig systematisch oder gar beliebig dar. Bis auf wenige Ausnahmen fehlen umfassende und konzise Entwürfe. Dabei ist bereits von Bedeutung, welcher theoretische Ansatz und welcher Medienbegriff gewählt werden (Faulstich 2002; 2004; Kübler 2003b; Weber 2003c).

Eine kritische Sicht auf die ungleichzeitigen Entwicklungen, Risiken, Widersprüche und Krisen der „Kommunikationsgesellschaft" wirft etwa der Düsseldorfer Soziologe R. Münch (geb. 1945; [1991]); sie identifiziert er zwar als Nachfolgerin der Industriegesellschaft, da sie durch eine „ungeheure Vermehrung, Beschleunigung, Verdichtung und Globalisierung von Kommunikation und [durch] eine außerordentliche Durchdringung der Gesellschaft durch Kommunikation" gekennzeichnet sei, ja durch Kommunikation „in einem bislang nie da gewesenen Maße" vorangetrieben werde (Münch 1991, 22); doch mit diesem rasanten Wandel verschärfen sich die immanenten Widersprüche, bzw. es treten neue, interessenbedingte wie unbeabsichtigte auf, weshalb sowohl die Entwicklung selbst „dialektisch" sei, als auch sie so betrachtet werden müsse. Im Wesentlichen schlagen sich diese Konflikte und Widersprüche auf drei Ebenen nieder: nämlich in den „tiefsten Sinngrundlagen unserer Kultur" ebenso wie in den Diskursen über sie; zugleich vermehren und vertiefen sich die „Zusammenbrüche von Kommunikation", verbreiten sich Missverstehen und gewaltsame Auseinandersetzungen. Schließlich nehmen mit der „gleichzeitigen Expansion von Ökonomie, Politik, Gruppenleben und kulturellen Diskursen" die Konkurrenzen unter ihnen zu und verlangen „neue Verfahren der Verständigung zwischen ihnen" (Ebd.). Letztlich kümmert sich Münch um eine kritische Sondierung der Krisen, Risiken und Widersprüche beim Übergang von den letzten Resten „traditionaler Gesellschaft" in die „Moderne", die von etlichen Paradoxien geprägt ist. Sie werden durch Kommunikation – oder durch „symbolische und generalisierte Medien der Kommunikation" (Ebd., 308), da macht Münch keinen Unterschied, da er sich des Medienbegriffs von N. Luhmann bedient – nicht nur manifestiert, sondern hervorgebracht, angeheizt und zugespitzt, ohne dass rationale, beruhigende Kontrollen oder gar förderliche Steuerungen verfügbar sind, weshalb Bedürfnisse nach Sicherheit, eine Art „Sicherheitstotalitarismus", und vermeintlich einfache Lösungen um sich greifen (Ebd.).

Abstrakter oder auch universeller sieht die Systemtheorie, begründet und vielfältig ausformuliert von dem ehemaligen Bielefelder Soziologen Niklas Luhmann (1927 – 1998), Kommunikation und ihre Medien: Sie ist gewissermaßen die „basic unit" des Sozialen, der modernen Gesellschaft eo ipso. Alle sozialen Systeme bestehen aus der „Elementaroperation Kommunikation", bauen „ihre je eigenen Relationierungen und Strukturen" durch Kommunikation auf und erhalten sie durch sie (Krallmann/Ziemann 2001, 311). Aber dieser Kommunikationsbegriff hat offensichtlich wenig mit dem alltäglichen und sonst gebräuchlichen gemein. Denn Kommunikation wird als „komplexe Einheit und eigenständige, soziale Operation" verstanden, „die nicht von Menschen, sondern ausschließlich von sozialen Systemen prozessiert wird" (Ebd., 322): „Nur die Kommunikation kann kommunizieren!" – heißt daher das Luhmannsche Axiom (Ebd., 310), das nicht sofort und unbedingt einsichtig ist.

Demnach besteht Kommunikation aus drei verschiedenen Selektionen, nämlich der Information (als der Auswahl aus einem Horizont dessen, was durch Verhalten, Sprache oder Symbolisierung ausgedrückt wird), der Mitteilung (als der Form des Wie der Informationen) und dem Verstehen (als der Auswahl, wie die Differenz zwischen Mitteilung und Information aus einem möglichen Horizont beobachtet wird). Jede dieser Komponenten besteht immer nur im verweisenden Zusammenhang mit den beiden anderen und nie für sich isoliert; erst ihre Synthese erzeugt Kommunikation als Einheit (Ebd., 322). Da Luhmann jede Metapher der Übertragung für Kommunikation für falsch hält, ist auch sein Medienbegriff ein anderer: Sprache gilt als essentielles Medium, obwohl Luhmann seinen Kommunikationsbegriff schon „auf einer vorsprachlichen Ebene ansetzt" (Ebd.): Denn Sprache verringert „die Unwahrscheinlichkeit des Verstehens" und erhöht die Wahrscheinlichkeit, „weil sie die Kommunikation von der bloßen Wahrnehmung eines Verhaltens ablöst und Sinn durch einen geregelten, konventionalisierten Zeichen- bzw. Symbolgebrauch vermittelt" (Ebd., 329). Um den prinzipiell unwahrscheinlichen Erfolg von Kommunikation zu erhöhen, werden in den Gesellschaften „symbolisch generalisierte Kommunikationsmedien" entwickelt; sie schränken komplexitätsreduzierend die Zahl möglicher Anschlusskommunikationen ein und motivieren so die „Annahme einer kommunikativen Sinnofferte" (Ebd., 338). Bei der anhaltenden Ausdehnung grenzüberschreitender bis hin zu weltgesellschaftlicher Kommunikation, die sich mit räumlichen Ungleichheiten und der persönlichen Unkenntnis des Interaktionspartners konfrontiert sieht, erweisen sich „symbolisch generalisierte Kommunikationsmedien" als Katalysatoren, um „den Zusammenhang von Selektion und Motivation zu symbolisieren, das heißt: als Einheit darzustellen" (Luhmann 1984, 222): „Als Medien solcher Art lassen sich für das Funktionssystem Wissenschaft die Wahrheit, für das intime Interaktionssystem bzw. das Funktionssystem der Familie die Liebe, für das Wirtschaftssystem Geld und Eigentum und für das Funktionssystem Politik die Macht angeben" (Krallmann/Ziemann 2001, 329) – womit Luhmann implizit auf theoretische und terminologische Vorschläge der funktionalistischen Soziologie eines Talcott Parsons (1902 – 1979) zurückgreift.

Aus historischer Perspektive ist Kommunikation zunächst in so genannten „raumzentriert verfassten Gesellschaften" an Mündlichkeit gebunden. Um die Präsenz der Interaktionspartner zu überwinden, Fernkontakte zu ermöglichen sowie die soziale Ausbreitung zu erhöhen, werden in weiter entwickelten Gesellschaften Verbreitungsmedien erfunden, insbesondere die Schrift und der Druck. Ihr operativer Gewinn „liegt in der räumlichen und zeitlichen Entkoppelung von Mitteilung und Verstehen und in der gewaltigen Explosion von Anschlussmöglichkeiten, die dadurch eintritt" (Luhmann 1997, 266). Die nachfolgend entstandenen (Massen)Medien bis hin zum Computer moderner Formationen bedeuten für Luhmann keine prinzipielle neue Qualität, sie sind alle „Einrichtungen der Gesellschaft", „die sich zur Verbreitung von Kommunikation technischer Mittel der Vervielfältigung bedienen" (Luhmann 1996, 10). Sie haben sich zu einem

„besonderen System der Massenmedien ausdifferenziert" (Ebd., 11), das Realitäten verschiedener Art hervorbringt: nämlich zum einen die „reale Realität" der Medien als die ihrer „eigenen Operationen", wodurch „Kommunikation in ihnen und durch sie durchläuft" (Ebd., 11f); zum anderen die Realität, die für sie oder durch sie für andere als Realität erscheint. Das ist die beobachtete Realität, auch als „transzendentale Illusion" im Sinne Kants apostrophiert (Ebd., 14). Als Beobachter zweiten Grades, als Beobachter der Beobachter, konstruieren Massenmedien folglich Realität, „und zwar im Unterschied zur eigenen Realität noch eine andere" (Ebd., 16). Damit geraten die Rezipienten in eine unauflösliche Paradoxie: Sie haben für fast alles nur die konstruierte Realität und müssen ihr vertrauen, wissen aber zugleich, nicht zuletzt aufgrund ihres Wissens über die Beschaffenheit und Funktionalität der Massenmedien, dass sie ihnen nicht trauen können (Ebd., 9f). Darin erweist sich ein „Effekt der funktionalen Differenzierung der modernen Gesellschaft" (Ebd., 10), den man nach Luhmann nicht mehr mit konventionellen Verdächtigungen von Manipulation und subversiven „Drahtziehern" erklären oder gar eliminieren kann. Diese umfassende funktionale Differenzierung ist das wesentliche, historisch einzigartige Charakteristikum der modernen Gesellschaften und nicht ihre Durchdringung und Formung durch Technik und Wissen, weshalb Luhmann Etiketten wie „Informations-" und/oder „Wissensgesellschaft" als unwissenschaftlich bzw. unhistorisch ablehnt (Stehr 1994, 13).

Daher verwundert letztlich nicht, dass die Systemtheorie trotz ihrer reichlich komplizierten, vielschichtigen Funktionsbestimmung der Medien einige Lücken bzw. Desiderate aufweist, wenn man sie mit den üblichen medientheoretischen Zuschreibungen vergleicht (Wehner 2000, 118ff): So interessiert sie sich nicht für die unterschiedlichen technischen Bedingungen der Medienkommunikation und verfehlt damit deren immer wirksamer werdende, gesellschaftliche Funktionen. Mit der Ausklammerung der sozialen Akteure entpuppt sie sich als letztlich ‚unsoziologisch', selbst wenn sie abstrakt auf „Bewusstsein" rekurriert. Denn gerade das Mediensystem und die Kommunikation im allgemeinen werden nach wie vor von Interessen und Strategien individueller wie organisierter Akteure beeinflusst, die nicht einfach ausgeblendet werden können. Schließlich mangelt es der Systemtheorie an einem empirischen Sensorium für die vorfindliche Vielfalt und Funktionsdifferenzierung der Medien und ihrer kommunikativen Leistungen, sie kann damit auch nicht unter historischen Vorzeichen bestimmte Stadien gesellschaftlicher Entwicklung und Formierungen konkret identifizieren (Weber 2003b).

Obwohl die Luhmannsche Terminologie und theoretische Argumentation nicht leicht nachzuvollziehen und über die Jahre immenser Publikationen nicht immer konsistent und konzis geblieben ist, haben zumindest Versatzstücke oder

3 Aktuelle, signifikante Paradigmen des gesellschaftlichen Wandels

Analogien von ihr beträchtlichen Einfluss auf die soziologischen und gesellschaftlichen Debatten gehabt und haben sie bis heute: Man nutzt sie oder arbeitet sich daran ab. So beruft sich etwa der Lüneburger Medienwissenschaftler Werner Faulstich in seiner umfassenden Medienkulturgeschichte, die er als Menschheitsgeschichte seit ihren Anfängen entwirft, auf einen systemtheoretischen Medienbegriff („Medien sind institutionalisierte Systeme um organisierte Kommunikationskanäle von spezifischem Leistungsvermögen mit gesellschaftlicher Dominanz" [Faulstich 2000, 27]) und glaubt mit der Unterteilung zunächst in „Menschmedien", „Gestaltungsmedien", „Schreib- bzw. Druckmedien" sowie Massenmedien in allen Phasen der Menschheit- und Kulturgeschichte seit ihren Anfängen vor „rund vierzigtausend Jahren vor Beginn unser Zeitrechnung" Medien und ihre kommunikativen wie kulturellen Leistungen identifizieren zu können: So gesehen, ist „Gesellschaft [...] schon immer Mediengesellschaft", und „nach derzeitigem Wissensstand unterscheiden sich die heutigen Medien weder nach ihrer Zahl noch nach ihrer Bedeutung von den Medien früherer Perioden (wohl aber nach ihrer Art, Form und Funktion)" (Faulstich 2000, 32). Vielmehr haben „die numerischen Verschiebungen [...] mit gesellschaftlichen Umwälzungen und der Entstehung neuer Medien zu tun" (Faulstich 2002, 161).

Damit sind Unterscheidung und Spezifizierung heutiger Gesellschaften durch die Relevanz der Medien und ihre Medialisierung prinzipiell aufgehoben, die Bezeichnung „Mediengesellschaft" unbrauchbar, weil zu generell. Der Begriff würde zudem mit dem der Kultur zusammenfallen. Deshalb hat Faulstichs Begrifflichkeit wohl bislang wenig Anklang gefunden, und „Mediengesellschaft" bleibt weiterhin – wenn auch vage und akzidentiell – den jüngsten gesellschaftlichen, technologischen und kulturellen Entwicklungen vorbehalten. In der Bundesrepublik scheint der Terminus vor allem seit den 1980er Jahren Konjunktur gewonnen zu haben, als mit den damals „neuen Medien" – gemeint waren Kabel- und Satellitenfernsehen – nicht nur eine Multiplizierung der Rundfunkkanäle ergangen ist, sondern auch eine parallele Privatisierung des Rundfunks und das so genannte duale System durchgesetzt worden sind.

Welche strukturellen und auch programmlichen Konsequenzen daraus gefolgt sind, ist bis heute umstritten. Diskutiert werden geringere Qualitätsstandards durch die rigorose Kommerzialisierung und partielle Internationalisierung, Multiplizierung ohne inhaltliche Vielfalt, Zerfall der anerkannten, gesetzlich immer noch geforderten Funktionen wie Kritik und Kontrolle, Kultur und Bildung und eine fast gänzliche Ausrichtung auf Unterhaltung, Event und Skandal, auf Quote, Kommerz und Werbung, letztlich die Erosion des Gesellschaftsrundfunks und damit womöglich auch des gesellschaftlichen Konsenses, in jedem Fall die Umkrempelung der bis dato geltenden Medienordnung. Sie ist nun fast gänzlich dem Markt unterworfen und von dem bis dahin gepflegte Kulturverständnis abgelöst, wie es insbesondere die Richtlinien und Entscheidungen der Europäischen Union vorsehen (Wilke 1990; Dörr 2002). Zwar erreicht das Mediensystem damit eine gewisse Autonomie vom politischen System und vom Einfluss der Parteien, aber zugleich verändert sich das überkommene Funktionsverständnis vor allem des öffentlich-rechtlichen Rundfunks und seiner Aufgaben für die politische Kommunikation unweigerlich hin zugunsten von Serviceorientierung, Marktakzeptanz und Publikumsresonanz (Schulz 1997b, Jarren 2001).

Für eine wohl vorläufige „Charakteristika der ‚Mediengesellschaft'" trägt der Zürcher Medienwissenschaftler O. Jarren (2001, 11) folgende Tendenzen zusammen:

- Die publizistischen Medien haben sich quantitativ und qualitativ immer mehr ausgebreitet.
- Neue Medienformen haben sich neben den herkömmlichen Massenmedien herausgebildet, z.B. Zielgruppenzeitschriften, Spartenkanäle, Netzmedien.
- Die Vermittlungsleistung und -geschwindigkeit von Formationen durch Medien hat zugenommen.
- Die Medien durchdringen immer stärker und engmaschiger alle gesellschaftlichen Bereiche („Medialisierung"). So müssen Organisationen mit einer ständigen Medienberichterstattung rechnen und sich auf eine entsprechende ständige Nachfrage einstellen. Oder sie rufen sie durch verstärkte PR-Arbeit selbst hervor.
- Die Medien erlangen aufgrund ihrer hohen Beachtungs- und Nutzungswerte gesamtgesellschaftliche Aufmerksamkeit und Anerkennung. So erfahren Mitglieder in Organisationen über wichtige Sach- und Personalentscheidungen vielfach zuerst aus den Medien.

In dieser Aufzählung fehlen nicht nur die jüngsten technischen Entwicklungen, insbesondere der digitalen Medien und des Internet, es werden auch die relevanten ökonomischen Funktionen nur am Rande erwähnt: Medien bzw. ihre Branchen sind nicht nur als Technik, Infrastruktur, als Software, Content und Werbung mittlerweile einer der wichtigsten, weil umsatz- und profitstärksten Sektoren moderner Volkswirtschaften und Wertschöpfung – zusammen mit der Automobilindustrie hier zu Lande die mächtigsten –, mit ihren Kommunikationsofferten, vor allem mit der Werbung und Konsumorientierung sind sie auch das unentbehrliche Schmiermittel, der zentrale Katalysator für die Warenzirkulation der gesamten konsumorientierten Volkswirtschaft. Nicht zuletzt werben die Medien selbst für sich, und zwar mit steigenden Proportionen, so dass sie in der Bundesrepublik der zweitwichtigste Werbefaktor sind.

3 Aktuelle, signifikante Paradigmen des gesellschaftlichen Wandels 33

1995 habe der Anteil der von der Medienwirtschaft erbrachten Leistungen am deutschen Bruttoinlandsprodukt erstmals den aller anderen Branchen einschließlich der Automobilindustrie übertroffen – weshalb der Münsteraner Kommunikationswissenschaftler Klaus Merten (2002) den Begriff der „Mediengesellschaft" für treffender als den der „Informationsgesellschaft" hält. Und als charakteristische Trends führt er dafür außerdem auf, was gleichwohl der weiteren Präzisierung bedarf:

- Das Kommunikations- bzw. Mediensystem stellt neben anderen Teilsystemen (etwa: Wirtschaft, Politik, Religion) ein führendes gesellschaftliches Teilsystem dar. Allerdings wäre zu klären, was „führend" bedeutet, nach welchen Kriterien und in welchen Dimensionen dieses Attribut ermittelt oder gar bemessen wird.
- Auch für die Berechnung des Anteils am Bruttoinlandsprodukt existieren unterschiedliche Modi darüber, welche Segmente zu welchen Branchen gerechnet werden, zumal wenn man die vielfältigen Produktionszweige der Medienwirtschaft bedenkt. Sie reichen ja von der Herstellung der technischen Infrastruktur über die Produktion der Endgeräte für die Konsumenten bis hin zur Kreation und Verbreitung der Inhalte, des so genannten Content. Immerhin lässt sich die Medienwirtschaft noch einigermaßen genauer abgrenzen als die noch weiter reichende Informationswirtschaft. Und ob der Vorsprung von 1995 in der Phase der Medienkrise und des Einbruchs des Online-Marktes angehalten hat, scheint nicht ganz ausgemacht zu sein.
- Ohne Frage nehmen Kapazitäten und Volumina der Selbstthematisierung des Mediensystems ständig zu; die Medien avancieren zum grandiosen (Selbst)Bebachtungssystems aller gesellschaftlichen Bereiche, allerdings entsprechend ihren speziellen Konditionen und Maximen. Insbesondere mit dem Einsatz des World Wide Web und der Option, Meta-Meta-Medien zu produzieren und zu verbreiten, sieht Merten seit etwa 1992 diese Entwicklung in der Bundesrepublik beginnen. Allerdings ist solche Rekursivität und Reflexivität auch schon mit analogen Medienformen möglich gewesen, auch ständig perfektioniert und erweitert worden; mit der Digitalisierung, der Verbreitung und der Vernetzung durch das World Wide Web erreicht sie indes eine neue, nicht nur technische, sondern allverfügbare Qualität und gewissermaßen unerschöpfliche Potentiale, so dass sich die reflexive Spirale unaufhörlich dreht und nur noch durch die natürlichen, zeitlichen und finanziellen Begrenzungen des Publikums faktisch abgebrochen wird.

Kaum mehr präzise lassen sich daher die Grenzen bzw. Über- und Unterordnungen zwischen Medien- und Informations- bzw. Kommunikationsmarkt angesichts der sich vollziehenden Konvergenzen ziehen, weshalb ihre volkswirtschaftlichen Berechungen und Wertschöpfungsanteile jeweils unterschiedlich ausfallen (siehe auch unten Kap.7.4). Der Ansatz, dafür die Kategorie der Aufmerksamkeit als volkswirtschaftliche Berechnungsgröße und – dementsprechend – als knapper werdendes Gut in Anbetracht des Überangebots von Informationen und der wachsenden Redundanz analytisch einzuführen, ist zwar vielfach als interessant erachtet worden, aber noch nicht genügend etabliert und umgesetzt (Franck 1998).

Just in den diversen Verflechtungen und auto-referentiellen Potenzialen dürften das essentielle Kennzeichen und die materielle Funktionalität der Mediengesellschaft stecken, nicht nur im Mediensystem und seinen Mutationen. Die viel beschworene „Ökonomisierung der Medien" erfolgt mithin in zweierlei Hinsicht:

- zum einen in der Durchdringung und Transformation aller Medien zu einer mächtigen Branche, die sich fast ausschließlich nach Marktmaximen orientiert, Aufmerksamkeit und Publikumsakzeptanz fast um jeden Preis erlangen muss, untereinander im harten Konkurrenzkampf um Publikums- wie Werbemärkte bei strengster Kostenkalkulation steht und daher gezwungen ist, ehedem nicht-ökonomische, ideelle Werte wie Aufklärung, Meinungsvielfalt, Bildung, Kunst und Kritik mehr und mehr preiszugeben;
- zum anderen in der immer engeren Verflechtung mit der und in der fast durchgängigen Instrumentierung der gesamten Volkswirtschaft durch die Medien infolge der genannten Entwicklungen und Funktionen, die ihre erreichte begrenzte Autonomie vom politischen System (Jarren 2001) durch diese mächtigere Determination wiederum aufheben.

Zugleich beschleunigen sich damit die Trans- und Internationalisierung des Mediensystems sowie die Konzentration in der Medienbranche (Wilke 1990; Meckel/Kriener 1996; Meckel 2001; Becker 2002, Castells 2001, 375ff; 2002, 272ff), so dass wenige supranationale Medien-Konzerne, die so genannten Global Players (Hachmeister/Rager 2003), zunehmend Weltkommunikation und Medienbranche beherrschen. Sie übernehmen nicht nur kleinere Unternehmen, fusionieren zwischen alten und neuen Medien, wobei die Übernahme des Massenmediengiganten Time Warner durch den Internet-Provider AOL im Jahr 2000 der spektakulärste, wohl aber auch riskanteste Coup war; vielmehr reicht ihre Kapitalmacht in viele andere Branchen hinein bzw. wird von denen gespeist, so dass viele Cross-Over-Verflechtungen zu registrieren sind, sofern sie überhaupt offen gelegt werden. Überdies sind Medienunternehmen Meinungsmacher und bestreiten so auch die öffentlichen Meinungen nicht nur in ihren Ländern – markantestes und bedenklichstes Beispiel ist hier Italien mit Berlusconis Medienunternehmen Fininvest und Mediaset sowie der politischen Partei Forza Italia (Igel 1990) –, sondern zunehmend weltweit, wie es der britisch-australische Medientycoon Robert Murdoch mit seiner News Corporation (Koschnick 1990) oder Viacom vorexerzieren, wodurch der von Luhmann geprägte Begriff der „Weltkommunikation" erst eigentlich eine substanzielle, nämlich ökonomisch-politische Fundierung erfährt (Hachmeister/Rager 2003).

Die nationalen Kulturen erodieren dadurch zunehmend, zumindest in ihren oberflächlichen, populären Präsentationen, ebenso wie der nationale Staat mit seinem ursprünglichen Regulierungs- und Gestaltungsmonopol für sein Territorium allmählich ins Hintertreffen gerät. Alle Bestrebungen, nationale Kulturförderung zu betreiben oder sogar eigens kulturelle Barrieren demonstrativ gegen solch transzendierende Globalisierungstendenzen zu errichten, wie es etwa immer wieder in Frankreich mit einer speziellen Sprach- und Medienpolitik versucht wird, oder auch nur nationale rechtliche Maßnahmen gegen Verwerfungen und Exzesse des Mediensystems durchzusetzen, sind offenbar nur noch begrenzt wirksam. Insgesamt verdichtet und beschleunigt sich die globale Mainstream-Kommunikation ständig, wälzt sich in immer kürzeren Konjunkturen um, lässt Stars und Idole emporschießen, aber serviert sie auch umgehend wieder ab, puscht Themen und Moden in immer hektischerer Zirkularität, so dass allenthalben informationelle Überforderung und sensorischer Overkill drohen. Befürchtet wird außerdem eine verstärkte Standardisierung und Uniformierung der Kulturen, mindestens an ihren medialen Inszenierungsoberflächen, die für kulturelle Vielfalt, ethnische Besonderheiten und Identifikation stiftenden Eigensinn nur noch lokale Optionen und Nischen offen halten (Reinmann 1992; Robertson/Winter 2000). Künstliche, globale Hybridkultur, kalkuliert und konfektioniert in den konzentrierten Entertainment-Schmieden weniger Konzerne (etwa Hollywoods), beherrscht zunehmend die mediale Weltkommunikation, generiert und fordert oberflächliche Aufmerksamkeit und Faszination. Aber sie schürt unterschwellig Distanz und Abwehr, die sich möglicherweise in irrationalen Neigungen und fundamentalistischen Strömungen entäußern.

So lassen sich *Konvergenzen* – so der analytische Topos – in vielfacher Weise registrieren:

- als Fusionen und Verschmelzungen, wenn nicht Standardisierungen nationaler Medienkulturen hin zu einer hybriden, globalen Medienszenerie, und zwar im Einzelnen folgendermaßen:
- als Verflechtungen, wenn nicht Fusionen der Medienbranchen mit affinen Sektoren hin zu einer global agierenden, universellen Medienkonsum- und Entertainment-Industrie;

- als technische Synthetisierung der verschiedenen Medientechniken unter der Ägide der Digitalisierung und weltweiten Vernetzung hin zu globalen Multimediasystemen für alle medialen Formate, seien sie bisher one-to-one wie Telefon, Telegraf, seien sie one-to-all wie die Massenmedien vermittelt oder seien sie all-to-all ausgerichtet wie Chatrooms etc. Diese technisch möglichen Fusionen werden höchstens von der Diversifikation der Märkte gebremst, auf denen den Konsumenten jeweils verschiedene Endgeräte wie Telefon, Fernseher, Computer, Spielkonsole etc. angeboten werden und sie sich noch für das eine oder andere entscheiden müssen.
- Angleichungen oder gar Uniformierungen ergeben sich auch in inhaltlicher Hinsicht, unter dem Zwang der intermedialen Mehrfachvermarktung (merchandising) und Kostenrationierung: Stoffe, Themen und Figuren/Idole werden, wenn sie populär und umsatzträchtig sind, durch alle Medien gepowert, mit nur geringfügigen Nuancen: Buch, Film, Fernsehen, Videospiel, Internet-Präsentation, Live-Auftritt, Fanzines, Chats etc. werden konzentrisch geplant und aufeinander abgestimmt, Protagonisten werden dafür stromlinienförmig gestylt, Kampagnen mit großem Geld von Veranstaltern inszeniert, Programme, Inhalte und Formate der Medien werden stereotypisiert, um solchen Events und Kampagnen dienlich zu sein.
- Immer enger werden auch die Interdependenzen zwischen Programm/ Content und Werbung, sind eigentlich nicht mehr zu unterscheiden, obwohl die strikte Trennung von nationalen Gesetzen immer noch vorgeschrieben ist; Werbung ist vorwiegend Konsumwerbung, aber auch Image und politische Werbung bedient sich solch wechselseitiger Verbindlichkeiten: Sponsoring, Product Placement, Bartering (direkter Tausch von Content gegen Werbung) wie sämtliche Formen des Merchandising sind Strategien dieser engen Verflechtung, die die Medien- und Konsumbranche als gemeinsames Marketing und konzentrierte Media-Planung begreifen.
- Für bundesdeutsche Verhältnisse wird noch die Konvergenz zwischen öffentlich-rechtlichen und privatwirtschaftlichen Rundfunkveranstaltern ebenso angemahnt wie bestritten, die sich nicht nur in der Angleichung der Programmstrukturen, Formate und Inhalte manifestieren, sondern dahinter – und grundlegender – in der Übereinstimmung im vorherrschenden Funktionsverständnis und publizistischen Auftrag, konkret im Vorrang der Quote vor der Qualität, in der Priorität der Akzeptanz und Publikumsresonanz gegenüber einer Verpflichtung auf Kultur und Bildung, in der Dominanz von Unterhaltung (Infotainment) gegenüber Aufklärung, im Kotau vor Werbung und Konsum.
- All diese technischen und strukturellen Entwicklungen bleiben gewiss nicht ohne Folgen auf die Nutzung der Medien, erst recht auch nicht auf mögliche

Wirkungen. Denn isolierte, genau abgrenzbare Nutzung eines Mediums dürfte im Alltag immer seltener werden oder eben nur ganz gezielt, in besonderen Situationen vorkommen. Häufiger und gewohnter wird das so genannte Multitasking, d.h. die simultane Erledigung oder auch Bewältigung verschiedener Aufgaben, auch der Mediennutzung – entweder ebenfalls in Cross-Media-Verfahren, d.h. im nahtlosen Übergang von einem zum anderen Medium (wobei die Contents und Figuren durchaus identisch bleiben können), wie man es etwa beim multimedialen Computer tun kann, oder auch in der gleichzeitigen Nutzung: Radiohören oder gar Fernsehen während der Computerarbeit, Spielen und Arbeiten am Bildschirm gleichzeitig etc. Auf solch konvergierende Medienumgebungen und Kommunikationsmodi muss sich die Nutzungsforschung erst einstellen, geeignete Methoden entwickeln und Piloterhebungen durchführen (Hasebrink u.a. 2004).

All solche Aspekte und Tendenzen werden in der einschlägigen Literatur vielfach, von unterschiedlichen Positionen und pluralen Wertungen aus diskutiert, so dass die Diskurse über Medien und mediale Wirkungen unübersehbar geworden sind; aber sie haben bislang nicht zu konzisen, akzeptierten theoretischen Konzepten der „Mediengesellschaft" geführt.

3.4 „Risikogesellschaft"

Dass gesellschaftliche Formationen, ihre Entwicklungen und das Leben in ihnen gegenwärtig, erst recht künftig riskanter geworden sind und weiterhin werden, weil der Wandel eben rascher und gründlicher vorangeht, so dass Kontinuitäten immer kürzer ausfallen und in sich zusammenbrechen können, Sicherheiten und Planungen verloren gehen, vertreten nahezu alle gesellschaftlichen Diagnosen und Theorien. Die Unfälle und Gefahren der Atomkraft, etwa die von Harrisburg und Tschernobyl, aber auch der chemischen und gentechnischen Produktionen vor Augen, hat Mitte der 80er Jahre der damalige Bamberger Soziologe Ulrich Beck (geb. 1945) sein Konzept der „Risikogesellschaft" (1986; 1989; 1993) als Paradigma des Übergangs in „eine andere Moderne" formuliert, in der wir „noch nicht leben" (Beck 1986, 27). Im Gegensatz zur „Reichtumsverteilung" und zu den Konflikten um gesellschaftliche Mängel in der Industriegesellschaft, wie sie sich in der Dichotomie zwischen Kapital und Arbeit, in den Klassenkämpfen und in der Verbreitung sozialer Ungleichheit niedergeschlagen haben, führen die „Überentwicklung der Produktivkräfte", die „Zivilisationsverelendung" und die Überflussproduktion zu systemimmanenten Risiken und Gefährdungslagen für Mensch und Natur, die „oft irreversibel", „im Kern meist unsichtbar" sind und

Auswirkungen auf alle anderen sozialen, wirtschaftlichen und politischen Bereiche zeitigen (Beck 1986, 29ff). Mithin trägt der ungestüme Modernisierungsprozess seine Destruktionspotenziale notwendig in sich, sie sind soziologisch indifferent, betreffen und bedrohen alle gleich, ob arm oder reich, überwinden somit territoriale Grenzen und Klassenschranken. Allein das Wissen um Risiken eröffnet eine neue politische Option, die „Abwehr und Handhabung von Katastrophen reorganisieren Macht und Zuständigkeit und motivieren ein neues Verständnis des Politischen: Die Risikogesellschaft ist eine *katastrophale Gesellschaft*. In ihr droht der Ausnahmezustand zum Normalzustand zu werden" (Ebd. 31).

Gleichwohl werden diese neuen „Globalgefährdungslagen und die in ihnen enthaltene soziale und politische Konflikt- und Entwicklungsdynamik [...] überlagert durch gesellschaftliche, biographische und kulturelle Risiken und Unsicherheiten, die in der fortgeschrittenen Moderne das soziale Binnengefüge der Industriegesellschaft – soziale Klassen, Familienformen, Geschlechtslagen, Ehe, Elternschaft, Beruf – und die in sie eingelassenen Basisselbstverständlichkeiten der Lebensführung ausgedünnt und umgeschmolzen haben" (Beck 1986, 115). Diesen gesellschaftlichen Wandel, der in der Rezeption des Buches insgesamt nachdrücklicher aufgegriffen als dass über die technisch bedingten Risiken diskutiert worden ist, erkennt Beck (1986, 116ff) in folgenden Tendenzen:

1. Auf dem Hintergrund eines vergleichsweise hohen materiellen Lebensstandards und weit vorangetriebenen sozialen Sicherheiten hat sich in allen reichen westlichen Industrieländern ein „gesellschaftlicher Individualisierungsschub von bislang unerkannter Reichweite und Dynamik vollzogen (und zwar bei weitgehend konstanten Ungleichheitsrelationen)", d.h. die Menschen – und zwar nicht nur das Bürgertum wie anfangs, sondern nunmehr alle Individuen – werden aus traditionellen Klassenbedingungen, Versorgungsbezügen der Familie und Geschlechtslagen herausgelöst und verstärkt auf sich selbst und ihr individuelles Arbeitsmarktschicksal mit allen Risiken, Chancen und Widersprüchen verwiesen.

2. Die nach wie vor vorhandene *soziale Ungleichheit* erweist sich als ambivalent: Zwar bestehen Einkommenshierarchien, fundamentale Einordnungen durch die Lohnarbeit und damit auch in sozialen Strukturen fort, aber um des eigenen materiellen Lebens willen folgen die Menschen zunehmend „individualisierten Existenzformen und Existenzlagen", die die „Bindungen an soziale Klassen, ständisch geprägte Sozialmilieus und klassenkulturelle Lebensformen verblassen" lassen. Gewissermaßen formiert sich das „Phänomen eines Kapitalismus *ohne* Klassen [...] mit allen damit verbundenen Strukturen und Problemen sozialer Ungleichheit".

3. Die „Klassenlosigkeit" sozialer Ungleichheit wird in der „Verteilung der Massenarbeitslosigkeit" exemplarisch deutlich. Wie alle anderen Systemprobleme wird sie tendenziell als „persönliches Versagen umgedeutet, gewissermaßen entpolitisiert und so auch individuell erlebt". In den „enttraditionalisierten Lebensformen entsteht eine *neue Unmittelbarkeit von Individuum und Gesellschaft*", nämlich derart, dass „gesellschaftliche Krisen als individuelle erscheinen und in ihrer Gesellschaftlichkeit nur noch sehr bedingt und vermittelt wahrgenommen" werden können.

4. Diese Freisetzung greift auch in die Familien hinein, betrifft besonders *Frauen*, die ihre gewonnene Emanzipation, bessere Ausbildung sowie die erhöhte Berufstätigkeit und Mobilität durch potenzierte Risiken und Belastungen konterkariert erfahren: „Familie wird zu einem dauernden Jonglieren mit auseinanderstrebenden Mehrfachambitionen zwischen Berufserfordernissen, Bildungszwängen, Kinderverpflichtungen und dem hausarbeitlichen Einerlei"; es entsteht der Typus der „Verhandlungsfamilie auf Zeit", in „der sich verselbständigende Individuallagen ein widerspruchsvolles Zweckbündnis zum geregelten Emotionalitätsaustausch auf Widerruf eingehen".

5. In der privaten Form des „Beziehungsproblems" reproduzieren sich von gesellschaftstheoretischer Warte aus die „Widersprüche einer im Grundriss der Industriegesellschaft halbierten Moderne". Denn auch für die Industriegesellschaft – als Moderne – haben ihre propagierten Prinzipien – nämlich individuelle Freiheit und Gleichheit jenseits der Beschränkung, die Geburt und Herkunft aufzwingen – nie uneingeschränkt und für alle gegolten: einerseits weil sie Relikte der alten Ständegesellschaft in sich trägt, andererseits weil ihre Widersprüche ständig ihre eigenen, öffentlich verlautbarten Prinzipien verletzen. Mithin ist davon auszugehen, dass auch nachindustrielle Formationen weiterhin von solchen Inkonsistenzen und dialektischen Antinomien gekennzeichnet sein werden.

6. Solche Ambivalenzen reproduzieren sich auch in den Individualisierungsschüben: Zwar treten soziale Klassen und stabile Bezugsrahmen der Familien in den Hintergrund, so dass das Individuum überall zum Akteur „seiner marktvermittelnden Existenzsicherung und der darauf bezogenen Biographieplanung und -organisation" werden muss, aber die Ausdifferenzierung der Individuallagen geht einher mit „Tendenzen der *Institutionalisierung und Standardisierung* von Lebenslagen": Gewissermaßen wird „*der oder die einzelne selbst [...] zur lebensweltlichen Produktionseinheit des Sozialen*": Sie sind „arbeitsmarktabhängig und damit bildungsabhängig, konsumabhängig, abhängig von sozialrechtlichen Regelungen und Versorgungen, von Verkehrsplanungen, Konsumangeboten, Möglichkeiten und Moden in

der medizinischen, psychologischen und pädagogischen Beratung und Betreuung".
7. Individualisierung muss mithin als ein „historischer widersprüchlicher *Prozess der Vergesellschaftung*" verstanden werden, der aber gerade deshalb die Chancen „neuer soziokultureller Gemeinsamkeiten" in sich bergen und motivieren kann. In „neue Suchbewegungen", die zum Teil experimentelle Umgangsweisen mit sozialen Beziehungen, dem eigenen Leben und Körper in den verschiedenen Varianten der Alternativ- und Jugendsubkultur erproben, in den „neuen sozialen Bewegungen (Umwelt, Frieden, Frauen)" glaubt Beck jene „Politisierungsformen" und „Prozesse der sozialen Identitätsbildung" zu erkennen, die in den „enttraditionalisierten, individualisierten Lebenslagen" im Übergang zu einer „anderen Moderne" entstehen.

Diese eher aktionalen Tendenzen der Individualisierung und neuen Verantwortlichkeit des Individuums hat Beck in seinen vielen weiteren Veröffentlichungen verstärkt herausgearbeitet: etwa unter den Stichwörter der „reflexiven Modernisierung" (Beck 1993) der „Möglichkeitsgesellschaft" oder der „Zivilgesellschaft", zumal in globalen Ausmaßen (Beck 1998; 1999). Die „Risikogesellschaft", die ja zu Zeiten ihrer Erfindung angeblich noch nicht gänzlich erreicht war, trat zeitweise in den Hintergrund (Giddens 2001, 33ff), taucht aber nun im Rahmen der Globalisierungsdebatte als „Weltrisikogesellschaft" wieder auf, allerdings nicht mehr so singulär und universell wie ehedem (Beck 1997), vielmehr firmiert sie nun auch als „kosmopolitisches Alltagsbewusstsein" über die „Zerbrechlichkeit der Zivilisation" und über die „Grenzenlosigkeit der hergestellten Bedrohung" (Ebd., S. 74), die durch „drei Arten globaler Gefahren" hervorgerufen werden:

1. „Konflikte um ‚bads', die als Kehrseite von ‚goods' erzeugt werden, d.h. *reichtumsbedingte* ökologische Zerstörung und technisch-industrielle Gefahren (wie das Ozonloch, der Treibhauseffekt, aber auch die unvorhersehbaren Folgen der Gentechnik und Fortpflanzungsmedizin)";
2. „*armutsbedingte* ökologische Zerstörung und technisch-industrielle Gefahren". Vielfach seien die engen Zusammenhänge zwischen Armut, Ungleichheit, Benachteiligung, Unterdrückung und Umweltzerstörung nachgewiesen worden; es handelt sich um Selbstzerstörungen der armen Bevölkerungen mit Nebenwirkungen auch für die reichen, wie sich am markantesten am Abholzen der tropischen Regenwälder und seinen Folgen für das globale Klima zeigen lässt.
3. „Gefahren von *Massenvernichtungswaffen* (ABC-Waffen)", wie sie immer wieder bei den vielen lokalen Kriegen von Mittelmächten auch nach Ab-

flauen der Ost-West-Konfrontation und inzwischen selbst durch den internationalen Terrorismus drohen (Ebd., 76f).

All diese globalen Gefährdungen machen herkömmliche Präventionen und Maßnahmen für die Sicherheit brüchig: Denn Bedrohungen und Schäden verlieren ihre raum-zeitliche Beschränkung, sie werden global und nachhaltig. Auch lassen sie sich kaum mehr bestimmten Verantwortlichkeiten zuschreiben, womit das (juristische) Verursacherprinzip an Trennschärfe und Eindeutigkeit verliert; ebenso wenig lassen sie sich finanziell kompensieren, wodurch die herkömmliche Versicherungsmentalität nicht mehr greift. Folglich existieren auch keine Pläne für die Nachsorge, falls die schlimmsten Fälle der globalen Bedrohung eintreten. Unfreiwillig werden alle gesellschaftlichen Felder durch ihre hohen Risikopotenziale politisiert, allerdings fehlt es bislang an Verfahren und Instanzen, um sie politisch zu bearbeiten, erst recht sie in die etablierten Strukturen der Politik zu integrieren (Ebd., S. 79).

3.5 „Erlebnisgesellschaft"

In der oberflächlichen Semantik strikt konträr, sofern man Risiko und Erlebnis als gegensätzliche Erfahrungsoptionen begreifen will, in ihren strukturellen Erkenntnissen und Prognosen indes tendenziell vergleichbar, kreiert G. Schulze (1993), auch Soziologe in Bamberg, die „Erlebnisgesellschaft" ebenfalls als markantes Symptom für den gesellschaftlichen Wandel, allerdings beschränkt auf die Bundesrepublik. Doch in seinen grundsätzlichen Trends reicht auch dieser Typus darüber hinaus, will strukturelle, wenn nicht säkulare Trends markieren und versteht sich als Paradigma für die postindustrielle Gesellschaft. Spezifiziert wird der Wandel vornehmlich als kulturgeschichtlicher der Nachkriegszeit, etwa seit Mitte der 70er Jahre. Er macht sich vor allem in der fast gänzlichen „Ästhetisierung des Alltagslebens", die weit über Güter und Dienstleistungen hinausreicht, sowie in dem vorherrschendem Handlungstypus der Erlebnisorientierung bemerkbar, die das Leben schlechthin zum Erlebnisprojekt stilisiert („Was will ich eigentlich"?), ungeachtet aller Unterschiede der sozialen Lage. Keineswegs sei damit eine völlige Kennzeichnung gegenwärtiger Lebensweisen beabsichtigt, vielmehr gehe es um ihre graduelle Attribuierung und komparative Charakterisierung (Ebd., 15).

Überlagert, wenn nicht bereits abgelöst sei die überkommene vertikale Schichtung der Gesellschaft durch eine eher horizontal angelegte, die Schulze in sozialen Milieus und Szenen erkennt: Sie unterscheiden sich voneinander durch „gruppenspezifische Existenzformen und erhöhte Binnenkommunikation" (Ebd.,

174), haben spezielle Deutungsmuster, Geschmackskulturen und Lebensphilosophien herausgebildet, grundieren und rahmen damit die weitgehend individualisierten Lebensweisen, die „Sozialstruktur der Subjektivität" (Ebd., 239), wie sie dem soziologischen Betrachter Explikationen für bestimmte soziale Konstellationen und subjektive Optionen eröffnen.

Fünf Milieus typisiert Schulze aufgrund seiner Befragung einer repräsentativen Stichprobe in der Stadt Nürnberg, nämlich das des „Niveaus", der „Harmonie", der „Integration", der „Selbstverwirklichung" und der „Unterhaltung" (Ebd., 277ff). Charakterisiert werden sie vom Bildungsgrad ihrer Mitglieder, von ihrer Altersstruktur, den Lebensstilen und vom sozialen Habitus, ihrer Wahrnehmung der objektiven Umwelt und ihrem individuellen Selbstbild – womit Schulze auch Kategorien des französischen Soziologen P. Bourdieu (1982 [1930 - 2002] aufgreift, der soziale Disparitäten in gruppenspezifischen kulturellen Kapazitäten und Kompetenzen („kulturelles Kapital") verlängert oder gegenwärtig einschneidender markiert sieht. Die Milieus des traditionellen „Niveaus" und der hedonistischen „Selbstverwirklichung" rekurrieren auf höchste Bildungsabschlüsse, während mittlere formale Bildung das „Integrations"- und Teile des „Selbstverwirklichungsmilieus" kennzeichnet. Untere Bildungsabschlüsse finden sich vornehmlich im „Harmoniemilieu" und prägen das „Unterhaltungsmilieu". Diese Milieus wie die ihnen zuzuschreibenden Szenen treffen auf einen hochprofessionellen, nach Marketingstrategien ausdifferenzierten „Erlebnismarkt", sie fragen dessen Offerten nach, wie sie umgekehrt von seinen ‚Kulturen' und Modalitäten sozialisiert und auch nach außen konturiert werden.

Nach ihren jeweils speziellen Schematisierungen – d.h. ihren jeweils bedeutenden kulturellen Institutionen, (alltags)ästhetischen Werten und Präferenzen sowie ihren subjektiven Lebensstilen, der „kollektiven Kodierung des Erlebens" (Ebd., 128) – lassen sich wiederum Typisierungen vornehmen, und zwar in drei Schemata: nämlich das der Hochkultur, der Trivialität und der Spannung (Ebd., S. 142ff). Das Hochkulturschema konstituiert sich durch klassische Musik, Kunst, Theater, gehobene Literatur, bietet kontemplativen Genuss und Distinktion, strebt nach Perfektion und höchster Qualität. Das Trivialschema begnügt sich hingegen mit populärer Musik, konventionell oder modern, mit anspruchsloser Literatur und Massensendungen im Fernsehen; es strebt nach Uniformität und Harmonie, Gemütlichkeit ist seine Genussdevise. Das Spannungsschema umfasst vorzugsweise die Jugend- und alternative Kultur in allen ästhetischen Dimensionen wie Musik, Kino, Medien; seine Maxime ist antikonventionell, sein Genuss heißt Action. Natürlich mischen sich solche ästhetischen Typisierungen in der sozialen Realität und verschieben ihre Symptome ständig. Einerseits können sie als Markenzeichen für bestimmte Gesellschaftstypen gelten, in denen sie besonders dominant und/oder symptomatisch sind; andererseits lassen sie sich in der

3 Aktuelle, signifikante Paradigmen des gesellschaftlichen Wandels 43

„Erlebnisgesellschaft" als Möglichkeitsräume für individuelle Lebensentwürfe verstehen, die auszufüllen dem Individuum infolge seiner sozialen und individuellen Voraussetzungen möglich sind oder auch nicht.

In seiner zeitgenössischen Diagnose und Prognose zeigt sich Schulze als reichlich skeptisch: Zwar ermögliche die „Erlebnisgesellschaft" erstmals Fülle und Vielfalt von Geschmackskulturen und Milieus nebeneinander, aber sie separieren sich zunehmend, beziehen sich in ihren kulturellen Praxen nicht mehr aufeinander, es komme zu einer „Entkollektivierung von Wirklichkeitsmodellen" (Ebd., 541). In dieses Vakuum stoße der ständig wachsende, sich intensivierende Erlebnismarkt; international ausgerichtet, routiniert, hochprofessionell und lukrativ „bündelt [er] enorme Mengen an Produktivitätskapazität, Nachfragepotential, politischer Energie, gedanklicher Aktivität und Lebenszeit": „Alles ist ausprobiert, die etablierten Produkte ohnehin, aber auch, so paradox es klingen mag, die innovativen. Das Publikum ist an das Neue gewöhnt. Wenn Abwechslung zum Prinzip erhoben wird, gerät sie unter der Hand zur Wiederholung. Gleichmütig registriert das Publikum den unablässigen Strom der Mutationen von Erlebnisangeboten: Moden und Trends, Informationen, Produktveränderungen, Gags der Erlebnissuggestion, Programminnovationen in den elektronischen Medien, Neuerscheinungen auf dem Musikmarkt und im Zeitschriftenhandel, letzte und allerletzte Entdeckungen im Tourismus, gewagte Neuinszenierungen, revolutionäre Stilbrüche, unerhörte Provokationen usw. Allenthalben, im Zeichenbereich des Hochkulturschemas ebenso wie im Symbolkosmos von Trivialschema und Spannungsschema, ist gerade deshalb nichts Neues mehr zu erleben, weil das Neue ständig angeboten wird – freilich durch Schematisierung und Profilierung der Produkte ausreichend mit Schlüsselreizen versehen, um an schon vorhandene Erlebnismuster zu appellieren" (Ebd., 542f). So betrachtet, erscheine die bundesdeutsche Gesellschaft trotz ihrer sozialen Zerklüftung in kleine und kleinste Lebensstilgrüppchen unter dem Firnis jener konfektionierten, kommerziellen Erlebnismaschine durchaus als „eine Gesellschaft mit einer ausgeprägten regionalen Einfachstruktur sozialer Milieus" (Ebd., 542).

Wer darin Anleihen zu bereits früher geäußerten kulturkritischen Einschätzungen erkennen mag, wie sie etwa seit Max Horkheimers und Theodor W. Adornos Essay über die Kulturkritik. Aufklärung als Massenbetrug (1944; 1969) von Vertretern der Kritischen Theorie vielfach vorgebracht worden sind (Kausch 1988; Müller-Doohm 2000), dürfte trotz geänderter Begriffe und neuer empirischer Daten nicht ganz falsch liegen. Schulzes Bestreben ist es sicherlich, objektive Marktformierungen und subjektive Dispositionen in einem neuen Modell aufeinander zu beziehen und just jenes analytisch kaum entwirrbare, vielschichtige Bedingungsgefüge zwischen ihnen erneut aufzudröseln. Ob sein Modell für universelle Strukturen und generelle Tendenzen analytisch trägt, wird sich weisen müssen. Immerhin ist sein Modell mehrfach aufgegriffen worden, um etwa auch die wachsende Event-Orientierung und Sensationalisierung der Politik in den Medien zu charakterisieren (Dörner 2001).

3.6 Vergleichendes Resümee

Insgesamt zeigt diese knappe, exemplarisch angelegte Durchsicht der gegenwärtig wichtigsten gesellschaftstheoretischen Paradigmen für den sozialen Wandel, dass sie

- sich alle zum einen eines grundlegenden, wenn nicht sogar säkularen Wandels der modernen Gesellschaften bewusst sind, den man mit dem Ende oder der Ablösung der überkommenen Industriegesellschaften und mit dem Übergang in die Postmoderne pauschal bezeichnen kann; dass sie
- zum anderen eine Fülle und Vielfalt differenzierter, homologer, aber auch widersprechender Tendenzen und Kriterien aufarbeiten, die diesen Wandel motivieren und markieren und die bei der Bildung weiterer Paradigmen nicht außer Acht gelassen werden dürfen.

Ersichtlich ist aber auch, dass die vorgestellten Paradigmen nicht auf gleicher analytischer Ebene anzusiedeln sind und auch unterschiedliche Plausibilität genießen: So ist der Begriff der Dienstleistung weithin anerkannt, da er primär deskriptiv ist und der Statistik als Sammelbegriff für den tertiären Wirtschaftssektor dient: Denn darunter werden gemeinhin alle Wirtschaftszweige gefasst, die nicht zur Land- und Forstwirtschaft, zu Energie, Wasserversorgung und Bergbau als primären Sektor sowie zum produzierenden, verarbeitenden und Baugewerbe als sekundärem Sektor gerechnet werden: also Handel und Verkehr, Kreditinstitute, Versicherungen, sonstige Dienstleistungsunternehmen, Staat sowie private Haushalte und private Organisationen ohne Erwerbscharakter. Waren 1960 noch 38,4 Prozent und 1970 42,5 Prozent der bundesdeutschen Erwerbstätigen in diesem Sektor beschäftigt, so waren es 1980 51,4 Prozent, und damit wäre nach den üblichen Definitionen der Status der Dienstleistungsgesellschaft erreicht gewesen. 1990 waren es 56,5 Prozent, 2001 knapp 69 Prozent und 2003 gut 70 Prozent (Statistisches Bundesamt 2004). Der Zuwachs flacht sich mithin ab, was angesichts des hohen Anteils nicht verwunderlich ist.

Trotz der anhaltenden Diskussion wird von der amtlichen Statistik noch immer nicht der Informationsbereich gesondert ausgewiesen, vermutlich weil seine Abgrenzung noch schwieriger und willkürlicher ausfallen wird als jetzt schon die des tertiären Sektors. Einen solch quartären Sektor gibt es mithin offi-

3 Aktuelle, signifikante Paradigmen des gesellschaftlichen Wandels 45

ziell hier zu Lande (noch) nicht. Grob geschätzt hat ihn Anfang der 80er Jahre schon Norbert R. Müllert (1982) in der folgenden Grafik, ohne allerdings die Angaben im Einzelnen zu belegen:

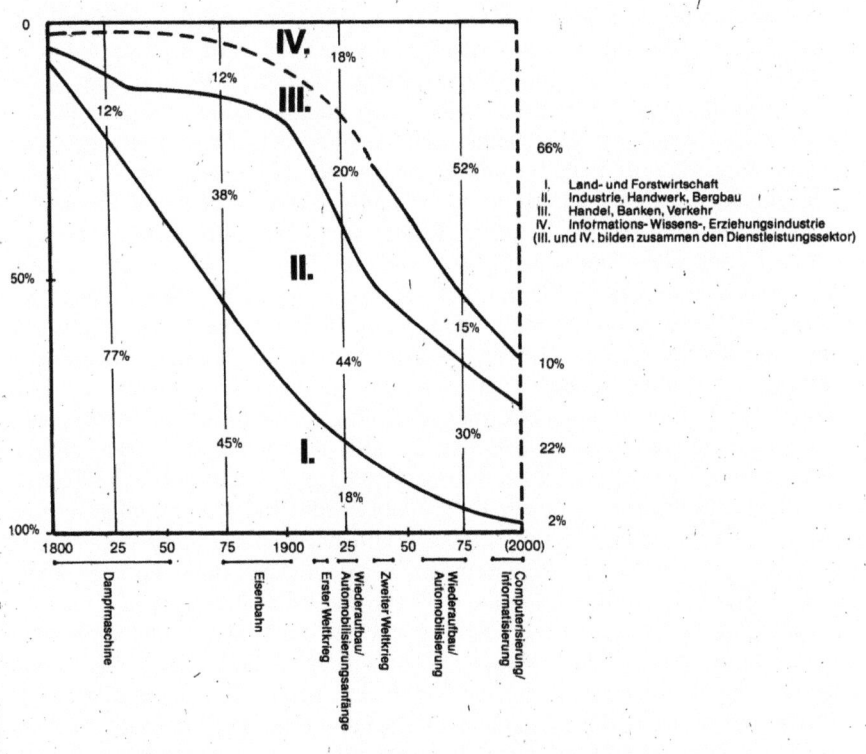

Entwicklung von der Agrar- zur Informationsgesellschaft und epochale Umwälzungen – Beschäftigungsverteilung

Quelle: Müllert 1982, S. 51

Reichlich überhöht dürften die Anteile des Informationssektors sein, wenn man sie mit den offiziellen Angaben vergleicht – wiewohl sich die generellen Veränderungen in etwa so ergeben und damit in der Tendenz stimmen. Gerade in solchen Überzeichnungen kommt nicht zuletzt eine gewisse theoretische Selbstsuggestion zum Ausdruck, die sich bei den Fokussierungen auf bestimmte Entwicklungen leicht einstellen, weil andere Faktoren und Konstellationen vernachlässigt werden. Plakative Paradigmen spitzen nun einmal gesellschaftliche Entwicklungen zu.

Auf der Beobachtungs- und Konstruktionsebene liegen die anderen Begriffe: Pauschal und unverfänglich ist der der postindustriellen Gesellschaft, weil er lediglich ein zeitliches Voranschreiten, eine anhaltende, wenn auch brüchig gewordene Kontinuität andeuten will, die beliebig gefüllt werden kann und wird: Was nach der so genannten Industriegesellschaft kommt bzw. wie lange diese noch in verschiedenen Formationen oder auch nur in Teilbereichen anhält, ist noch nicht ausgemacht, stellt sich aus verschiedenen Perspektiven jeweils unterschiedlich dar. Als eher plakativ und eklektizistisch mutet auch das Paradigma der „Mediengesellschaft" an, da es ursprünglich vornehmlich von kulturkritischer Warte aus geprägt ist, inzwischen aber auch deskriptiv verstanden wird, aber längst noch nicht hinreichend theoretisch fundiert ist. Einher geht sie mit den diversen Theoremen zur Medienwirkung, die ja in ihrer Geschichte zwischen den Zuschreibungen ihrer Allmacht und denen ihrer Ohnmacht ständig unentschieden oszillieren (Kübler 2003b, 239ff). Ob nun die Medien die moderne Gesellschaft konstituieren oder sie ‚nur' als permanente „Beobachtung der Beobachtung" (N. Luhmann) spiegeln (und so ständig rekonstruieren), ist wohl eine nicht mehr empirisch zu lösende Frage, die aber der gründlichen theoretischen Explikation harrt. Erst 2004 hat sich die einschlägige wissenschaftliche Fachgesellschaft, die Deutsche Gesellschaft für Publizistik- und Kommunikationswissenschaft, auf ihrer Jahrestagung dieser Problematik, auch unter dem Thema *Mythos Mediengesellschaft?* angenommen, der demnächst publizierte Tagungsband wird über die geballten Experten-Erkenntnisse Aufschluss geben.

Eher zeitgenössischer Akzentuierung dürften die beiden anderen Paradigmen geschuldet sein; sie dürften daher nicht auf Dauer theoretisch tragen, wiewohl sie symptomatische Tendenzen moderner Gesellschaften markieren: U. Beck schöpfte sein Paradigma unter dem erschütternden Eindruck der Atomkatastrophe von Tschernobyl und der Hilflosigkeit bzw. Ignoranz politischer Reaktionen. Dass funktionale wie kasuistisch unerwartete Risiken, die gleichwohl systembedingt sind, modernes Leben bedrohen und die überkommenen Klassenstrukturen, die dennoch fortwirken, überlagern, ist auch nach der öffentlich verdrängten Gefährdung durch Super-Gaus und dem Anwachsen sozialer Krisen nicht erledigt. Sie haben sich mit der Globalisierung weiter entgrenzt und zugleich vernetzt, wenn man etwa an die weltweite Aids-Epidemie denkt (Beck 1998). Eher auf mentalen und psychischen Wandel ist das Paradigma der „Erlebnisgesellschaft" ausgerichtet, das theoretisch mehr noch als bisher mit dem der Mediengesellschaft verknüpft werden müsste (Dörner 2001). Denn die Medien sind sowohl mächtige Antriebsfaktoren für die verbreitete Neigung, wenn nicht Sucht nach performance und events, die immer wieder neue (Vor)Bilder und Eskalationen dafür ventilieren, wie sie auch Plattformen dafür bieten, dass jedermann/-frau zum zeitweiligen Inszenierungsstar avanciert und sein Persönlichstes und Intimstes vermarkten kann. Wenn mit dem latent anhaltenden Bedeutungsverlust der Arbeit und des Arbeitsethos eine Sinnkrise schwelt, die sich Kompensationen im Erlebnishunger sucht, dann sind die Medien die perfekten und lauten Surrogate dafür, gewissermaßen der soziale Psychokitt, mit dem unentwegt innere Unsicherheit und Trostlosigkeit übertönt wird. Aber auf Dauer wird sich eine Gesellschaft so nicht festigen und weiterentwickeln lassen.

Wenn im Folgenden die semantische Genese und der Bedeutungsgehalt des hier vor allem beachteten neuen Paradigmas der „Informations"- und in ihrem Gefolge der „Wissensgesellschaft" betrachtet werden, dann wäre zu wünschen, vielleicht sogar zu fordern, dass der skizzierte gesellschaftstheoretische Erkenntnisstand darauf bezogen, besser noch prüfend eingearbeitet werde, um dem Anspruch einer nunmehr treffenden und genügend umfassenden Kennzeichnung der aktuellen Gesellschaftsformation gerecht zu werden. Wenn dies nicht der Fall ist, entlarven sich die neuen Paradigmen ebenfalls nur als wohlfeile, eingängige Etiketten, die ein nicht minder turbulenter, effekthaschender Wissenschaftsmarkt in der Nachfolge öffentlicher Debatten unentwegt um seiner Aufmerksamkeit willen erzeugt.

Doch zuvor sei ein knapper Blick auf die technischen Entwicklungen, die Innovationen und die Dynamik der so genannten Informations-, Kommunikations- und Medientechnologien geworfen, die die materiellen Voraussetzungen für jenen gesellschaftlichen Wandel verkörpern – ohne allerdings damit vorschnell einen technologischen Determinismus zu unterstellen, wie es in historischen Modellen vielfach geschieht. Zwar gibt es nach wie vor die epochale, technische Erfindung, die – wenn sie vermarktet wird – entsprechende Veränderungen in Gesellschaft, Kultur und Alltag nach sich zieht – oder auch, sofern sie sich nicht als funktionstüchtig und/oder vermarktbar erweist, wieder verschwindet. Aber ebenso wird heute Technik – zumal im Kontext weltweiter Konzernstrukturen und Großlabors – infolge bereits identifizierter Nachfrage entwickelt oder auch in ihrer jeweiligen Formation so gewaltig in den Markt gedrückt, dass alternative Optionen keine Chance haben. Beispiele für jede Version finden sich genug in der Geschichte der Medien- und Informationstechnik: angefangen von Thomas Alva Edisons (1847 – 1931) Phonographen (1877), der zunächst als Sprachaufzeichnung gedacht war, über den mächtig gefeierten Bildschirmtext der Deutschen Bundespost als elektronisches Heimwunder bis hin zum für viele ungerechtfertigten globalen Marktmonopol von Microsoft, das über Jahre andere Betriebssysteme verdrängt hat. Und selbst der heute milliardenschwere SMS-Dienst via Handy hat die Industrie ursprünglich als netten, aber für den Markt unbedeutenden Nebeneffekt des Handy angesehen.

4 Zur Entwicklung der Informations- und Kommunikationstechnologien

4.1 Revolutionen menschlicher Kommunikation

Wenn nicht in kausalen, so doch in funktionalen Zusammenhängen mit den gesellschaftlichen Transformationen stehen die (informationstechnischen) Innovationen und ihre kaum schwindende Dynamik, die aus der Sicht vieler das Etikett der Revolution verdienen. Gewissermaßen retrospektiv werden die Phasen davor rekonstruiert und nun auch in numerische Chronologien gebracht, unabhängig davon, ob und wie sie die damaligen Zeitgenossen erfahren und charakterisiert haben (Giesecke 1991; 2002). Natürlich hängen solche Einordnungen auch von den jeweils begrifflichen Spezifikationen und disziplinären Perspektiven ab. So reicht die Bandbreite, wann und wie Mediengeschichte beginnt, vom Anfang der Mensch- und Kulturgeschichte, also vor mehr als 30.000 Jahren unserer Zeitrechnung (Faulstich 1997), bis zur Mitte des 15. Jahrhunderts, als Johann von Gutenberg (vor 1400 – 1468) die Mechanisierung der Schriftproduktion durch den Guss wieder verwendbarer, „beweglicher" Lettern, die Mischung der Druckerschwärze sowie die Verwirklichung der Setzerei gelingt (Wilke 2000). Diese Erfindungen und die daraus folgenden Veränderungen für Schrift, Kommunikation und Kultur werden inzwischen als *erste* Kommunikationsrevolution apostrophiert. Über ihre strukturellen Auswirkungen wird seither unentwegt räsoniert, etwa hinsichtlich der Entstehung des modernen Literaturmarktes, der Entwicklung der Printmedien und der Verbreitung der Lesefähigkeit, aber auch und vor allem hinsichtlich der Herausbildung der Wissenschaften, von Tradition – etwa der Renaissance der Antike –, der Formierung des Bürgertums und seiner politischen Forderung nach Öffentlichkeit und Demokratie sowie der Entwicklung individueller Bildung bis hin zur sequentiellen Wahrnehmung und logischen Denkfähigkeit. Und natürlich werden diese Entwicklungen und Errungenschaften heute, angesichts weiterer Transformationen, erneut von verschiedenen Warten aus beäugt.

Ob man die Phase ab Mitte des 19. Jahrhunderts bis Mitte des 20. Jahrhunderts, in der sich die modernen Massenmedien - also Massenzeitung, Kinofilm, Hörfunk und Fernsehen - formierten und – zusammen mit dem Modell der Mas-

4 Zur Entwicklung der Informations- und Kommunikationstechnologien

sengesellschaft – das Phänomen der Massenkommunikation, also der technischen, einseitigen, diffusen Verbreitung professioneller Medienprodukte an ein „disperses" Massenpublikum, als *zweite* Kommunikationsrevolution aufwerten will oder eben nur als technische Weiterentwicklung, mithin als Elektrifizierung, Kombination sowie optoelektrische Integration von Texten, Tönen und Bildern, wird unterschiedlich beurteilt. Jedenfalls prägt die Massenkommunikation die moderne Gesellschaft, ihre Kultur und Kunst nachhaltig, erzeugt Standardisierung, transnationale Uniformität wie neue Ausdrucksformen, lässt die parlamentarische zur Mediendemokratie mutieren, katapultiert die Medienindustrie mit an die Spitze ökonomischer Wertschöpfung, bringt eine Vielzahl von Medienberufen hervor und expandiert Werbung zum omnipräsenten Ferment für Konsum, aber auch für viele andere Lebensbereiche, vom Sport bis hin zur Kunst.

Mit der Entwicklung der Mikroelektronik, Telekommunikation und weltweiten Vernetzung ist die *dritte* Kommunikationsrevolution voll im Gang. Technisch löst sie die analoge Übertragung durch die digitale ab, die unbegrenzte Speicherung und Übertragung, egalitäre Konversion in alle Formate und beliebige Multimedialität, Interaktivität und permanenten Rollentausch, Echtzeit und Virtualität ermöglicht. Kommunikationssoziologisch überwindet sie die überkommene Dualität zwischen interpersonaler und Massenkommunikation, das Massenpublikum segmentiert sich nicht nur in spezielle Zielgruppen, am PC und Internet individualisiert es sich zum einzelnen (oder gar vereinzelten) User, der ebenso via E-Mail, Homepage, Chatrooms und Newsgroups kommuniziert wie er weiterhin professionelle Produkte rezipiert; als MUDs (Multi User Dungeos, zu deutsch: „Viel-Nutzer-Kerker", gemeint sind: virtuelle Spielhöllen) beteiligen sie sich an (Rollen)Spielen und virtuellen Welten (Sandbothe 1997, 62)

Allerdings hat diese dritte Phase der Mediengeschichte auch schon einen erheblichen Vorlauf, der heute vielfach übersehen wird. Ob man ihn bei der langen Suche der Menschheit nach Zahlen, quantitativen Ordnungskriterien und Algorithmen beginnen lässt und dann bis zu den frühesten Kulturen der Sumerer und Ägypter zurückblickt oder ihn wiederum mit deren technischen Formationen datiert, als es gelingt, mechanisch zu rechnen sowie Daten und Zahlen zu speichern, ist abermals historische Ansichtssache. Jedenfalls entwickeln etwa Pioniergeister wie Alan M. Turing (1912 – 1954) ab 1936 und Konrad Zuse (1910 – 1995) ab 1937 die ersten Universalrechner bzw. Relaiscomputer. 1945 wird mit ENIAC der erste Röhrencomputer gebaut, Mitte der 50er Jahre entstehen integrierte Schaltkreise in Halbleitertechnik, ab Ende der 60er Jahre Teleprocessing und Mikroprozessoren. Mit den 70er Jahren beginnt die Revolution des Personal Computers durch Microsoft (ab 1975) und Apple (ab 1976), in den 80er Jahren werden die Kapazitäten bis hin zum 486er PC enorm gesteigert. Schon in den 60er Jahren prognostiziert der Computerexperte Gordon Moore (1965), Mitbegründer des Chipherstellers *Intel*, dass sich die Zahl der Transistoren in integrierten Schaltkreisen (Chip) alle zwölf bis achtzehn Monaten verdoppeln und sich damit die Speicherkapazität wie die Arbeitsgeschwindigkeit entsprechend steigern lässt. Zwar hat Moore diese Zeitspanne mehrmals korrigiert, dennoch firmiert seine bis in die Gegenwart bestätigte Voraussage inzwischen als eine Art Gesetz (Heidenreich 2004, 84; Stockmann 2004, 165f.):

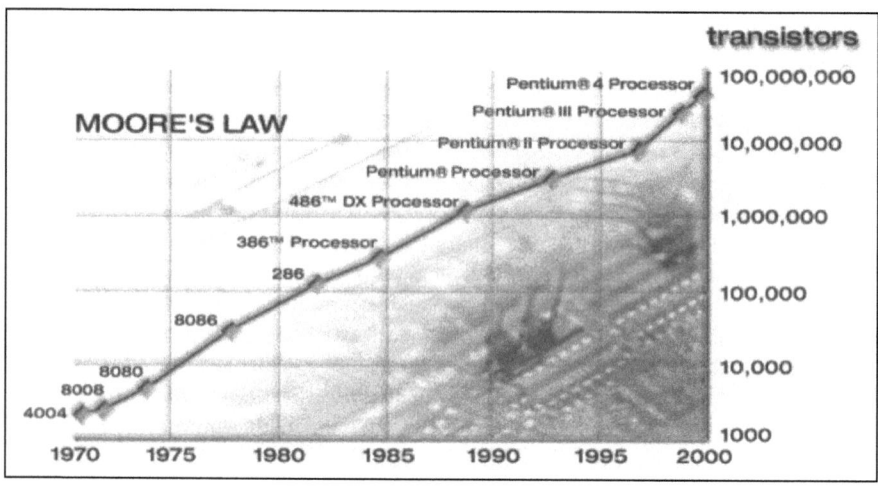

Extrapolation der Transistoren (so genannte Mooresche Gesetz, nach Weil 2004, 183).

Mit I(ntegrated)S(ervices)D(igital)N(etwork) steht ab 1985 erstmals ein Leitungsnetz zur Verfügung. In den 90er Jahren lösen Pentium-Prozessoren die hergebrachten Chip-Rechner ab, und mit dem Internet steht nun einem ständig wachsenden Publikum ein weltweiter Daten-Highway zur Verfügung. Vernetzte Computer lösen zunehmend den solitären PC mit Festplatte und Disketten ab.

Hingegen haben sich kaum Verbesserungen an den Schnittstellen „Mensch-Maschine" der Ein- und Ausgabegeräte ergeben. Zwar kursieren immer wieder Prognosen über revolutionäre Veränderungen hin zu direkteren Interaktion wie „Touch Screens", „Data Gloves", 3-D-Brillen oder unmittelbarer Spracherkennung, aber sie bleiben bislang pionierhafte Randerscheinungen, so dass bis heute Tastatur, Maus und Monitore überwiegen, letztere immerhin in der LCD-Version, als Flachbildschirme und mit erheblich besserer Qualität.

Neben der noch weiter wachsenden Vernetzung, in die auch andere Tele-Optionen wie das Telefon, das Fax und weitere multimediale Formen des Datenaustausches einbezogen sind, zeichnen sich derzeit folgende Trends ab:

- der Trend zur mobilen Nutzung des Internet durch draht- und kabellose Übertragungen (Wireless Local Area Network), derzeit also per lokalen Funknetzen (Hot Spots und WLAN-Punkte), später auch per Satelliten und UMTS-Netze sowie mobile Laptops und Mini-Computer, wobei auf mittlere Sicht Notebooks, Laptops, Palmtops und Handys mindestens technisch verschmelzen können, um überall und jederzeit online und erreichbar sein zu können; wie sich dafür die Marktoptionen entwickeln, bleibt abzuwarten;
- der Trend zur Verschmelzung mit der Konsum-Industrie hinein in die private Nutzung: Nachdem Büros und Arbeitszimmer weitgehend computerisiert und vernetzt sind, dringen die digitalen Helfer in die Hobbyräume und Wohnzimmer ein: Digitale Fotografie, Film- und Videografie, elektronischer Videoschnitt, Videokonferenzen, Downloading von Musik- und Fernsehformaten, großformatige Flachbildschirme werden immer üblicher und modellieren den Computer vom Arbeitsgerät zum Unterhaltungsmedium um. Diese Veränderungen spiegeln sich bereits in gefälligerem Design der Computer sowie in einschlägigen Möbelaccessoires wider, und solche Adaptationen dürften sich künftig noch verstärken.

4.2 Globale und digitale Vernetzung

Die technische Entwicklung des Internet beginnt Ende der 60er Jahre – und zwar wie bei den meisten Medien im militärischen Kontext (Kübler 1986; Eurich 1991). Die atomare Aufrüstung der beiden Supermächte, ihr Wettlauf im Weltall sowie die wachsende Notwendigkeit eines weltumfassenden Informations- und Kommandonetzes lassen das Pentagon, das amerikanische Verteidigungsministerium, nach einer neuartigen Vernetzung suchen, die weitgehend vor feindlichen Angriffen geschützt und auch noch nach dem befürchteten atomaren Erstschlag funktionieren würde. 1958 vergibt es dafür an seine eigens dafür gegründete Unterbehörde – genannt „DAPRA" (Defence Advanced Research Project Agency) – einen Projektauftrag, die daraufhin bis 1969 das APRANET entwickelt. Ende 1969 wird Telnet (Telecommunication Network), der erste Vorläufer von Online-Medien, installiert. Erstmals arbeitet es nach dem neuartigen Client-Service-Prinzip, wonach jeder Rechner jeden anderen als Terminal benutzen kann. Mit dem Anfang Juli 1972 entwickelten Programm FTP (File Transfer Protocol) ist es vollends erreicht, dass zwei Rechner quasi miteinander kooperieren können, ohne dass der eine zum Terminal des anderen degradiert wird. Damit steht weltweit eine völlig dezentrale, beliebig kombinierbare Vernetzung zur Verfügung, die zudem die Daten nur portionsweise, gewissermaßen in kleinen Paketen, übermittelt: das Internet entsteht – gewissermaßen als Sammelbegriff für die nun wachsenden diversen Dienste. Ihre Ausschaltung hätte nicht mehr durch zentrale Schläge bewerkstelligt werden können. Doch die inzwischen eingetretene politische Entspannung mit der Beendigung des Kalten Krieges reduziert die militärischen Bedarfe und ermöglicht zivile Nutzungen. Schon 1971 bedienen sich mehr als dreißig US-amerikanische Universitäten des APRANET für ihre Kommunikationszwecke.

Der Durchbruch als privates Online-Medium kommt, als über dieses Netz ebenfalls Anfang der 70er Jahre elektronische Post (E-Mail) verschickt werden kann. Ab 1983 wird mit TCP (Transmission Control Protocol) die einheitliche Adressierung der Rechner, das erste „echte Netzvernetzungsprotokoll", möglich (Winter 2000, 284ff). Ebenfalls im Jahr 1983 gibt das Pentagon das Internet vollends für die zivile Nutzung frei, überall entstehen lokale Netze, und auch erste kommerzielle Nutzungen werden erprobt. Der gewaltige Boom verlangt immer weitere Standardisierungen, mit der Einführung des Domain-Name-Systems und dem eigenen Internet-Protokoll (IP), das mit TCP verkoppelt wird, eröffnen sich ab 1984 weitere Nutzungsmöglichkeiten von E-Mail und Usenet, über das Nachrichten getauscht werden können. Sprunghaft steigt nun die Zahl der Hosts – das sind Rechner mit zentralen Dienstleistungen für alle Netzteilnehmer bzw. für das Netz: 1984 sind es noch um die 1000, 1992 bereits ca. 772.000, die in ca. 17.000 Domains in 4526 Netzwerken aus 42 Ländern in das Internet integriert sind (Ebd., 287). Doch ihre ausschließliche textbasierte Nutzung ist bis dahin vornehmlich eine Sache für Experten und Freaks, die sich mit den jeweils erforderlichen Befehlssystemen auskennen. Ab 1992 ändert sich diese Beschränkung grundsätzlich: Das *World-Wide-Web (WWW)* oder der WWW-Browser machen das Internet benutzerfreundlich, und diese Instrumente stehen deswegen heute – zumindest im alltäglichen Verständnis – als Synonym für alle Dienste des Internet.

Erst mit der Verbreitung des Internet kann 1991 auch die gänzlich unkommerzielle Idee des 21jährigen Linus Torvalds greifen, nämlich ein Betriebssystem – genannt Linux – als eine Plattform bereitzustellen, die frei verfügbar und in der General Public Licence (GPL) festgeschrieben ist. Sie wird von vielen Programmierern und Usern in aller Welt weiterentwickelt. Denn diese Lizenz garantiert den kostenlosen Zugang zum Quellcode des Betriebssystems. Entwickler haben so Einblick in sämtliche Quellcodes (Open Source) und können recht einfach neue Funktionen integrieren bzw. Programmfehler finden und beseitigen.Von dem ursprünglichen Betriebssystem, das rein auf Kommandozeilen orientiert war, hat sich Linux dank grafischer Oberflächen längst verabschiedet, so dass es zunehmend zur Alternative zum Microsoft-Standard und dessen umstrittener Lizenzpolitik gerade auch für Business- und Privatanwender wird (Stockmann 2004, 169).

4 Zur Entwicklung der Informations- und Kommunikationstechnologien 53

Auch die Erfindung und Entwicklung des WWW wird nicht etwa von den weltweit berühmten Software-Schmieden bewerkstelligt, sondern – recht untypisch – im europäischen Kernforschungszentrum (CERN) in der Schweiz von einem Forscherteam unter der Leitung von Tim Berners-Lee vollbracht. Sein Ziel, Computerdaten den Nutzern leichter zugänglich zu machen, erreicht er mit dem seit längerem bekannten Konzept nichtlinearer Hyper-Texte. Dafür müssen zusätzlich zu TCP/IP ein *Hyper Text Transfer Protocol (HTTP)*, eine neue Seitenbeschreibungssprache *HyperText Markup Language (HTML)* sowie eine neue, auf dem IP aufbauende Adressierung, ein *Uniform Resource Locator (URL)*, entwickelt werden. Mit ihnen wird eine nichtlineare, individuell optionale Strukturierung von Daten möglich, die mit einer URL hinterlegt werden und mittels Mausklick anzusteuern und zu laden sind. Außerdem lassen sich Verweise oder „Links" individuell nutzen: 1992 wird deshalb zum Startjahr der breiten und individuellen Internet-Nutzung weltweit, nicht zuletzt weil in diesem Jahr mit der Gründung der Internet Society (ISOC) eine globale Instanz zur verantwortlichen Koordinierung und Standardisierung tätig wird. Sie hat aber keinerlei Eigentums- oder Interventionsbefugnis.

1993 konstruiert der 22jährige Student Mark Andreessen den WWW-Browser, *X-Mosaic*, später *Netscape* genannt. Über seine benutzerfreundlichen Bedienungsoberflächen können nun auch Bildinformationen aus dem Internet abgerufen werden. Seine Nutzung wird neben E-Mail von den damals schon über zehn Millionen Teilnehmern am häufigsten wahrgenommen, denn Internet ist nun nicht mehr das Medium für Experten, sondern verbreitet sich rasant in Beruf und Alltag. 1994 überrunden die kommerziellen Hosts (.com) die Zahl der wissenschaftlichen (.edu), und ihre Gruppe wächst seither am schnellsten, so dass Anfang 2001 das Verhältnis zwischen Com- und Edu-Domains bei 40,6 zu 7,5 Millionen liegt (Zimmer 2004, 170). Die Zahl der Hosts bzw. registrierten Internetadressen wächst von etwa 200.000 Anfang 1990 auf 171,6 Millionen Anfang 2003, die der WWW-Server von lediglich 50 Anfang 1993 auf 90.000 im Jahr 2003; sie bilden damit mit weitem Abstand die größte Kategorie der Internethosts (Ebd., 169)

Ebenso haben WWW-Sites alle anderen Netzdokumente an Zahl und Umfang um das Vielfache überrundet, so dass das WWW heute als das größte „Massen"-Medium-Angebot weltweit gelten kann. Sprunghaft sind auch die – nur grob schätzbaren – Internet-User (Erwachsene und Kinder, die das Internet in den letzten drei Monaten mindestens einmal genutzt haben) angestiegen: Waren es 1995 gerade 26 Millionen, so sind es im September 2002 606 Millionen Personen (Ebd. 170), im Herbst 2003 648,7 Millionen (Hasebrink/Herzog 2004, 149), wobei sich die stärksten Zuwächse Ende der 90er Jahre abzeichnen und sich seither die Kurven abschwächen. Schätzungen, wonach bereits 2005 971

Millionen erreicht werden, dürften sich mithin nicht mehr bewahrheiten (Zimmer 2004, 170). Noch immer ungleich ist die geografische Verteilung des Internet, was nach wie vor als „digital devide" (s.u. Kap. 6.5.2) diskutiert wird: Denn vorrangig ist des Internet eine Medium für die entwickelten Industrienationen, wobei Nordamerika, Europa und der asiatisch-pazifische Raum mit jeweils etwa 30 Prozent Anteil an der Internet-Community inzwischen gleichauf liegen. Immerhin verbuchen Asien und Lateinamerika die schnellsten Aufholtendenzen.

Misst man indes den Anteil der User an der Gesamtbevölkerung, ergeben sich besagte Disproportionen: Weltweit nutzten 2002 97 von 1.000 Personen das Internet. In den entwickelten Ländern sind es durchschnittlich 326, in den Entwicklungsländern 39. In Afrika sind es mit nur 10 Usern auf 1.000 Personen die wenigsten, wobei es beispielsweise in Südafrika 68, in Nigera nur 2 sind. Entscheidend dafür sind die mangelnde technische Infrastruktur – etwa die fehlenden Telefonleitungen – sowie die minimalen Finanzen. So hat schätzungsweise die Hälfte der Weltbevölkerung noch nie ein Telefonat geführt (Kleinsteuber/Thomaß 2004, 94). In Asien kommen auf 1.000 Personen 56 User, in Lateinamerika/Karibik 67. Doch auch auf diesen Kontinenten öffnen sich die Diskrepanzen: etwa zwischen Südkorea (552) und Indien (16) oder zwischen Chile (201) und Mexiko (46). Unangefochten an der Spitze steht Nordarmerika mit 532 Usern pro 1.000 Einwohnern, gefolgt von Ozeanien mit 333 und 208 in Europa (Zimmer 2004, 171). In Europa sind die skandinavischen Länder mit Finnland die Spitzenreiter, Deutschland liegt auf einer mittleren Position. Nach dem *Global Information Technology Report* 2002 – 2003 des World Economic Forum gibt es indes in keinem Land der Welt mehr Websites pro Person als in Deutschland: Auf 1.000 Einwohner kommen etwa 85 Websites, in den USA sind es 60; dort sind allerdings die PC-Dichte und die Internet-Nutzung weitaus höher (Bundesministerium 2003, S. 5ff). Denn mit 132 Millionen Internetanschlüssen/IP-Adressen – nicht zu verwechseln mit der Zahl der Nutzer – stehen die USA unangefochten auf der ersten Position, gefolgt von Japan (9, 3 Millionen) vor Italien (3,9 Millionen), Kanada (3,0 Millionen) und Deutschland (2,9 Millionen). Auch andere Indikatoren (z.B. Linkstrukturen, Anteil englischsprachiger WWW-Angebote, Umsätze in E-Commerce) bestätigen nach wie vor die Dominanz der USA über das Internet (Zimmer 2004).

Längst ist *Netscape* nicht mehr der einzige Web-Browser, auch nicht in seiner jüngsten Variante *Mozilla,* im Gegenteil: Sein heftigster Konkurrent ist seit Ende 1997 der *Explorer*, den der PC-Monopolist Microsoft technisch verspätet, aber marktwirksam ins Rennen schickte, so dass Netscape inzwischen fast vom Markt verdrängt ist. Daneben existieren unzählige kleinere Browser, die ihre spezielle Leistungsfähigkeit und Ausrichtung haben. Immens waren die Erwartungen, grandios die Prognosen, die dem so genannten Electronic Business, bald als „New Economy" gefeiert, mit diesen universellen, zugleich beliebig spezifizier- und individualisierbaren Online-Kommunikations- und Interaktionsnetzen zugeschrieben wurde: Eine gänzlich neue, eben nicht mehr materielle, sondern auf immateriellen Datentransfer und Informationsaustausch beruhende Infrastruktur – und dies zudem weltweit – wurde annonciert, die Wirtschaft, Handel, Politik, Alltag, Konsum und Freizeit sollte grundlegend umgekrempelt werden.

Am auffälligsten ist dieser Boom inzwischen bei der mobilen Telefonie – vulgo: Handy – ersichtlich. Nach technischen Vorläufern seit den 50er Jahren schafft das digitale zellulare Netz (GSM = Groupe Spécial Mobile, ein Zusammenschluss von Telekommunikationsfirmen aus 26 europäischen Ländern) seit Ende der 80er Jahre in fast 200 Ländern zugleich den Durchbruch: 1992 gehen die beiden Konkurrenten D1 (Telekom) und D 2 (Mannesmann) auf den Markt. Die Zuwachsraten explodieren in wenigen Jahren, so dass inzwischen bei etwa 40 Millionen Teilnehmern eine Sättigung erreicht sein dürfte. Mit dem neuen Kapazitätsstandard UMTS (Universal Mobile Telecommunications System), deren Lizenzen die Anbieter in Deutschland für fast 50 Milliarden € vom Staat ersteigern mussten, sucht die Branche die Integration von Computer, Internet, Video und Telefonie, mindestens auf dem handlichen Display zu erzielen.

Inzwischen haben etliche dieser Visionen konjunkturelle Dämpfer erlitten; die „New Economy" gilt als gescheitert oder hat sich als zwar nützlicher, aber nicht substituierender Faktor der Wirtschaft erwiesen, den die „Old Economy" zur weiteren Expansion, Fusionierung und Effizienzsteigerung integriert. Mit Daten und Werbung allein lässt sich wohl auf Dauer keine eigenständige, immense Wertschöpfung betreiben, wie viele Internet-Anbieter – nicht zuletzt die ‚online' gegangenen Medienbetreiber selbst – erfahren müssen. Die überzogenen Umsatzerwartungen für E-Commerce noch aus dem Jahre 2000 sind inzwischen nüchternen Relationen gewichen, eine massive Konsolidierung setzte ein, der eine Vielzahl junger Internetunternehmen zum Opfer fielen (Zimmer 2004, 178). Noch immer ist das berühmte Silicon Valley auf der Suche nach dem nächsten technologischen Quantensprung. Allerdings stellen ihn sich die wenigsten mehr als allein technische Innovation eines genialen Erfinders vor, vielmehr werden es eher ganzheitliche Geschäftsideen sein, die sich kontinuierlich entwickeln und eher an der Oberfläche der Produkte ansetzen als an den basalen Strukturen (Fischermann 2004). Gleichwohl sind WWW und Internet aus dem gewerblichen wie privaten Alltag nicht mehr wegzudenken und werden ihre technischen wie kommunikativen Weiterentwicklungen gewärtigen, wenn auch nicht mehr in der Rasanz und den gigantischen Ausmaßen, wie ihnen vor wenigen Jahren noch prognostiziert wurde (Kubicek 1998; Münker/Roesler 1997; 2002).

Immer kleiner, flexibler, leistungsfähiger und billiger werden die elektronischen Geräte, bis sie letztlich in andere Geräte integriert oder gar in menschliche

Körperteile implantiert werden: Vom gigantischen Zentralcomputer führt die Entwicklung durch ständig steigenden Kapazitätszuwachs, gleichzeitige Verkleinerung der Hardware, enorme Komplexitätssteigerung der Software, durch Preis- und Kostenreduzierung zum isolierten PC, dann zu den digitalen Netzen und endlich zur möglichst vollständigen, automatisierten („intelligenten") Schnittstelle bzw. Integration aller Informations- und Kommunikationsaufgaben durch Multimedia, worin nicht nur PC und Medien konvergent einbezogen, sondern womit künftig auch weitere ‚informative' bzw. wissensbasierte Dienstleistungen bewerkstelligt werden, wie es der Gründer von Microsoft, Bill Gates (u.a. 1995; 1997) in seinen eigenem Haus, mehr noch in seinen Visionen antizipiert.

Zugleich vollziehen sich sämtliche Innovationen und Verbreitungen ständig rasanter: Hat es noch 38 Jahre gebraucht, bis 50 Millionen Menschen einen Radio-Apparat hatten, 13 Jahre, bis sie über ein Fernsehgerät verfügten, so dauerte es nur noch gut drei Jahre, bis es 50 Millionen Internet-Nutzer gab. Die inzwischen als alt deklarierten Medien (Radio, Fernsehen, Kabel) verzeichnen über Jahrzehnte hinweg konstant lineare Wachstumsraten im einstelligen Prozentbereich, nämlich zwischen zwei und acht Prozent pro Jahr, hingegen wächst das Internet seit seinem Beginn an exponentiell und hat sich bisher alle vier Jahre verfünffacht (Weil 2001, 112):

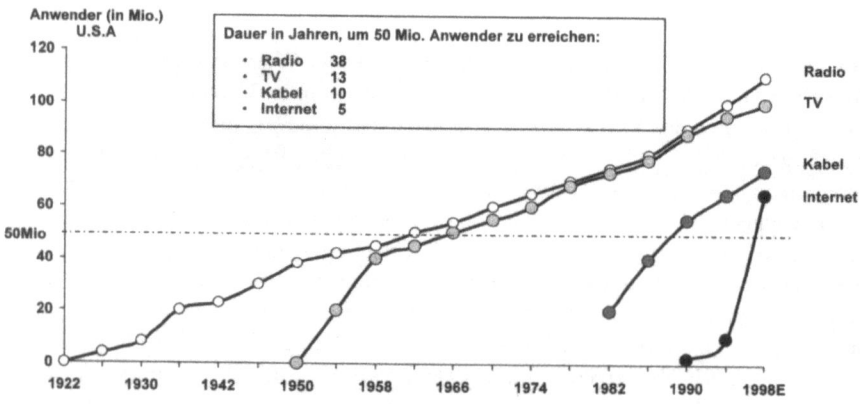

Verbreitungsgrade von Medien (Weil 2001, 112)

Dennoch existieren die meisten Medien aller drei Phasen nebeneinander und werden genutzt. Mit jedem neuen technischen Schub haben sich funktionale Differenzierungen insbesondere in der Nutzung und entsprechend in den Formen und Inhalten ergeben, aber keines der substantiellen Medien ist gänzlich verschwunden. Deshalb sieht die Kommunikationswissenschaft für den Medien-

4 Zur Entwicklung der Informations- und Kommunikationstechnologien

wandel die von dem Historiker Wolfgang Riepl (1913) als so genanntes „Grundgesetz der Entwicklung des Nachrichtenwesens" der Antike früh formulierte Erkenntnis bestätigt, wonach ein neues Medium ein altes nicht gänzlich verdrängt, sondern sich jeweils neue komplementäre Funktionen und Nutzungsweisen ergeben (Lerg 1981; Kiefer 1989; Berg/Kiefer 1996, 19; Kiefer 1998, 90; Peiser 1998, 159). Allerdings ist diese These nicht unbedingt auf ein spezielles Medium bezogen (Faulstich 2002b, 159f), weshalb etliche ihrer technischen Formate, die zeitbedingt sind, von leistungsfähigeren, robusteren, flexibleren und billigeren abgelöst werden: Tonwalze, Schellackplatte, Tonband, Videoband, Lochkarte und Lochstreifen gibt es nicht mehr oder kaum noch. Langspielplatte, Mikrofilm, Mikrofiche oder 5,25-Zoll-Disketten sind ebenfalls fast abgelöst, auch der Film als Kunststoff- und Zelluoidstreifen in Kamera und Projektor ist von der digitalen Aufzeichnung bedroht, ebenso dürfte es bald der Videokassette ergehen (Flichy 1994; Gabriel 1997; Hiebel 1997; Faßler/Halbach 1998; Hiebel u.a. 1998; Heidenreich 2004).

Fortschreitende Digitalisierung und Mobilisierung, Konvergenz bei den Informations- und Medientechnologien bzw. in den Angebotsstrukturen, Intranet-Versionen für die interne Kommunikation globaler Konzerne, Cross-Media-Strategien in der Vermarktung mit Multitasking und Content Packaging als Mehrfachverwertung bei den Global Players (Sjurts 2004) und neue Optionen beim E-Commerce, mittelfristig auch zusätzliche Nutzungsusancen und konvergierende -verschiebungen (Hasebrink/Herzog 2004; Hasebrink u.a. 2004) – das sind die absehbaren künftigen Entwicklungstrends. Der Ausbau und die Verdichtung mit breitbandigen Kabel- und Satellitenübertragungen schreitet – zumindest im Endverbrauchermarkt – nicht so schnell voran, wie vor einigen Jahren prognostiziert, so dass die Übertragungskapazitäten zumal für voluminöses Bildmaterial an Grenzen geraten. Daher wird die schon früh annoncierte Fusion zwischen Internet und Fernsehen, selbst wenn dieses digitalisiert ist, noch auf sich warten lassen. Jedenfalls haben die Global Players darauf schon bereits reagiert und konzentrieren sich nach der Krise Anfang dieses Jahrzehnts entweder auf das Medien- oder auf das Online-Geschäft (Sjurts 2004).

Wachsende Bedeutung könnten mobile Übertragungstechniken des Internetprotokolls in den nächsten Jahren gewinnen, auch als Rückkanal für interaktives Fernsehen. Zwar musste die UMTS-Ära in Europa nach ihrem spektakulären Verkauf im Jahr 2000 um mehr als vier Jahre verschoben werden, aber inzwischen sind die Endgeräte – wenn auch noch recht teuer – markttreif. Daneben wird noch die so genannte Wireless-LAN-Technik vorangetrieben, die eine drahtlose (breitbandige) Nutzung des Internet ermöglicht, und zwar wegen niedrigerer Investitionskosten auch zu günstigeren Preisen als UMTS. So lassen sich die weiteren Entwicklungsstufen des Internet derzeit schwer abschätzen. Große

Diskrepanzen, unterschiedliche Geschwindigkeiten der Entwicklung, verschiedene Schwerpunkte und Konkurrenzen dürften wahrscheinlicher sein als die immer wieder ventilierten Visionen einer homogenen, globalen IT-Community (Zimmer 2004).

5 Konzepte und Konturen der „Informationsgesellschaft"

5.1 Zur Entstehung des Begriffs und des Programms der „Informationsgesellschaft"

Eher aus politisch-pragmatischer Perspektive heraus und/oder als technologische Planung scheinen Begriff und Programm der „Informationsgesellschaft" entstanden zu sein – sofern man sie nicht in die Tradition der Suche nach universellen Zahlen, Statistik, Rationalität und endlich der Entwicklung von „Informatik-Maschinen" stellt, wie es der belgische Kommunikationswissenschaftler Armand Mattelart, der in Paris lehrt, in seiner *Kleinen Geschichte der Informationsgesellschaft* (2003, 9ff) tut. Wohl wird im Nachhinein von japanischer Seite reklamiert, dass der Anthropologe Tadao Umesao erstmals in einem Essay 1963 den Begriff – *Johoka Shakai* – verwendet habe, um in einer Evolutionstheorie der Menschheit nach Agrikultur und Industrie die dritte Stufe, die „Industrialisierung des Geistes", so zu bezeichnen, „in der die Manipulation von Symbolen zur zentralen gesellschaftlichen Aktivität und zum Leitprinzip der Gesellschaft wird" (Steinbicker 2001, 17). Doch allem Anschein nach hat dieser Essay keinen nachhaltigen Einfluss auf die weitere Entwicklung gehabt, ist erst Anfang der 80er Jahre wiederentdeckt und nun, angesichts der Popularität der Thematik, gewissermaßen als Klassiker anerkannt worden (Ebd.; Löffelholz/Altmeppen 1994, 572; Kleinsteuber 1997, S. 41).

Gleichwohl sind seit Ende der 60er Jahre in Japan weitere Berichte und Diskussionen ventiliert worden, meist initiiert von Regierungsstellen und Wirtschaftsagenturen, die die technologischen Entwicklungen vor allem in der Mikroelektronik, worin Japan führend gewesen ist, hervorgehoben und nach deren wirtschaftlichen Potenzialen wie nach gesellschaftlichen Veränderungen gefragt haben. Vornehmlich haben sie darauf abgezielt, angemessene Maßnahmen für ihre wirtschaftliche Nutzung zu konzipieren, Märkte für neue, eher psychologisch und emotional orientierte Güter wie Unterhaltungselektronik, Mode, Design zu sondieren und generell die Investitionen – auch als „Informationskosten" bezeichnet – für die neuen Produkte und Produktionsformen zu kalkulieren. Da in Japan die traditionelle Güterproduktion ohnehin nie mehr als ein Drittel der

Beschäftigten beansprucht hat, vielmehr gegenteils Arbeitskräfte- wie Rohstoffmangel und die hohen Löhne wirtschaftliche Probleme bereitet haben, sind die neuen Märkte und Produktionsformen in der „Informationsgesellschaft" nicht – wie in den USA und Europa – als ein Wegbereiter in die „Dienstleistungs- und Freizeitgesellschaft" beurteilt worden, sondern als Chance, Energie und Arbeit einzusparen, ohne dass Arbeit und industrielle Produktion schrumpfen. Zunächst noch als „Revolution im System" der Industriegesellschaft, mithin als Optimierung und Rationalisierung dieser, erachtet, reift in den 70er Jahren die Prämisse, darin eine neue Formation zu entdecken, die die Industriegesellschaft ablösen könnte (Steinbicker 2001, 18).

1971 publiziert das Japan Computer Usage Development Institute, das dem Superministerium für Industrie und Handel (MITI) untersteht, *The Plan for Information Society: A National Goal Towards the Year 2000*, dem auch das Modell der „Computerpolis" entspringt. Damit ist eine vollständig verkabelte und mit Heimcomputern ausgerüstete Stadt avisiert, die mit automatisierter Verkehrsplanung, einem Schienennetz und computergesteuerten „Zweisitzern", mit Mega-Supermärkten, fast ohne Personal und mit bargeldloser Bezahlung, sowie vollautomatisierten Klimaanlagen ausgestattet ist (Mattelart 2003, 91f). 1981 definiert Y. Masuda (1981) die „Informationsgesellschaft" als die „nachindustrielle" Periode, mithin als den gesellschaftlichen Prototypen des 21. Jahrhunderts (Kleinsteuber 1997, 41f; Steinbicker 2001, 18). Doch die optimistischen Visionen gehen so bald nicht in Erfüllung, sie werden gegenteils von der Krise der japanischen Wirtschaft in den 90er Jahren Lügen gestraft, die bis über die Jahrtausendwende anhält und erst seit 2003 abzuflauen scheint.

Anders als Japan haben die USA schon Anfang der 60er Jahre über eine relativ hoch entwickelte Informationsindustrie verfügt (Löffelholz/Altmeppen 1994, 572), die von militärpolitischen Interessen und staatlichen Aufträgen maßgeblich gesteuert und subventioniert wird (Eurich 1991, 102ff; Mattelart 2003, 117ff). Nicht allein mit der bereits aufgezeigten Debatte um die Dienstleistungsgesellschaft beginnen ebenso in dieser Zeit vielfältige Diskussionen über strukturelle Transformationen, auch als „breakdowns of modernization" apostrophiert (Eisenstadt 1964). Die Wirtschaftswissenschaften etwa entdecken einen neuen Sektor, nämlich die „Wissenswirtschaft", gliedern ihn aus dem bis dahin gebräuchlichen Drei-Sektoren-Modell (Landwirtschaft, Industrie, Dienstleistungen) als vierten Sektor aus und entwerfen dafür Indikatoren zu seiner empirischen Identifizierung: Als maßgeblich gelten etwa die Wertschöpfung durch Informationstätigkeiten sowie die Anzahl der so genannten „Informationsarbeiter". So definiert 20 Jahre später der Politologe Karl W. Deutsch (1912 – 1992 [1983, 69f]) eine Nationalwirtschaft als „Informationsgesellschaft", wenn in ihr mehr als die Hälfte der Berufstätigen in überwiegend informationsorientierten Berufen

5 Konzepte und Konturen der „Informationsgesellschaft"

tätig ist und in der die Wertschöpfung aus diesen Beschäftigungen mehr als die Hälfte des Bruttosozialprodukts beträgt (Löffelholz/Altmeppen 1994, 572f).

Doch die Kriterien bleiben umstritten: 1976 rechnet der amerikanische Wirtschaftswissenschaftler Marc Porat in seiner Dissertation *The Information Economy* (1976) so traditionsreiche Tätigkeiten wie Richter und Mieteintreiber zu den „information workers" – allein die Einordnung von Ärzten fällt ambivalent aus. Auch die Berechungen der Anteile der „information economy" an der nationalen Wertschöpfung hängen von der Validität der Indikatoren ab. Bei vergleichenden Studien stehen – wen wundert's? – die USA fast immer an der Spitze; die Bundesrepublik findet sich z.B. 1987 bei rund einem Drittel der Beschäftigten, die im Informationssektor tätig sind, auf eine Stufe mit Trinidad gestellt, denn dort wird die dominante Tourismusbranche zur „information economy" gezählt (Dordick/Wang 1993, 49f). Daher kommen nüchterne Studien zu eher kritischen Befunden und errechnen, dass bis zum Ende des letzten Jahrhunderts in keinem Land der Welt, auch nicht in den USA oder Japan, Information – streng gerechnet – die Hauptquelle des Nationaleinkommens darstellt (Dorwick/Wang 1993, 128; Kleinsteuber 1997, 45)

Solche Relativierungen tun der weiteren Konzipierung und Popularisierung der „Informationsgesellschaft" indes keinen Abbruch, zumal jeweils auf unterschiedliche Innovationen und Aspekte rekurriert werden kann: mal auf die technologischen Entwicklungen, zunächst auf die der Mikroelektronik, dann auf die neuen Informations- und Kommunikationstechniken, besonders auf die des PCs, und schließlich auf die Vernetzung („Telematik") bis hin zum Internet und dem WorldWideWeb, immer mal wieder auch auf die Multiplizierung, Verbreitung und digitalen Mutationen der etablierten Massenmedien bis hin zu Multimedia, ebenso auf die allgemeinen strukturellen Veränderungen des Arbeitsmarktes bis hin zu besagten Dienstleistungen und die immer wieder prognostizierte Durchsetzung dezentraler Arbeitsstrukturen und der Telearbeit. Dazu zählen auch die vielfältigen, immanenten Veränderungen gewerblicher Arbeit durch Automatisierung, Rationalisierung, neuere Steuerungsmodelle, Flexibilisierung, Just-in-Time- und On-Demand-Produktionen, bedingt und ermöglicht durch die Informationstechniken, die auch als „Informatisierung der Arbeit" bezeichnet werden, ferner die Erschließung neuer Märkte durch den boomenden Verkauf von Endgeräten und Unterhaltungselektronik sowie durch E-Commerce und seine vielfältigen Sparten und endlich die gesamte Informatisierung der Infrastruktur einer Gesellschaft, d.h. die Verbreitung von Informations- und Kommunikationstechnologien sowie die Entwicklung der Kommunikationsnetzwerke.

All diese Sektoren und Tendenzen werden unter dem Label „information economy" oder „Informationsgesellschaft" rubriziert, immer wieder unterschiedlich empirisch erfasst und sowohl als Antrieb wie auch als Folge des gesellschaftlichen Wandels erklärt. In Frankreich legen die Regierungsbeamten Simon Nora und Alain Minc 1978 im Auftrag des Staatspräsidenten ihren Bericht zur „Informatisierung der Gesellschaft" vor (Nora/Minc 1979). Einzig in ihm wird von einer Krise der herkömmlichen Industrien und der Endlichkeit natürlich Ressourcen ausgegangen und dafür „Telematik" als neue Universaltechnik zur Überwindung analysiert; denn deren Wirkungen seien umfassend, zudem noch staatlich steuerbar (Mittelart 2003, 93ff): „Das herkömmliche soziale Gefüge wird sich beim Übergang von der in sich geschlossenen Industriegesellschaft zunehmend auflösen" (Nora/Minc 1979, 119). Daher prognostiziert der Bericht Wohlstand, Wachstum, Beschäftigung und mehr Demokratie für die französische, technokratisch gewendete Variante der „Informationsgesellschaft" (Kleinsteuber 1997, 48).

1982 legt in Kanada der Social Science Council eine visionäre Studie zu *Planning Now for the Information Society: Tomorrow is Too Late* vor, in der Grundlagen für die „Informationsgesellschaft" entworfen, aber auch die damals unvermeidlichen Versprechungen etwa über die Elektronisierung des Autoverkehrs auf so genannten „smart highways" bis zum Jahr 2000 vorgebracht werden (Kleinsteuber 1997, 42) – eine Metapher, die in den USA zum „Information Highway" (deutsch: Datenautobahn) apostrophiert und vom ehemaligen amerikanischen Vizepräsident Al Gore ab 1992 zum flächendeckenden Infrastrukturprogramm erhoben wird.

Selbstredend wird die Entwicklung zur „Informationsgesellschaft" von unzähligen populärwissenschaftlichen Diagnosen und Visionen begleitet, die immer wieder zu Bestsellern auf dem internationalen Buchmarkt avancieren, heftige Diskussionen auslösen, aber ebenso umstritten sind. Erst sie mit ihren scheingewissen Prognosen und kühnen Trendbehauptungen machen die Debatte um die „Informationsgesellschaft" so spannend, herausfordernd, aber auch verwirrend. Schon Ende der 1960er Jahre entwirft der Kybernetik-Professor Karl Steinbuch (1968) die *informierte Gesellschaft* als weitere Entwicklungsstufe der Industriegesellschaft, in der es Information im Überfluss gebe und damit endlich der Mangel an Information überwunden werde. Der amerikanische Zukunftsautor Alvin Toffler (1980) prophezeit schon für die 80er Jahre in seinem Bestseller *The Third Wave* den Zusammenbuch des Weltindustriesystems unter dem Ansturm der „Dritten Welle", woraus sich dezentrale Strukturen und Individualisierungen bilden würden. Ebenso kündigt der Industrie-Consulter John Naisbitt in seinen zehn *Megatrends* (1982) den baldigen und unumgänglichen Wandel zur Informationsgesellschaft an, in der statt Autos nun Informationen massenweise produziert werden. Bald werden diese Zukunftsszenarien mit konservativen Gesellschaftskonzepten verbunden. Seither ist der Topos „Informationsgesellschaft" – anders als bei seinen Anfängen – durchaus mit neokonservativen und -

liberalen Positionen vereinbar, die mit dieser Formation zugleich das Ende des Wohlfahrtstaates, die Deregulierung des Arbeitsmarktes, die Minderung von sozialen und Datenschutzrechten und auch die weitere informationelle Uniformierung der Weltkommunikation bzw. -kultur verbinden (Kleinsteuber 1997, 44).

5.2 „Informationsgesellschaft" im nationalen Diskurs

In Deutschland setzt sich der Begriff der „Informationsgesellschaft" Anfang der 80er Jahre durch, wird aber zunächst überlagert von den Auseinandersetzungen um das Kabelfernsehen, die Privatisierung des Rundfunks und die Verkabelung der Republik, die die Bundesregierung von CDU/CSU und FDP unter Helmut Kohl seit ihrem Antritt von 1982 zielstrebig betreibt. Womöglich lässt sich darin ein Motiv erkennen, weshalb der Terminus hier zu Lande positiv besetzt, für viele – auch für konservative Kreise – unbesehen akzeptabel ist und die umfangreiche theoretische Debatte erst später rezipiert wird (Kleinsteuber 1997, 49).

Mit der Entwicklung, Verbreitung und auch baldigem Scheitern des Zwittermediums ‚Bildschirmtext' – aus Telefon und Fernsehen – weitet sich allmählich der Horizont auf die neuen Informations- und Kommunikationstechniken aus, und zwar sowohl mit euphorischem wie mit kritischem Tenor: „Bildschirmtext war die Einstiegsdroge, der Vorreiter in die Informationsgesellschaft" jubelt beispielsweise die *Wirtschaftswoche* (4. Feb. 1983, 48; Kleinsteuber 1997, 49). Da dessen Resonanz, Nutzung und Funktionsoptionen weit hinter den optimistischen Erwartungen zurückgeblieben sind, blättert sein Pionierimage recht schnell. Immerhin wächst und differenziert sich die Debatte in gesellschaftlichen, gewerkschaftlichen und auch kirchlichen Kreisen, konzentriert sich aber zumeist auf einzelne Aspekte – etwa auf Datenschutz, Veränderung der Arbeitswelt, staatliche Überwachung („Orwell-Staat" im Jahr 1984), Expansion und Veränderungen der Medienkommunikation (z.B. Müllert 1982; Sonntag 1983; Briefs 1984; Prokop 1984; Ulrich 1984; Kübler 1984; Kubicek/Rolf 1985; Steinmüller 1988; Weingarten/Fiehler 1988).

Nur selten erreicht sie eine zusammenfassende, kritische Gesamtbetrachtung des potenziellen Systemwechsels, wie sie etwa das Memorandum der EKD (1985) postuliert, wenn es dort programmatisch heißt: „Die neuen Techniken entwickeln in unserer Gesellschaft Tiefenwirkungen, deren Konsequenzen erst allmählich ins allgemeine Bewusstsein dringen. Der Bedeutungsgrad der Veränderungen reicht weit über die einzelnen Teilbereiche hinaus: Er liegt in der Veränderung nicht nur einzelner Handlungsstränge, sondern der Handlungsprinzipien, der Erfahrungs-, Denk- und Vorstellungsgewohnheiten; verändert wird nicht nur die Struktur der Betriebe und Behörden, sondern auch die der Familie, der Freizeit, des Alltags. Damit wird deutlich, dass nicht nur einzelne Wirkungsbereiche zu bedenken sind, sondern auch die Auswirkungen auf unser Selbstverständnis und unsere Kultur. Wie in Produktion, Arbeitsorganisation, Informationsverarbeitung und Medientechnik steht die Entwicklung unserer Kultur vor einem größeren evolutionären Schritt" (Ebd, 18). Sogar eine neue Disziplin, mindestens eine neue, nämlich ganzheitliche Sichtweise auf die Kommunikations- und Medienverhältnisse, wird ins Leben gerufen, die sich „Kommunikationsökologie" nennt (Mettler-Meibom 1987).

Doch vorherrschend bleibt eine eher technisch determinierte, ökonomisch angelegte und/oder partielle Sichtweise auf die Transformationen, wie sie exemplarisch die beiden Mitarbeiter des am Internationalen Instituts für Vergleichende Gesellschaftsforschung (am Wissenschaftszentrum Berlin), der Mathematiker Peter Otto und der Physiker Philipp Sonntag, in dem von ihnen durchgeführten Projekt *Von der Industriegesellschaft zur Informationsgesellschaft. Übergangskrisen in Politik, Gesellschaft und Kultur* (1985) repräsentieren: Ausgehend von den technischen Innovationen und Optionen in der Datenverarbeitung, Robotik, Militärelektronik und Telekommunikation errechnen sie „ökonomische Informationsraten", erörtern die „zivilisatorische Betroffenheit des Menschen" und entwerfen Modelle der politischen, systemischen Steuerung dieser Veränderungen wie der individuellen Disponierung durch Bildung. Daraus ziehen sie das Fazit, dass der „Weg in die Informationsgesellschaft" einer in „eine unbekannte Zukunft" sei, der im vorletzten Jahrzehnt des 20. Jahrhunderts nur in wenigen Ländern zu einem Drittel oder höchstens zur Hälfte zurückgelegt, in den meisten Entwicklungsländern noch nicht einmal beschritten sei. Und vage bleibt die Aussicht, denn: „ob es zunächst einen krisenhaften, aber letztlich aushaltbaren bis wünschenswerten Übergang und danach eine akzeptable Informationsgesellschaft geben wird, kann nur die Geschichte zeigen. [...] Die Informationstechnik könnte stärker als bisher dazu beitragen, die von ihr laufend aufgeworfenen Probleme auch zu bewältigen" (Otto/Sonntag 1985, 20).

Für solche selbsttätige Remedur und gesellschaftliche Krisenbewältigung sind die einschlägigen Techniken bislang den Beweis offensichtlich schuldig geblieben. Dennoch hat die offizielle politische Lesart die positiven Konnotationen der „Informationsgesellschaft" weiterhin verfolgt und wiederholt neu aufgefüllt: In einigen Bundesländern, etwa in Hessen und Baden-Württemberg, sind Experten-Kommissionen mit der Ausarbeitung von Prognosen und Empfehlungen betraut worden. So hat die Kommission *Zukunftsperspektiven gesellschaftlicher Entwicklungen* im Auftrag der Landesregierung von Baden-Württemberg (1983) drei „Dialoge" über den „Weg in die Informationsgesellschaft" geführt: aus der Sicht der Gesellschaftswissenschaften, der Informatik und der Erzie-

5 Konzepte und Konturen der „Informationsgesellschaft" 65

hungswissenschaft (S. 77ff): Der soziologische Diskurs sieht die „Informationsgesellschaft" seit etwa 1950 „heranwachsen": „In dieser spielt die Information eine ähnlich überwiegende oder noch deutlichere Rolle wie Energie und Rohstoffe im Industriezeitalter", wobei unter „Information" relativ vage und vieldeutig „ein Muster von Beziehungen zwischen Ereignissen" verstanden wird (Bericht 1983, 77). Geschätzt wird eine Übergangsfrist in den führenden OECD (*Organization for Economic Corporation and Development*) -Ländern von etwa 150 bis 200 Jahren, so dass ein Zeitraum bis mindestens zum Jahr 2100, wenn nicht darüber hinaus angesetzt werden müsse. In den 80er Jahren sei mithin erst der Anfang beschritten, und die „langfristigen Auswirkungen der Informationsgesellschaft" seien noch nicht erkennbar (Ebd., 80). Erwartet werden sie in der Zunahme von Informationsberufen, in Tendenzen der Informationsüberlastung und dem Absinken der Aufmerksamkeit, in Rationalisierung und Zeitverknappung, aber auch in der verstärkten Suche nach Sinn und Werten, in Veränderungen des Arbeitsmarktes durch Flexibilisierung und Erosion von Berufskarrieren, dementsprechend in erheblichen Herausforderungen an das Erziehungswesen und in Belastungen der Demokratie. Diese durchaus recht ambivalenten Prognosen werden von anderen Teilen des Berichtes so nicht geteilt, weshalb auch in ihm wieder etliche Inkonsistenzen, zumindest Unvereinbarkeiten und Unschlüssigkeiten hervorspringen.

Im Bericht der hessischen Landesregierung zur *Entwicklung der Informationsgesellschaft aus der Sicht der Bundesrepublik Deutschland* (Reese/Lange 1984) wird der Leitbegriff zwar D. Bell zugeordnet, aber dessen differenzierte Sicht auf diverse Gesellschaftsfelder wird nicht auf deutsche Verhältnisse gemünzt (Kleinsteuber 1997, 49). Allerdings haben die beiden Autoren zwei Jahre zuvor an einer Studie der *Gesellschaft für Mathematik und Datenverarbeitung* mitgearbeitet, die schon damals die „Kausalität der Technikentwicklung und -anwendung", jenen technologischen Determinismus, umkehren will und zunächst soziale Probleme wie das Informationsungleichgewicht zwischen Bürger und Verwaltung, die Desorientierung der Verbraucher, die Arbeitsmarktpolitik und -vermittlung sowie die gesellschaftliche Isolation von ‚Randgruppen' analysiert und danach fragt, welchen (verbessernden) Beitrag die neuen Informationstechnologien zur Lösung bzw. Milderung sozialer Probleme leisten können (Lange u.a. 1982).

Nach den Berechnungen der OECD von 1981/84 haben die USA damals einen Anteil von knapp 46 Prozent an ‚Informationsarbeitern' unter den Erwerbstätigen erreicht, auch wenn die Zuordnungen umstritten sind, während Großbritannien, Australien, Kanada und Neuseeland um die 40 Prozent ausweisen, die Bundesrepublik knapp 35 Prozent; immerhin hat sich auch dieser Anteil seit den 60er Jahren ungefähr verdoppelt (Otto/Sonntag 1985, 95). Seit Mitte der 80er

Jahre bilden die Medienwirtschaft und die elektronische Industrie – als wesentliche Teilsegmente der Informationswirtschaft – mit einem Gesamtjahresumsatz von rund 100 Milliarden DM den zweitgrößten Wirtschaftsbereich nach der chemischen Industrie (Löffelholz/Altmeppen 1994, 573).

Dennoch kommt eine Studie des Fraunhofer-Instituts für Systemtechnik und Innovationsforschung (ISI) für das Bundeskanzleramt (Schröder u.a. 1989) Ende der 80er Jahre nach kritischer Durchsicht der statistischen Indikatoren zu dem Ergebnis, dass ein „grundlegender Wandel des vielschichtigen Gebildes ‚Industriegesellschaft'" nicht „monokausal oder [...] mittels weniger ausgesuchter Faktoren" begründet werden könne. Zwar zeichnen sich sowohl „Veränderungen in verschiedenen gesellschaftlichen Teilbereichen (Berufsstruktur, Teilarbeitsmärkte, technische Entwicklungslinien etc.)" wie auch ein „überproportionales Wachstum einer Technik(-familie), nämlich der Informations- und Kommunikationstechniken" ab, aber beide Trends können (noch) keine ausreichenden Belege oder gar Erklärungen für einen „grundsätzlichen Wandlungsprozess" markieren. Denn – so die gegenteilige Argumentation – „wäre die Technik der dominierende Aspekt, dann hätten sich auch Dampfmaschinen- und Elektrizität- bzw. Eisenbahn- und Automobilgesellschaft als prägende Begriffe für bestimmte Epochen durchsetzen müssen". Daher dürfte der Begriff „Informatisierung der Industriegesellschaft" angemessener sein, um den „partiellen Wandel der bestehenden Gesellschaft in der Bundesrepublik Deutschland" analytisch zu erfassen (Schröder u. a. 1989, 24). Doch ungeachtet solcher Differenzierungen sind auch weiterhin die Anteile und die Dynamik des Informationssektors errechnet worden: Eine Langzeitstudie kommt für Deutschland auf einen Anteil der im Informationssektor Beschäftigten von 18 Prozent in 1950, von 40 Prozent in 1980 und schließlich von 51 Prozent in 1995 (Dostal 1995; Steinbicker 2001, 17).

Dementsprechend wird die „Informationsgesellschaft" öffentlich weiter ventiliert, meist auch mit den Konnotationen des Progressiven und Positiven, und zwar sowohl in der politischen Öffentlichkeitsarbeit von Regierung und Verbänden wie auch und insbesondere in der wachsenden Werbung der Elektronikbranche. Mehr und mehr firmiert der Terminus auch als Imperativ im internationalen Wettbewerb und beim Kampf um Standortvorteile, entweder um die Rückstände der Bundesrepublik zu beklagen (wie insgesamt in der Computerbranche) oder die Vorsprünge herauszustellen (wie bei der telekommunikativen Infrastruktur). In regelmäßigen Abständen legen die Bundesregierung und ihre Ministerien Konzeptionen und Programme zur „Förderung der Entwicklung der Mikroelektronik, der Informations- und Kommunikationstechniken". Zwar wird meist (noch oder wieder) der Begriff „Informationsgesellschaft" vermieden, aber die gesellschaftlichen Reichweiten der Auswirkungen werden nicht geringer eingeschätzt: „Die Informationstechnik wird in den nächsten Jahrzehnten wie

5 Konzepte und Konturen der „Informationsgesellschaft"

kaum eine andere technische Entwicklung das Zusammenleben der Menschen und den wirtschaftlichen Wettbewerb der Volkswirtschaften beeinflussen", heißt es schon in der ersten Konzeption zur *Informationstechnik* (Bundesminister 1984, 9). „Für große Teile unserer Gesellschaft bedeutet sie Hoffnung auf weiteres wirtschaftliches Wachstum, auf neue Arbeitsplätze, mehr Freizügigkeit und Annehmlichkeiten im täglichen Leben; für manche löst sie allerdings Befürchtungen aus." Aber „die Bundesregierung sieht in der Entwicklung und Einführung der Informationstechnik vor allem Chancen und wird den möglichen negativen Auswirkungen entgegenwirken" (Ebd. 9f) – so und ähnlich lauten die offiziellen Stereotypen durch die letzten Jahrzehnte hindurch. Zunehmend konzentrieren sie sich allerdings auf die Förderung technischer Komponenten und einschlägiger Branchen sowie auf die Erschließung neuer Märkte.

Ende 1995 wählt der Technologierat der Bundesregierung den Begriff der „Informationsgesellschaft" erneut zum Erkenntnis leitenden Terminus für seinen Bericht *Info 2000: Deutschlands Weg in die Informationsgesellschaft* (Rat 1995; Bundesministerium 1995; 1996). Doch füllt er ihn mit einer recht pauschalen Definition als „eine Wirtschafts- und Gesellschaftsform, in der die Gewinnung, Speicherung, Verarbeitung, Vermittlung, Verbreitung und Nutzung von Informationen und Wissen einschließlich wachsender technischer Möglichkeiten der interaktiven Kommunikation eine entscheidende Rolle spielen" (Ebd., 9f). Erneut wird der Topos von der dritten technologischen Revolution (als Neuauflage der Thesen von A. Toffler) aufgegriffen, und da zugleich mögliche Veränderungen von Kultur und Bildung thematisiert werden, indiziert der Text schon das Bemühen, erneut eine gesamtgesellschaftliche Perspektive zu gewinnen. Doch eher – so eine kritische Einschätzung (Kleinsteuber 1997, 50) – wirke er als „ein Gemischtwarenladen von Verheißungen für eine bessere Gesellschaft", der weder die theoretische Diskussion seit D. Bell u.a. berücksichtige noch der gesellschaftlichen Wirklichkeit der Bundesrepublik mit steigender, struktureller Arbeitslosigkeit, öffentlicher Finanzknappheit und krisenhafter Entwicklung gerecht werde.

Dieser Bericht sowie der des Büros für Technologiefolgenabschätzung beim Deutschen Bundestag (TAB) zum Thema *Multimedia – Mythen, Chancen und Herausforderungen* (vgl. Riehm/Wingert 1995) motiviert den Deutschen Bundestag „koalitionsübergreifend" am 5. Dezember 1995 eine Enquete-Kommission *Zukunft der Medien in Wirtschaft und Gesellschaft - Deutschlands Weg in die Informationsgesellschaft* einzusetzen. Sie soll die „politischen Konsequenzen" erarbeiten, die sich aus dem „Einsatz der neuen Informations- und Kommunikationstechnologien" ergeben, und zugleich sich vornehmen, „die Chancen der Informationsgesellschaft umfassend zu nutzen und die Risiken beherrschbar zu machen" (vgl. *Das Parlament* vom 9./16. Aug. 1996). Vorrangig sollen die

„Themenfelder der aktuellen und künftigen Entwicklung, Globalisierung, Konzentration, Digitalisierung und Kommerzialisierung der elektronischen Medien" behandelt werden. Dazu werden etliche Sondergutachten eingeholt, Anhörungen durchgeführt und Zwischenberichte angefertigt, die teils publiziert, teils verfügbar gemacht werden. Der Abschlussbericht erfolgt am 22. Juni 1998 (vgl. auch *Das Parlament* Nr. 40 vom 25. September 1998). Er muss am Ende der 13. Wahlperiode wohl eilends zu Ende gebracht werden, denn eine zumal für das politische Handeln aufeinander abgestimmte Schlüssigkeit und Stringenz vermag er nicht aufzuweisen, stattdessen finden sich unzählige Ungereimtheiten, ja Widersprüche, nicht nur in den Sondervoten einzelner Fraktionen. Außerdem gerät seine Publikation und Rezeption in die Hektik und Zwänge des folgenden Wahlkampfes, so dass sich jede Partei ihre Aspekte für Argumentation und Programmatik herauspickt (Kübler 1999; Kleinsteuber 2000). Aber schlimmer noch: eigentlich verschwindet er umgehend in der Versenkung öffentlicher Nichtachtung.

Nicht alle Themen sind bearbeitet, manche anders gewichtet worden: So bleibt die gesamte Globalisierung als eigenes Thema ausgespart – und wird später, ab 1999 in einer speziell eingesetzten Enquete-Kommission zur *Globalisierung der Weltwirtschaft – Herausforderungen und Antworten* (Abschlussbericht Juni 2002, Deutscher Bundestag 2002) erörtert. „Regelungsbedarf" sieht man damals vornehmlich im Rundfunk- und Teledienstrecht, für Urheberrecht und Copyschutz, die informationstechnische Sicherheit, den Daten-, Jugend- und Verbraucherschutz und in der Verbrechensbekämpfung. Aber schon die Bestands- und Entwicklungsgarantie für den öffentlich-rechtlichen Rundfunk ist politisch umstritten. Immerhin wird neben der öffentlich-rechtlichen und privaten eine dritte, gemeinnützige Säule vorgeschlagen, die dem erhöhten Bedarf nach nichtprofessioneller, ziviler Kommunikation via Rundfunk gerecht werden soll. Doch die inzwischen vorgenommene Reduzierung der offenen Kanäle belegt gegenteilige Entscheidungen, so dass jene Idee wohl Makulatur geworden ist. Für die einzelnen gesellschaftlichen Bereiche – wie Technik, Wirtschaft, Arbeit, Bildung, Politik, Umwelt und Verkehr und endlich Gesellschaft – werden ebenfalls jeweils „Empfehlungen" formuliert, aber meist so pauschal und unverbindlich, dass sie kaum konkretes politisches und gesetzgeberisches Handeln verlangen.

Auch in ihren einzelnen, analytischen Bereichen sind sie wenig konsistent, wie exemplarisch erläutert werden soll: Zwar wird im einleitenden Statement zum Bereich *Wirtschaft* „Information" als entscheidender „(vierter) Produktionsfaktor" apostrophiert (Ebd., 37), aber eine Seite weiter wird in dem Bericht konzediert, nicht genau zu wissen oder definieren zu können, was Information sei, weil es „ein subjekt- und kontextrelatives Phänomen" sei, dessen „Input oder

5 Konzepte und Konturen der „Informationsgesellschaft" 69

Output" sich „quantitativ nicht befriedigend" messen lasse (Ebd., 38). Dennoch wird erwartet, dass sein „vermehrter Einsatz" zu „zusätzlichem Wachstum und zusätzlicher Beschäftigung" führe. Denn „die Fähigkeit zur Informationsgewinnung, -verarbeitung und -nutzung muss als Kernkompetenz für die Unternehmen der Zukunft angesehen werden" (Ebd., 39) – die im einschlägigen Jargon so lautet: „Multimediales Workflowcomputing, elektronisches Dokumentenmanagement, Internet und Intranet werden Grundlage für eine unternehmensweite Wissensbasis und standortunabhängige Informationsnutzung" (Ebd.). Doch ganz lässt sich offenbar auf den subjektiven Faktor trotz aller vordergründigen Objektivierung nicht verzichten, wenngleich er auch nur noch als Teil einer Wertschöpfungskette betrachtet wird: „Durch die Koppelung Mensch-Maschinen werden sich die Qualifikationen weiterentwickeln und neue Kreativitätspotenziale freisetzen" (Ebd., 40). Die werden dann im Kapitel *Bildung im 21. Jahrhundert* nicht weniger schematisch und technikdeterminiert so gesehen: „Die Entwicklungen in den Informations- und Kommunikationstechnologien (IuK) haben durch zwei Ausprägungen – Multimedia und Telekommunikation – [...] völlig neue Möglichkeiten für den Bildungssektor eröffnet: Alle bisherigen medialen Vermittlungsformen von Bild, Text und Ton werden integriert, Zeit und Raum überbrückt, die multimedialen und telematischen Systeme sind sowohl dynamisch als auch interaktiv nutzbar" – wodurch sich die „Prämissen für Bildung" angeblich „entscheidend" ändern (Ebd., 62f). Dass sie dies nicht tun, mindestens nicht von selbst und ohne die Beteiligung der Individuen, haben zwischenzeitlich allerdings empirische Vergleichstudien über Bildungsstandards in verschiedenen Ländern wie PISA und IGLU erneut bestätigt.

Doch auch sonst sind die prognostizierten glänzenden Perspektiven für den „Wirtschaftsstandort Deutschland", dem drittgrößten „Home-Market für Telekommunikation" nach USA und Japan, nicht eingetreten: „Neue und attraktive Märkte wie Online-Dienste, Serviceprovider etc." sind auf Dauer ausgeblieben, obwohl – wie damals verlangt – die Unternehmen die geforderten „Freiräume" bekommen, die Investitionen in Forschung und Entwicklung erhöht, mögliche steuerliche Hemmnisse abgebaut, Innovationen und Unternehmensgründungen forciert wurden. Allein im *Sondervotum der Arbeitsgruppe der Fraktion von BÜNDNIS 90/DIE GRÜNEN* werden die Aussichten auf einen prosperierenden (neuen quartären) Informationssektor im künftigen Jahrzehnt deutlich gedämpft und moniert, dass die „Ausgangsfrage jeder Betrachtung von Wirtschaft in der Informationsgesellschaft", nämlich: „wie lange das gegenwärtige Innovationstempo in der IT-Branche noch haltbar ist", nicht hinreichend gestellt und beantwortet ist. Ingesamt habe in Deutschland und in Europa die Produktion von IT-Techniken und vor allem von Software im Vergleich zu den USA und Japan einen geringen ökonomischen Stellenwert, so dass „auch in Zukunft der Rationalisierungsaspekt (Prozessinnovation) beim IT-Einsatz eine größere Rolle spielen wird als die Produktinnovation" (Ebd., 129f). Doch auch für die USA wird an anderer Stelle – in einem zweiten *Sondervotum der Arbeitsgruppe von SPD und BÜNDNIS 90/DIE GRÜNEN* – ausgeführt, dass „nicht mehr ernsthaft behauptet [wird], dass Information zur bedeutendsten Ressource und zum wichtigsten Sektor in der Volkswirtschaft geworden sei." Daher habe sich der „Begriff Informationsgesellschaft [...] in den letzten Jahren immer mehr zu einer entleerten Formel entwickelt, zur begrifflich beliebig füllbaren Hülse" (Ebd., 114) – eine nüchterne Einschätzung, hinter der der Hamburger Politologe Hans J. Kleinsteuber als damaliger Berater vermutet werden darf.

Dieses Verdikt hindert jedoch den Vorsitzenden der Kommission, Siegmar Mosdorf, in seinem Vorwort des Abschlussberichts nicht daran, der Kommission zu bescheinigen, sie habe „Deutschlands Weg in die Informationsgesellschaft" vorgezeichnet und einen wichtigen Beitrag dazu geleistet, ihn verantwortlich, mit alle ihren „Chancen bei gleichzeitiger Beherrschung der Risiken" zu gestalten. Anders fällt das Votum von BÜNDNIS 90/DIE GRÜNEN aus: Mit dem einzigen Bezug auf die Prognosen der Enquete-Kommission *Neue Informations- und Kommunikationstechniken* von 1976 und auf noch frühere Szenarios wird ernüchtert konstatiert, die neue Kommission habe sich „nicht substantiell über den Erkenntnisstand hinaus bewegen [können], was vor annähernd 30 Jahren bereits Gegenstand der wissenschaftlichen Auseinandersetzung war. Dies zeigt die Dringlichkeit der systematischen wissenschaftlichen Auseinandersetzung mit den Folgen des IT-Einsatzes in der Arbeitswelt" (Ebd., 167) und auch darüber hinaus. Deshalb wird schon im Dezember 1998 von Politikern und Experten eine Fortführung der Kommission, gar eine verstetigte Beobachtung der gesellschaftlichen und informationstechnischen Entwicklungen und ihrer Anforderungen an Politik und Gesetzgebung gefordert (Werth 1998b). Doch daraus geworden ist offenbar konkret nichts – wenn nicht der vom Bundestag eingesetzte Ausschuss *Kultur und Medien* und besagte Enquete-Kommission zur *Globalisierung* als Ersatz dafür gewertet werden sollen.

Im September 1999 beauftragt das Bundeskabinett die Ministerien für Wirtschaft und Technologie sowie für Bildung und Forschung ein Aktionsprogramm *Innovation und Arbeitsplätze in der Informationsgesellschaft des 21. Jahrhunderts* als umfassende Strategie für die Informationsgesellschaft im Zeitraum bis 2005 vorzulegen und auf den sieben Handlungsfeldern – „Zugang zu den neuen Medien", „Multimedia in der Bildung", „Vertrauen und Sicherheit", „Innovative Arbeitsplätze – neue Anwendungen", „Spitzenposition in Technologie und Infrastruktur", „eGovernment für eine moderne Verwaltung" sowie „Europäische und internationale Zusammenarbeit" – zu konkretisieren. Im März 2002 erscheint dazu ein *Fortschrittsbericht* (Bundesministerium für Wirtschaft und Technologie

5 Konzepte und Konturen der „Informationsgesellschaft"

2002). Eng damit verzahnt seien das im September 2000 von Bundeskanzler Gerhard Schröder vorgestellte Zehn-Punkte-Programm *Internet für alle – 10 Schritte auf dem Weg in die Informationsgesellschaft* anlässlich des *D 21-Kongresses Leben, Lernen und Arbeiten in der Informationsgesellschaft* auf dem EXPO-Gelände in Hannover sowie insgesamt die Zusammenarbeit mit der Initiative *D 21*, einem 1999 gegründeten, gemeinnützigen Verein von Unternehmen, Organisationen und Persönlichkeiten aus Wirtschaft, Wissenschaft und Politik (Vorsitzender: IBM-Chef E. Staudt), der sich zum Ziel gesetzt hat, den „Wandel von der Industrie- zur Informationsgesellschaft in Deutschland zu beschleunigen". „Dadurch soll der aktuelle Rückstand Deutschlands im Vergleich zu anderen Ländern aufgeholt und die Chancen der Informationsgesellschaft bezüglich Wettbewerbsfähigkeit, Wachstum und Beschäftigung besser genutzt werden" (www.initiatived21.de).

Das Aktionsprogramm *Internet für alle* konzentriert sich vor allem auf die Erweiterung und Erleichterung des Zugangs zum Internet in öffentlichen Einrichtungen wie Schulen, Bibliotheken, aber auch in den Verwaltungen sowie auf die Schaffung und Optimierung der subjektiven Voraussetzungen, also der Vermittlung von PC- und Internet-Kenntnissen in den Bildungseinrichtungen, nicht zuletzt bei bis dahin noch web-fernen Gruppen wie Menschen mit niedrigen Bildungsabschlüssen, Arbeitslosen und Frauen. Anlässlich der CEBIT 2003, Ende März 2003, meldet die Bundesregierung „weitgehende Umsetzung" des Aktionsprogramms, gleichzeitig plädiert sie für seine „systematische" Vervollständigung und Fortentwicklung. So werde „Internet Allgemeinbildung", da Schulen und Bibliotheken am Netz seien, mehr IT-Ausbildungsstellen und Studienplätze für Informatik angeboten, die Entwicklung von Bildungssoftware breitflächig unterstützt, Frauen und Arbeitslose gezielt gefördert und IT-Weiterbildung ebenfalls stark vorangetrieben werden; außerdem avanciere die Stiftung *Digitale Chancen* (www.digitale-chancen.de) zur Plattform für die „digitale Integration" interessierter Bürger, das PC-Sponsoring werde begünstigt, und steuerliche Vorteile sind für die Internet-Nutzung eingeräumt worden. Mit der Initiative *BundOnline 2005* werde das eGovernment vorangetrieben, die Sicherheit im Internet durch etliche Initiativen verbessert, die Wirtschaft in Form der *Initiative D 21* steigere ihre Anstrengungen um einen „weltweiten Spitzenplatz" Deutschlands im Informationszeitalter, und mit der Informationskampagne *Deutschland schreibt sich mit .de* sowie der Eröffnung des Deutschland-Portals (www.deutschland.de) am 17. September 2002 durch den Bundespräsidenten werden das allgemeine Bewusstsein und kollektive Engagement für und die breiten Nutzmöglichkeiten des Internet beträchtlich erhöht.

Auch der genannte Fortschrittsbericht des Aktionsprogramms *Innovation und Arbeitsplätze in der Informationsgesellschaft des 21. Jahrhunderts* (Bundesministerium für Wirtschaft 2002) bilanziert weithin Vollzug für die angegangenen Vorhaben, wobei sie sich in vielen Bereichen mit den bereits genannten überschneiden: Deutschland habe aufgrund der beeindruckenden Entwicklung der Informations- und Kommunikations-Branche in Europa in den letzten drei Jahren eine „Spitzenposition [...] im Bereich Informationsgesellschaft" erreicht (Ebd., 5). Diese Formulierung, ob unbedacht oder absichtlich, lässt aufhorchen, definiert sie doch die „Informationsgesellschaft" nicht mehr als Gesamt-Typus einer Gesellschaft, sondern offensichtlich nur noch als Bereich oder Segment – wohl ähnlich dem schon erwähnten quartären Sektor. Gleichwohl wird behauptet, die Bundesregierung habe mit den genannten Programmen eine „umfassende Strategie für die Informationsgesellschaft Deutschland" entwickelt und umgesetzt, „um die Voraussetzungen für zukunftsfähige Arbeitsplätze und die Wettbewerbsfähigkeit der deutschen Wirtschaft zu sichern" (Ebd.). Dafür werden für die einzelnen Bereiche noch weitere als die bereits genannten Programme aufgezählt: z.B. das Forschungsnetz mit Hochgeschwindigkeitszugängen für Hochschulen und Forschungseinrichtungen, das Handlungskonzept *IT in der Bildung – Anschluss statt Ausschluss* sowie *Neue Medien in der Bildung* für die Verbreiterung, Vertiefung und Optimierung von Bildungsprozessen mittels Lernsoftware und Multimedia, die Installation digitaler Sicherheitssysteme für den elektronischen Geschäftsverkehr, den weiteren Ausbau der Telekommunikations-Infrastruktur mit UMTS-Netzen, außer *BundOnline 2005* das Leitprojekt *MEDIA@Komm* für Transaktions- und Partizipationsprojekte öffentlicher Verwaltungen in drei Regionen (Bremen, Esslingen, Nürnberg) sowie Pilotprojekte zu Online-Wahlen (*I-Vote*), zielgerichtete *IT-Forschung 2006* mit neuen Förderprogrammen, um den „Übergang zu einer wissensbasierten Wirtschaft und Gesellschaft" einzuleiten, wie es der Europäische Rat in seiner Sitzung vom 23./24 März 2000 in Lissabon beschlossen habe. Auch neue Konzepte für innovative Anwendungen der Informations- und Kommunikationstechnologien in Gesundheit, Verkehr und Umwelt sollen entwickelt und erprobt werden. Insgesamt solle die Zusammenarbeit in Europa – dort seien die Richtlinien zum elektronischen Geschäftsverkehr und zur digitalen Signatur sowie der Aktionsplan *eEuropa 2002* die „wichtigsten Projekte" –, aber auch darüber hinaus in der OECD (Leitlinien für den Verbraucherschutz beim Online-Kauf sowie ein Aktionsplan zur Überwindung der weltweiten digitalen Spaltung, genannt *Digital Opportunity Task Force*) und in den Gremien der G 8 sowie der Vereinten Nationen verstärkt werden, die 2003 und 2005 weltweite Gipfelkonferenzen zur „Informationsgesellschaft" veranstalten (Ebd., 8ff).

Mit einem neuen *Aktionsprogramm Informationsgesellschaft Deutschland 2006*, das auch als „Masterplan für Deutschlands Weg in die Informationsgesellschaft" gelobt wird, schreibt die Bundesregierung Ende 2003 ihre seit 1999 kon-

5 Konzepte und Konturen der „Informationsgesellschaft"

zertierten Aktivitäten für die nächsten Jahre fort: Sie beziehen sich vor allem auf folgende vier Felder: (1) „Digitale Wirtschaft für Wachstum und Wettbewerbsfähigkeit", (2) „Bildung, Forschung und Chancengleichheit", (3) „eGovernment, Sicherheit und Vertrauen im Internet" und (4) „eHealth" (Bundesministerium 2003, 6). Zwar klingen die Ankündigungen und Prognosen nach wie vor recht vollmundig und zukunftsgewiss, aber im Vergleich zu früheren Verlautbarungen sind es zunehmend einzelne Initiativen und Maßnahmen der Administration, kein geschlossenes Konzept mehr der Politik und erst recht kein revolutionäres Programm, und sie konzentrieren sich vornehmlich auf technische Weiterentwicklungen und organisatorische Rahmenbedingungen. Inhaltliche Innovationen und Initiativen für gesellschaftliche Perspektiven sind nicht mehr erkennbar. Außerdem bleiben Rückschläge nicht aus, wie etwa beim noch annoncierten „virtuellen Arbeitsmarkt" der Bundesagentur für Arbeit, der hier noch als „vollkommen neu und kundenorientierter gestaltet" angekündigt wird (Ebd., 7). Von der Autobahn-Maut für Lkws ist in diesem Masterprogramm bezeichnenderweise (?) nicht die Rede, obwohl dieses System in seiner geplanten Endstufe mehr können soll als nur die Gebühr zu registrieren, vielmehr soll es letztlich ein Instrument für ein umfassendes Verkehrsmanagement werden.

Explizit sind hingegen geplant: Bis 2005 soll das Breitband in Übereinstimmung mit dem EU-Programm zur Informationsgesellschaft „die dominierende Zugangstechnologie" sein. Ferner sollen weitere rechtliche Rahmenbedingungen – wie das Telekommunikationsgesetz (2004), das Urheberrecht (2006), die Patentierbarkeit computerimplementierter Erfindungen durch die EU, die Vereinfachung der Medienordnung durch Bund und Länder sowie die Harmonisierung des Datenschutzes – modifiziert bzw. novelliert werden. Außerdem sollen Forschung und Bildung forciert werden. Für die Forschung sollen künftige Innovationsschwerpunkte in den „Bereichen Mobiles Internet/Ambient Intelligence, Zuverlässigkeit und Sicherheit von IT-Systemen, Nanoelektronik einschließlich Displaytechnologie sowie Wissensmanagement" liegen (Ebd.). Für die Bildung müssten die inzwischen durchgängig installierten „neuen Medien" didaktischer Alltag werden, und insbesondere müsse der Chancengleichheit von bislang wenig beachteten Gruppen wie Menschen mit Behinderungen, Jugendlichen aus benachteiligten sozialen Verhältnissen, Frauen, Erwerbslosen und auch älteren Menschen mehr Gewicht eingeräumt werden. Dafür sind etliche Programme aufgelegt worden, und neue kommen noch wie etwa das Portal *50-plus-ans-Netz.de* des Familienministeriums hinzu.

In der Verwaltung auf allen staatlichen Ebenen sollen die Modernisierung und der Bürokratieabbau weitergeführt werden: Insgesamt 300 eGovernment-Lösungen stünden durch das bereits erwähnte Projekt *MEDIA@Komm* bereit, die die Palette kommunaler Dienste weitgehend abdecken. Damit komme man einem gemeinsamen, integrierten eGovernment in Deutschland näher (Ebd., 8). Als erhebliche Verbesserung der gesundheitlichen Versorgung wie auch als immenses Rationalisierungspotenzial, denn 20 bis 40 Prozent der Leistungen im Gesundheitswesen bezögen sich auf Datenerfassung und Kommunikation, werden die forcierte Implementierung von Informations- und Kommunikationstechnologien sowie die Verbreitung von Qualitätsmanagement angekündigt. Sie sollen bis 2006 in der Einführung der elektronischen Gesundheitskarte als „Schlüssel zur einrichtungsübergreifenden Kooperation im Gesundheitswesen sowie zum Aufbau einer Telematikinfrastruktur" (Ebd., 9) gipfeln. Insgesamt wird der bundesdeutschen „Informationsgesellschaft" im internationalen Vergleich ein beachtlicher Aufschluss und Fortschritt attestiert. Nach dem *Global Information Technology Report 2002 – 2003* des World Economic Forums, das mittels „wichtiger Indikatoren" den „Reifegrad" der Informationsgesellschaften im internationalen Maßstab errechnet, sei Deutschland im letzten Jahr von Platz 17 auf Platz 10 vorgerückt (Ebd., 5). Nur noch die skandinavischen, die nordamerikanischen Länder sowie die südostasiatischen Technikpioniere liegen vor ihm (Ebd., 12).

Beeindruckend sind ohne Frage all diese Programme und Initiativen; ihre Ansprüche und ihre Erfolgsbilanzen stehen indes in einem bizarren Widerspruch, mindestens in einer auffälligen Diskrepanz zur gegenwärtigen Wirklichkeit der bundesdeutschen Gesellschaft, die durch Stagnation, wenn nicht Rückgang des Wachstums und der Wertschöpfung gerade auch in der vorgeblich prosperierenden und innovativen IT-Branche, durch Reduzierung der öffentlichen und privaten Investitionen, durch Abbau auch noch kürzlich „zukunftsfähiger Arbeitsplätze" und durch steigende Arbeitslosigkeit auch in IT- und Medien-Berufen, durch schrumpfende Märkte, nachlassenden Warenabsatz und Konsum auch in besagten Branchen gekennzeichnet war und ist. Vorrangig diese Faktoren sowie der anhaltende demografische Wandel, die massive Alterung der Gesellschaft, dürften dafür verantwortlich sein, dass die erreichten sozialen Standards des so genannten Wohlfahrtsstaates nicht mehr gehalten werden können und massive Reduzierungen der sozialen Transferleistungen vorgenommen werden. Längst hat sich gezeigt, dass die wachsenden Potenziale und die ständig steigende Dynamik technisch-ökonomischer Innovationen nicht ohne Risiken in allen gesellschaftlichen Sektoren, insbesondere in den sozialen, kulturellen und politischen Bereichen, zu verwirklichen sind, dass Widersprüche zwischen den sich funktional ausdifferenzierenden Subsystemen und der Belastbarkeit bzw. Leistungsfähigkeit des Gesamtsystems nicht ausbleiben, die bislang noch keine befriedigenden Lösungen („Risiko-Management") gefunden haben oder prinzipiell systemimmanent sind (Löffelholz/Altmeppen 1994, 576ff), weshalb die Kennzeichnung *Risikogesellschaft* auch ohne die dramatische Diagnose Becks für eine Gesellschaft triftig bleibt, die „aktiv danach strebt, mit ihrer Vergangenheit zu brechen – ohne für die Zukunft funktionstüchtige Steuerungsinstitutionen zu haben" (Giddens 2001, 35; Giesecke 2002, 346ff). Daher sind unabhängige, seriöse und möglichst breit ausgreifende Evaluationen über den Stand und die Entwicklungsoptionen Deutschlands als „Informationsgesellschaft" (und nicht nur als ein Segment) dringend erforderlich. Bislang liegen sie indes allenfalls partiell und meist auch in ihrer empirischen Datenbasis als recht ungenügend vor.

5.3 „Informationsgesellschaft" in europäischer und internationaler Diskussion

Obwohl die Triebkräfte und Dimensionen der „Informationsgesellschaft" international, auf Überwindung der nationalen Grenzen, auf supranationale Institutionen und Transformationen, letztlich mithin global ausgerichtet sind – inzwischen firmiert sie als Prototyp wie als Prospektion der so genannten „Weltgesellschaft" –, bedurfte es auch in der EU und darüber hinaus einiger Zeit, um sich dieses Themas anzunehmen (Giesecke 2002, 341ff). Zunächst vornehmlich unter (medien)technischen Vorzeichen wird in den 80er Jahren eine „Europäisierung der Medienpolitik" (Kleinsteuber/Rossmann 1994, 116) angebahnt, und zwar im Wesentlichen auf zwei Ebenen:

- „– Neue Techniken ermöglichen die europaweite Bedienung mit Fernseh- (und soweit gewollt auch Hörfunk-)Programmen, beruhend insbesondere auf dem Satelliten, der direkt einstrahlt oder dessen Angebot per Kabel weitergeleitet wird.
- – Neue Techniken werden erstmals nicht mehr national entwickelt (wie noch Farb-TV, Stereo-TV etc.), sondern in europäischer Kooperation, d.h. mit europäischem Geld und in europäischen Industriekonsortien. Das gilt insbesondere für das hochauflösende Fernsehen (HDTV) und den digitalen Hörfunk (DAB)."

Nach einigen Vorarbeiten legt die EG-Kommission 1984 ihr „Grünbuch" *Fernsehen ohne Grenzen* vor, in dem sie die „Öffnung der innergemeinschaftlichen Grenzen für die nationalen Fernsehprogramme" vorschlägt (Kommission 1984, 4; Kleinsteuber/Rossmann 1994, 70; Marti 1994, 40ff; Erbring 1995; Dörr 2002). 1987 erfolgt das „Grünbuch" über die Entwicklung des gemeinsamen Marktes für Telekommunikationsdienstleistungen und -geräte, worin die Mitglieder der Europäischen Union (EU) zu einer gemeinsamen Politik aufgefordert und die Problematik der Informationsnetze als Element beim Aufbau eines gemeinsamen

Marktes aufgezeigt werden. Daneben werden sowohl auf der Ebene des Europarates wie auch in der EU der Schutz personenbezogener Daten wie insgesamt die Rechtsprobleme des grenzüberschreitenden Datenaustausches erörtert und in Richtlinien gefasst. Im Oktober 1998 ergeht eine entsprechende Richtlinie der EU (Mattelart 2003, 105).

Offenbar erstmals 1975 verwendet die OECD den Terminus „Informationsgesellschaft", der Ministerrat der Europäischen Gemeinschaft folgt vier Jahre später und erhebt ihn 1979 – ebenfalls weitgehend unbemerkt von der Öffentlichkeit – zum Leitmotiv eines fünfjährigen Versuchsprogramms *Forecasting and Assessment in the Field of Science and Technology (FAST)*, das ein Jahr später startet. Aber vorrangig geht es um die Initiierung und Steuerung wissenschaftlich-technischer Prozesse, weniger um ein Gesellschaftsmodell (Mattelart 2003, 73). Erst der im Mai 1994 unter der Ägide des Wirtschaftskommissars Martin Bangemann publizierte Bericht über *Europa und die globale Informationsgesellschaft* gilt als Signal, dass die EU die Diskussion um die und die Gestaltung der „Informationsgesellschaft" aufgegriffen hat. Wenige Monate zuvor, im März 1994, hat der amerikanische Vizepräsident Al Gore in Buenos Aires auf der Generalversammlung der Internationalen Fernmeldeunion das seit 1992 betriebene amerikanische Projekt der Datenautobahnen als Sprungbrett für die Errichtung einer *Global Information Infrastructure (GII)* anempfohlen: „Die weltweite Informationsstruktur bietet der großen Menschheitsfamilie Kommunikation per Knopfdruck [...]. Ich sehe ein neues athenisches Zeitalter der Demokratie in den Foren, die die Informationsstruktur schaffen wird" (zit. nach Mattelart 2003, 108).

Der so genannte Bangemann-Bericht ist von einer Expertengruppe vornehmlich aus der Telekommunikations- und Medientechnologie-Industrie verfasst worden: Entsprechend empfiehlt er eine rasche Liberalisierung der Telekommunikation, da die bestehenden Strukturen die grenzenlose Zirkulation etwa zum Schutz von Kulturprodukten und mithin die Meinungsfreiheit behindern und den Wettbewerb einschränken: Steigerung der Produktivität, Entwicklung technischer Innovationen und kulturelle Vielfalt sind die Perspektiven. Doch kulturelle Vielfalt wird allein über die Maximen des Marktes definiert, nämlich als „buntes Angebot an Dienstleistungen für freie Konsumenten" (Matellart 2003, 129). Auf einem Gipfeltreffen in Korfu im Juni 1994 beschließt der Europäische Ministerrat die Einrichtung eines speziellen Koordinierungsgremiums „Informationsgesellschaft", dessen Ergebnisse im Juli 1994 unter dem Titel *Europas Weg in die Informationsgesellschaft* verabschiedet werden. Dieser Aktionsplan bildet auch die Grundlage für das Agieren der Mitgliedsländer in internationalen Gremien (Giesecke 2002, 343)

5 Konzepte und Konturen der „Informationsgesellschaft"

Denn Ende Februar 1995 nehmen sich auch die reichsten Industrieländer auf ihrem G 7-Treffen in Brüssel der *Global Society of Information* an und verständigen sich darauf, die weitgehend noch staatliche, monopolartig strukturierte Telekommunikation zu liberalisieren und zu internationalisieren. Al Gore fordert in seiner Rede *Toward a Global Information Infrastucture. The Promise of a New World Information Order* vor den Regierungschefs und an die fünfzig Verantwortlichen der großen Elektronik- und Raumfahrtunternehmen Europas, der USA und Japans, dass nur private Initiative und der Markt die globale Informationsinfrastruktur schaffen können. Dieser Linie folgt auch das amerikanische Konzept zum elektronischen Handel, das der ehemalige US-Präsident Clinton im Juli 1997 vorlegt.

Ähnlich argumentiert das im Dezember 1997 publizierte weitere „Grünbuch" der EG-Kommission, das sich diesmal mit der „Konvergenz der Branchen Telekommunikation, Medien und Informationstechnologie" befasst. Angesichts der fortschreitenden technischen und ökonomischen Konvergenzen sei eine Harmonisierung, letztlich aber eine Reduzierung der nationalen wie supranationalen Regelungen anzustreben. Denn das „globale Umfeld", in das die „Informationsgesellschaft" hineinwachse, dulde keine Überregulierung, sondern plädiere für knappe rechtliche Vorschriften bzw. die freiwillige Selbstregulation der Beteiligten (Mattelart 2003, 111f). Diese Entwicklung wird im Januar 1998 irreversibel, als nach dreijährigen Verhandlungen im Rahmen der Welthandelsorganisation (WTO) – der Nachfolgerin des GATT (*General Agreement on Tarifs and Trade*, deutsch: Allgemeines Zoll- und Handelsabkommen) – das von 68 Regierungen vereinbarte Abkommen zur Liberalisierung der Telekommunikationsmärkte in Kraft tritt. Allerdings haben im Jahr 2000 über die Hälfte der 135 WTO-Mitglieder das Abkommen noch nicht ratifiziert (Mattelart 2003, 106).

Seit Ende der 90er Jahre reißen die einschlägigen Programme der EU nicht mehr ab, die jeweils als oberste Ziele die Liberalisierung des Telekommunikationssektors, die Deregulierung und Harmonisierung des Binnenmarktes sowie die gezielte Förderung der Unternehmen zur Entwicklung marktreifer Produkte und Dienstleistungen verfolgen (Giesecke 2002, 344). So sind im 4. Rahmenplan von 1994 bis 1998 allein für „Telematics", „Communication Technologies" und „Information Technologies" für den Zeitraum von vier Jahren ca. 3.600 Millionen Ecu vorgesehen. Der 5. Rahmenplan von 1998 bis 2002 mit einem Gesamtvolumen von 14.960 Millionen Euro widmet den Projekten zur *Userfriendly Information Society* mit 3.600 Millionen Euro den größten Anteil. Der 6. Rahmenplan für die nächsten vier Jahre (2002 bis 2006) sieht wiederum für die Informationstechnologien 3.600 Millionen Euro vor, weitere 1.230 Euro für Euratom, aber noch größere Ausgaben für wissenschaftliche Vorausschauprojekte (2.345 Millionen Euro), Human Ressources (1.800 Millionen Euro) und andere strukturelle Maßnahmen (1.250 Millionen Euro). Niemals in der Geschichte wird so viel Geld in ‚Zukunftstechnologien' investiert (Giesecke 2002, 345).

Dennoch muss konstatiert werden, dass „Technologieförderung und Deregulierung [...] bislang kaum positive Auswirkungen auf den Arbeitsmarkt [haben]" (Giesecke 2002, 346). Vielleicht liegt darin der Grund, weshalb die strikt neoliberale, wenn nicht technokratische Position in der EU nicht mehr ganz durchgehalten, mindestens sozialpolitisch flankiert wird. Denn auf ihrem Wirtschafts- und Sozialratsgipfel im März 2000 in Lissabon verabschiedet die EU ihren Aktionsplan *eEuropa 2002: eine Informationsgesellschaft für alle*, womit sie schon sprachlich zum Ausdruck bringt, dass sich die Chancen und Optionen der Informations- und Kommunikationstechnologien nicht gleichsam von selbst für alle EU-Bürger ergeben. Zwar setzt sie sich das strategische Ziel, die „wettbewerbsstärkste und dynamischste Wirtschaft der Welt zu werden", doch dieses Vorhaben gelinge nicht allein durch Technologien, sondern bedürfe enormer Bildungsanstrengungen: Die Bildungssysteme „müssen sich auf den Bedarf der Wissensgesellschaft einstellen und Ausbildungsmöglichkeiten anbieten, die auf bestimmte Zielgruppen und Beschäftigte zugeschnitten sind, bei denen die Gefahr besteht, dass ihre Qualifikation mit dem raschen Wandel nicht Schritt halten kann" (zit. nach Mattelart 2003, 112).

Die Diskussionen und die Forschungen über die „wachsende Wissenskluft" und die Gefahr der digitalen Spaltung zwischen denen, die die Vorteile und Herausforderungen der „Informationsgesellschaft" nutzen und annehmen können, also den so genannten „information rich", und denen, die infolge der mächtigen Dynamik zurückfallen oder gar verlieren, den „information poor", ist mithin auf der höchsten politischen Ebene angekommen und hat zumindest vage Absichtserklärungen gefunden (Mattelart 2003, 112). Denn Bildungspolitik ist ja in der Obhut der National- oder gar Regionalstaaten in der EU und darf nicht unmittelbar von europäischen Institutionen beeinflusst werden.

Nimmt man deren finanzielle Ausstattung als harten Maßstab, ist die Wissensgesellschaft noch lange nicht Priorität der Politik oder kommt allenfalls ganz langsam voran, in der Peripherie entschiedener als im Zentrum der großen Nationen: Zwar haben sich alle EU-Staaten auf dem Regierungsgipfel in Lissabon darauf verpflichtet, Europa bis 2010 zum „wettbewerbsfähigsten und dynamischsten Wirtschaftsraum zu machen", dafür die Ausgaben für Forschung und Bildung auf mindestens drei Prozent des Bruttoinlandsprodukts jedes Landes anzuheben, 50 Prozent mehr Wissenschaftler und Ingenieure zu beschäftigen und die Qualität des Bildungssystem enorm zu verbessern, es führend in der Welt zu machen. Tatsächlich stagnieren die Ausgaben sogar oder sind bis sogar 2003 gesunken:

5 Konzepte und Konturen der „Informationsgesellschaft"

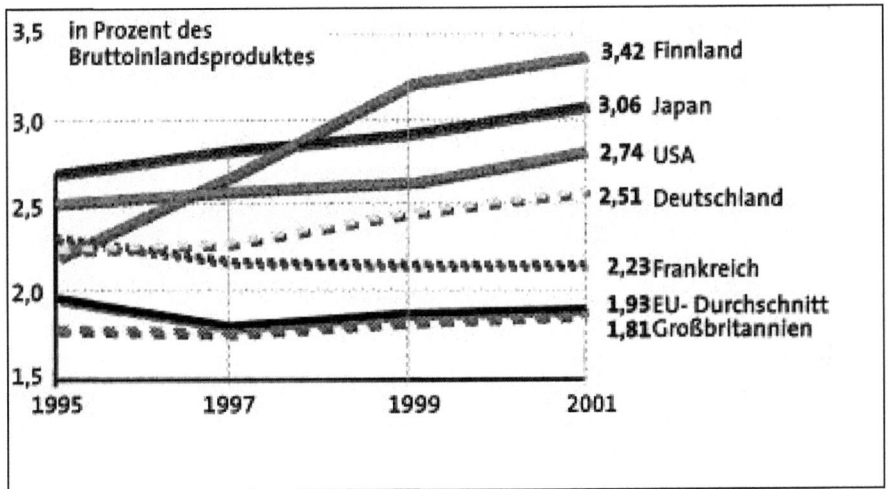

„Magere Bilanz: Ausgaben für Forschung und Entwicklung"
Quelle: ZEIT-Grafik/Quelle: OECD (ZEIT, Nr.14, 25. März 2004, 34)

Insbesondere sind es die großen Nationen Europas, die mauern und die Entwicklung bremsen: Geben Finnland und Schweden 3,49 Prozent beziehungsweise 4,27 Prozent ihres Reichtums für Forschung und Entwicklung aus, sind es in Deutschland – immerhin steigend – 2,5 Prozent, in Frankreich nur 2,2 und im Vereinigten Königreich nur 1,8 Prozent des Bruttoinlandsprodukts. In absoluten Zahlen bestreiten die drei wirtschaftsstärksten Staaten zwei Drittel aller Forschungsausgaben in der Union.

Auch die europäischen Unternehmen erweisen sich vergleichsweise nicht gerade innovations- und forschungsorientiert: Während in den USA und Japan über zwei Drittel der Forschungsmittel aus privaten Quellen stammen, erreicht der private Beitrag in Europa nur 56 Prozent der gesamten Forschungsförderung.

Überall in Europa ist die Zahl der Studierenden gestiegen, wie es politisch erwünscht ist. Da die Bildungsausgaben nicht entsprechend mitgewachsen sind, haben sich die Studienbedingungen vor allem in den großen Nationen deutlich verschlechtert. Vielfach werden die Studierenden zur Finanzierung herangezogen, womit sich eine schleichende Privatisierung der Hochschulausbildung breit macht. Frankreich lässt sich seine Hochschulen nur 1,1 Prozent des Bruttoinlandsprodukts kosten, weniger als der Durchschnitt in den OECD-Ländern und nicht einmal die Hälfte der Aufwendungen in den USA. Auch in England veröden die meisten Hochschulen, mit Ausnahme der prestigeträchtigen Elite-Universitäten in Cambridge und Oxford. Generell liegt auch dort die Finanzierung unter dem OECD-Durchschnitt und macht weniger als die Hälfte der Ausgaben in den USA aus, wo immerhin 42 Prozent eines Jahrgangs studieren.

In Deutschland studieren 2002 gerade 36 Prozent eines Altersjahrgangs, immerhin sieben Prozent mehr als 1998. In den Industrieländern allgemein sind es hingegen 47 Prozent im Durchschnitt. Wiederum wenden die skandinavischen Staaten deutlich mehr für Bildung auf: Dänemark und Schweden beispielsweise über sieben Prozent ihres Bruttoinlandsprodukts, während Deutschland sich mit 4,5 Prozent begnügt und damit unter dem EU-Durchschnitt von 4,9 Prozent liegt (Fritz-Vannahme 2004).

Aber digitale Spaltungen zeichnen sich nicht nur in nationalen Dimensionen, sondern auch und vermutlich noch nachhaltiger in globalen Ungleichheiten und Divergenzen ab, wie die Vereinten Nationen in ihrem *Bericht über die menschliche Entwicklung* von 1999 konstatieren müssen: Zwar finden sich überall auf der Welt Formierungen und Attraktionen einer globalen Kulturindustrie, namentlich amerikanischer Provenienz, etwa Coca-Cola, McDonalds, Microsoft, AOL Time Warner, CNN, aber darunter werden die Klüfte zwischen den technischen Infrastrukturen und damit den Kommunikationsoptionen, den Ökonomien, den Gesellschaften und Kulturen offenbar nicht geringer (Giddens 2001, 26ff; Mattelart 2003, 130).

Seit 2000 diskutieren und arbeiten im Rahmen der UNESCO, aber auch in weltweiten Netzwerken verbundene NGOs (Non-Governmental Organizations) wie die *World Association of Community Broadcasters* oder die *World Association for Christian Communication* darüber und daran, nachhaltige Entwicklungschancen, kulturelle Autonomie und Entfaltung mit den neuen Informationstechnologien konstruktiv zu vereinbaren und dafür wirksame Konzepte umzusetzen. Sie firmieren inzwischen unter dem Titel der „globalen Zivilgesellschaft". Nicht zuletzt durch den Druck von außen einigt sich selbst die *G 8-Konferenz* der reichsten Staaten der Welt im Juli 2000 in Okinawa bei Anwesenheit einer Info-Elite auf eine *Charta über die globale Informationsgesellschaft*, die das „Prinzip Inklusion" propagiert: „Alle Menschen überall auf der Welt sollen in der Lage sein, an den Errungenschaften der globalen Informationsgesellschaft teilzunehmen, niemand darf ausgeschlossen werden" (zit. nach Deutscher Bundestag 2002, 273). Dazu sei erforderlich, das geistige Eigentum zu verteidigen, gegen die Programmpiraterie vorzugehen, aber auch die Liberalisierung der Telekommunikation fortzusetzen, gemeinsame Normen zu vereinbaren und den Konsumenten zu schützen. Sogar eine DOT Force (*Digital Opportunity Task Force*) wird eingerichtet, die Lösungen erarbeiten soll, um eine „weltweite Spaltung im Bereich der Information und Wissen" zu verhindern. Auf ihrem Gipfel in Genua im Juli 2001 haben die G8-Mitglieder das Projekt wieder aufgegriffen und einen Aktionsplan verabschiedet, wie „E-Government die Demokratie und den Rechtsstaat stärken können" (Mattelart 2003, 138). Dazu sind neun Arbeitsfelder eingerichtet worden, für die beteiligten Länder so genannte Implementation Teams aus Industrie und Wirtschaft delegiert haben. Beispielsweise arbeiten im Implementation Team *Human Capacity and Knowledge* unter dem Vorsitz des Siemens Konzern viele Länderregierungen, auch die deutsche, die International Telecommunication Union (ITU), Microsoft Russland und deutsche Forschungseinrichtungen mit. Mit dem Bericht der DOT Force vom Juli 2002 über die erfolgreiche Einsetzung der Implementation Teams hat sich die DOT Force durch die Übertragung ihrer Aufgaben an die Einzelprojekte formell aufgelöst. Von diesen Einzelprojekten hat die breite Öffentlichkeit allerdings bislang wenig erfahren (Heesen 2004).

Das Jahr 2001 stellen die Vereinten Nationen unter das Motto des *Dialogs der Zivilisationen*; die UN-Generalkonferenz entwickelt im Rahmen ihres Kampfes gegen die digitale Spaltung eine „Infoethik" , richtet ebenfalls eine Task Force (*ICT = Information and Communication Technology Task Force*) ein und gibt den Mitgliedstaaten Empfehlungen „zur Anwendung der Mehrsprachigkeit und den universellen Zugang zum Cyberspace" an die Hand, ohne die „der wirtschaftliche Globalisierungsprozess kulturell verkümmert, ungleich und ungerecht wäre". Diese Strategie wird *Initiative B@bel* getauft.

Auch die UNESCO hat daran erinnert, dass Alphabetisierung und Bildung „Voraussetzungen für den universellen Zugang zum Cyperspace" sind. All diese Initiativen haben dazu geführt, dass vom 10. bis 12. Dezember 2003 in Genf die UNESCO zusammen mit der Internationalen Fernmeldeunion (ITU) einen Weltgipfel zur Informationsgesellschaft (*World Summit on the Information Society*) veranstaltet hat, um damit das Bedürfnis nach „globaler Regulierung" zu bekräftigen: Information und Wissen sollen als „globales öffentliches Gut" anerkannt werden, die konstitutiv für Öffentlichkeit, Informationsfreiheit und freien Informationszugang sowie für Demokratie sind. Doch den anhaltenden Tendenzen, dass „Information und Wissen immer stärker privatisiert, kommerzialisiert, kontrolliert, in Nutzungszonen eingegrenzt und verknappt" wird – und dies vor allem für die große Mehrheit der Menschen in der Welt, die weder Zugriff noch Nutzen von den Potenzialen von Informationstechnik, PC und Internet haben –, kann der gigantische Kongress mit immerhin ca. 11.000 Teilnehmern aus 150 Ländern nur appellative Resolutionen und „wenig innovative Kraft" entgegensetzen (Kuhlen 2004, Tietje 2004, 24f). Entsprechend fällt die Resonanz „denkbar gering" aus, viele deutsche Medien haben ihn schlichtweg ignoriert, so dass sich allein schon daran – unabhängig von seinen ebenfalls zaghaften inhaltlichen Entschließungen – ablesen lässt, dass sich offenbar die internationale Themen-Agenda verändert und „Informationsgesellschaft" nicht mehr zu den vorrangigen und politisch attraktiven Sujets gehört.

Demnach dürfte es auch der zweite Teil des „Informationsgipfels", der im November 2005 in Tunis geplant ist, ebenfalls schwer haben. Dort sollen auch die vielen nichtstaatlichen Organisationen eine faire Chance zur „Partizipation der Zivilgesellschaft" erhalten, wofür die UNESCO und die Internationale Fernmeldeunion garantieren wollen. Doch ob sich damit die digitalen Spaltungen eindämmen lassen oder nicht mehr thematisiert werden und damit diese Kategorie zu einem inflationär memorierten „Gemeinplatz" verkommt, bleibt abzuwarten. Skepsis ist auch angesagt, solange technische und ökonomische Interessen, die sich nach wie vor in diversifizierten Wettbewerben bekämpfen, vorherrschend sind und die Nationalstaaten zu ethnozentrischen Konflikten drängen; so lange bleiben Visionen einer nur harmonisch vernetzten Welt illusionär: Modernisierung allein unter (informations)technologischen Prämissen löst nicht die Probleme der Welt, sie verschiebt sie nur (oder verschärft sie sogar). Dennoch gibt es zu ihrem Voranbringen und ihrer Vervollkommnung keine Alternative mehr (Giddens 2001; Mattelart 2003, 142ff)

5.4 „Informationsgesellschaft" ohne informationstheoretisches Konzept?

Trotz seiner vielfachen, ja inflationären und selbstverständlichen Verwendung ist die Semantik des Informationsbegriffs diffus, fast beliebig, in verschiedenen analytisch-theoretischen Ansätzen unterschiedlich bestimmt, wie der Berliner Informationswissenschaftler Gernot Wersig schon 1973 (16) feststellte. Gerade deshalb lässt er sich vordergründig umstandslos objektivieren und von seinem humanen Kontext, ja eigentlich von seiner erst durch menschliche Kommunikation entstehenden Substanz ablösen. In solchen heute üblichen, unreflektierten Verwendungen bezeichnet Information primär das, was zwischen Menschen untereinander direkt, via Medien und endlich auch via Informationsmaschinen, also Computer, ausgetauscht wird – wobei die Übermittlung mittels technischer Hilfsmittel per se eine abgeleitete, der originären Kommunikation nachempfundene Version ist, wie immer wieder bei Analogiesetzungen erfahren werden kann: Mediale Informationen werden gemeinhin von den Nutzern personalisiert, also persönlichen, vertrauenswürdigen Repräsentanten zugeschrieben, mit dem Computer pflegen viele ein quasipersönliches Verhältnis.

Physikalisch sind die kommunizierten Informationen Geräusche und (Schrift)Zeichen, technisch nur Stromstöße, Moleküle elektrischer Energie; auf einen Chip gepackt und von einer Programmiersprache codiert, sind es *Daten*. Werden die Daten in eine Syntax, also in einen logischen und systematischen Kontext gebracht – und hierfür steht das Zeichenmodell Pate –, nennt man es *Information*, und so pragmatisch lässt sich der Begriff heute universell und all-

5 Konzepte und Konturen der „Informationsgesellschaft" 83

gemeinverständlich verwenden, wiewohl er auch noch emphatischere Implikationen – etwa mit dem Anspruch nach Verstehen und Verständnis – mit sich führt und dadurch immer wieder irritiert. Diese sind dann im Spiel, wenn – so die übliche Rede – in Büchern, Periodica, Suchmaschinen und Datenbanken Informationen gefunden werden, die sich weitergeben, bearbeiten, verschicken und natürlich verkaufen lassen. Allerdings: von allen anderen Waren unterscheidet sich Information dadurch, dass sie faktisch nicht verbraucht werden kann. Sie lässt sich zwar verkaufen, und mit ihr lassen sich reale Wirtschaftsgüter herstellen, aber sie bleibt zugleich beim Verkäufer bzw. Schöpfer und verhilft auch ihm zur wirtschaftlichen Wertschöpfung. So lässt sich Information als Rohstoff, Ware, Produktionsfaktor, Kulturgut, Deutungsmuster und Orientierung gleichermaßen apostrophieren, und keinen kümmert mehr die Ungenauigkeit oder gar Widersprüchlichkeit des Bedeutungsgehalts.

Bei solch terminologischer Uneinheitlichkeit hilft auch die etymologische Herleitung kaum weiter: Denn „informatio" heißt zunächst: etwas formen oder ihm eine Form, vielleicht auch eine Gestalt und damit einen Gehalt geben. Damit trifft sich „informatio" mit dem deutschen Wort ‚Bildung', und beide haben über ihre materielle Bedeutung hinaus eine speziell ideelle, fast konträre Bedeutungsentwicklung genommen (Ursul 1970; Capurro 1978): Bildung wird zumal seit dem 18. Jahrhundert zum emphatischen Prädikat des geschätzten Individuums, des sittlich gefestigten und aufgeklärten Bürgers, erhöht. Information gewinnt als jenes inhaltsleere, flexible Schlagwort erst seit Ende des 20. Jahrhunderts – mit der Entwicklung der ersten Informationstechniken, also des Telegrafen und des Telefons – jenen umfassenden Status und firmiert inzwischen als eine universelle Metapher.

Skeptiker erkennen in ihrem inflationären Gebrauch die Überhandnahme des technischen, instrumentellen und ökonomischen Denkens. Zunächst ist Information die Domäne der *Nachrichtentheorie* und der Kybernetik, jener generellen Regelungstheorie, die heute fast schon wieder vergessen ist. Immerhin stimmt man inzwischen darin überein, dass die beiden Nachrichtentechniker Claude E. Shannon (1916 – 2001) und Warren Weaver (1894 – 1978), die auch von Kybernetik beeinflusst waren, eher eine Informations- denn eine Kommunikationstheorie entwickeln wollten. Aber da sie für Amerikas größte Telefongesellschaft, nämlich der Bell Telephone-Company in Pennsylvania, arbeiteten, nannten sie ihre Berechnungen für das neue Medium Telefon *communication theory* (Shannon/Weaver 1949; dtsch 1976). Danach ist Information jener Anteil einer Nachricht, der den Empfänger überrascht. Wenn sich also diese Überraschung messen ließe, so die Überlegung, könnte die sichtbare Folge bei der Nachrichtenübertragung das quantitative Maß für Information sein. Dieser Überraschungseffekt ist trivialerweise umso größer, je weniger die Rezipienten auf eine Nachricht gefasst sind – oder auch: je weniger sie wissen. Mithin muss die Quantität der Information der Wahrscheinlichkeit entsprechen, mit der die Information *nicht* erwartet wird. Darauf gründet die Berechnungsformel, die Shannon und Weaver für jeglichen Informationsgehalt als Grundlage ihrer mathematischen Theorie für Kommunikation entwickelten (Kloock/Spahr 2000, 216ff; Mattelart 2003, 55ff).

Mit ihr wird – zusammengefasst –
- Information rein formal definiert, nämlich als die Wahrscheinlichkeit des Eintretens eines Ereignisses bzw. eines Signals: Je unwahrscheinlicher dieses Signal ist, desto größer wird die dadurch übermittelte ‚Information';
- Information ist demnach eine objektivierbare und objektivierte Größe, ohne jeden Bezug zum menschlichen Subjekt und zu konkreten Inhalten („We completely ignore the human value of the information" [Shannon/Weaver 1949, 31]).

Obwohl diese quantitative Informationstheorie vielfach kritisiert wurde und wird, halten ihr Reiz und damit ihre Wirksamkeit an. Aus kritischer Sicht wird hingegen vor allem die simple Annahme getadelt, es handele sich bei Information um etwas Materielles, das durch sprachliche und/oder zeichenhafte ‚Behältnisse' (Informationsträger und Medien) übertragen oder ausgetauscht, das mithin in sie eingelagert sei und aus ihnen entnommen werden könne (Krippendorf 1994, 93f). Gleichwohl sind etliche jüngere Definitionen von Information immer noch vom nachrichtentechnischen Denken – ob eingestanden oder unbemerkt – beeinflusst (Schulz 2002, 161ff). Wenn Wersig (1971, 74) Information etwa „als die Reduktion von Ungewissheit aufgrund von Kommunikationsprozessen" beschreibt, dann sind Anleihen unverkennbar. Denn „Ungewissheit" wird nicht als subjektive, konkrete (Un)Fähigkeit betrachtet, sondern – reichlich kompliziert – als vermeintlich objektiv bestimmbare Größe zur „Lösung eines Problems". Entsprechend lässt sie sich vorgeblich abstrakt messen oder wenigstens von Modellen deduzieren (Ebd. 70).

Auch die *Systemtheorie* kennt nur einen formalen oder abstrakten Informationsbegriff und bleibt damit – allerdings unbemerkt – in der nachrichtentechnischen Kontinuität. Für N. Luhmann entscheidet der binäre Code Information und Nichtinformation darüber, was zum System der Massenmedien gehört und was nicht (Luhmann 1966, 36; Weber 2003b, 210). Dabei wird Information als der „positive Wert" definiert, mit dem das System „die Möglichkeiten seines eigenen Operierens bezeichnet" (Luhmann 1996, 37). Damit ist noch nicht viel an diskriminierendem Potenzial gewonnen, denn Luhmann weiß um die „Universalpräsenz von Information in allen sinnhaften Operationen" (Ebd., 39). Gleichwohl

5 Konzepte und Konturen der „Informationsgesellschaft" 85

ist Information, die auch die einschließt, dass etwas nicht informativ sei, erforderlich, damit sich das System der Massenmedien „von der Umwelt unterscheiden", eigene "Reduktion von Komplexität", „eigene Selektion organisieren" kann (Ebd.). Um solchen „unendlichen Regress" in der Praxis zu stoppen, bedarf es zusätzlicher Regeln (Codierung und Programmierung), „mit deren Hilfe man entscheiden kann, ob etwas im System als informativ behandelt werden kann oder nicht". Mithin ist „alle Information auf Kategorisierungen angewiesen, die Möglichkeitsräume abstecken, in denen der Auswahlbereich für das, was als Kommunikation geschehen kann, vorstrukturiert ist". Wie das geschieht, bleibt nebulös; angeführt werden lediglich beispielhaft einige Selektionsräume „wie Sport oder Astrophysik, Politik oder moderne Kunst, Unfälle oder Katastrophen" (Ebd., 38). Und als letztes, wohl pragmatisch gemeintes Unterscheidungskriterium bleibt die Zeit, die zwischen Information und Nichtinformation trennt. Denn Informationen, so Luhmanns kategorische Behauptung, „lassen sich nicht wiederholen; sie werden, sobald sie Ereignis werden, zur Nichtinformation" (Ebd. 41). Das mag abstrakt stimmen, sofern man den sozialen Kontext, den Bezug zum Publikum, gänzlich ausblendet. Denn für dieses gelten ganz andere Kriterien: etwa der Grad der Diffusion (Verbreitung), die Kapazität des Behaltens und Erinnerns, die Qualität des Verstehens, das Maß der Brauchbarkeit und Funktionalität. Denn eine Information bzw. Nachricht kann erst beim zweiten, dritten Mal erfolgreich und wirksam sein, wie ja auch die Massenmedien Doubletten und Redundanzen gezielt planen und einsetzen. So überzeugt es wenig, wenn Luhmann sich in seiner rabulistischen Argumentation dem Informationsbegriff des amerikanischen Anthropogen Gregory Bateson ([1904 – 1980] 1981, 488) anschließt, wonach Information „irgendein Unterschied [ist], der bei einem späteren Ereignis einen Unterschied ausmacht" (Luhmann 1996, 39).

Selbst jüngste Definitionen, die die inzwischen etablierte *Informationswissenschaft* für ihren zentralen Gegenstandsbereich vorlegt und worauf sie sich schon fast kanonisch verständigt hat, begnügen sich noch entweder mit nur prozessualen Deskriptionen oder operieren ebenfalls mit ungelösten, letztlich tautologisch werdenden Rekursen: Dies gilt etwa für die mittlerweile breit akzeptierte, pragmatische Definition des Konstanzer Informationswissenschaftlers Rainer Kuhlens (1995, 34), wonach „Information" „Wissen in Aktion" sei. Denn unklar bleibt, um wessen Aktion und wessen Wissen es sich handelt, zumal Wissen noch intensiver und prinzipieller mit dem konkreten Subjekt verbunden ist. Ebenso wenig wird ausgeführt, welche Art von Aktion es sein muss: Sind es nur symbolische oder auch reale, welchen sozialen Status haben sie, in welchem Stadium befinden sie sich, und wie ist die soziale Situation beschaffen, welche Interaktionen ereignen sich in ihr, mit welchen nur realen oder auch virtuellen

Partnern? So mutet auch diese Definition reichlich unausgegoren und wenig triftig an.

Auch die von 1999 bis 2002 arbeitende Enquete-Kommission des Deutschen Bundestages zum Thema *Globalisierung der Weltwirtschaft – Herausforderungen und Antworten* verknüpft recht pragmatisch Information und Wissen, indem sie Wissen „im Unterschied zur reinen Information" als „verarbeitete Information" oder als „Veredlung von Information" bezeichnet (Deutscher Bundestag 2002, 259). Da sie aber ihren Informationsbegriff nicht näher definiert, sondern ihn allem Anschein nach ebenfalls in technologischen Kontexten belässt, ist ihr Wissensbegriff nur vordergründig substanzieller und einleuchtender, auch er bleibt in jener terminologischen Zirkularität.

Einen gänzlich konträren Informationsbegriff vertreten hingegen die Anhänger des (radikalen) *Konstruktivismus:* „Die Welt enthält keine Information, die Welt ist, wie sie ist", konstatiert schon der Nestor, Heinz von Foerster (1909 – 2002) [1993, 290]), Begründer einer so genannten Kybernetik zweiter Ordnung. Der Berliner Mediendesigner Norbert Bolz (1994, 306) pflichtet ihm bei: „Streng genommen, [...] kann man Information gar nicht speichern, weil sie allein in der Beobachtung von Dokumenten, in Interaktionen mit der Welt entsteht. [...] Wir haben es also nicht mit der Welt, sondern immer nur mit den Dokumenten der Speichermedien und Archive zu tun." Auch für den Münsteraner Kommunikationswissenschaftler Siegfried J. Schmidt (1994, 615) „gibt es' Information, Bedeutung oder Sinn [...] nicht in den Medienangeboten, sondern nur im kognitiven System, in den Köpfen von Menschen". Denn „jedes kognitive System", ergänzt der Siegener Psychologe Gerhard Rusch (1994, 67), muss „über [...] chemophysikalische Veränderungen in den Sinneszellen seiner Sinnesorgane Informationen (z.B. in Gestalt von Sinneswahrnehmungen) sozusagen hausintern erzeugen". Erst der vielseitige, flexible Einsatz der kognitiven Strukturen in der Interaktion mit sich selber, aber auch in den konstruierenden Interaktionen mit der immer schon kognitiv konstruierten Wirklichkeit schafft Informationen. Was bei der Kennzeichnung der technischen Verkoppelung von Apparaten akzeptabel sein kann, greift für die Beschreibung und Erklärung zwischenmenschlicher Information und Kommunikation erneut zu kurz: „Denn anders als z.B. Telefonapparate oder Computer sind Menschen intelligente, kognitiv autonome und konstruktive Systeme, deren Verhalten z. B. in Kommunikationssituationen nicht einfach durch Ereignisse in ihrer Umgebung determiniert ist" (Ebd.). Information wird also als subjektive Größe verstanden und ist ohne Subjektbezug nicht denkbar. Damit nähert sich in diesen Konzepten der Informationsbegriff, mindestens in seiner kognitiven Erzeugung und sozialen Realisierung, dem der Kommunikation oder dem des Wissens an, jedenfalls entsagt er den nur technischen, kybernetischen und informatorischen Versionen.

Strikt weigerte sich etwa der amerikanische *Ökonom* Fritz Machlup (1902 – 1983), der als Pionier für die volkswirtschaftliche Forschung über die Wissensökonomie gilt, Information und Wissen (knowledge) analytisch und prinzipiell voneinander zu trennen. Allein in linguistischer Hinsicht ließen sich Nuancen ausmachen: nämlich dergestalt, dass „der Unterschied zwischen Wissen und Information hauptsächlich im Verb *formieren* begründet ist: *informieren* ist eine Tätigkeit, durch die Wissen vermittelt wird; *wissen* ist das Ergebnis des Informiert-worden-seins. ‚Information' als Informationsakt zielt darauf ab, bei irgendjemandem einen Wissensstand (a state of knowing) zu erzeugen. ‚Information', verstanden als das, was kommuniziert wird, ist gleichbedeutend mit dem, was man gemeinhin unter ‚Wissen' versteht. Infolgedessen liegt der Unterschied nicht in den Substantiven, wenn sie sich darauf beziehen, *was* man weiß oder worüber man informiert wird. Er liegt nur dann in den Substantiven vor, wenn sie sich auf den Informations*akt* bzw. auf den Wissens*stand* beziehen" (Machlup 1962, zit. nach Mattelart 2003, 60).

Demnach bedürften beide Kategorien bzw. Prozesse einer grundlegenden Theorie der Rezeption und des Lernens, der Kognition und des Gedächtnisses, wie man auch sagen könnte, die sowohl die Generierungs- und Konstruktionsaktivitäten des Subjekts hinreichend würdigt, als sie auch dessen Aufnahme, Verarbeitung und Interpretation der objektiven Umwelt angemessen berücksichtigt und sie nicht länger mehr gegeneinander ausspielt. Information und Wissen könnten sich dabei in der Tat als zwei verbundene Aspekte eines Vorgangs und einer menschlichen Kapazität herausstellen.

Denn kulturgeschichtlich betrachtet, konnten Menschen nie ohne Wissen bzw. ohne Verarbeitung wie Transfer von Information leben, bewusstes Menschsein und Kultur beginnen damit: bei den Ägyptern, etwa 4000 vor unserer Zeitreichung, mit Zahlenreihen, Schriftzeichen und Kalendarien, bei den Griechen mit Fackeltelegrafen und der Volkszählung mit Hilfe des Rechenbrettes (Abax) zur Zeit des Aristoteles, bei den Japanern mit Feuersignalen, bei den Inkas mit den Botenläufern, später den optischen Telegrafen und mit vielen anderen Kultur- und Kommunikationstechniken mehr, die inzwischen die Kultur- und Kommunikationsgeschichte dokumentiert (Oberliesen 1962; Kleinsteuber 1997, 47ff; Faulstich 1997). Demnach müssen zeitgenössische Identifikationen schon präzise belegen, wodurch sich gegenwärtige gesellschaftliche Formationen signifikant von früheren unterscheiden und weshalb sie sich durch Information und Wissen als typisches Charakteristikum auszeichnen. Dies dürfte beim Signum ‚Wissen' wohl noch ungleich weniger einleuchtend und akzeptiert gelingen als beim Signum ‚Information'. Denn „Wissen ist" – so neuerdings zu Recht der Berliner Informationswissenschaftler G. Wersig (1993, 159) – „ein universell vorhandenes Phänomen mit ganz unterschiedlichen Strukturen, die

Modelle von Welt darstellen. Dieses Wissen wird zu Zwecken des Handelns benötigt und umgesetzt" – was wohl auch schon immer gegolten hat und weiterhin gilt.

6 Von der „Knowledge Economy" zur „Wissensgesellschaft"?

6.1 „Wissensgesellschaft" – aktuelle und attraktive Metapher

„Wir leben in einer Wissensgesellschaft, sind Wissensarbeiterinnen und -arbeiter, arbeiten in wissensintensiven Geschäftsprozessen, an der Herstellung wissensintensiver Produkte und erbringen wissensintensive Dienstleistungen. Wir erstellen Wissensbilanzen, sind Teile von Wissensnetzwerken, zeichnen Wissenslandkarten, rufen Informationen aus Wissensdatenbanken ab, betreiben Wissensentdeckung und Wissenskooperation. Wir generieren, verteilen, internalisieren, externalisieren, kombinieren, sozialisieren, managen, gestalten, repräsentieren, verarbeiten, identifizieren, erwerben, modellieren, entwickeln, transformieren, kodifizieren, transferieren, bewerten, schützen und speichern Wissen. Wissen findet sich in Büchern, Informationssystemen, Daten, Organisationen, neuen Medien, Gehirnen, Produkten, Prozessen, kognitiven Strukturen, Patenten, Handlungen und sozialen Systemen [...]" (Wyssusek 2004, 1).

Paradigmatisch, aber auch wohl leicht ironisch zählt der Herausgeber am Beginn eines Sammelbandes zum Thema *Wissensmanagement komplex* (2004) das heute übliche, für viele selbstverständliche Vokabular zu Wissen auf und entlarvt damit auch seine Beliebigkeit, Allverwendbarkeit, wenn nicht Leerformelhaftigkeit, die vielfach schon zur Phrasenhaftigkeit verkommt (wie es ja auch beim Informationsbegriff der Fall ist). Da man sich kaum mehr die Mühe macht, hinreichend zu definieren, was unter den Kernbegriffen verstanden wird bzw. sich mit reichlich willkürlicher Tautologie begnügt, wie vielfach schon gezeigt worden ist und weiter zu belegen sein wird, bemerkt sie indes kaum jemand. „Wissen" ist zum eindrucksvollen, autoritätsheischenden und Fortschrittlichkeit signalisierenden Paradigma avanciert – was eigentlich für ein so altes und unspektakuläres Wort erstaunlich ist – und wird daher nicht nur reichlich wahllos und unreflektiert verwendet, es wird auch beliebig kombiniert, damit vergewaltigt, verzerrt und entleert, wie die beeindruckende Ansammlung von Verben demonstriert. Und fast selbstverständlich, wenn nicht schon trivial mutet es an, gegenwärtig eine „Revolution des Wissens" (Fried/ Süßmann 2001) zu diagnostizieren. Ob es sich um eine kontinuierliche oder epochal neue, um mehrere oder nunmehr ein- und erstmalige handelt, darüber scheiden sich die Geister, entsprechend den unterstellten Definitionen, disziplinären Zugängen und historischen Einordnungen.

Immer häufiger werden in offiziellen und theoretischen Diskussionen und Dokumenten „Informationsgesellschaft" und „Wissensgesellschaft" in einem Atemzug genannt. Oft genug werden beide Termini unbedacht synonym oder absichernd additiv verwendet; ohne dafür explizite definitorische Substantiierungen und empirische Anhaltspunkte (Was kennzeichnet jeweils die eine, was die andere Formation, und worin unterscheiden sie sich?) anzuführen, und zwar bis in jüngste Publikationen hinein. So bevorzugt etwa M. Castells (2001, 528ff) als zentrales Kriterium zur „Charakterisierung der Gesellschaft im Informationszeitalter" den Begriff des *Netzwerkes*, da Netzwerke „die neue soziale Morphologie unserer Gesellschaften [bilden], und die Verbreitung der Vernetzungslogik verändert die Funktionsweise und die Ergebnisse von Prozessen der Produktion, Erfahrung, Macht und Kultur wesentlich" (Ebd., 528). Wohl das dichteste, flexibelste und effizienteste globale Netzwerk erkennt Castells in den internationalen Finanzströmen, der elektronischen oder auch „unwirklichen" Weltwirtschaft. Denn sie stützt sich vornehmlich auf „Wissen und Information", die unentwegt und in Sekundenschnelle, mittels der Informationstechnologie, um den Globus zirkulieren, von keinen nationalen und demokratischen Institutionen kontrolliert werden, aber gravierende Auswirkungen auf die Wirtschaft und das gesellschaftliche Leben eines jeden Landes haben können (Ebd., S. 530; Giddens 2001, 20ff).

Werden überhaupt Unterscheidungen zwischen „Informations-" und „Wissensgesellschaft" angestrebt, so wird zunächst darauf abgehoben, dass die „Informationsgesellschaft" eng oder einseitig an die Entwicklung der Informations- und Kommunikationstechnologien bzw. an die Optionen des Informationsmarktes und seine Verfügbarkeit gebunden ist und damit einem gewissen, meist impliziten technologischen Determinismus huldigt. Die Informatisierungsprozesse aller Lebensbereiche, angefangen von der industriellen und dienstleistungsbezogenen Erwerbsarbeit bis hin zum Alltag und den Medien, stehen im Blickpunkt und gelten als symptomatisch. Hingegen wird das Modell der „Wissensgesellschaft" (noch) als offener und ganzheitlicher, dementsprechend auch analytisch vager und voluntaristischer verstanden, das gleichwohl den Charme des Progressiven oder der ‚konkreten Utopie' ausstrahlt. Außerdem soll es tendenziell von den nur technischen und/oder ökonomischen Perspektiven distanziert werden und zusätzlich, wenn auch undifferenziert Fortschritts-, Innovations- und Bildungsprozesse jeglicher Art einschließen. Letztlich steht „Wissensgesellschaft" für jedwede Art von Modernisierung. So präferiert beispielsweise die UNESCO „Wissensgesellschaft" – auch entgegen dem sonstigen internationalen Trend –,

6 Von der „Knowledge Economy" zur „Wissensgesellschaft"?

um wohl damit die kulturellen Dimensionen zu betonen, weite Kreise der so genannten Zivilgesellschaft, also der Nicht-Regierungsorganisationen, fügen sogar noch die „Kommunikationsgesellschaft" hinzu, greifen mithin auf ein älteres Etikett zurück, um damit auch die Dimensionen der (medialen) Vermittlung einzubeziehen.

Erstmals verwendet und theoretisch begründet habe den Terminus der „Wissensgesellschaft" („knowledge society") – so die tentative etymologische Rekonstruktion (Stehr 1994, 14f, 26f) – der amerikanische Politikwissenschaftler Robert E. Lane in einem Aufsatz über den Niedergang irrationaler Politik und Ideologie (1966) – also in einem anderen, recht verkürzten Verständnis. Noch mit dem technokratischen Optimismus der 60er Jahre begründet Lane mit dem Begriff den Bedeutungszuwachs wissenschaftlichen Wissens und damit die erhoffte wachsende Rationalität und Wissenschaftlichkeit gesellschaftlicher Entscheidung. Wissensgesellschaften sollen sich dadurch auszeichnen, dass ihre Mitglieder

„(a) ihre Vorstellungen vom Menschen, von der Natur und der Gesellschaft bis ins Tiefste zu ergründen versuchen;
(b) (möglicherweise unbewusst) objektiven, der Realität angemessenen Standards folgen und die Forschung nach den Regeln wissenschaftlicher Beweisführung betreiben;
(c) für diese Forschungstätigkeit einen beachtlichen Teil ihrer Ressourcen aufwenden und daher über umfangreiche Kenntnisse verfügen;
(d) vorhandenes Wissen in dem Bemühen sammeln, organisieren und interpretieren, um aus zweckdienlichen Gründen auf dieses Wissen zurückgreifen zu können;
(e) dieses Wissen sowohl zur Erläuterung (vielleicht sogar Änderung) als auch Verwirklichung ihrer eigenen Werte und Zielvorstellungen verwenden" (Stehr 1994, 26).

Dass sich Lanes u.a. damalige Erwartungen von der engen Kooperation zwischen wissenschaftlichem, weitgehend als positivistisch verstandenem Wissen, gesellschaftlicher Entwicklung und rationalen Entscheidungen so nicht eingelöst haben, liegt auf der Hand, und sie müssten heute zu einer anderen, mindestens ergänzten Definition von „Wissensgesellschaft" führen. Doch diese ist weder erschöpfend verfügbar noch konsensfähig. Gleichwohl wird „Wissensgesellschaft" gern implizit oder explizit als Weiter- oder gar Höherentwicklung der „Informationsgesellschaft" apostrophiert, wie es schon das Zitat des damaligen Zukunftsministers J. Rüttgers (Deutscher Bundestag 1998, 115) unterstellt. Doch nur selten wird dafür explizit und konzis ein historisches Stufen- oder gar Fortschrittsmodell angeführt, wie es etwa Jeanette Hofmann (2001, 3), Leiterin des Verbundprojekts *Internet und Politik* am Wissenschaftszentrum für Berlin für Sozialforschung, tut: „Die Zeit der rauchenden Schlote, der Massenproduktion und monotonen Handarbeit ist vorbei, die Zukunft gehört der Wissensverarbeitung, den intelligenten und sauberen Jobs. Demnach befinden wir uns inmitten eines Strukturwandels, an dessen Ende die Wissensgesellschaft das Industriezeitalter abgelöst haben wird, so wie jenes einst die Agrargesellschaft verdrängte." Doch bei solch optimistischer Sicht und pauschaler Diagnose wird nicht genügend differenziert, dass sich Phasenverschiebungen sowohl innerhalb der einzelnen Gesellschaften als erst recht in der ungleich entwickelten und sich weiter differenzierenden Welt fortsetzen, möglicherweise just mit den verbesserten Vernetzungen sogar noch verschärfen werden, so dass die „Wissensgesellschaft" mit ihren Innovationen und Wohltaten allenfalls für ein Teil des Nordens der Welt Wirklichkeit wird, aber auch dort zu weiteren und krasseren Disparitäten führen kann (siehe unten Kap.6.5.2).

Daher gibt Nico Stehr, Professor für Soziologie in Kanada, am Ende seiner umfassenden theoretischen Untersuchung zur „Wissensgesellschaft" (1994; 2001) zu bedenken, dass der auch für ihn unbezweifelbare „Übergang von der Industriegesellschaft zur Wissensgesellschaft [...] auch schwerwiegende Probleme mit sich bringt". Denn „[d]ie Wahrscheinlichkeit, dass wirtschaftliches Wachstum in Zukunft mit dem Verlust der Vollbeschäftigung Hand in Hand geht, ist eines der Hauptmerkmale für ein Wirtschaftssystem, in dem Wissen zur wichtigsten Quelle des Wertzuwachses wird und eine erhöhte Produktion unter geringerem Einsatz von Arbeit möglich sein wird" (Stehr 1994, 524).

Doch so gravierend und düster sich die wirtschaftlichen Probleme ausnehmen – und die bis heute anhaltende, immer weiter gestiegene, strukturelle Arbeitslosigkeit in den Industrienationen ist sicherlich der bedrückendste Parameter –, auch andere Begleiterscheinungen des Strukturwandels sind ebenso besorgniserregend: neben den angesprochenen Verwerfungen und Ungerechtigkeiten der internationalen Arbeitsteilung und wirtschaftlichen Wertschöpfung die wachsenden Überwachungs- und Kontrolloptionen durch die neuen Technologien, die einhergehende Verkehrs- und Mobilitätsdichte, der anhaltende Raubbau an den natürlichen Ressourcen, die Perfektionierung der Kriegführung durch elektronische und digitale Waffen etc. Genug Anzeichen gibt es auch dafür, dass viele Menschen, zumal in den immer älter werdenden Bevölkerungen in den Industrienationen, mit dem rasanten Wandel nicht mehr mithalten können und von seinen Anforderungen überfordert sind. Diese Irritationen und Belastungen machen sich auch international bemerkbar, weshalb viele Beobachter befürchten, dass fundamentalistische, reaktionäre Ideologien und Bewegungen noch mehr Zulauf erhalten. Denn eines zeichnen die neuen Gesellschaftsformationen, wie immer betitelt und sie sich am Ende nennen werden, aus: nämlich dass sie in „hohem Maße [weiterhin] selbsttransformierend" (Ebd., 523) sind und überdies über die medialen Selbstbeobachtungs- und Reflexionsapparaturen verfügen, diese permanenten Wandlungsprozesse unermüdlich sowohl schrill wie auch argumentativ zu thematisieren und zu kommentieren.

Auch besagte Enquete-Kommission des Deutschen Bundestages zum Thema „Globalisierung" votiert unter der Kapitelüberschrift „Globale Wissensgesellschaft" in ihrem Abschlussbericht dafür, die „Wissensgesellschaft" als adäquateren Begriff für den anhaltenden Übergang zu verwenden, trotz der terminologischen Vagheit des Wissensbegriffs: Denn „Informationsgesellschaft" sei „jede Gesellschaft immer auch" (wie dies ja auch vielfach umgekehrt von der „Wissensgesellschaft" gesagt wird): Doch für die „Vielfalt gesellschaftlich relevanten Wissens und vor allem die gesellschaftlichen Bedingungen für den Erwerb, die Vermittlung und die Anwendung komplexen Wissens" reiche der Begriff der Information nicht aus (der gleichwohl an anderen Stellen des Berichts und im weiteren Fortgang der Argumentation ebenso zusammen oder synonym mit Wissen verwendet wird, wie ja international die „Informationsgesellschaft" der gebräuchlichere Terminus bleibt). Gleichviel: „Der Begriff der ‚Wissensgesellschaft' befreit sich von der technologischen Verengung des Informationsbegriffes und verweist darüber hinaus auf die komplexen sozialen Kontexte allen Wissens. Er markiert daher einen qualitativen Bedeutungszuwachs des Wissens in allen Gesellschaftsbereichen. Wissen werde insgesamt zum Organisations- und Integrationsprinzip und damit zur zentralen Problemquelle der modernen Gesellschaft (Stehr 2001, 10)" (Deutscher Bundestag 2002, 259f).

Aber auch die Skeptiker der Fortschrittserwartungen werden in dem Bericht erwähnt. So hält z.B. J. Hofmann (2001) den Begriff der „Wissensgesellschaft" (noch) für „nebulös", solange nicht hinreichend geklärt sei, worin der kategoriale Unterschied bzw. das Neue zur Industriegesellschaft bestünde. Unzweifelhaft sei, dass Wissen durch die neuen Technologien „digitalisiert" werde und sich dadurch die Bedingungen für seine Erzeugung, Verbreitung, Konservierung und Nutzung grundlegend ändern. Auch der kritische Ökonom E. Altvater wertet die sich abzeichnenden Umbrüche nicht für Indikatoren einer völlig neuen Gesellschaftsform. Denn aus historischer Sicht haben „Wissen, Wissenschaft und Qualifikation [...] immer schon für die ökonomische Entwicklung, für Wohlstand und Wachstum Bedeutung gehabt". Zwar seien diese in den ökonomischen Theorien als „Wachstumsfaktoren" fest verankert, aber gerade auch Boom und Fall der ‚New Economy' haben bestätigt, dass Wissen allein, ohne seine Verknüpfung mit Investitionen und produktionsorientierten Qualifikationen für die Unternehmen, keinen Produktivitäts- und Umsatzschub bedeutet (siehe auch Altvater/Mahnkopf 2002). Als Quintessenz hält die Enquete-Kommission dennoch fest, dass „die Erzeugung und Verteilung von Wissen [...] künftig eine vorrangige Bedeutung in der Wertschöpfung und im gesellschaftlichen Bewusstsein einnehmen [werden]. Die Zukunft gehört der Wissensverarbeitung, den hochqualifizierten Tätigen" (Deutscher Bundestag 2002, 260).

Damit ist eine recht offene, wenn nicht unverbindliche Perspektive formuliert, die zunächst nur die weitere Qualifizierung aller Beschäftigten anrät und die schon mindestens seit der industriellen Revolution wirksame Verwissenschaftlichung und Komplexitätssteigerung gewerblicher Produktion annonciert, dies allerdings in wachsender internationaler Vernetzung: „Die Globalisierung wirkt dabei als mächtigste Triebkraft der ökonomischen und politischen Veränderungen" (Ebd, 260). So wird insgesamt prognostiziert, dass die Implementierung der Informationsstruktur und die weitere Entwicklung der Informationstechnologie zu neuen Qualitäten führen, der Fortschritt der Gesellschaft sich zunehmend auf gesteuerte Prozesse der Wissensinnovation stützt und aus den weitgehend virtuellen, symbol- und wissensbezogenen Systemen zusätzliche ökonomische Wertschöpfung hervorgeht. Dazu müssten weltweit die Bildungsanstrengungen verstärkt, nicht nur die strukturelle, sondern auch die subjektive Zugänglichkeit zu den Bildungsangeboten verbessert und insbesondere die media oder computer literacy forciert werden, um der befürchteten digitalen Spaltung (siehe Kap. 6.5.2) innergesellschaftlich wie global begegnen zu können. Aber auch weitere subjektive Qualifikationen, individuelle Handlungsspielräume und insgesamt nicht nur technische Kontingenzen müssten einbezogen werden. Im Einzelnen wird angeführt:

1. Neben Geld und Macht gilt Information, Wissen und Expertise nun als eine gleichberechtigte Ressource gesellschaftlicher Reproduktion.
2. So genannte wissensbasierte Berufe nehmen zu, und sie verbreiten sich in immer neue Segmente der Gesellschaft und der Branchen hinein. Entsprechend erhöhen sich die Bildungs- und Qualifikationsanforderungen, aber mit der erhöhten Flexibilisierung und den Qualifikationsanforderungen des Arbeitsmarktes verlaufen Bildungs- und Karrierewege immer weniger linear und kontinuierlich, vielmehr sind vielfältige Optionen zu ergreifen und auszuhalten, die so genannten Patchwork-Biografien nehmen überhand.
3. Als Ursachen dieser Entwicklungen werden die erhöhte Flexibilisierung und Segmentierung der Warenproduktion („on demand"), die gesteigerten Anforderungen an Forschung, Entwicklung, Logistik, Marketing, Design und Werbung infolge übersättigter Konsummärkte, die gestiegenen Investitionen in Wissenschaft und Entwicklung und der erhöhte Innovationsbedarf bei wachsender Beschleunigung der Innovations-, Entwicklungs- und Vermarktungszeiten, die zunehmende Verwissenschaftlichung auch von Orga-

nisation, Administration und Dienstleistung, die Globalisierung der Märkte und ihre Vernetzung durch Informations- und Kommunikationstechniken sowie die gesteigerte Wahrnehmung (oder auch Realität) von Risiken und Entwicklungskontingenzen, die den Bedarf nach wissenschaftlichen Erklärungen, Prognosen, Präventionen, aber auch Lösungen ständig erhöht (Maasen 1999, 60).

Allerdings sind diese Faktoren nicht unumstritten, mindestens nicht in ihrer gesellschaftlichen Prägekraft. Während die einen nach wie vor die Verwissenschaftlichung der gesellschaftlichen Felder als vorrangig, damit die Wissenschaft als die vorherrschende Produktionsform und eigentlich die „Wissenschaftsgesellschaft" (Kreibich 1986) heraufziehen sehen, verliert aus der Sicht anderer das wissenschaftliche Wissen an Relevanz gegenüber eigenständiger, organisierter und wohl auch kommerzieller Wissensproduktion in den Kultur-, Rechts-, Wirtschafts- oder Gesundheitssystemen (Willke 1998; Maasen 1999, 60). Doch dabei dürfte es sich um jeweils unterschiedliche Wissensformen, mindestens -wertigkeiten handeln, wie sie schon seit jeher in der Dualität von angewandtem und grundlegendem Wissen apostrophiert werden. Gleichviel, unstrittig scheint zu sein, dass die Generierung, Verfügung, Anwendung von Wissen und ein umfassendes Wissensmanagement „zunehmend die Lebens- und Arbeitsformen und damit auch die Strukturen der modernen Gesellschaft bestimmen werden" (Mittelstraß 1998, 15), aber es fragt sich nach wie vor, um welches Wissen es sich handelt, wie es verteilt und medial vermittelt wird.

Daher liegen „Organisationsprinzip" wie „Problemquelle" von Wissen und Gesellschaft (Stehr 2001, 10) nah beieinander, ja dürften sich wechselseitig bedingen, wie auch schon im Risikobegriff thematisiert wird. Denn die Gesellschaften werden „zerbrechlicher", weil sie „zahlreiche Unsicherheiten, unerwartete Rückwärtsentwicklungen und Überraschungseffekte" oder jeweils deren mediale und wissensbasiert gemachte Inszenierungen gewärtigen müssen, weshalb die „Überwachung und Kontrolle des Wissens" (und wohl auch seine Diffusion) zu einem der „wichtigsten Themen der nächsten Jahrzehnte" avanciert (Stehr 2001, 13). So stellt das Konzept der „Wissensgesellschaft" vorrangig eine „Herausforderung" für die Theorie dar (Maasen 1999, 63). Andere halten es – zumal in seinen vielen spekulativen Entwürfen – höchstens für ein umfassendes, verheißungsvolles gesellschaftliches Leitbild oder gar für eine „Zauberwelt", in die „fiktive Szenarien, modische Wellen, revolutionäres Pathos und politische Interessen" untrennbar inbegriffen sind (Hengsbach 2001).

Konkret und für die Wirtschaft verwertbar sind daher allein einschlägige Konzepte des Wissensmanagements und ihre betriebswirtschaftlichen Berechnungen. Als historisches Vorbild wird dafür gemeinhin besagte Arbeit von Fritz

Machlup (1962) angeführt, der für die USA den Anteil der „Wissenswirtschaft" bzw. der „Wissensproduktion" am Bruttosozialprodukt bzw. an den Beschäftigten über den Zeitraum von 1890 bis 1958 errechnet und dafür beträchtliche Wachstumsraten festgestellt hat (Steinbicker 2001, 16; Mattelart 2003, 60f). Seine Daten sind auch die empirischen Grundlagen für die Arbeiten von D. Bell (1973) und P. Drucker (1969), die sie ihrerseits fortschreiben, erweitern und damit die Berechnungen des vierten Sektors, der Dienstleistungs- und Informationswirtschaft, eingebürgert und standardisiert haben (Stehr 1994, 148ff). Konzeptionell interessant ist an Machlups Vorgehen, dass er quantitative Parameter für die volkswirtschaftliche Produktivität von Wissen gesucht hat – übrigens als „Reflexionsbasis für die Reform der US-Bildungssysteme" (Mattelart 2003, 56). Daher gilt er inzwischen als einer der Begründer der so genannten „Information Economy", obwohl seine Arbeit anfangs kaum rezipiert worden ist und weder ein theoretisches noch gesellschaftliches Konzept enthält. Auf seine Weigerung, zwischen Information und Wissen (knowledge) zu trennen, ist bereits hingewiesen worden. Aus seiner ökonomischen Sicht macht es allenfalls Sinn, Prozesse und Zustände graduell zu differenzieren. Gleichwohl lassen sich verschiedene Formen des Wissens und unterschiedliche Funktionen unter den Wissensproduzenten voneinander abgrenzen, die in der ökonomischen Kalkulation wenig beachtet werden müssen, aber in qualitativer Hinsicht hilfreich sein könnten: So differenziert Machlup

- das praktische Wissen, nützlich für die Arbeit und bei Entscheidungsakten (im Beruf, bei Geschäften, in der Politik, der Verwaltung, der Haushaltsführung), das auch als Kenntnisse bezeichnet werden kann;
- das intellektuelle Wissen für Wissenschaft, Unterricht und Allgemeinbildung;
- das Wissen zum Zeitvertreib oder zur Zerstreuung;
- das spirituelle Wissen der Religionen;
- das ungewollte Wissen, das man nur zufällig erwirbt und von dem man nur wenig behält.

Unter den Wissensproduzenten unterscheidet Machlup die Übermittler, die Transformatoren, die das Wissen von einem Aggregatzustand in einen anderen verarbeiten (z.B. Übersetzer), die Verarbeiter, die Interpreten, die Analysten und die originären Schöpfer. Doch diese Differenzierungen sind nicht hinreichend in die Berechnungen eingegangen, weshalb Machlups Ansatz letztlich eher zur „information economy" denn zur „knowledge economy" gerechnet werden kann und weiterer qualitativer Differenzierung bedarf.

Wie immer bezeichnet und abgegrenzt von den anderen, gilt der vierte Sektor als der innovativste und agilste moderner Volkswirtschaften, der alle anderen Segmente durchdringt und den so genannten wissensbasierten Strukturwandel („Wissensintensivierung der Wirtschaft"), vor allem durch digitale und globale Vernetzung, vorantreibt: „Das traditionelle System der Erwerbsarbeit verändert sich grundlegend, sowohl in Bezug auf das bisherige starre Raum-Zeit-Gefüge der Arbeitswelt, als auch in Bezug auf die Arbeitsformen und Arbeitsverhältnisse" (Sommer 2001, 19) – prognostiziert die Enquete-Kommission des Bundestags (2002, 261): „Alte, vertraute Kategorien, wie das Normalarbeitsverhältnis, die Homogenität von Sektoren, die inhaltliche Stabilität von Berufen, die normierende Bedeutung von Qualifikationsebenen werden verschwinden und sich neu entwickeln. Die klaren, relativ dauerhaften und hierarchisch organisierten Betriebs- und Arbeitstrukturen werden durch immer flexiblere Formen von Berufstätigkeit ersetzt. Vernetzte bzw. virtuelle Unternehmen mit temporären Organisationsformen werden zunehmen." Aber wechselnde Beschäftigungen und neue Selbstständigkeit bis hin zur wachsenden Telearbeit führen auch zu „Unübersichtlichkeit und Unsicherheit von Arbeits-, Biographie- und Lebensformen", insbesondere zum Abbau arbeitsrechtlicher Schutzmechanismen und sozialrechtlicher Stabilitäten. Ihnen zu begegnen bzw. sie in erträglichem Maß zu beherrschen, dabei helfen nur mehr, intensivere und zeitgemäße Bildung für alle sowie die verstärkte Teilhabe am Erwerbsleben wie an der Politik, worin die Enquete-Kommission jeweils erheblichen Aufhol- und Gestaltungsbedarf in der Bundesrepublik sieht (Ebd., 262ff).

6.2 Wissenstheorien und -soziologien: Abriss der Forschungsgeschichte

Obwohl der Wissensbegriff quasi in aller öffentlicher Munde ist, Wissen längst als Produktivkraft der gesellschaftlichen Reproduktion und Entwicklung neben Boden, Arbeit und Kapital apostrophiert wird oder sogar diese mehr und mehr ablösen soll (Stehr 1994, 11f), ist das, was Wissen ist bzw. sein soll, reichlich unklar, wenig analytisch aufgearbeitet oder eben unterschiedlich, wenn nicht kontrovers akzentuiert. Rasch ist man bei – oft nur tautologischen – Umschreibungen, konzentriert sich lieber auf funktionale Zusammenhänge (also auf das, was Wissen bewirken soll) oder postuliert normative Anforderungen (also dafür, was Wissen sein soll und was nicht). In verschiedenen Kontexten fallen zudem die Ansprüche und Wertungen divergent aus, zumal es sich meist um dezisionistisch gegriffene Adhoc-Definitionen handelt. Außerdem nehmen bislang die verschiedenen aktuellen Bestrebungen, Wissen zu definieren, zu typisieren und in seinen diversen Bedeutungen wie Funktionen zu bestimmen, kaum wahr, dass es bereits eine recht stattliche, ergiebige, aber auch kontroverse Tradition der analytischen Beschäftigung mit Wissen gibt, jedenfalls registriert sie die kurante Rede von der „Wissensgesellschaft" kaum.

Sicherlich ist Wissen von der Philosophie immer schon, gewissermaßen seit ihrem Aufkommen erörtert und beurteilt worden. Retrospektive Typisierungen im Zuge der modernen Wissensdiskussion entdecken im Überblick folgende Einordnungen:

- *„episteme* (abstrakte Verallgemeinerung): allgemeingültiges Wissen, welches relativ einfach weiter gegeben und bewahrt werden kann. Es handelt sich dabei um Gesetzmäßigkeiten und Prinzipien. Episteme ist Wissen über etwas.
- *techne* (Fähigkeit bzw. Vermögen, eine Aufgabe zu vollbringen): Wissen darüber, wie Aufgaben praktisch (im Gegensatz zu theoretisch) bewältigt werden.
- *phronesis* (praktische und soziale Weisheit): Verständnis von gesellschaftlichen Belangen und Politiken; im Gegensatz zur episteme ist phronesis das Ergebnis von Erfahrungen und gemeinsamer Praxis. Es ist einmaliges und idiosynkratisches Wissen, das sehr personen- und kontextgebunden ist und daher nicht so einfach transferiert werden kann.
- *mèties* (auf Vermutungen beruhende Intelligenz): praktisches, komplexes, implizites Wissen, das schwierig zu kommunizieren ist; es ist stark verwoben mit der konkreten Handlung und daher unvorhersehbar und intuitiv, eingebettet in den Kontext. Mèties bedeutet soviel wie Scharfsinn und Cleverness" (Renzl 2004, 32).

Mithin impliziert schon der antike Wissensbegriff mehr Dimensionen, als heute vielfach, zumal in instrumentellen Konzepten, berücksichtigt wird. Mit den Rationalisierungsbestrebungen der Aufklärung und der Hervorhebung menschlicher Vernunft im 17. und 18. Jahrhundert werden Wissen und Wissensschöpfung vornehmlich als Ideenlehre und Ideologiekritik apostrophiert (Lenk 1984). So wies der englische Philosoph Francis Bacon (1561 – 1626) als erster auf die Ideologiehaftigkeit des Denkens als ein der Vernunft schlechthin anhaftendes Merkmal hin. Da der Mensch in jeder Gesellschaft unweigerlich bestimmten Idolen, die Täuschungen der Vernunft sind, ausgeliefert ist, will Bacon ihnen mit seiner so genannten Idolenlehre entgegenwirken, die er als kritische und philosophische Methode im Kampf um wahre Erkenntnis und größtmögliche Vernunft versteht (Lenk 1991, 186). Von ihr wird nicht nur die französische Aufklärungsphilosophie, etwa die Enzyklopädisten, die nach der Abhängigkeit der Ideen von gesellschaftlichen Umständen fragen, sondern auch Ludwig Feuerbach (1804 –

1872) und Karl Marx (1818 – 1883) inspiriert. Für Feuerbach ist Religion eine historisch notwendige Selbsttäuschung der menschlichen Gattung in ihrem universellen Bestreben, die geheimsten Wünsche und Sehnsüchte in einem transzendentalen Subjekt zu versinnbildlichen (Ebd., 190). Für Marx ist Ideologie zweierlei: zunächst das von aller Praxis losgelöste, metaphysische Denken, das Kritik der Verhältnisse und Utopien auf ein besseres Leben generiert, aber sich erst eigentlich nach der Überwindung des Kapitalismus voll entfalten kann, davor jeweils nur in revolutionären Momenten aufscheint; sodann, unter der Last kapitalistischer Verhältnisse und der Verselbständigung der Warenwelt, notwendig „falsches Bewusstsein", das die ökonomischen Strukturen als unabdingbare im ideologischen Überbau (Warenfetischismus) verklärt, versachlicht und verdinglicht und Entfremdung subjektiv erträglich macht (Ebd., 191ff).

In kritischer bis ablehnender Auseinandersetzung mit der marxistischen Ideologiekritik, aber auch unter Einbeziehung von Emile Durkheims (1858 – 1917) These von der sozialen Faktizität aller Vorstellungsgehalte (religiöser, sittlicher und politisch-rechtlicher Art), von Vilfredo Paretos (1848 – 1923) Derivationslehre, wonach alle geistigen Regungen des Menschen aus seiner Triebschicht (dem Leben, dem Drang, den Residuen usw.) resultieren, sowie von Arthur Schopenhauers (1788 – 1860) und Friedrich Nietzsches (1844 – 1900) „Entlarvungspsychologie" (Lenk 1991, 199f), wonach alles menschliche Denken vom „Willen zur Macht" beherrscht wird, entwickelt sich in den 20er Jahren die inzwischen als „klassisch" und von außen als typisch deutsch apostrophierte Wissenssoziologie, allerdings im Streit zwischen einer eher „radikalen" (oder gar marxistischen) und einer gemäßigten (oder bürgerlichen) Position, zwischen dem Heidelberger und Frankfurter Soziologen Karl Mannheim (1893 – 1947), der 1933 nach England emigrieren muss, und dem ebenfalls am Ende in Frankfurt lehrenden Max Scheler (1874 – 1928) (Meja/Stehr 1982, 12f; Maasen 1999, 14). Für den amerikanischen Soziologen Talcott Parsons (1902 – 1979) hat die Wissenssoziologie fast ein Jahrzehnt lang sogar „im Mittelpunkt des soziologischen Geschehens in Deutschland gestanden" (zit. nach Stehr/Meja 1982, 893). Gemeinsam verstanden wird sie als „Lehre der Ablauf- und Aufbaugesetzlichkeiten der sozialen Prozesse, Beziehungen und Gebilde, die dem Kulturbereich des Wissens eigentümlich sind" (Meja/Stehr 1982, 13). Für Scheler geht es dabei um die Analyse des Zusammenhangs zwischen sozialen Gruppen oder Institutionen (z.B. Universitäten, literarische Zirkel) und den verschiedenen Wissensformen (Religion, Metaphysik, Wissenschaft), wobei er das wissenschaftliche Wissen weder für die einzige noch für die wesentliche Form des Wissens hält. Vielmehr beurteilt er Wissen als ein existentielles Phänomen, das mindestens drei unterschiedlichen Zielen dienen kann: Als

- Bildungswissen dient es der Entfaltung der Person,
- Erlösungswissen der Werdensbestimmung der Welt,
- Herrschafts- oder Leistungswissen dient es der Beherrschung und Umbildung der Welt für menschliche Zwecke und Ziele (Maasen 1999, 15).

Diese begrifflichen Unterscheidungen seien bis heute in vielen Typisierungen noch virulent, ohne dass sie ihren Ursprung immer kenntlich machen. Letztlich sei es der Soziologie bis heute kaum gelungen, sie „entscheidend weiterzuentwickeln" (Stehr 1994, 201). Aktueller Erkenntnisgehalt von Schelers Wissenssoziologie wird auch darin gesehen, dass sie die Konstitutionsproblematik sozialen Wissens in den Vordergrund stellt und seine relative soziale Selbstverständlichkeit als Weltanschauung aufdeckt. Gegenwärtige Soziologie reformuliert diese Zusammenhänge als relative Milieubedingtheit menschlichen Denkens und Handelns, woraus „relativ natürliche Weltanschauungen" (Scheler) erwachsen. Im so genannten Habitus verdichten sich kulturelle Muster, Sinnkomponenten und Erlebnisstile, die auch in einen weiteren Begriff des sozialen Wissens münden können (Ebd., 17).

Für Karl Mannheim ist jedes Wissen seinsverbunden, freilich nicht als Kausalität zwischen Sozialstruktur und Wissen, wie es Karl Marx propagiert, sondern als eine Ausdrucksbeziehung derart, dass „im Wissen [...] die Standortgebundenheit des Denkenden ihren Ausdruck [findet]" (Ebd.). Kein Wissen kann daher vom Ideologieverdacht ausgenommen werden, und als Einflussfaktoren kommen viele soziale Parameter in Betracht: Klassen- und Konkurrenzinteressen, Generationslagerung, paradigmatische Unerfahrenheit spezifischer Kreise wie Sekten, Berufsgruppen, philosophische Schulen, willensmäßige Kräfte und Einstellungen kollektiven Ursprungs. Daher müsse wissenssoziologische Analyse folgende drei Aufgaben leisten:

„1. bewusste *Distanzierung* von überlieferten und verinnerlichten Weltanschauungen und Denkstilen,
2. konsequente *Relationierung* aller Aussagen und Denkstile im Hinblick auf die sozialen Zusammenhänge, in denen sie entwickelt werden,
3. *Partikularisierung*, d.h. die ‚inhaltliche und strukturelle Einkreisung' des Bereichs, über den Aussagen gemacht werden, um die ‚Fassungskraft der verschiedenen Standorte' deutlich zu machen" (Ebd. 18).

Insbesondere der sozialen Gruppe der Intelligenz (wie man damals sagte) weist Mannheim diese Aufgaben zu, da sie gebildeter, sozial ungebundener und unvoreingenommener im Hinblick auf spezifische Interessen als die Bevölkerungsmehrheit und somit privilegiert sei, die Begrenztheit der partikularen Perspektiven einzelner Gruppen sowie die Notwendigkeit zu erkennen, diese zu vermitteln und zu synthetisieren, ohne sich allerdings ganz vom Ideologieverdacht befreien zu können. Damit spricht Mannheim eine politische Dimension an, die als Elitetheorie gedeutet worden ist (ähnlich dem Avantgarde-Begriff von Karl Marx) und ihn in vielerlei Kritik und Polemik eingebracht hat: Sie reicht vom Vorwurf „kryptomarxistischer" Metaphysik, über die elitäre Überschätzung der Rolle der Wissenschaft, vor allem der Soziologie, bis hin zum gegenteiligen Urteil einer verkappten Wertneutralität, weil er dem Ideologiebegriff die ökonomische Wurzel, die besagte Tendenz zum Warenfetischismus, geraubt habe (Meja/Stehr 1982, 14ff; Lenk 1991, 205).

Gleichwohl lassen sich Spuren wie Bearbeitungen der Wissenssoziologie Mannheims vielfach finden: Die Kritische Theorie, wie sie besonders von der Frankfurter Schule um Max Horkheimer (1895 – 1973) und Theodor W. Adorno (1903 – 1969) vertreten wird, kritisiert zwar den idealistischen Gehalt, da es ihr an einer kritischen Gesellschaftstheorie mangle (Maasen 1999, 20f), bleibt ihr aber gewissermaßen mit ihrem eigenen Ideologiebegriff verbunden, wenn er alles das umfasst, „was die reibungslose Anpassung an die herrschenden Strukturen der Gesellschaft befördert und Reflexion über die bestehenden Verhältnisse behindert" (Lenk 1991, 207).

Auch der Systemtheoretiker Niklas Luhmann äußert an Mannheims Wissensbegriff Kritik, selbstverständlich aus seiner eher funktionalistischen, letztlich relationistischen Sicht: „Wissen wird als Ausdruck einer Interessenlage oder einer entwicklungsgeschichtlichen Situation bestimmter Gruppen, Schichten oder Klassen gesehen, und dies auf einer eher kollektivistischen Basis, d.h. ohne Analyse der internen Kommunikationsstrukturen dieser Gruppen. [...] Bereits in den zwanziger Jahren hatte sich hier jedoch das Problem der Zurechnung des Zurechnens gestellt. [...] Wenn aber jeder jeden durchschauen kann, bleibt am Ende nur noch der bejahte Relativismus – oder eine Kritik der theoretischen Ergiebigkeit des bloßen Zurechnens von Wissen" (Luhmann 1980, 1f). Aber damit wird der Wissensbegriff entsubstantiiert und ist selbst nur noch eine systemtheoretische Funktion von Kommunikation, wie Luhmann in seinem Essay über *Die Realität der Medien* (1996, 9) programmatisch ausführt, den er mit der prononcierten These beginnt: „Was wir über unsere Gesellschaft, ja über die Welt, in der wir leben, wissen, wissen wir durch die Massenmedien. Das gilt nicht nur für unsere Kenntnis der Gesellschaft und der Geschichte, sondern auch für unsere Kenntnis der Natur".

Mit der Emigration jüdischer Wissenschaftler gerät die europäische Wissenssoziologie in die USA, wird allerdings dort unterschiedlich rezipiert: etwa im Pragmatismus eines Charles S. Pierce (1839 – 1914), William James (1852 – 1910) und John Dewey (1859 – 1952), die das Denken und die soziale Situation zusammensehen, oder im sozialen Behaviorismus eines Georg Herbert Mead (1863 – 1931), der in der Figur des „generalisierten Anderen" eine mentale Instanz für kollektive Repräsentationen und damit für gesellschaftliche Konstitutionsprozesse schafft (Mead 1934; 1975). Gleichgültig, ob es sich um eine direkte Rezeption oder um eine zeithistorisch zusammentreffende Analogie handelt, auch diese Rezeption folgt einem aufklärerischen Programm, indem sie darauf abzielt, mit der Wissenssoziologie „die pluralistische Basis des Wissens aufzuklären, die partiellen Sichtweisen zu verstehen und zu erklären und so sukzessive zu komplettieren" (Maasen 1999, 22). Allerdings scheint auch bis heute noch zu gelten, was der amerikanische Soziologe Robert K. Merton ([1910 – 2003] 1970, 1985, 35), der Wissenssoziologie vornehmlich als Wissenschaftssoziologie verstanden und betrieben hat, Ende der 70er Jahre diagnostiziert: „Die Modi des Wechselspiels zwischen Gesellschaft, Kultur und Wissenschaft beschäftigen uns noch immer" (Stehr 1994, 25).

Wie Menschen aus ihrem privaten Alltag und sozialen Handeln Sinn erzeugen, und zwar nicht nur subjektiven, sondern tendenziell objektiven, das ist die Grundfrage des Philosophen und Soziologen Alfred Schütz (1899 – 1959), vor allem in seinen Hauptwerk *Der sinnhafte Aufbau der sozialen Welt* (1928) und resümiert mit seinem Schüler Thomas Luckmann (geb. 1927) in *Strukturen der Lebenswelt* (1979; 1984). Nach der Emigration lehrt Schütz seit 1937 an der renommierten „New School of Social Research" in New York. Inspiriert von der Phänomenologie Edmund Husserls (1859 – 1938) übernimmt er dessen Kategorie der Lebenswelt, erweitert sie aber über die bloße Wahrnehmung hinaus auf die raumzeitlichen und sozialen Strukturen der Wirklichkeit, die jeder Mensch auslegt, bewertet und in denen er intersubjektiv, also mit anderen, handelt. Für diese intersubjektive Konstitution steht das Konzept Meads Pate. Erst wenn „die höchst komplizierte Struktur [von] Selbstverstehen und Fremdverstehen, Sinnsetzung und Sinndeutung, Symbol und Symptom, Motiv und Entwurf, Sinnadäquanz und Kausaladäquanz [...] klargestellt" sei (Schütz 1932, 1974, 9), findet man sich in der Lebenswelt zurecht, erfährt man Sinn und vermittelt welchen als tendenziell objektiven, und zwar sowohl im wissenschaftlichen wie alltäglichen Fremdverstehen. Denn auch im alltäglichen Leben sei man in gewissem Sinn Sozialwissenschaftler, nämlich dann, wenn man die Mitmenschen und ihr Verhalten nicht nur erlebt, sondern auch reflektiert (Ebd., 198f). Mit dieser Anerkennung der prinzipiellen Ähnlichkeit von wissenschaftlichem und alltäglichem Wissen bzw. mit dem Rekurs auf ihre jeweils soziale Wertigkeit öffnet Schütz das Erkenntnisinteresse für die Genese und soziale Funktion von Wissen und sinnhaften Rekonstruktionen überhaupt, die seither die eher alltagsorientierten, ethnologischen, interpretativen Versionen der Kultur- und Sozialwissenschaften

6 Von der „Knowledge Economy" zur „Wissensgesellschaft"?

beschäftigen, jedoch in den gegenwärtigen Konzepten von Wissen noch nicht hinreichend aufgearbeitet sind.

Wenn Menschen handeln, rekurrieren sie – ob bewusst oder unbewusst – auf Wissen, wie sie mit ihren Handlungen und deren Realitäts-Verarbeitungen neues Wissen generieren. Viele Wissens-Arten sind weitgehend routinisiert, andere müssen neu geschöpft werden oder ergeben sich als soziale Interaktionen. Sie können wiederum zu Gewohnheiten werden. Schütz unterscheidet drei verschiedene Formen des Wissens bzw. Verfahrens, wie Lebenswelt rekonstruiert und interpretiert wird:

1. *Gewohnheitswissen*, das sich weiter unterteilen lässt: in
   - *Fertigkeiten*, die auf am stärksten automatisiertem Gewohnheitswissen beruhen, wie z.B. Schwimmen oder Essen mit Messer und Gabel.
   - *Gebrauchswissen* stützt Tätigkeiten, die „weitgehend den Charakter von Handlungen verloren haben" [...]. Vielmehr ist es uns „völlig selbstverständlich, dass wir dieses oder jenes ‚können'" (Schütz/Luckmann 1979, 141), wie z.B. Kopfrechnen oder Eier braten.
   - *Rezeptwissen* ist am wenigsten automatisiert und standardisiert. Dazu zählen etwa Kontingente speziellen Wissens, wie sie in vielen Berufen verfügbar sein müssen (z.B. Wetterkenntnisse, Übersetzungsfähigkeiten etc.) (Ebd.).

Zwischen diesen Formen sind wiederum die Grenzen fließend, auch sind sie in Gesellschaften unterschiedlich verteilt und ändern sich zudem im Laufe der Kulturentwicklung bzw. Geschichte.

2. Als weiteres Verfahren zur Rekonstruktion und Auslegung von Welt führt Schütz *Erfahrungen* an: Erfahrungen schaffen Vertrauen darauf, dass sich in der Realität und sozialen Welt Konstanten finden lassen; sie erzeugen Verlässlichkeit, dass viele Prozesse gleich oder ähnlich verlaufen; sie dienen damit als Gebrauchsanweisungen, wiewohl immer wieder Unbestimmtheiten, Offenheiten und Kontingenzen auftauchen, die neue Auslegungen, mindestens Modifikationen verlangen.

3. *Typisierungen*, die dritte Form der Rekonstruktion und Auslegung, dienen dazu, sowohl die natürliche wie die soziale Welt überschaubar zu machen, einzuordnen, ihre Strukturen und Vergleichbarkeiten identifizieren zu können, Komplexität – wie man mit der Systemtheorie sagen könnte – zu reduzieren (Treibel 1993, 116ff).

All diese Wissensformen müssen sich Individuen immer wieder neu, je nach Lebenswelt und Situation, erarbeiten; sie stehen auch nicht konsistent und approbiert zur Verfügung, sondern haben Brüche, eigene Entwicklungen, auch Gegensätzlichkeiten und müssen jeweils um ihre soziale und kulturelle Anerkennung ringen. Somit hat schon Schütz mit der naiven Vorstellung von einem mehr oder weniger konstanten und konsistenten Wissensreservoir und seiner kontinuierlichen Entwicklung aufgeräumt, vielmehr Wissen als dynamisch, kontingent, diskontinuierlich und sozial wie kulturell bestimmt erklärt.

Diese Sichtweise radikalisieren seine beiden Schüler, Peter L. Berger (geb. 1929) und Thomas Luckmann (geb. 1927) konstruktivistisch als Soziologie des Alltagswissen in ihrer inzwischen als Klassiker geschätzten Arbeit *Die gesellschaftliche Konstruktion der Wirklichkeit. Eine Theorie der Wissenssoziologie*, die 1966 in den USA, 1969 in Deutschland erschienen ist (Berger/Luckmann 1980). Darin verknüpfen sie die Phänomenologie von Alfred Schütz mit den verschiedenen Richtungen der Wissenssoziologie und fragen sich, wie in den Köpfen von Individuen Vorstellungen von sozialer Wirklichkeit, von ihnen als Alltagswissen bezeichnet, entstehen. In der Alltagswelt, im Handeln jedes Einzelnen, erkennen Berger/Luckmann unzählige Objektivationen, die sich zu Interaktionsmustern, Situationen, Ordnungen, Wertgefügen und Institutionen fügen, die wiederum von ebenso erzeugten Stützkonzeptionen bzw. symbolischen Sinnwelten gedeutet werden. Sie konstituieren und figurieren das Alltagswissen – eben auch als soziales Konstrukt.

Konsequenterweise ist daher Wissen all das, „was für die Gesellschaft als ‚Wissen' gilt", nämlich jene „Bedeutungs- und Sinnstrukturen", ohne die es keine Gesellschaft gibt (Berger/Luckmann 1980, 16). Sie bilden – anders formuliert – „die gesellschaftlichen Konstruktionen von Wirklichkeiten" (Ebd., 3), mit denen sich die Wissenssoziologie wissenschaftlich zu befassen habe. Demnach gibt es per definitionem überhaupt keine Gesellschaft, die nicht zugleich Wissensgesellschaft ist, wie fragmentarisch, mythologisch oder ideologisch sie ihre Wissensbestände auch immer strukturiert, und es hängt von der jeweiligen analytischen Perspektive ab, ob und wie sehr die Wissensdimensionen hervorgehoben werden oder nicht. Ebenso wenig ist es sinnvoll, einigen historischen Gesellschaften wie der altisraelitischen und altägyptischen das Prädikat „frühe Formen von ‚Wissensgesellschaften' zu bescheinigen" und damit anderen nicht (Stehr 2001, 11). Denn dass Menschen seit jeher bestrebt sind, aus natürlichen Prozessen allgemeine, abstrakte, kodifizierbare Erkenntnisse zu gewinnen, diese bald auch zu dokumentieren und den natürlichen Prozessen analoge Techniken zu bauen, kennzeichnet wohl das Menschsein per se, mindestens seit es sich in Sprache ausdrückt und in Symbolen rekonstruiert.

6 Von der „Knowledge Economy" zur „Wissensgesellschaft"?

Dieser ganzheitliche und zugleich alltagstheoretische Ansatz von Berger/Luckmann ist bislang von der Wissenssoziologie nicht stringent weitergeführt worden. Vielmehr zerfallen die Zugangsweisen in eine Vielzahl von Ansätzen, die zum einen in anderen *Makro*theorien wie etwa in der Archäologie und Genealogie des diskursiven Wissens von Michel Foucault (1926 – 1984), der kulturkritischen Habitusforschung von Pierre Bourdieu (1930 – 2002) oder im systemtheoretischen Konstruktivismus von Niklas Luhmann verankert sind. Die Archäologie Foucaults will die „immanenten Regeln des Diskurses" (Maasen 1999, 31) – als gesellschaftlich regulierte Äußerungen – sowie die gesellschaftlichen Prozeduren aufdecken, die seine Ausübung regeln. Die Genealogie erkundet die Machtverhältnisse, in denen die Diskurse entstehen und sich laufend verändern, denn Wissen und Macht lassen sich nicht voneinander trennen. In diesem Konzept ist Wissen mithin weder unmittelbar von Erfahrungen generiert, noch gänzlich von ihnen getrennt. Vielmehr erweist sich Wissen als „gesellschaftlich hergestelltes, auf Erfahrungsbereiche verteiltes und einer stets umkämpften Hierarchie von Wissensarten kategorisiertes Wissen" (Ebd., 34).

Bourdieu interessiert sich vorrangig für die Genese und Geregeltheit von praktischem Wissen, genauer noch: von Praxisformen. Die Ursache dafür findet er im so genannten Habitus, einem System dauerhafter Dispositionen, eine „Handlungs-, Wahrnehmungs- und Denkmatrix" (Bourdieu 1979, 169), die die Praxis organisiert und vom Individuum im Laufe seiner Sozialisation und Enkulturation erworben wird. Diese Schemata sind gewissermaßen präreflexiv, also „jenseits von Bewusstsein und diskursivem Denken" (Bourdieu 1982, 730) und setzen sich ‚hinter dem Rücken der Akteure' durch. Allerdings sind sie nicht sozial neutral, sozusagen anthropologisch, sondern von den jeweiligen Milieus geprägt, in deren Alltage eingraviert und formen typische Muster von Lebensstilen, die sich in Konsumgewohnheiten, Markenvorlieben, alltagsästhetischen Präferenzen, Affinitäten zu bestimmten Medien, bevorzugten Genres und politischen Orientierungen äußern. In modernen vielschichtigen Gesellschaften existieren dementsprechend diverse Formen von Habitus, und ebenso variiert das „kulturelle Kapital", das von den jeweiligen Mitgliedern erzeugt und reproduziert wird. Mit ihrem jeweils unterschiedlichen praktischen Wissen klassifizieren und ordnen sie ihre Wirklichkeit, schaffen sich spezielle symbolische Ordnungen und Systeme wertender Kategorien, mithin praktische Sinngefüge. Sie routinisieren viele Wahrnehmungs- und Denkweisen, die gemeinhin nicht mehr aufgebrochen und in Frage gestellt werden, allenfalls in Krisensituationen. Wissen in diesem Verständnis strukturiert mithin das subjektive Verhältnis zur materiellen und sozialen Außenwelt und schlägt funktionale Umgangsweisen vor. Allerdings dürfte es deterministisch gedacht sein, wenn man annimmt, die praktischen Schemata des Habitus entzögen sich jeglicher reflexiven Durchdringung und sprachlichen Explikation (Bourdieu 1979, 209); schließlich zeichnet sich menschliche Kognition ja dadurch aus, mittels dialektischer Introspektion und Konstruktion auch verborgene und zunächst verschlossene Disponierungen schrittweise zu eruieren und sie dadurch zu – wenn auch unvollständigem und heuristischem – Wissen zu erheben.

Für N. Luhmann ist Wissen – oder in seiner Terminologie: Kognition – eine Systemkategorie, die sich in der Beobachtung konkretisiert. Dabei trifft das System eine „Unterscheidung [...], um die eine, aber nicht die andere Seite zu bezeichnen": „Alles Wissen", heißt es ebenso kategorisch wie kryptisch (Luhmann 1995, 173), „ist letztlich Paradoxiemanagement, und dies in der Weise, dass man eine Unterscheidung vorschlägt, deren Einheit nicht thematisierend wird, weil dies das Beobachten in eine Paradoxie bringen, also blockieren würde". Aufgabe der Wissenssoziologie ist es demnach, den „Zusammenhang von Wissen als Entfaltung von Paradoxiereflexion und deren Zusammenhang mit den charakteristischen Strukturen der Gesellschaft" zu untersuchen (Maasen 1999, 42). Einen originären Subjektbegriff kennt die Systemtheorie nicht; den Menschen begreift sie nämlich als ein „Konglomerat aus biologischem, psychischem und sozialem System" (Weber 2003b, 208). Demnach sind auch Wissen und Handeln Funktionen bzw. Leistungen des Systems. In seinem Zentrum agiert Kommunikation als abstrakte Konstitution, nicht das wissende, handelnde und entscheidende Individuum. Der Wissensbegriff resultiert mithin daraus, dass Luhmann Bewusstsein und Kommunikation trennt, letztlich aber nur an solchen kognitiven Ereignissen und Operationen interessiert ist, die – wie auch immer – kommuniziert werden (Schmidt 1994, 607).

Der (radikale) Konstruktivismus begreift Wissen hingegen nicht als „einen im Gedächtnis sedimentierten Bestand kognitiver Inhalte", sondern als „Fähigkeit, in einer entsprechenden Situation adäquate kognitive Operationen durchführen zu können, die in einer bestimmten Situation ein Problem lösen" (Ebd., 610). Damit würde Wissen gewissermaßen mit Kompetenz und Ähnlichem gleichgesetzt und könnte sich auch nicht vom Subjekt lösen, also objektivieren. Kriterium für Wissen sind nicht mehr wahr oder falsch, sondern Viabilität (Gangbarkeit) und Validierung, also soziale Gültigkeit. Ob Wissen mit realen Sachverhalten übereinstimmt oder auch nur adäquat ist, lässt sich nach Auffassung des Konstruktivismus nicht überprüfen, da die Realität prinzipiell, außerhalb der menschlichen Wahrnehmung, unerkennbar ist. Demnach braucht ihn die Realität auch nicht mehr erkenntnistheoretisch zu interessieren, vielmehr findet sie sich nur in den unbewussten, implizit ablaufenden Konstruktionen jedes Einzelnen, der gewiss sozial und kulturell geprägt ist, wieder. Die Brauchbarkeit des Wissens erweist sich also nur im praktischen Sinn, nicht als Kriterium (Weber 2003a, 186f).

Überdauerndes kollektives Wissen lässt sich unter diesen Prämissen schwerlich vorstellen. Immerhin ergeben sich auch unter konstruktivistischen Vorzeichen Repertoires von anerkannten Erfahrungen, mit denen weitere Erkenntnisse und ihre unausweichliche Selbstreferentialität bewerkstelligt werden, gewissermaßen zeitweilig objektivierte Konstruktionshilfen, die Wissen als Konstruktionen ausweisen (Roth 1992). Es sind gewissermaßen „brauchbare Fiktionen" von der Realität, die im sozialen Umgang erforderlich sind (von Glasersfeld 1997, 323). Sie werden im sozialen Kontext kommuniziert, geprüft, approbiert und treiben so Erkenntnis „autopoietisch" voran, d.h. sie reproduzieren selbst ihre ständige Nachfolgekommunikation und weitere Erkenntnisgewinnung (Luhmann 1990, 30). Wenn Wissen seine Viabilität so in sozialen Interaktionen beweist, kann es auch für begrenzte Zeiträume und Situationen pragmatisch als gesellschaftliches Wissen akzeptiert werden, freilich immer nur vorläufig, bis sich andere Konstruktionen ergeben und durchsetzen. Kollektives Wissen könnte also der Bereich der Erfahrungen sein, dem man unterstellen kann, dass ihn andere Individuen und Gruppen teilen, im Vergleich zu den Erfahrungen, von denen man weiß, dass man nur allein über sie verfügt (Ebd., 346f). Allerdings fehlt es unter dieser Prämisse an hinreichenden Differenzierungen, um die soziale Faktizität kognitiver Bestände zu erkennen und damit mögliche Erklärungen für die kuranten gesellschaftlichen Veränderungen zu finden. Potenzielle Zusammenhänge von konstruierten Realitäten und ihren objektiven kognitiven (Re)Konstruktionen als subjektive Leistungen via Kommunikation sind noch nicht hinreichend expliziert (Maasen 1999, 47ff).

Zum anderen werden zahlreiche *mikro*soziologische Expertisen zu speziellen Wissenstypen erarbeitet, wobei das wissenschaftliche Wissen und/oder das zweckrationale und vermarktbare Wissen im Vordergrund des analytischen Interesses stehen: „Die Wissenssoziologie der Nachkriegszeit hat sich ein weites Stück und in verschiedene Richtungen von früheren Problematisierungen des Wissens entfernt. Aus der direkten Zurechnung von Wissen auf Trägergruppen ist in der Regel eine Kovariation von Wissen und sozialer Struktur geworden. Die verschiedenen Schulen suchen allerdings verschiedene Angelpunkte der Kovariation auf: die konstitutive Struktur des Alltagshandelns (z.B. Typisierungen, Idealisierungen), die geordnete Produktion und Rezeption des Wissens durch Diskurse oder habitusspezifische Dispositionen, die gesellschaftliche Ordnung von Klassifikationssystemen oder Semantiken, d.h. gesellschaftlich hergestellten Formen der Verarbeitung von Sinn. Wenn auch die Ansätze in relativer Isolation zueinander arbeiten, tragen sie doch in der Zusammenschau dazu bei, dass kaum ein Bereich des Wissens von der wissenssoziologischen Analyse ausgeschlossen ist" (Ebd., 49f).

Aber sie führen sie (noch) nicht so systematisch und konsistent zusammen, dass einigermaßen adäquat von ‚*dem'* Wissen gesprochen werden kann, wie es meist pauschal die Postulate über die „Wissensgesellschaft" tun oder unbekümmert voraussetzen. Insbesondere rekurrieren die jüngsten Ansätze und Theoreme von Wissen im Zusammenhang mit der Entstehung der so genannten „Wissensgesellschaft" explizit oder implizit eher auf technologische Impulse und Entwicklungen und deren ökonomische Verwertung, sofern überhaupt eine wissensbegriffliche und -theoretische Auseinandersetzung gesucht und der Begriff nicht als selbstverständlich vorausgesetzt wird.

So hat etwa der französische Philosoph Jean-Francois Lyotard (geb. 1925) mit seinem knappen Bericht über *Das postmoderne Wissen* (1979; 1986) vor allem deshalb erhebliche Beachtung gefunden, weil er darin die definitive These vertritt, dass den Menschen ihre komplexeren, sinnstiftenden Orientierungen, die Lyotard als „große Erzählungen" bezeichnet, abhanden gekommen sind bzw. für sie nicht mehr glaubwürdig sind (Lyotard 1986, 112). Verantwortlich dafür sieht er die veränderten gesellschaftlichen Funktionen von Wissenschaft und Technik. Aber eine präzisere Ursachenerforschung dieses Vertrauensverlustes hält er für müßig und begnügt sich mit solch deskriptiver Ideengeschichtsschreibung (Stehr 1994, 89). In jedem Fall beharrt er darauf, dass wissenschaftliches und alltägliches Wissen, das er als narratives kennzeichnet, fundamental unterschiedlich sind. Zwar ist das alltägliche nicht a priori unterlegen, aber beide Wissenstypen unterliegen gänzlich divergenten Regeln, weshalb das (wachsende) wissenschaftliche Wissen auch nicht das Glaubwürdigkeitsdefizit des nicht-wissenschaftlichen, narrativen Wissens kompensieren kann: „Ausgehend vom Wissenschaftlichen könnte man also weder die Existenz noch den Wert des Narrativen beurteilen und umgekehrt, denn die relevanten Kriterien sind hier und dort nicht dieselben" (Lyotard 1986, 83f). Wie sich allerdings diese beiden Typen präzise unterscheiden, erarbeitet auch Lyotard nicht systematisch. Denn für ihn umfasst Wissen – zunächst nur in Abgrenzung zu anderen Definitionen – ebenfalls eine recht voluntaristische Aufzählung von „Ideen vom Machen-Können (savoir-faire), Zu-Leben-Wissen (savoir-vivre), Zuhören-Verstehen (savoir-écouter) usw. Es handelt sich also um eine Kompetenz, die über die Bestimmung und Anwendung des bloßen Wahrheitskriteriums hinausgeht und sich auf die Kriterien von Effizienz (technische Qualifikation), Gerechtigkeit und/oder Glück (ethische Weisheit), klanglicher und chromatischer Schönheit (auditive und visuelle Sensibilität) usw. erstreckt" (Ebd., 64f). Und wenig später wird Wissen in der postmodernen Gesellschaft zumal in seiner sozialen Funktion mit Bildung gleichgesetzt, kann jedenfalls nicht länger mehr nur auf das wissenschaftliche oder gar instrumentelle Wissen reduziert werden, sondern sei als „umfassende Bildung" ein System konstituierender Kompetenzen, die das Subjekt einzigartig

6 Von der „Knowledge Economy" zur „Wissensgesellschaft"?

in sich verkörpert (Ebd., 65). So wird mindestens terminologisch doch wieder eine gewisse Ganzheitlichkeit des menschlichen Intellekts und seiner kognitiven Kapazitäten postuliert, ohne dass über die genannte These hinaus hinreichend geklärt wird, wie das postmoderne Subjekt – etwa im Vergleich zu früheren Versionen – seine Orientierungen generiert und dafür die verschiedenen Wissenstypen heranzieht.

Wird Wissen gewissermaßen als faktische Größe definiert oder eben auch objektiviert, ohne seine untrennbare Abhängigkeit bzw. Konstituiertheit vom Subjekt zu berücksichtigen, wie es ja schon in der Systemtheorie angelegt ist, sind genetische und soziale Dimensionen vollends eskamotiert: So stellt der Karlsruher Technikphilosoph Helmut F. Spinner (1994) für seine *Wissensordnung* die „ordnungstheoretische Leitformel" auf: „Wissen ist Information, weder Wahrheit noch Wirklichkeitserkenntnis oder Wissenschaft, aus dem sich im Rahmen wissenskultivierender Wissensordnungen mehr machen lässt" (Ebd., 27). Zuvor ist „Information [als] Selektion aus der Alternativmenge eines Möglichkeitsraums", also mit systemtheoretischen Anleihen, definiert worden (Ebd., 26). Aber nirgendwo wird erklärt, woraus dieser Möglichkeitsraum besteht, wie er sich für wen bildet, wer ihn bestimmt, und ebenso wenig findet man hinreichend befriedigende Explikationen zu den ausgeführten Negationen: Wenn Wissen weder Wirklichkeit erkennen lässt noch in Bezug zur Wissenschaft steht oder stehen kann, fragt sich natürlich, was es sonst ist. Auf die Spitze wird die Tautologie vollends getrieben, wenn wenig später „Wissen [als] Wissen" tituliert, „zum speziellen Gebrauch außerdem wahlweise [als] Ware, Sache, Öffentliches Gut und Kulturgut" bestimmt wird (Ebd., 33). Damit ist jegliche Bemühung um die Substantiierung des Wissensbegriffs endgültig dispensiert. Immerhin werden soziale Funktionen oder gar Konstitutionen von Wissen angeführt, so nach dem Motto: Wir wissen zwar nicht, was Wissen ist, aber wir wissen, in welchen Verwertungszusammenhängen es steht.

Auf ähnliche semantische Spiegelfechtereien des Informationswissenschaftlers R. Kuhlen (1995) ist bereits hingewiesen worden (s.o. Kap.5.4). Wenn Wissen dann in Information umgewandelt werden kann, sofern es handlungsrelevant ist (Ebd., 34), fragt es sich natürlich, was Wissen ist, in welchen (wohl sozialen, interaktiven Zusammenhängen) die Transformation passiert und wie Information möglicherweise wieder in Wissen (zurück)verwandelt werden kann. Denn wenige Seiten später wird Wissen als der „*statische* Bestand" bezeichnet, nämlich als „die Summe der bisherigen begründbaren, individuellen oder kollektiven Erfahrungen, Erkenntnisse, Einsichten" (Ebd., 38). Damit sind mindestens verschiedene Typen menschlicher Kognition angesprochen, ohne sie hinreichend zu charakterisieren, aber es ist auch nicht ganz von der Hand zu weisen, dass zum einen eher an Wissensrepertoires, die möglichst weitgehend objektiviert sind, gedacht ist, zum anderen an gewisse Kriterien der Legitimierung und Approbation von Wissen, ohne dass diese expliziert werden. Alltägliches Wissen, das diese Eigenschaften kaum hat, dennoch aber zu Handlungen anleitet und auch befähigt, dürfte wohl kaum gemeint sein.

Nicht Information, sondern Wissen ist für den Soziologen N. Stehr (1994, 208ff) die „Fähigkeit zum sozialen Handeln (Handlungsvermögen)". Damit sei Wissen „ein universales Phänomen oder eine konstante anthropologische Größe", also nicht auf bestimmte historische Phasen oder Formationen begrenzt. Außerdem ist Wissen primär durch seine praktische Dimension bestimmt, ja es lässt sich sogar als Bedingung für das Handeln erachten. Allerdings wird nicht hinreichend spezifiziert, für welches Handeln, nur für soziales oder für jegliches Handeln es Wissen bedarf, und welche Art von Wissen berücksichtigt ist. Mindestens theoretisch lässt sich Handeln auch ohne Wissen vorstellen, selbst wenn es dann eher als konditionierte Reaktion, als Routine oder eben auch als Intuition verstanden wird. Umgekehrt lässt sich (ungemein viel) Wissen vorstellen, das nicht zum Handeln führt – gemeinhin als totes Wissen gekennzeichnet – oder sogar Handeln hemmt: Wer in bestimmten Situationen etwa zuviel weiß, traut sich nicht mehr, spontan oder auf Risiko hin zu handeln.

Warum „wissenschaftliches oder technologisches Wissen" – schon diese Gleichsetzung ist unverständlich, unzutreffend und problematisch, denn das meiste wissenschaftliche Wissen ist nicht technologisch, es sei denn man reduziert Wissenschaft auf Technologie – „offensichtlich [...] ganz allgemein gesehen Handeln" ermöglicht (Ebd., 209), bleibt trotz einiger Erläuterungen unerklärlich. Denn gerade grundlegende Erkenntnisse brauchen nicht zum Handeln zu führen und befähigen, im Gegenteil: sie können sogar vor Handeln bewahren, aber es auch blockieren oder lähmen. Allenfalls anzuwendende, also instrumentelle Erkenntnisse verleiten oder qualifizieren dazu. Jedenfalls ermangelt es bei solchen Aussagen der Differenzierung, um welche Art und Qualität von Wissen es sich handelt.

Zu Recht wird daher einige Sätze später darauf hingewiesen, dass „die Realisierung oder die Anwendung von Wissen immer unter bestimmten sozialen und kognitiven Rahmenbedingungen stattfindet" (Ebd., 211). Daraus mag sich die besonders apostrophierte „Relation zwischen Wissen und Macht" (Ebd.) ergeben, aber ebenso resultieren aus den Kontextdeterminationen soziale Genese und Wertung von Wissen oder – noch radikaler –, was als Wissen überhaupt akzeptiert und anerkannt wird (wie es Berger/Luckmann postulieren). Doch soweit will Stehr nicht gehen, sein Wissensbegriff bleibt daher trotz des Anspruchs eines „soziologischen Begriffs von Wissen" (Ebd., 21) abstrakt und soziologisch indifferent – selbst wenn er ihn allzu umstandslos in ökonomische Verwertungszusammenhänge einbringt und es als „Produktivkraft zur Grundlage wirtschaftlichen Wachstums" erklärt, „indem es die Produktionsbedingungen von Waren und Dienstleistungen bzw. die Art der produzierten Waren und Dienstleistungen verändert" (Ebd., 210). Da taucht sie wieder auf: jene allzu suggestive Metapher, die Wissen stiekum objektiviert und Subjekte wie andere materielle Faktoren der wirtschaftlichen Wertschöpfung leichthin ausblendet. Nur mit dieser Operation lässt sich Wissen als irgendwie zirkulierendes Gut vorstellen, das „immer größeren Bevölkerungsgruppen direkt oder indirekt zugänglich ist" (Ebd., 212). Dabei kann es sich allenfalls um dokumentiertes, in Medien gespeichertes und durch sie verteiltes Wissen handeln – das gemeinhin auch als Information bezeichnet wird, weshalb erneut tautologische Begriffsverwirrungen genährt werden. Denn das nicht erst der Zugang, sondern die Konstitution, die Ausprägung und Wertung von Wissen sozial bedingt sind, bleibt unbedacht.

Immerhin wird eingeräumt, dass „dieser Zugang zum Wissen [...] nicht gleichmäßig verteilt ist". Doch da „Wissen als solches [...] hinreichend vorhanden [ist]", sei es „kein knappes Gut". Allerdings gebe es zwei „Eigenschaften des Wissens", die es knapp werden lassen können: nämlich (1) „*zusätzliche* Wissensansprüche, also neue Handlungsmöglichkeiten [...]. Je schneller Wissen altert oder je schneller bestimmten Wissensformen neue Einheiten hinzugefügt werden, um so größer ist der Einfluss derer, die dieses Wissen erzeugen oder erweitern, und derer, die Wissenszuwächse kontrollieren und/oder realisieren; um so höher dürfte auch der Preis sein. (2) Sofern Wissen überhaupt einen Preis hat und in einen kommerziellen Austauschprozess eingebunden ist, geht es nach dem Verkauf auf andere Wissensträger über, bleibt jedoch auch weiterhin den ursprünglichen Wissensproduzenten und -vermittlern erhalten und kann von ihnen noch einmal verwertet werden." (Ebd.) Mithin bleibt es ein Gut oder eine Ware ganz besonderer Art, womöglich außerhalb des etablierten Wirtschaftskreislaufes. Um das gekaufte Wissen anzuwenden, bedarf es kognitiver und auch reflexiver Fähigkeiten, die nicht Bestandteil des Verkaufs seien; dazu bedarf es besonderer Experten – Ratgeber und Berater –, und die seien knapp, nicht aber das Wissen selbst. Gewissermaßen durch die ökonomische Perspektive, durch die Betrachtung von Wissen als knappe Ware, wird Wissen repersonalisiert, nachdem es zuvor objektiviert worden war. Anders formuliert: Wissen lässt sich nur ökonomisch verwerten, wenn Individuen es in wertschöpfenden Handlungen verwenden können. Es bleibt mithin in diesem eingeschränkten Koordinatenkreuz, und entsprechend werden seine Träger bzw. Anwender kommensurabel gemacht.

Dass es auch Wissen gibt – manche sagen sogar: geben muss –, das nicht in diese Koordinaten passt, inkommensurabel und unverwertbar, eben „unnütz" ist, kommt selbst Wissenssoziologen heute kaum mehr in der Sinn. Ein solches Postulat vertritt etwa der Literatur-Nobelpreisträger Bertrand Russel (1872 – 1970) in seinen Essays (1957, 2003) mit erfrischendem Scharfsinn: Allenthalben werde der „Eigenwert" von Wissen, seine Bedeutung als „menschliche Lebensauffassung" im Zuge der wachsenden Ver(natur)wissenschaftlichung und des steigenden Einflusses der Technik missachtet, und Wissen werde nur noch als „reines Ingrediens für technische Vervollkommnung" (Russell 2003, 37) bzw. als nutzbringend für das Wirtschaftsleben betrachtet. Doch daneben müsse es unbedingt Wissen geben, das nur mittelbar nützlich ist, aber auch solches, das sich überhaupt einer direkten Verwertung und Verwendung entzieht, gleichwohl aber für die Identität, ja für das Überleben von Menschen von Bedeutung ist: Sein wesentlicher Vorteil bestehe nämlich darin, dass es zum Nachdenken anregt und eine „kontemplative geistige Einstellung fördert". Denn „die Welt ist allgemein nur allzu leicht bereit, nicht nur zu handeln, ohne zuvor gebührend nachgedacht zu haben, sondern auch gelegentlich da zu handeln, wo es klüger wäre, auf das Handeln zu verzichten" (Ebd., 45).

Dieser Typus bzw. dieses Verständnis von Wissen ignoriert Stehr mit seiner Definition. Indirekt und nicht hinreichend expliziert taucht es gleichwohl auf, wenn er zumindest tentativ folgende Kategorisierung von Wissen vorlegt:

(1) *Deutungswissen* (oder Orientierungswissen), das er allerdings den Humanwissenschaften früherer Jahrhunderte zuschreibt und dessen soziale Funktion die „Einflussnahme auf das (soziale) Bewusstsein der Gesellschaftsmitglieder" gewesen sei (Stehr 1994, 215).
(2) „Die Mehrzahl der herkömmlichen naturwissenschaftlichen Disziplinen erzeugt *Produktivwissen*, eine Form von Wissen, das sich in Methoden der unmittelbaren Naturaneignung umsetzen lässt."
(3) „Die jüngste Form des von den einzelnen natur- und sozialwissenschaftlichen Disziplinen produzierten Wissens als unmittelbare Produktivkraft könnte *Handlungswissen* genannt werden, wobei Wissen eine unmittelbare Fähigkeit zum Handeln einschließlich der Fähigkeit zur Gewinnung zusätzlichen Wissens darstellt" (Ebd., 215).

Was mit den anderen Formen des Wissens geschehen ist, ob die aus der Wissenschaft oder gar aus der Realität verabschiedet wurden, erst recht: ob sich diese drei Typen überhaupt trennen lassen oder gar getrennt werden sollen, ob es daneben noch andere Formen und Quellen der Wissensgenerierung gibt, die nicht minder wichtig sind und welche Qualitäten und Formen des Wissens sie hervorbringen, dies alles wird nicht systematisch entwickelt, obwohl Stehr (1994) für sich beansprucht, schon eine umfängliche und grundlegende Theorie des Übergangs zur Wissenschaftsgesellschaft vorgelegt zu haben. Immerhin weist er gleich eingangs daraufhin: „Ich behaupte [...] nicht, wir befänden uns schon im Zeitalter der Wissensgesellschaft oder stünden mitten in der Epoche der so genannten Postmoderne. Bestenfalls gibt es Anzeichen dafür, dass wir uns in vielen wichtigen Aspekten auf eine Gesellschaftsform zu bewegen, die sich von dem, was uns bisher in diesem Jahrhundert vertraut war, radikal unterscheidet" (Ebd., 24). Ebenso kann die Einsicht weiter gelten, dass „unser Wissen über Wissen trotz und zeitweise sogar wegen der Wissenssoziologie nicht sehr umfassend [ist]" (Ebd., 21).

Gegensätzlich dafür plädiert der Soziologe Karl H. Hörning für die „Wiederentdeckung des praktischen Wissens" (2001). Zwar seien praktisches und theoretisch-wissenschaftliches Wissen „eng miteinander verbunden" (Ebd., 242), aber allein das praktische Wissen befähige zum Handeln, wie es aus dem Handeln selbst entsteht: "Praktisches Wissen bezieht sich vor allem auf das ‚Gewußt-wie', die praktische Fähigkeit, im Gegensatz zum ‚Gewußt-dass', die ausdrückliche Formulierung, der begründete theoretische Ausdruck einer solchen Fähigkeit. Das ‚Gewußt-wie' bezeichnet einen Wissenstypus, der in der Praxis nicht nur die Dinge gekonnt einzusetzen und damit Probleme zu lösen, sondern auch zu unterscheiden weiß, ob die Lösung gelungen ist oder nicht, ob die Handlung passt oder nicht" (Ebd., 227). Durch „fortlaufende soziale Praktiken" bilden sich nicht nur „Fähigkeiten und Fertigkeiten zur Aufgabenlösung und Situationseinschätzung heraus, sondern es entfalten sich auch unauffällig im Zusammenhandeln mit anderen Handelnden gemeinsame Kriterien und Maßstäbe, die dem Handeln Richtung und Anschluß vermitteln". Mithin wird zum „Experten des Alltags" jede/r, und Hörning bietet dafür keine soziologische Differenzierung auf, womit auch er Wissen – nunmehr nicht das theoretisch-wissenschaftliche – sondern das praktische ein Stück weit objektiviert oder substantiiert, aber immerhin – als durch Handeln geschöpftes – eng mit dem Subjekt verknüpft hält: Denn praktisches Wissen sei „intersubjektiv geformt, kollektiv erworben und eingespielt und entwickelt in diesem Sinne auch intersubjektiv normative Kraft in der Strukturierung von sozialen Praktiken" (Ebd., 227).

Allein das theoretisch-methodische Wissen sei „objektiviertes Wissen, das durch Regeln und Symbole auf Dauer gestellt und situationsübergreifende Erkenntnis artikuliert". Es ist „explizit, in Texte und Daten gefasst, geformt, reproduziert, beherrscht, gespeichert und beglaubigt, in den Wissenschaften und Technologien" (Ebd., 242). Durch solche Dokumentation und Legitimation erscheint „das theoretische Wissen stets als das Übermächtige", aber zum praktischen und sozialen Handeln regt es nicht unbedingt an und befähigt auch selten dazu. Eher taugt es als Reflexion und Explikation des Tuns. Hingegen versteckt sich das praktische Wissen in der Praxis, „die uns mehr wissen lässt, als wir zu sagen wissen". Dadurch entwickelt sich eine besondere Intelligenz, eine „kritische Vernunft", die das praktische Wissen neben der wissenschaftlichtechnischen Expertise als „eigenständige Wissensform" (Ebd., 236) entstehen lässt und die so zu respektieren ist.

Zwar nehme das wissenschaftlich-technische Expertentum in postmodernen Gesellschaften als „notwendige Folge der fortschreitenden Enttraditionalisierung" und damit des Zurückdrängens des praktischen Wissens zu, was etwa der britische Soziologe Anthony Giddens (1996) als markanteste Kennzeichen dieser Gesellschaftsform wertet. Dadurch vervielfachen und verstärken sich auch die einschlägigen Instanzen und Routinen des alltäglichen Lebens, nach Giddens (1995, 142) „Systeme technischer Leistungsfähigkeit oder professioneller Sachkenntnis", da alltägliche Gewohnheiten und technische Routinen weitgehend von traditioneller Überlieferung und praktischer Vermittlung abgetrennt werden. Doch dieses Expertentum kann zwar die materialen Voraussetzungen und Produkte für die alltägliche und soziale Praxis erzeugen – etwa ein Auto herstellen – , aber nicht das breite praktische Wissen des Alltagsmenschen ersetzen oder überbieten: Für das Autofahren benötigt man einige technische Fachkenntnisse oder Fertigkeiten, aber das Autofahren und die Sicherheit in einem immer komplexeren, riskanteren Verkehr lernt man nicht durch technisches, zweckbezogenes Benutzungswissen.

Doch auch solches „Gebrauchswissen" kann man nach Hörning nicht mit dem praktischen Wissen gleichsetzen. Denn das „praktische Wissen ist mehr" als nur technische Kompetenz. „Es ist Ausfluß einer sozialen Praxis, in der Technik zwar eine große Rolle spielt, die sich aber nicht in der Nützlichkeit der Dinge erschöpft" (Hörning 2001, 234f). Vielmehr stellt es in seinem reichen praktischen Fundus auch „Kriterien" bereit, „um den Umgang mit den technischen Dingen als richtig oder falsch, sinnvoll oder sinnlos, als gut oder schlecht beurteilen zu können, sowohl als involvierter Teilnehmer als auch als involvierter Beobachter der Welt" (Ebd., 235). Alle drei Wissensformen haben mithin durch ihre Funktionalität und typischen Besonderheiten Daseinsberechtigung; sie ergänzen sich wechselseitig, aber ersetzen sich nicht. Praktisches Wissen ist dabei das am wenigsten eindeutig fassbare, das für das alltägliche Leben oft viel Unschärfe bereithält, wie umgekehrt das praktische Wissen eben dadurch dazu befähigt, „die durch Unsicherheiten, Widersprüche und Überraschungen geprägte Praxis besser zu meistern" (Ebd., 234). Die beiden anderen Wissensformen sind zweckbezogener, präziser zu fassen, eindeutiger zu verorten. Zwar nicht bis in letzte systematisch entwirft Hörning mithin eine Art hierarchische Typologie, die das praktische Wissen mit seiner engen Verknüpfung zum alltäglichen Handeln den beiden anderen als Praxis qualifizierend und reflektierend überlegen erscheinen lässt, diese zwar keineswegs ignoriert, sie aber relativiert. Damit rückt er sowohl überzogene Sichtweisen über die Determination menschlichen Handelns durch Technik zurecht und stutzt sie auf ihre Instrumentalität und

Nützlichkeit, wie er auch hypertrophe Extrapolationen über die Expansion und den Bedeutungszuwachs des Wissens generell relativiert, denn das praktische Wissen lässt sich nicht mit simplen technischen und/oder quantitativen Parametern fassen. Was bei seinen Ausführungen fehlt, sind die zwar erkannte „biographische und kulturelle Rahmung" wie die soziale Differenzierung des praktischen Wissens, denn auch es dürfte in modernen, ausdifferenzierten Gesellschaften ungleich verteilt, verschieden praktizierbar und divergent ausgebildet sein.

Versucht man auch nur ein vorsichtiges und kursorisches Fazit über die sicherlich noch beliebig erweiter- und ergänzbare Argumentation und Theoriebildung der Wissenssoziologie, lässt sich substantiell kaum etwas Gemeinsames und Verbindliches festhalten, allenfalls im funktionalen Zugang erkennt man Übergreifendes:

1. In jedem Fall lässt sich Wissen generell kaum mehr normativ fassen; auch an eine bestimmte soziale Schicht – an eine so genannte Wissenselite – lässt es sich nicht delegieren; vielmehr akzeptiert man verschiedene Formen, Qualitäten und Funktionalitäten von Wissen. Wie diese eingeschätzt, bewertet und sozial verortet werden, das differiert beträchtlich. Immer noch wird allerdings das wissenschaftliche Wissen – eigentlich genauer: das von den Wissenschaften geschöpfte und von ihnen approbierte Wissen – höher bewertet als das alltägliche Wissen; und das ökonomisch verwertbare Wissen gilt letztlich als entscheidend und handlungsleitend, wobei bislang nicht genau eruiert und konkret entschieden werden kann, welches Wissen wie kommerzialisiert und verwertet werden kann. Eine besondere Art der Instrumentierung und Kommerzialisierung erfährt Wissen durch die Medien, die es einerseits verbreiten, andererseits – etwa in den vielen Quiz- und Wissensgenres – als Publikumsmagneten auf ihre Formate, Interessen und Niveaus hin zurichten.

Schließlich wird das zweckfreie, den Menschen formende und zugleich befreiende Bildungswissen in öffentlichen Einlassungen unentwegt beschworen (zuletzt Rau 2004), bis zu einem gewissen Maße wird es an Schulen, Hochschulen und Kultureinrichtungen auch gepflegt und vermittelt, aber als Wert oder Gut an sich gerät es zunehmend ins Hintertreffen. Allenfalls wird es noch akzeptiert als identitätsstiftende und sozialisierende Grundausstattung des Individuums, wofür dieses aber weitgehend selbst und privat zu sorgen hat. Denn weder hat es mit der kuranten Diskussion um „Informations-" und „Wissensgesellschaft" unmittelbar und beeinflussend etwas zu tun, noch wird es innerhalb ökonomischer Verwertungskoordinaten als relevant erachtet. So kann etwa öffentlich zugleich die Förderung von Bildung, Forschung und Wissen vehement und unentwegt postuliert werden, und zugleich wird die basale Infrastruktur dafür – wie Bibliotheken, Museen, Theater, Bildungseinrichtungen – reduziert und oder gar eliminiert, wie es etwa derzeit in Deutschland unter dem Diktat öffentlicher Finanzknappheit geschieht. Insgesamt sind längst noch nicht alle Wissensformen entdeckt bzw. anerkannt. Erst recht weiß man noch wenig über Zusammenhänge von Wissen mit der onto- und soziogenetischen Entwicklung, mit Sozialisation und Enkulturation, mit Lernen, Erinnern, individuellem und kollektivem Gedächtnis und mit der jeweiligen Relevanz und den Funktionalitäten in diversen Sozietäten, Kulturen und Ethnien.

2. Konstruktivistische Ansätze definieren Wissen über soziale Anerkennung und Rekonstruktion, funktionalistische über kontextuelle Korrelationen wie z.B. Handeln. Sie können nicht mit mehr oder weniger willkürlich aufgestellten Typologien und gar Hierarchien von Wissen vereinbart werden, da solche Zuordnungen und Abgrenzungen in der jeweils relevanten sozialen Bezugsgröße unterschiedlich ausfallen, jedenfalls nicht generell festgelegt werden können: Was einmal Erfahrungswissen ist, kann anderswo Fakten- oder gar Normwissen sein; was hier zum Deutungswissen erklärt wird, gehört anderswo zum Kanon des Handlungswissens. Demnach müssten sich die jeweiligen Theorien und Taxonomien entscheiden, ob sie die Konstitution und Wertung von Wissen sozial verankert belassen oder davon abstrahieren und damit sozialen Kontexten entreißen wollen.

3. Gänzlich ungenügend ist die analytische Sichtung und Erkenntnis des Verhältnisses von Subjekt und Wissen. Das sind beide Extreme wie viele Zwischenpositionen virulent: Die strikt subjektivistische und konstruktivistische Sicht billigt allein dem Individuum Wissen zu, das es durch die Wahrnehmung und Aneignung von Welt generiert, im Intellekt als Erfahrungswerte, Muster und Analogien – also schematisch – speichert und sich erst eigentlich durch die Artikulation konstituiert und äußert: Wissen entsteht also jeweils nur in der und durch die Aktion, die sprachlich-symbolische wie die physisch-materiale. Wird es dokumentiert und außerhalb des Subjekts gespeichert, also objektiviert, ist es nicht mehr Wissen in diesem engen Sinne, sondern Information (worauf sich etliche Informationswissenschaftler verständigt haben). Erst wieder in der weiteren Verarbeitung, Aneignung und Artikulation lässt es sich als Wissen reaktivieren.

Dieser Sichtweise stehen natürlich die Auffassung und die alltägliche Annahme entgegen, die Wissen als sedimentiertes, objektiviertes und kollektiviertes Reservoir erachten, damit aber letztlich die materialen Träger und Speicher bzw. ihre Optionen meinen, Wissen im beschriebenen Sinne zu aktivieren. Wenn man davon spricht, dass in Bibliotheken oder heute in Datenbanken das Wissen der Menschheit liegt, wenn man beschwört, dass sich dieses Wissen in immer kürzeren Zeiträumen – heute in etwa drei bis fünf Jahren – verdoppelt, weil es immer mehr wissenschaftlich arbeitende Menschen und Einrichtungen gibt, weil diese durch digitale Netze immer enger miteinander verbunden sind und sich schneller und intensiver austauschen können und weil immer mehr Speicher- und Verbreitungsmedien dieses Wissen sichern und zugänglich machen, dann ist diese objektivierte Version von Wissen gemeint, das potenziell oder virtuell zur Verfügung steht. Denn das einzelne Individuum hat es nicht verfügbar, und es muss auf dieser Welt ganz unterschiedliche Voraussetzungen persönlicher und struktureller Art überwinden und ganz verschiedene Anstrengungen unternehmen, um sich davon Segmente anzueignen und für sich zu bewahren. Letztlich muss es sein Wissen immer wieder selbst rekonstruieren, um mit ihm umgehen und handeln zu können. Das gespeicherte und vermittelte Wissen ist dafür ‚nur' die potenzielle Ausgangsbasis, nicht jedoch das individuell vorhandene und verfügbare Wissen. Versuche, für diese Zusammenhänge angemessene, begriffliche Oppositionspaare wie explizites und implizites, subjektives und objektives Wissen zu schaffen und vor allem durchzusetzen, haben sich bislang nicht bewährt, so dass – wie gezeigt – immer wieder neue Begriffssetzungen erprobt und begründet werden.

4. Wird Wissen in dem engeren Sinne verstanden, kann es – streng genommen – gar nicht wachsen oder gar, wie es metaphorisch heißt, explodieren – es sei denn man nimmt als schlichten quantitativen Parameter das Wachstum der Erdbevölkerung und extrapoliert von ihm aus die wachsende Wissensproduktion. Aber ebenso muss dabei berücksichtigt werden, dass menschliches Wissen, so wie es generiert wird, auch wieder vergessen wird, und niemand hat bislang eine derartige Gewinn- und Verlustrechnung aufgemacht bzw. aufmachen können. Gerade menschliches Wissen ist durch Vergessen und Verlust gekennzeichnet, und alle Speicheroptionen sind dafür entwickelt worden, diesem natürlichen Prozess Einhalt zu gebieten. Doch die dafür materiellen Träger sind auch nicht vor Verfall und Ignoranz gefeit, selbst nicht die jüngsten digitalen, wie umgekehrt die wachsenden Optionen der Speicherung der anschwellenden Informationsflut riskieren, dass selbst gespeicherte Daten und Informationen unbeachtet bleiben oder vergessen werden – auch wenn die Registrier- und Wiederauffindungssysteme immer perfekter werden.

Die kuranten Diagnosen und Visionen von der ständig wachsenden Wissensexplosion rekurrieren entweder auf reichlich simple quantitative Parameter, die aber nicht den Zuwachs des Wissens, sondern der seiner materiellen Komponenten, der Trägermedien, der Instanzen und der so klassifizierten Experten messen. Solche Indikatoren sind es dann auch nur, die bei der Identifikation und ökonomischen Messung der „Wissensgesellschaft" herangezogen werden – wobei das ökonomisch verwertbare ‚Wissen' nicht einmal innovativ, sondern durchaus trivial, tautologisch und sogar nostalgisch-retrospektiv sein kann, wenn man etwa an die meisten Medien und ihre spektakulären Wissensrepräsentationen denkt. Vielfach reproduzieren sie ja nur geschickt verpackte Redundanz, also versteckten Überfluss.

So kommt auch Hörning (2001, 92f) zu der Einschätzung: Genauso wie die Thesen von der Dienstleistung- oder nachindustriellen Gesellschaft greife auch die von der „neuen ‚Informationsgesellschaft' zu kurz: „Eher haben wir es mit einer neuen Stufe der Industrialisierung zu tun, in der die Produktion, Transformation und Verbreitung immaterieller Güter, Informationen und Zeichen zunehmend neben die Produktion materieller Güter treten. Was sich durch diese Technisierung gesellschaftlich ändert, ist das Entstehen neuer Machtdimensionen. Sprache, Wissen und Umgangskompetenzen gewinnen zunehmend an Bedeutung; dies um so mehr, als über den Ausbau der Informations- und Kommunikationstechniken die Zirkulations- und Austauschsphäre in den Vordergrund des gesellschaftlichen Lebens rückt."

Oder es werden dem Wissen implizit qualitative, normierende Kriterien zugrunde gelegt, die etwa über Novität, Fortschrittlichkeit, Innovations- und Weiterentwicklungsfähigkeit der Gesellschaft, der Wissenschaft, des menschlichen Lebens oder über sonst was durch besagten Wissenszuwachs urteilen wollen, gemeinhin aber kaum oder zu wenig expliziert und auch nicht sozial und ethnisch-kulturell hinreichend zugeordnet sind. So bleibt Wissen nach wie vor ein analytisch intransparentes, diffuses Phänomen, das eher beschworen, mystifiziert wird, als es hinreichend erforscht ist. Nicht nur in populären, sondern auch in wissenschaftlichen Untersuchungen setzt man es oft genug als selbstverständliche, vermeintlich faktische Kategorie heraus oder definiert es – wie gezeigt – oberflächlich bis tautologisch, spezifiziert und typologisiert es sogleich lieber, als dass man sich seiner prinzipiell humanen, vom Subjekt nicht lösbaren Qualität analytisch versichert.

6.3 Mythen über Technologie und Wissen

Kulturelle Entwicklung lässt sich nicht zuletzt darin sehen, dass Menschen seit jeher Werkzeuge gebaut haben, um die Grenzen des menschlichen Körpers zu überwinden, zunächst vornehmlich physische, um die Natur zu bearbeiten und anzueignen, mit dem Fortschreiten von Erkenntnisfähigkeit und Abstraktionsvermögen auch zunehmend symbolisch-abstrakte und mediale wie etwa die Schrift, die Uhr, den Telegrafen, das Telefon und (bislang) zuletzt den Computer als perfekte, hybride und universale Maschine (Weizenbaum 1978). Jeweils werden mit ihnen strukturelle Kategorisierungen der Wirklichkeit erzeugt und modifiziert, wie sie als künstliche Konstrukte die Wirklichkeit in Ausschnitten symbolisch reproduzieren.

Und über sie bzw. ihre Folgen und Wirkungen kursieren alsbald Mythen, d.h. halbwahre, verzerrende, ins Positive oder Negative überzeichnete, jedenfalls nicht rational und/oder wissenschaftlich beweisbare Interpretationen, Legitimationen und Prognosen, die vermeintliche Gewissheit, Quasi-Natürlichkeit und unbezweifelbare, weil irrationale Begründungen vorgaukeln (Barthes 1964; 2003). Die Geschichte der Kommunikation kennt viele davon, seit Platons (427 – 347 v. Chr.) Kritik an der Sprache im *Kratylos* und dann an der Schrift im *Phaidros*. Jeweils die neueste Technik – verstanden als vom Menschen gestaltete Artefakte, um die natürlichen Grenzen menschlicher Wirk- und Wahrnehmungsraumes prothetisch zu erweitern und zu überwinden – erfuhr jeweils ihre Bewertung und Deutung durch unzählige Träume und Wünsche, Projektionen und Mythen (Ropohl 1991; Debatin 1999). So ermöglicht es die Schrift, eine eigene symbolische Welt zu kreieren, die sich von ihrem jeweiligen Urheber löst, Überlieferung und Tradition schafft. Mit der Uhr wird die lineare Zeiteinteilung möglich, die das rhythmische und zirkuläre Zeitempfinden weitgehend verdrängt. Telegraf und Telefon überwinden natürliche Entfernungen und entkoppeln Raum- und Zeiterfahrungen. Im Computer vereinigen sich all diese Abstraktionen und generieren virtuelle Welten – eine Universalität von Zwecken, ja Indifferenz gegenüber jedweder Intention, die seine Erfinder so nicht voraussahen konnten (Ceruzzi 1999; Karpenstein-Eßbach 2004).

Hervorgegangen aus dem Bestreben, automatisch rechnen und Zahlen speichern zu können, haben Algorithmik und Epistemologie, Semiotik und Linguistik als theoretische Erkenntnismöglichkeiten, Informatik und Technik als operative Anwendungen die prinzipielle Egalität bzw. Äquivalenz von Zeichen entdeckt, so dass die Maschinen nicht mehr nur Zahlen, sondern generell alle Zeichen nunmehr als Daten verarbeiten, speichern und transportieren können. Erstmals ist damit eine Maschine entstanden, die alle symbolisch-abstrakten Erkenntnisse und Fähigkeiten des Menschen aufnehmen, kodieren und bearbeiten kann, sogar schneller, effektiver und verlässlicher als der Mensch, und die damit mehr und mehr dem menschlichen Gehirn ähnlich wird. Bald macht das Zauberwort von der künstlichen Intelligenz die Runde und wird in den 80er Jahren zur begehrten Zielmarge hochfliegenden Forscherdrangs (Dreyfus 1985; Michie/Johnston 1985; Roszak 1986). Ihre Visionen lassen sich so allerdings bislang nicht einlösen (Dreyfus 1993; Zimmerli, W. C./Wolf, S. 1994). Entsprechend reichen technische Begriffe wie Rechnerleistung, Energie, Daten etc. vermeintlich nicht mehr aus, um die technischen Prozess(or)funktionen zu beschreiben, erst recht nicht deren künftige Optionen. Analogien und Metaphern werden gebildet, die sich an den Eigenschaften und Fähigkeiten des Menschen anlehnen und diese gar adaptieren. Zunehmend wird nun der Computer anthropomorphisiert, zum Dialogpartner und Arbeitskollegen erhoben, ob im alltäglichen Umgang, wo man ihm gern eine Subjektivität, mindestens eine Intentionalität zuschreibt, oder auch in der theoretischen Diskussion als technisierte Kopfarbeit oder Geistesarbeit. Noch immer schwärmen manche Prospektionen davon, dass Computer eines Tages zu denken vermögen, mindestens linear lernen und menschliche Gedanken „lesen" sollen sie schon heute können (Bolz u.a. 1994; Krämer 1998).

Doch gänzlich neu sind solche Analogien beileibe nicht; sie sind auch schon in früheren Technikvisionen aufgetaucht: etwa bei der Einführung des Telegrafen und des Telefons Ende des 19. Jahrhunderts, als man schon die fortschreitende elektrische Vernetzung als Nervensystem der Welt apostrophiert hat (Ruchatz 2004, 136ff). Ähnlich verstand sich die in den 60er Jahren neuerlich propagierte Kybernetik als analoge Regelungstechnik, die, wie es ihr Nestor, der amerikanische Mathematiker Norbert Wiener (1894 - 1964), in seinem Grundlagenwerk (1969) beschreibt, für Lebewesen und Maschinen gleichermaßen gilt. Und auch der ebenfalls in den 60er Jahren berühmte Medienphilosoph Marshall McLuhan (1911 – 1980) operiert mit solchen Metaphern: „Im elektrischen Zeitalter" sei „unser Nervensystem so weit ausgeweitet" worden, „dass es uns mit der ganzen Menschheit verflicht und die ganze Menschheit in uns vereint", behauptet er mit seinem weiten Medienbegriff als „extensions of man" (McLuhan 1968, 1994, 17). Aber auch umgekehrte Übertragungen liegen nahe: Mit den voranschreitenden Erkenntnissen von Kognitionspsychologie, Neurologie und Gehirnforschung lassen sich Kapazität, Flexibilität, Komplexität und Lernfähigkeit des menschlichen Gehirns zunehmend entschlüsseln, und sie passen immer weniger in die überkommene, eher geisteswissenschaftliche Terminologie. Sowohl dem dominanten naturwissenschaftlichen Verständnis wie der voranschreitenden technischen Ausrichtung des Denkens kommt es entgegen, ähnliche, wenn nicht identische Begriffe zu verwenden: So wird die Gehirntätigkeit, die ja die gesamte Bandbreite von rationaler Erkenntnis bis hin zu Gefühlen verkörpert, als Selektion, Algorithmus und Organisation von Informationen betrachtet, Nerven, Ganglien und Synapsen gelten als Signale und Sensoren, bilden Konfigurationen wie Schaltkreise und technische Netze, Wahrnehmung firmiert als Interface, Deutung und Reflexion als Registratur und Beobachtung zweiten Grades, und Wissen wird entweder mit Information gleichgesetzt oder als ihre höhere Form gewertet (Krämer 1997; Schumacher 2004).

Die „instrumentelle Vernunft", die sich immer mehr ausdehnt (Weizenbaum 1978, 337ff), verwischt zunehmend die Grenzen zwischen Maschine (Computer)

6 Von der „Knowledge Economy" zur „Wissensgesellschaft"?

und Menschen, führt begrifflich und damit gewiss auch gedanklich zu bedenklichen Konvergenzen: Der Computer sei, warnt der Doyen einer reflektierten Computerforschung, Josef Weizenbaum (geb. 1923), schon frühzeitig (1978), „eine mächtige neue Metapher [...], mit der wir viele Aspekte der Welt leichter verstehen können, der jedoch ein Denken versklavt, das auf keine anderen Metaphern und wenige andere Hilfsmittel zurückgreifen kann" (Ebd., 361). Und wenn unvermindert heftig daran gearbeitet wird, Chips in den Menschen, etwa im Gehirn, zu implantieren und ihnen mindestens partielle Steuerungsfunktionen anzuvertrauen, dann werden die Fusionen konkret leibhaftig, sind nicht mehr nur abstrakter Art. Für manchen Informatiker wird der Mensch zum digitalen Modellbaukasten, lässt sich als virtuelles Modell im Rechner simulieren oder als konkreter Roboter rekonstruieren (Debatin 1999; Schwarzburger 2004).

Entsprechend unscharf oder beliebig ist die öffentliche und alltägliche Verwendung der Termini und damit der Inhalte. Sowohl Information und Wissen können als Sammelbegriffe für Daten, Prozesse, Erfahrungen und Konzepte, für Know-how, Blaupausen und Arbeits- und Projektdokumentationen firmieren, mal für handlungsleitende und problemlösende Potenziale, sofern sie ökonomisch verwertbar sind, mal ausschließlich für theoretisches und wissenschaftliches, sprich: verifiziertes und approbiertes Wissen, wie es auch schon D. Bell verstanden hat (Stehr 1994, 137ff). Darüber hinaus werden sie gar zu Bildung, Qualifikation, Fähigkeiten und Kenntnissen erhöht, schließlich auch für das Anwachsen und die Verbreitung von materiellen Wissensträgern, also von Medien in gedruckter und elektronischer Form, in Anspruch genommen (Wyssusek 2004).

„Allwissenheit" und „Grenzenlosigkeit" werden Computer und Internet gemeinhin zugeschrieben, da sie als „intelligenzverstärkende Maschinen" gedeutet werden, die Information bzw. Wissen unbegrenzt vermehren, überall hin transportieren, in unendlichen Mengen verarbeiten, speichern und verbreiten, so unbegrenzte virtuelle Netze unter der Menschheit, die „Welt als globales Dorf" (M. McLuhan), schaffen und so vorgeblich Unmittelbarkeit, Aufklärung und unbeschränkten Wissenszugang für jede/n erzeugen. Den „Mythos der Freiheit", entliehen aus der Verklärung der vorgeblich egalitären antiken, basisdemokatischen Diskursgesellschaft mündiger Bürger, entdeckt B. Debatin (1999) als einen, der im politischen Kontext dem Internet zugeschrieben wird. Ferner wird das Internet mit dem „Mythos des Wissens" dekoriert, da es als gigantischer Wissensspeicher und gesellschaftliches Gedächtnis gelobt werde: „Der Mythos der reibungslos kommunizierbaren Information konkretisiert sich in der Idee digitaler Bibliotheken, vernetzter elektronischer Datenbanken und ungehemmter Datenflüsse, wobei dieser Fiktion von potenzieller Allwissenheit die Furcht vor allgemeiner Datenflut und damit einhergehender spezieller ‚Datendürre' gegenübersteht" (Ebd., S. 487). Schließlich wird mit dem Internet der „Mythos der Identität" als neuer „Erfahrungs- und Wahrnehmungsraum" assoziiert: „Die körperlose Welt der Netchats und anderer sozialer Orte im Netz (MUDs und MOOs [= MUD Object Oriented, zu deutsch: objektorientierte Viel-Nutzer-Kerker, HDK nach Sandbothe 1997, 63]) ermöglicht einen experimentellen Umgang mit der kulturellen, geschlechtlichen und sozialen Identität und hat so den postmodernen Mythos der dezentrierten, multiplen Persönlichkeit und den Mythos einer neuen Körperlichkeit als gleichermaßen attraktive wie bedrohliche Vision evoziert" (Debatin 1999, 487). Von solchen Visionen aus ist es zu Antizipationen von Computern mit Bewusstsein und Gefühlen oder gar der tendenziellen Verschmelzung von Mensch und Maschinen nicht weit. Aber schon ganz profane technische Probleme und Kausalitäten werden von den mythischen Überhöhungen ignoriert: etwa die eigenartige dialektische Blockade zwischen Hardware und Software. Denn immer komplexere Software erfordere immer schnellere Rechner und damit leistungsfähigere Hardware, die wiederum von der nachhinkenden Software abgebremst werde, so dass sich beide Seiten in „einer Art Gummibandeffekt" nach vorne ziehen, aber zugleich wechselseitig hemmen (Ebd., 490).

Auch folgende Paradoxien werden meist übersehen, sind jedenfalls längst noch nicht im Griff: Zum einen werden die Operationen, die mit den immer komplexeren Computern und ihren gesteigerten Kapazitäten durchgeführt werden, zunehmend intransparent, für den User immer weniger einsichtig und konkret nachvollziehbar, so dass er mehr und mehr zum dirigierten Abhängigen einer zwar oberflächlich angenehm und einfach gestalteten, aber nicht mehr durchschaubaren Software-Architektur wird. Zum anderen steigt mit der technischen Verfügbarkeit „der Umfang der für die Gewinnung von Wissen zu berücksichtigendenund zu bewertenden Information", so dass – ohne geeignete Strukturierungen und Filterungen von Informationen – Datenüberschuss, Überforderung, und Desorientierung daraus folgen können, die zur Lähmung und Entscheidungsunfähigkeit führen (Ebd., 485). Die durchschnittliche Nutzung von Computer und Internet in der deutschen Bevölkerung orientiert sich demgegenüber eher an den bekannten, im Alltag üblichen Motivations- und Nutzungsmustern, tendiert also zum praktischen bedarfsorientierten Umgang, zu Unterhaltung und Spiel und nicht zum Computer als universale Informationsmaschine, wie sie in jenen progressistischen Erwartungen apostrophiert wird (Schweiger 2004).

Gern wird in den instrumentellen Kontexten auch mit relativ simplen, vermeintlich einleuchtenden Begriffen operiert. So unterscheidet schon D. Bell (1973ff) zwischen Daten – als eine geordnete Sequenz von einzelnen Elementen–, Informationen – als Daten, die bezogen auf einen gewissen Kontext zusammengefasst sind – und Wissen – als zusätzliche Bewertungen darüber, wie

6 Von der „Knowledge Economy" zur „Wissensgesellschaft"?

wichtig einzelne Elemente und Geschehnisse sind – und siedelt diese Kategorien auf einem Kontinuum an. In der deutschsprachigen Literatur, insbesondere ökonomischer Provenienz, werden solche vermeintlichen Präzisierungen unbesehen übernommen. Denn Wissen avanciert nun einmal aus dieser Perspektive zur probaten Ressource für die modernen Volkswirtschaften wie für innovative Unternehmen, gleich was es konkret bedeuten mag und wie es sich konstituiert. Letztlich seien es halt alle „Kenntnisse, Fähigkeiten und Fertigkeiten, die Personen zur Lösung von Problemen einsetzen" (North 1999, 41) – und, so lässt sich hinzufügen, die ökonomisch verwertbar sind. Da werden Daten und Informationen flugs zu „Rohstoffen" erklärt, aus denen Wissen generiert wird, und zwar mittels des Bewusstseins, aber sie sind auch die „Form, in denen Wissen kommuniziert und gespeichert wird". Immerhin: dadurch bleibt Wissen im Gegensatz zu Informationen und Daten, „kontextspezifisch und an Personen gebunden" (Ebd.). Eine „Wissensdatenbank" kann es daher nicht geben – was dennoch im Verlauf der Argumentation nicht hindert, Wissen zu objektivieren und zu externalisieren, dann aufgeteilt in so genanntes „implizites" und „explizites Wissen" (Ebd., 50). Letzteres lässt sich dann doch kodifizieren, dokumentieren, und daher kann man ihm einen Marktwert zuschreiben.

So lassen sich demzufolge auch vermeintlich exakte Wissenshierarchien (Rehäuser/Krcmar 1996) und Wissenstreppen (North 1999) modellieren (Renzl 2004). Häufig angeführt wird etwa die Wissenstreppe von K. North (1999, 41), bei der zudem zwischen strategischen und operativen Aufgaben des Wissensmanagement, also zwischen eher theoretischen, informationswissenschaftlichen Zuordnungen und marktbezogenen, allein effizienten Aktionen, unterschieden wird. Dafür werden folgende Kategorien angeführt:

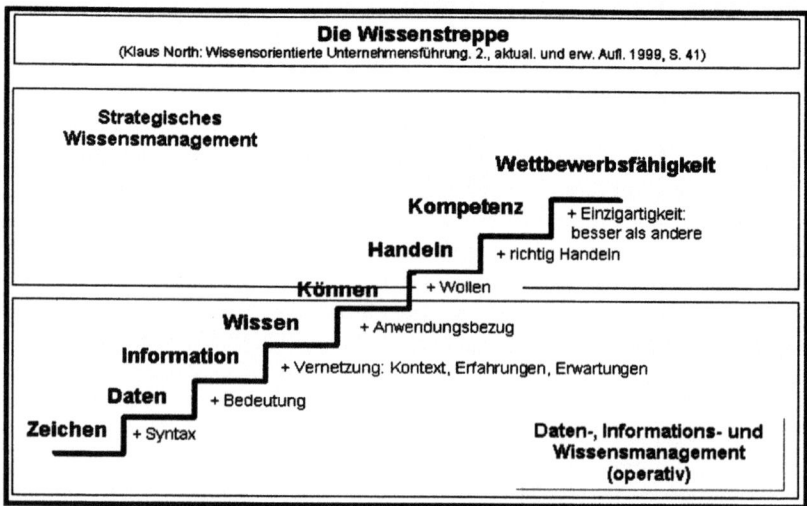

Offensichtlich sind diese Kategorien ganz pragmatisch geschöpft und entziehen sich jeglicher systematischen Verortung: Von der Semiotik wird Zeichen selbst als mindestens dyadische Relation zwischen Bezeichnendem und Bezeichnetem aufgefasst, das seine Funktionalität in einer syntaktischen, semantischen und pragmatischen Korrelation einlöst, somit bereits Bedeutung enthält. Warum in diesem Modell also Daten auf einer höheren Stufe angesiedelt sein sollen und erst Information Bedeutung enthält oder generiert, bleibt unerfindlich. Nach der genannten Definition von Wissen ist auch nicht einsichtig, wie es von Können unterschieden werden soll. Man könnte ebenso umgekehrt hierarchisieren; denn nicht alles Können rekurriert auf explizites Wissen. Vollends ins betriebswirtschaftliche Terrain driftet die Treppe ab, wenn „Wettbewerbsfähigkeit" als die höchste Stufe ausgelobt wird; systematisch kann sie ja allenfalls eine spezielle Form von Handeln und Kompetenz sein (wobei die Besonderheiten und Unterschiede zwischen Können, Handeln und Kompetenz ebenso wenig einleuchtend sind), die in ökonomischen Verwertungszusammenhängen von besonderer Relevanz sein mögen, nicht aber in allen anderen, die durchaus solidarische und egalitäre Eigenschaften bevorzugen. Bei solch instrumenteller Grundausrichtung bleiben auch nachträgliche Plädoyers, den menschlichen Faktor in solche Konzepte einzubeziehen, relativ oberflächlich (Ratzek 2003).

Ebenso wird die nicht weniger häufig bemühte Unterscheidung zwischen implizitem und explizitem Wissen utilitarisiert und simplifiziert. Als erkenntnistheoretisches Konzept von M. Polanyi (1983, 4) formuliert („We can know more than we can tell"), um sich all die vielen Routinehandlungen des Alltags zu erklären, die eben nicht explizit und intentional vermittelt, sondern mit der Sozialisation allmählich aufgebaut und gespeichert werden – wie etwa das Schwimmen, das Rad Fahren, die Personenerkenntnis etc. –, werden zwei komplementäre Formen des Wissens angenommen, die bei jeder Erkenntnis und Handlung miteinander korrespondieren:

- das umfänglichere implizite Wissen, das sehr persönlich, recht diffus, häufig unbewusst und intuitiv sowie nicht formalisierbar ist, und das
- explizite Wissen, das nur einen geringen Anteil an der Kognition des Menschen hat, artikuliert und übertragen, formalisiert, strukturiert und vermittelt werden kann.

In der betriebwirtschaftlichen Perspektive wird gerade dieses implizite Wissen zum Ansatzpunkt von Management-Strategien. In ihm werden Wertschöpfungspotenziale vermutet, so dass es externalisiert und expliziert werden sollte und damit der Verwertung zugeführt werden kann. Nach den Konzepten der japanischen Management-Theoretiker I. Nonaka und H. Takeuchi (1995) gewinnt das wissensgenerierende Unternehmen aus den Interaktionen und Innovationen seiner Belegschaften aus dem impliziten Wissen (in dem mithin viele Dinge schon erahnt oder vorgedacht sind) neue Optionen und Produkte, sofern dieses Wissen explizit, formalisiert und verwertet werden kann. Doch mit solcher Strategie wird nicht nur das Konzept missverstanden, es dürfte auch unzulässig verkürzt worden sein, da es nur noch als Matrix für eigene Zwecksetzungen herangezogen wird (Renzl 2004, 30f)

Jeweils nur aus dem übergreifenden Kontext, in den diverse Intentionen und ebensolche, oftmals nicht einmal intern kompatible Prämissen einfließen, lässt sich demnach erschließen, was unter den vermeintlich evidenten Kategorien von Information und Wissen verstanden wird. Oftmals wird dabei vorgeblich grundsätzlich und elementar argumentiert, tatsächlich sind aber nur spezielle, pragmatische oder sogar kaum eindeutige Sachverhalte intendiert (Kübler 2002). Beispielsweise sind bis heute noch wenige analytische Brücken zwischen der recht ertragreichen und ausdifferenzierten medien- und kommunikationswissenschaftlichen Forschung über Nachrichten, die ja mindestens als aktuelle Informationen gelten können und das politische Wissen nachhaltig bestreiten und beeinflussen dürften (Kunczik/Zipfel 2001, 245ff; Schulz 2003), und der allgemeinen Wissensforschung geschlagen.

An puren Medienzahlen und -expansionen orientieren sich etwa vorwiegend Extrapolationen, die von einer Verdoppelung des Wissens in jeweils fünf oder weniger Jahren oder von ständigen Beschleunigungen auf fünf oder gar nur dreieinhalb Jahren schwärmen, bis das bestehende Wissen der Menschheit von jeweils neuen Erkenntnissen überholt sei. Gemeint ist indes allein der quantitative Ausstoß von Papierseiten in Büchern und Zeitschriften oder auf elektronischen Datenträgern, ohne jegliches Kriterium von Qualität oder Innovation (Senoner 1997). Amerikanische Kognitionsforscher haben beispielsweise sogar die Weltproduktion von Wissen bzw. Informationen gemessen und kommen in digitalen Größenordnungen auf rund 4.604 Petabytes (oder 4,6 Exabytes). Ein Mensch kann hingegen während eines 60jährigen Lebens, so weitere derartige Experimente, etwa 150 bis 225 MB „dauerhaft" abspeichern, wenn man sein Gedächtnis mit einem maschinellen Speicherplatz vergleicht. Das ist ein Quantum, das auf einer handelsüblichen Festplatte gleich mehrfach Platz findet. Multipliziert man die menschliche Speicherkapazität mit der Anzahl der Menschen, die auf der Welt leben, also mit rund sechs Milliarden, so kommt man auf eine theoretische Speicherfähigkeit von etwa 1350 Petabytes, also auf weniger als ein Drittel dessen, was jährlich an ‚Wissen' produziert wird. Und da schon für das Jahr 2000 eine Speicherkapazität von 12 Petabytes prognostiziert worden ist – mit ständig steigender Tendenz –, lässt sich zwar alles speichern, was Menschen produzieren, nur individuell verarbeiten und nutzen lässt es sich immer weniger (Krech 1998).

Was mithin unablässig wächst und sich technisch diversifiziert, sind die materiellen Speicher-, Verarbeitungs- und Verbreitungskapazitäten, auch die in ihnen vornehmlich elektronisch eingelagerten und zirkulierenden Einheiten, gemessen in Bits und Bytes, gleich ob man sie Daten oder Informationen nennt. Deren Explosion ist eindrucksvoll, kaum mehr mit Menschenverstand vorstellbar und daher für viele längst unheimlich, für andere, die technisch orientierten eher faszinierend. Doch dass diese immense Masse und Flut von Daten automatisch dazu führe, dass das Wissen wächst und zu einem besseren Verständnis der Dinge führe, ist eines „der grundlegendsten Missverständnisse unserer Zeit" (Wiegerling 1998, 184), das gleichwohl unablässig und emphatisch von der einschlägigen Werbung und Argumentation geschürt wird. Erheblich vermehrt haben sich und vermehren sich weiterhin die Daten- und Informationsreservoirs (zunächst als wachsende Druck- und Buchproduktion, inzwischen noch mehr als elektronische Datenbanken), ebenso multiplizieren sich die Distributionsoptionen, und damit verbessern sich erheblich die Zugriffsmöglichkeiten.

Als Medien sind Informationen (im technischen Sinne, wozu auch Werbung zählt) ein stetig wachsender Wirtschaftszweig und Markt. Dabei ist immer wieder darüber nachgedacht worden, ob die entwickelten Informationstechniken tatsächlich so neutral sind und wirken, wie es ihnen vorgeblich attestiert wird. Kritiker argwöhnen hingegen, dass die Apparaturen selbst „materielle Verkörperungen bestimmter ideologischer Implikationen" repräsentieren, „die die Herrschaft des kalkulierendes Verstandes und einer allumfassenden utilitaristischen Perspektive gegenüber der ganzheitlichen Vernunft fördern, nicht aber den Sinn für qualitative Differenz und die Befähigung der Nutzer zur Kritik und Bewertung der angebotenen Informationen" (Ebd., 183) – wie es der Computerpionier J. Weizenbaum (1978) schon frühzeitig angemahnt hat. Auch die empirischen Befunde der Nutzung (zuletzt Blödorn/Gehrhards 2004), aber auch die Klagen über wachsende Nivellierungen und Oberflächlichkeit könnten in diese Richtung weisen, sie sind aber noch zu wenig differenziert und auf längere Frist angelegt. Jedenfalls begnügen sich die meisten Unterweisungen in der viel bemühten ‚computer literacy' eher mit einem ‚computer training', zumal der gerade angebotenen, großenteils monopolisierten Software, ohne die Befähigung zur kritischen Beurteilung der Information und ohne verstehende, kontextorientierte Kompetenzen.

Schließlich funktioniert die internationale Arbeitsteilung in der Industrieproduktion zunehmend so, dass die hoch entwickelten Gesellschaften eher die komplizierten und komplexen Innovationen, Forschungen, Erfindungen und Konzepte entwerfen, wohingegen die weniger entwickelten die einfachere, materielle Produktion etwa der Nahrung, aber auch der klassischen Investitionsgüter übernehmen. Eher geht die globale Entwicklung mithin in „Richtung *Informationsakkumulation* anstatt in Richtung *Wissenskonstitution*" (Wiegerling 1998, 184). All dies sind Trends und Kennzeichen für gesellschaftlichen Wandel, den man hin zu einer „Wissensgesellschaft" apostrophieren könnte, sofern dieser Begriff nicht so ungenau, aber auch irreführend emphatisch und damit analytisch untauglich wäre.

Daher identifiziert der Medienethiker Klaus Wiegerling (1998) gleich drei Mythen, die sich derzeit, in den anhaltenden öffentlichen Debatten und den wissenschaftlichen Analysen, zwischen Anspruch und Wirklichkeit einschleichen:

1. „Der Mythos von der Wissensgesellschaft": Zwar werde in sämtlichen Erkenntnis- und Praxisbereichen unendlich viel Wissen generiert und technisch gespeichert, haben sich die Zugriffsmöglichkeiten auf verfügbares Wissen enorm vervielfältigt und erleichtert, aber das individuelle Wissen habe sich nicht erhöht; außerdem nehme die Ungleichverteilung von Wissen in den Gesellschaften, aber auch weltweit zu. Fazit: „Wir wissen nicht mehr als frühere Generationen, wir haben nur mehr Wissensoptionen" (Ebd., 226).

2. „Der Mythos der weltweiten Informationsgesellschaft": Entgegen vielen Hoffnungen auf weltweite Homogenisierung durch Medien, Informations- und Kommunikationstechniken, wie etwa M. McLuhans „globale village" als idyllische Version, lassen sich gegenläufige Tendenzen ausmachen, die sich teils

überlagern, teils konterkarieren: „eine verstärkte *informelle Fragmentierung im Innern* der hochinformellen Gesellschaften und verstärkte *kulturelle Separierungen von Kulturen und Ethnien* bei gleichzeitiger ökonomischer und kultureller *Hegemonie der ersten Welt* auf den globalen Medien- und Informationsmärkten, die zu kulturellem Identitätsverlust führen und irrationale Kräfte etwa als fundamentalistische Gegenwehr, als ideologischer und militanter „Kampf der Kulturen" (Huntington 1996), herausfordern (Schiller 1984; Holtz-Bacha 1997; Becker 2002): „Der Krieg der Kulturen ist ein Krieg des Unverständnisses und ein Widerstand gegen kulturelle Hegemonie" (Wiegerling 1998, 228).

3. „Der Mythos von der informationellen Selbstbestimmung": Zwar stellen die Informations- und Kommunikationstechnologien mindestens den Individuen in den entwickelten Gesellschaften das größte, differenzierteste und technisch weitgehendst zugängliche Informationsreservoir zur Verfügung, das es je in der Menschheitsgeschichte gegeben hat und das sich auch noch so weiterentwickeln wird. Doch mit den finanziellen und technischen Investitionen verstärken sich die wirtschaftlichen Interessen und Begehrlichkeiten, die diesen Markt kontrollieren und aus ihm Profit ziehen, vermehren und verfeinern sich auch subtile Manipulationsmöglichkeiten, um diese Ziele und Gewinne zu erreichen. „Selten war in der jüngeren Vergangenheit die informationelle Selbstbestimmung so gefährdet wie heute. Kritische, nicht marktkonforme Information lässt sich zwar nur schwer verhindern, aber man kann natürlich den Zugang zu dieser Information so erschweren, dass das Recht auf informationelle Selbstbestimmung tatsächlich nur theoretische Geltung hat" (Ebd., 230).

6.4 Eine pragmatische Typologie des Wissens

Wie die vorausgehenden Darlegungen illustrieren und begründen, gibt es zahlreiche Versuche, Wissen zu definieren, zu typisieren und in seiner Funktionalität einzuordnen. Es wäre daher vermessen, davon auszugehen oder gar zu präsumieren, hier eine neue oder gar definitive Klassifikation vorlegen zu können. Immerhin reicht das Spektrum von einer hypertrophen Idealisierung des Wissens bis hin zur recht pragmatischen Aufsummierung aller erdenklichen kognitiven Fähigkeiten, Kenntnisse, Erfahrungen, Kompetenzen und Fertigkeiten des Menschen, um Probleme zu lösen oder überhaupt handeln zu können. So weit gefasst, ist Wissen bzw. Kognition Menschliches per se bzw. gehört zur phylogenetischen Grundausstattung der Menschwerdung, wobei die dem Menschen allein eigene Sprachfähigkeit es ermöglicht, Erfahrungen zu äußern, damit sie zu strukturieren und zu objektivieren. Auf diese Weise schafft allein der Mensch es, seine Erfahrungen und Einsichten von sich, dem sie machenden und genierenden

Subjekt, abzulösen, sie – wenn auch in abstrakter Form – zu speichern und seinen Zivilisationsgenossen zur Verfügung zu stellen, sofern diese fähig und bereit sind, sich dieses objektivierte Wissen anzueignen, sprich: es mit ihren Erfahrungen, Kenntnissen und Einsichten zusammenzufügen und es damit neu zu modellieren. Vieles dürfte dabei in der Zivilisationsgeschichte ständig verloren gehen, und zwar sowohl auf phylogenetischer, kollektiver wie auch auf allen ontogenetischen, individuellen Ebenen; ebenso wird vieles in neuem Gewand oder mit anderen Akzent wiederholt modelliert bzw. umgeformt. Wenn Anforderungen verschwinden, verliert sich auch deren kognitive Bewältigung, wie man bei vielen Kulturtechniken und beruflichen Tätigkeiten rekonstruieren kann, neue Aufgaben verlangen neue Herangehensweisen und Lösungen.

Sicherlich verlagern sich bei vielen Tätigkeiten die Anforderungen weg von ihrer physischen, nur routinehaften Bewältigung hin zu intelligenteren, flexibleren Ausführungsweisen, zumal sich die Anforderungen selbst durch technische Entwicklungen unentwegt und immer schneller ändern. Insofern ist es sicherlich richtig davon auszugehen, dass Menschen heute häufiger und rascher umlernen, sich neue Handlungs- und Lösungsoptionen aneignen oder – als Erfinder – innovative entdecken und erproben (müssen). Auch haben die Reflexions- und Beobachtungsinstanzen in modernen Gesellschaften enorm zugenommen – also die Agenturen und Aktionsbereiche, die nichts mehr Materielles herstellen, sondern damit gesellschaftliche Wertschöpfung treiben, dass sie symbolisches Beobachtungsmaterial bereitstellen und verbreiten, was früher nur die Kirchen, die Wissenschaften und wenige alltägliche Protagonisten wie Herolde, Prediger, Narren etc. taten (Faulstich 1996ff).

Heute ist es eine gigantische Industrie, von den Medien bis hin zu Werbung und Marketing, von unzähligen Beratungsangeboten, der Politik- und Öffentlichkeitsmaschinerien bis zu den Wissenschaften, von der Marktforschung und Demoskopie bis hin zu zahlreichen Event-Agenturen in Freizeit, Tourismus, Sport und Kultur – und daneben bestehen auch immer noch die überkommenen Verteilmodalitäten, vom persönlichen Gespräch über den traditionellen Brief bis hin zu ihren modernen Varianten, also Telefon, Handy und E-Mail; sie alle produzieren, multiplizieren und distribuieren Kommunikation und Symbolik im weitesten Sinn, in die Wissen bzw. Kognition als Produktionsfaktor investiert worden ist, wie Wissen und Kognition auch bei jedweder Verbreitung, Rezeption und Weiterverarbeitung gebraucht werden. Und die Medien tun ein Doppeltes und Dreifaches, um diese Produkte und Aktivitäten in weiteren Spiralen zu spiegeln, zu verbreiten und zu vervielfältigen. Wenn sich auf diese veräußerten und veröffentlichten Bereiche und vor allem auf ihre enorme quantitative Zunahme und Erweiterung das Etikett der „Wissensgesellschaft" bezieht, lässt sich diesem eine gewisse Triftigkeit und Berechtigung nicht absprechen, wiewohl eine Bezeichnung wie „Performance"- (im Sinne der „Erlebnisgesellschaft" von G. Schulze [1992]) oder auch noch „Mediengesellschaft" nicht weniger angemessen sein könnte.

Denn mit Wissen verbindet man immer noch eher etwas Seriöses, Anerkanntes, Sachdienliches oder auch Neutrales. Wenn aber mit der Zuschreibung betont werden soll, dass sich die sich entwickelnde gesellschaftliche Formation qualitativ und/oder revolutionär von der vorausgehenden (spätkapitalistischen) Industriegesellschaft unterscheidet, eben durch die Relevanzzunahme oder gar das neue Fundament Wissen, und wenn damit sogar im Sinne historischen Fortschritts insinuiert wird, eine höhere, vollkommenere Stufe menschlicher Entwicklung zu erreichen, dann lassen dafür valide Indikatoren auf sich warten. Denn sie müssten ja immer einigermaßen nachvollziehbar und konkret belegen, worin und wodurch sich diese Stufe von früheren unterscheidet, warum diese früheren nicht auch auf menschliches Wissen und seine Verwertung oder zumindest weniger darauf angewiesen gewesen sind, warum Menschen nicht seit jeher Fähigkeiten und Fertigkeiten entwickeln und/oder besitzen, Probleme zu lösen und handeln zu können. Da genügen ein paar Behauptungen oder fragwürdige Indikatoren über ökonomische Wertschöpfungen nicht, um diese neue Formation auszuloben. Womöglich werden sich aus der historischen Retrospektive ganz andere Wertungen und Trends als signifikanter herausstellen.

Demnach dürfte nicht das Wissen an sich das zentrale Kriterium für seine angeblich wachsende gesellschaftliche und ökonomische Bedeutung sein; vielmehr sind die Parameter in veränderten Konstitutions- und Kontextbedingungen zu suchen, die mit der wachsenden Indienstnahme von ‚Wissen' für Gesellschaft und Ökonomie, mit der verstärkten Aufmerksamkeit und Erwartung für Innovation und Bildung, aber auch mit der medialen Popularisierung von Wissen entstehen und die sozusagen einen neuen Relevanzfocus geschaffen haben. Diesem Phänomen soll mit einigen strukturierenden, typisierenden Sondierungen nachgegangen werden.

Wenn man nach der Funktionalität von Wissen fragt bzw. danach, wo welches generiert oder ‚nachgefragt', also angeeignet und verarbeitet wird, so dürften sich im wesentlichen die folgenden Segmente ergeben. In ihnen und für sie entstehen unterschiedliche Wissensformen und -qualitäten bzw. werden in der Öffentlichkeit ventiliert und geschätzt. In der kulturgeschichtlichen Entwicklung sind sie auch verschieden bewertet worden und werden es vielfach auch heute noch. Nur aus heuristischer Sicht lassen sie sich trennen und so typisieren, tatsächlich überschneiden und beeinflussen sie sich ständig und notwendigerweise, allenfalls scheinen sie als so verzahnte Gewichtungen auf:

6.4.1 Erkenntnis(wissen)

Neugier und Entdeckungsdrang, Erfindungsgeist und Experimentierfreude der Menschen sind seit jeher bestrebt, die Natur (die umweltliche und die eigene), ihre Gesetze, Entwicklungsdynamiken, Elemente und Beschaffenheiten zu explorieren, zu erforschen, zu beschreiben und zu messen, ihre Wechselwirkungen, ihre potentielle (ökonomische) Nutzung und ihre künftigen Potenziale zu erkennen. Doch nicht nur die Natur gilt es permanent zu entdecken; vielmehr haben menschliche Ideen und Vorstellungen auch ideelle, symbolischen Welten – also Kultur – geschaffen, die nicht nur Wissen beinhalten, sondern mit speziellen Wissens- und Kognitionsformen dokumentiert, gedeutet, rekonstruiert sein wollen. Vorzugsweise geschieht dies in Kontexten der Wissenschaften, die zu diesen Zielen und Bestrebungen gegründet worden sind und inzwischen speziellen Prämissen und Instanzen unterliegen. Ursprünglich und oft auch immer noch entfalten sich solche Erkenntnis- und Forschungsinteressen auch in alltäglichen Umfeldern, wo sie also noch nicht professionalisiert und organisiert sind, wiewohl die Ausmaße und Komplexität solcher Professionalität ständig zunehmen. Auch die Modalitäten und Beurteilungskriterien dieser Erkenntnisformen sind weitgehend fixiert; sie erfolgen in Qualifikationsschriften, speziellen Forschungsgremien, -foren und -medien und werden auch so approbiert.

Die Idee und das Bestreben, das gesamte wissenschaftliche Wissen vollständig zu speichern und systematisch zu dokumentieren, wurde in der Aufklärung besonders virulent und veranlasste die Enzyklopädisten des 18. Jahrhunderts, Denis Diderot (1713 – 1784) und Jean d'Alembert (1717 – 1783) zu ihrer 28bändigen *Enclyopédie* (plus sieben Nachtragsbände, 1751ff). Nachahmungen, die meist unvollendet bleiben, reichen bis ins 19. Jahrhundert hinein, auch in Deutschland (z.B. *Allgemeine Enzyklopädie der Wissenschaften und Künste* von Johann Samuel Ersch und Gottfried Gruber, 167 Bände bis „Phyxios", Leipzig 1818 bis 1889). Seither spiegeln verlegerische Enzyklopädien wie der *Brockhaus* (gegründet 1796, 1. Ausgabe: 1808 vollendet) und der *Meyer* (erstmals 1839 bis 1885) eher ihre zeitgenössische Begrenztheit und Abhängigkeit explizit oder unfreiwillig wider (Koch 1990). Zumal im Rückblick lassen sie Konjunkturen und Wertigkeiten auch des wissenschaftlichen Wissens erkennen: Vieles wird vergessen, stellt sich gar als falsch oder zumindest fragmentarisch heraus, wird jeweils anders gesehen und bewertet oder ist einfach überlebt und wird antiquarisch. Etliches überlebt und bewährt sich oder gilt zumindest als notwendige Basis und Zwischenetappe für weitere Erkenntnisse und Forschungsaufgaben. Die dafür jeweiligen Anteile sind indes bislang nicht hinreichend vermessen und gewertet worden, so dass Aussagen über Wissenszuwächse in diesem oder jenen Wissenschaftsbereich ebenso spekulativ sind wie solche über Wissensverluste.

Oft genug wird etwas als neu und Bahn brechend gelobt – nicht zuletzt von den nach Sensationen begierigen Medien und insbesondere von der einschlägigen Werbung –, das sich bei genauerer und kompetenter Betrachtung so nicht bewahrheitet.

Doch solch enzyklopädisches Streben – die Etymologie erinnert an die umfassende Bildung – lebt in unseren Tagen bemerkenswert, auf geradezu unkonventionelle, demokratische Weise wieder auf: mit dem weltweiten Laien-Lexikon *Wikipedia*, seit 2001, in das jede/r sein/ihr Wissen eintragen und online publizieren kann (*wiki* nach dem hawaiischen Wort für schnell). Über 200.000 Artikel hat die englische Version, die deutsche über 100.000, täglich kommen neue hinzu, werden bestehende redigiert und verändert. In mehr als 50 Sprachen gibt es die Enzyklopädie schon, weitere wie in Polnisch, Chinesisch und Katalanisch sind in Vorbereitung (Dworschak 2004). Nicht mehr bestimmt allerdings das systematische, deduktive und normative Wissens- und Selbstverständnis einer Redaktion bzw. Herausgeberschaft den Inhalt, vielmehr nur noch das Zufallsprinzip der Teilnehmenden, deren Interessen, Kennerschaft und Engagement, auch ohne Wertung und Unterscheidung zwischen wissenschaftlichem und anderem, zwischen seriösem und anerkanntem, peripherem oder exotischem Wissen. Lexikalisches Wissen wird so demokratisiert, relativiert, arbeitsteilig, nach dem Prinzip trial and error zusammengetragen, dadurch auch beliebig, unvollständig, zeitabhängig und individuell.

So drückt sich durch *Wikipedia* unwillkürlich aus: Trotz modernster, ungleich leistungsfähiger Speicherkapazitäten wie elektronische Datenbanken dürfte die kollektive Wissensdokumentation – im Vergleich zu früheren Epochen und bezogen auf die enormen Kapazitäten der Produktion wissenschaftlichen Wissens – nicht signifikant verlässlicher und umfangreicher geworden sein, zumal wenn man ihre globalen Ausmaße ermisst. Denn die Wissensproduktion wächst primär enorm quantitativ, allein weil sich immer mehr Menschen mit der Produktion und Dokumentation von wissenschaftlichem Wissen befassen und sich seine mediale Verbreitung ebenso immens multipliziert, immer weiter ausdifferenziert, aber auch schnelllebiger wird, mithin die Zeit ihrer Gültigkeit und ihrer Haltbarkeit in vielen Sektoren drastisch sinkt – aber eben nicht in allen, so dass auch hier wieder erheblich differenziert werden muss und die pauschale Rede von ‚dem' (wissenschaftlichen) Wissen und seiner unaufhaltsamen Vermehrung nicht mehr passt.

Mehrfach schon ist etwa über die unterschiedlichen ‚Kulturen' von Wissen in den Disziplinen diskutiert (Snow 1967; Kreuzer 1987) worden, wobei grundsätzlich zwischen den Welten und Kriterien der Geistes- und/oder hermeneutischen Wissenschaften und den Natur- und /oder nomothetischen Wissenschaften unterschieden wird. Inzwischen ist als dritte, gewissermaßen vermittelnde ‚Kultur' die der Sozialwissenschaften hinzugefügt worden (Lepenies 1985), die beide Erkenntnisweisen und Wissensformen in sich vereinigt. Womöglich werden noch weitere Differenzierungen angestrengt, und viele davon sind nicht einmal expliziert und transparent, sondern behaupten sich unterschwellig in den wechselnden Wahrnehmungen und Bewertungen. So sehen sich die diversen Disziplinen in ihrer Relevanz und Autorität durchaus unterschiedlich.

Immer stärker setzt sich dabei ein ursprünglich erkenntnisfernes Kriterium durch: das der wachsenden Verwertung, die sich unter der Inkorporation und Verwendung von Materie in der Technik vergegenständlicht. Wissenschaftliche Erkenntnis per se zielt nicht unmittelbar auf ihre Verwertung ab; allerdings beginnt diese Art von Funktionalität oder auch Usurpation mit ihrer steigenden Indienstnahme für oder gar Implementierung in ökonomische Wertschöpfungsketten, mithin als Technik zur direkten Anwendung und Vermarktung, zunehmend zu dominieren, so dass andere, abstrakte und weniger operative Maßstäbe ins Hintertreffen geraten. Sicherlich ist wissenschaftliche Erkenntnis stets, spätestens seit der Aufklärung, darum bemüht, menschliche Entwicklung und Entfaltung zu verbessern, Fortschritt zu ermöglichen, Fehlentwicklungen und Irrationalismen zu vermeiden, mithin ‚nützliches' Wissen zu generieren, zu speichern, weiterzugeben bzw. in technische Lösungen zu realisieren. Dies ist die utilitaristische Version und Auffassung des Wissens. Doch mit der Anerkennung der menschlichen Kognition als Erkenntnisinstanz ist zugleich verbunden, dass sie auch ‚unnützes' Wissen gebiert, verbreitet und sich daran delektiert – Wissen nämlich, das nicht unmittelbar in Verwertungskreisläufe einbezogen werden kann, aber zur Identität und Kultur des Menschen absolut erforderlich ist (Russell 2003). Oft genug trägt es auch den Impuls in sich, minoritär, nonkonform oder rebellisch, in jedem Fall eben anders und querköpfig zu sein.

Solche Erkenntnisse filtert ökonomische Verwertung möglichst aus, bestenfalls interessiert sie sie nicht. Deshalb lässt sich inzwischen eine lange Tradition aufzeigen, wie Erfindungen und Ideen unterdrückt, ausgesondert oder schlicht nicht hinreichend erkannt worden sind, weil sie zu ihrer Zeit nicht in die vorherrschende Wertschöpfungskette gepasst haben. Neben der Erfolgsgeschichte technischer Errungenschaften und Ingenieursleistungen lässt sich eine nicht weniger umfangreiche Misserfolgsgeschichte von Fehlentwicklungen, Irrwegen, aber auch von verkannten und missachteten Erkenntnissen und Produkten aufzeigen (Schnabel 2004). Und ebenso gibt es viele Erfindungen, die erst im zweiten, dritten oder noch späteren Anlauf eine lukrative Anwendung und Verwertung gefunden haben, oft auch entgegen den ursprünglichen Absichten ihres Erfinders und/oder Entdeckers. Insofern ist es mit der Wertschätzung und Prognosefähigkeit der gemeinhin hoch gelobten Praxis nicht immer zum Besten bestellt. Doch da Kapital- und Ressourceneinsatz für weitere Erkenntnisse und technische Entwicklungen, die ökonomisch verwertbar sind oder werden sollen, zunehmend anwachsen, ist die Anwendung darum bestrebt, von vornherein nur Erkenntnis- und Entwicklungsprozesse zuzulassen bzw. zu unterstützen, die eine hohe Wahrscheinlichkeit für verwertbare Ergebnisse bzw. Produkte versprechen. Dadurch werden nicht nur Zufallseinsichten und -ergebnisse ausgeschlossen oder zumindest erschwert, auch gänzlich unerwartete oder mindestens vorab nicht taxierbare Erkenntnisse der Grundlagenforschung werden so nicht gefördert oder sogar behindert. Insofern könnte die wachsende Instrumentierung wissenschaftlicher Erkenntnisse im Interesse ihrer Verwertung – qualitativ gesehen – die Entwicklung wissenschaftlichen Wissens sogar einschränken, mindestens erschweren und sich als kontraproduktiv für die viel bemühte Transformation zur „Wissensgesellschaft" erweisen (wie es derzeit offenbar für die ehedem hoch gelobte Nano-Technologie geschieht [Beck 2004]).

6.4.2 Professionelles, fachliches Wissen

Schmal ist infolge der aufgezeigten Veränderungen der Grat zum (weiteren) professionellen Wissen, in vielen Fällen ist er gar nicht mehr zu ziehen, vielmehr gehen die beiden – hier auch nur heuristisch geschiedenen – Wissensformen nahtlos ineinander über. Denn immer mehr berufliche Tätigkeiten verlangen die Einbeziehung wissenschaftlicher Erkenntnisse bzw. sind bereits in ihren Kontexten angesiedelt. Umgekehrt brauchen auch Wissenschaftler eine angemessen hohe professionelle Kompetenz, um ihre Wissenschaft als Beruf zu betreiben: Techné, der ursprüngliche Begriff dafür, unterscheidet daher nicht zwischen den beiden Bereichen, wie umkehrt diese Fähigkeiten zum professionellen Handeln und Lösen von Problemen nicht auf technische, also materielle Optionen beschränkt gewesen sind. Erst mit der Industrialisierung erfährt der Begriff der Technik weithin die Einschränkung auf maschinelle Entwicklungen und Lösungen.

Viele professionelle Tätigkeiten haben sich hingegen bis heute daneben den Anspruch auf ‚Kunst' – zumindest als zusätzliches euphemistisches Attribut – gesichert (z. B. die Kunst des Chirurgen, des Anwalts, des Kochs), der ja ursprünglich aus dem antiken Wissenschaftsverständnis, den septem artes liberales, stammt, wobei damit nicht Kunst im engeren Sinne, sondern gleichfalls eher Fähigkeit, Wissensbereich und Kompetenz gemeint waren. Entsprechend befassen sich drei, das trivium, mit Sprache, nämlich Grammatik, Rhetorik, Logik oder Dialektik, und vier, das quadrivium, mit Arithmetik, Musik, Geometrie und Astronomie, also eher mit Zahlen oder – heute: angemessener – mit Zeichen und deren Ordnungsprinzipien. Sinnigerweise kommt dieses Ars-Verständnis bei der derzeit anstehenden Standardisierung der Hochschulabschlüsse in Europa wieder zum Tragen, da künftig der erste Abschluss in den Geistes- und Kulturwissenschaften ‚bachelor of arts' und nur in den Natur- und Ingenieurwissenschaften ‚bachelor of science' heißen soll. Ob damit auch eine implizite Bewertung des jeweiligen Wissens bzw. der jeweiligen Qualifikation intendiert ist, wird sich künftig herausstellen.

Fachliches Wissen sind zum einen theoretische bzw. auf Modellkonstruktionen und spezielle Traditionen rekurrierende Fähigkeiten, wie sie jede Profession entwickelt und bereithält. Dabei dürfte in jüngerer Zeit die theoretisch-systematische Qualifizierung, auch Selbstqualifizierung des Auszubildenden, zugenommen haben, während früher, im angestammten Konzept des Meisters und des Lehrlings, eher die personale, fallspezifische Anleitung, die Nachahmung und praktische Erprobung vorrangig waren. Insofern lässt sich von einer fortschreitenden Abstraktifizierung oder zumindest kognitiven Ausrichtung der Ausbildung sprechen, die wiederum den Eindruck verstärkt, es werde heute mehr Wissen als früher vermittelt und verlangt. Dabei ändert sich zunächst die Form der Wissensvermittlung, und unter der Hand wird der Wissensbegriff auf diese Form kapriziert, wohingegen jene praktische Anleitung mehr und mehr ignoriert wird. Womöglich sind auch die Lösungswege komplexer geworden und mit ihnen die kognitiven Anforderungen; auf der anderen Seite sind viele früher durchaus knifflige Aufgaben (etwa die Fehlerdiagnose) heute weitgehend standardisiert oder gar automatisiert und verlangen nicht mehr den persönlichen Einsatz und die (er)finderische Kompetenz des Einzelnen.

Daher ist professionelles Wissen zum anderen großenteils in Routinen sedimentiert, die während der Ausbildung gelernt werden, dann aber in ‚Fleisch und Blut' übergehen (müssen). Das gilt vor allem für die fachgerechte Handhabung der Instrumente, die vom Chirurgen bis zum Handwerker sitzen muss und nicht bei jeder Aufgabe neu erlernt werden kann. Aber es gilt auch im übertragenen Sinne für kognitive Aufgaben, etwa für Routinen der Problemlösung, der Gespräche, der Personalführung, der Buchhaltung, der Verhandlung und Konfliktlösung etc. Überall sind Erfahrungen gefragt, die ein mehr oder weniger intuitives, jedenfalls gesichertes und erprobtes Verhaltens- und Lösungsrepertoire entwickelt haben und bereitstellen.

Sie sollten natürlich nicht ausschließen, dass für neue Herausforderungen neue Lösungen ausprobiert und gefunden werden, womit erneut die Verbindung zur ersten Wissensform anvisiert ist. Oftmals prallen ideenloses, konservatives Beharren („Das haben wir immer so gemacht") und dreiste, respektlose Missachtung früherer Erfahrungen („frischer Wind") unvermittelt aufeinander, weshalb es immer wieder zu doppeltem Aufwand oder auch zu Friktionen kommt. Hier könnten gezielte, sensible Konzepte des so genannten Wissensmanagement (siehe unten Kap. 6.5.1) vielen Reibungen und Irrwegen vorbeugen.

Gegenwärtig betont wird indes vorrangig, dass revolutionäre Änderungen in bislang ungekannten Ausmaßen auch beim professionellen Wissen anstehen, da sich viele Berufe und ihre Tätigkeiten epochal wandeln, zum anderen ständig neue Berufsbilder und Ausbildungswege hinzukommen. Sicherlich lassen sich solche Veränderungen und Erweiterungen beobachten. Doch kaum hinreichend wird sondiert, worin und wie sie sich tatsächlich von den überkommenen Berufen und Qualifikationen unterscheiden, was an ihnen gewissermaßen grundständig und elementar und was nur zeitbedingt oder abhängig vom jeweils technischen Niveau ist und welche Optionen sich für die absehbare Zukunft ergeben. So lässt sich oftmals feststellen, dass sich die Anforderungen und Qualifikationsbedarfe programmatisch, auf dem viel bemühten Papier, recht innovativ und vollmundig ausnehmen, dass sich jedoch in der praktischen Vermittlung oftmals die traditionellen Routinen mit einigen erforderlichen Modifikationen weiterhin behaupten und diese auch weithin ausreichend sind. Offenbar erweisen sie sich als so elementar und universell, dass die jeweiligen fallspezifischen Anforderungen von ihnen aus kasuistisch erlernt werden können (learning on the job). Legion sind auch die vielen am Markt vorbei oder etwas neben ihm ausgebildeten Berufstätigen, die gleichwohl oft eine angemessene Tätigkeit finden. Und wenn zugleich prognostiziert wird, dass immer weniger Arbeitnehmer ihren gelernten Beruf ihr Arbeitsleben lang ausüben können, sondern drei, vier gänzlich unterschiedlichen Tätigkeiten und damit Berufskarrieren gewärtigen müssen, dann dürften übergreifende, möglichst universelle Berufskompetenzen, mithin die viel bemühten Querschnittsqualifikationen, gegenüber engen fachspezifischen Kenntnissen an Relevanz und Zukunftsgeeignetheit zunehmen.

Gleichwohl ist der Stellenwert der Arbeit mindestens in Industriegesellschaften so hoch – Max Weber ([1864 – 1920], 1921, 1988) sieht dafür u.a. die protestantische Ethik verantwortlich –, dass die meisten Menschen aus ihrer professionellen Tätigkeit und Qualifikation einen erheblichen Anteil ihrer persönlichen und sozialen Identität beziehen (Negt 2001). Demnach ist dieses Wissen auch sehr stark emotional verankert bzw. durchdrungen. Diesen Zusammenhang berücksichtigen die Prognosen über den zunehmenden Zwang zum Berufswechsel, zu den so genannten Patchwork-Karrieren, viel zu wenig. In psychologischer Hinsicht dürfte er auch dafür verantwortlich sein, dass viele in berufsähnliche Tätigkeiten in der Freizeit bis hin zur sanktionierten Schwarzarbeit fliehen, neben den finanziellen und steuerlichen Vorteilen. Berufliches Wissen findet dabei – meist in weniger reglementierten und ganzheitlich anzupackenden Aufgaben – befriedigendere An- und Verwendungsmöglichkeiten als in den formellen Professionen.

6.4.3 Kulturelles Wissen oder Bildung

Zusätzlich erwerben die Individuen zunächst in der Schule, sicherlich auch in ihren Familien und immer wieder im Laufe ihres Lebens – insbesondere durch die diversen Medien – unzählige Kenntnisse, Vorlieben und Urteilskriterien für und über ihre – im weitesten Sinne – Kultur, über deren Geschichte und Ausformungen, aber auch gegebenfalls über andere Kulturen. Vorzugweise ist es mittels Symbolen kodiert, also abstraktes Wissen, aber es beinhaltet auch viele aktionale Komponenten, die Menschen in ihrer Lebensgestaltung ausüben: Verhaltensweisen, Gewohnheiten (Habitualisierungen), körperliche Tätigkeiten und ihre jeweiligen Produkte – kurz, was Pierre Bourdieu (1982, 277f) als „Habitus" bezeichnet (s. o. Kap. 6.2), nämlich als „*Erzeugungsprinzip* objektiv klassifizierbarer Formen von Praxis und [als] *Klassifikationssystem* (principium divisionis) dieser Formen", das die wissenschaftliche Beobachtung zur soziologischen Zuordnung dieser kulturellen Formen heranzieht. Denn in der „Hervorbringung klassifizierbarer Praxisformen und Werke zum einen, [in] in der Unterscheidung und Bewertung der Formen und Produkte (Geschmack) zum anderen, konstituiert sich die *repräsentierte soziale Welt*, mit anderen Worten *der Raum der Lebensstile*". Allerdings reichen die praktischen Schemata des Habitus in körperlich-anthropologischer Dimensionierung auch darüber hinaus, nämlich tief in Sphären hinein, die hier als natürlich-intuitives Wissen umschrieben sind (siehe unten Kap. 6.4.5).

So lässt sich das kulturelle Wissen in Bereiche einteilen, die – womöglich eher postulatorisch oder gar normativ – als für eine Gesellschaft allgemeingültig und sozial übergreifend eingestuft und daher mit Euphemismen wie das kulturelle Erbe oder das kulturelle Gedächtnis geschmückt werden. Allerdings dürfte seine Aneignung und seine Präsenz in den Schichten und Gruppen einer Gesellschaft ganz unterschiedlich ausfallen, auch wenn normative Prädikationen oder so genannte Kanonbildungen immer wieder vorschreiben wollen, was dazu unbedingt zu rechnen ist und was davon als Grundkonsens oder auch Grundausstattung der allgemein respektierten Bildung zählt.

Dieser normative Bildungsbegriff wird in der öffentlichen Debatte immer wieder – wenngleich heute eher zurückhaltend – bemüht; er macht sich vorzugsweise an kulturellen Objektivationen (Kunstwerken) und einschlägigen theoretischen Kenntnissen (z.B. historischen) fest. Bei der traditionell humanistisch-geisteswissenschaftlichen Ausrichtung sind allerdings die naturwissenschaftlich-technischen Komponenten stets ein wenig zu kurz gekommen. Deshalb wird dieses so genannte bildungsbürgerliche Wissen heute auch schon mal eher abschätzig bewertet oder einfach als überholt und entbehrlich eingestuft – zumal es eben nicht unmittelbar in ökonomischen Nutzen umgemünzt werden kann. Solch schleichenden Abwertungen können noch so vehemente oder auch rigide Vorkehrungen, die etwa in der Bildungspolitik durch kanonische Verordnungen über den zu vermittelnden Lehr-Stoff immer wieder versucht werden, kaum Einhalt bieten.

Aus reformerischer pädagogischer Sicht ist der Bildungsbegriff hingegen längst erweitert, wenn nicht modifiziert worden und kapriziert sich weniger auf anerkannte Wissensbestände als auf hochgeschätzte, wertbezogene Eigenschaften wie Toleranz, Mündigkeit, Neugier und auf allgemeine, auch als universell erachtete Fähigkeiten wie kulturelle Teilhabe, Problemlösung, Teamfähigkeit, Empathie und soziale Kompetenz, die bei dem als vorherrschend angesehenen Prinzip des exemplarischen und lebenslangen Lernens von eminenter Bedeutung sind. Wenn indes in der gegenwärtigen Diskussion die Verbreitung und Optimierung der Bildungsfähigkeit von Jugendlichen gefordert wird, dann wird meist – wenn auch unausgesprochen – auf einen engeren oder einseitigen Bildungsbegriff, gewissermaßen auf seine derzeit nachgefragte Variante, rekurriert, also auf operative Fähigkeiten, die im ökonomischen Verwertungskreislauf gebraucht und vermarktet werden können. So zeigt sich auch bei diesem Aspekt des Wissens, bei der Bildung, durchaus, dass die unterschiedliche Funktionalität, hier: sogar die unterschiedliche ökonomische Nützlichkeit und Zweckrationalität, darüber entscheidet, welches Wissen impliziert ist und welche Wertschätzung ihm öffentlich wie in kommerziellen Kreisen entgegengebracht wird (Fuhrmann 2002; Kübler 2003a).

Zum anderen erzeugt, verarbeitet und repräsentiert jedes Individuum sein ganz persönliches kulturelles Wissen, seine eigene Bildung, eben als Mitglied, aber auch als Träger einer kulturellen Entität. So gesehen lässt sich keinem Menschen ein gewisses Maß an kulturellem Wissen oder auch Bildung absprechen. Beide sind natürlich zeitlich und sozial geprägt. Denn jede gesellschaftliche Entität ist historisch situiert und sozial strukturiert, zergliedert sich mithin in diverse sozio-kulturelle Segmente, aus denen jeder Einzelne seine individuellen Aspekte von Kultur und Bildung bezieht, sie aber auch zugleich mitgestalten kann. So lässt sich das Wechselverhältnis von Individuum und soziokulturellen Entitäten ebenso wenig aufheben, weshalb alle autoritär, von oben dekretierten Kultur- und Bildungsvorschriften nur partiell befolgt werden oder ganz zum Scheitern verurteilt sind, wenn sie nicht über sie hinaus Gratifikationen ermöglichen. Individuelles kulturelles Wissen wird sich also jeweils aus kollektiven wie persönlichen Momenten zusammensetzen: Dass dabei auch Bewertungen und Urteile einfließen, die ein Segment höher oder als besser einstufen als das andere, ist hinlänglich aus der Kulturgeschichte bekannt und hat zu vielen Reibungen wie auch Aggressionen geführt. Damit ist keinem unentschiedenen Kulturrelativismus das Wort geredet, vielmehr müssen dafür jeweils rationale Begründungen und transparente Entscheidungsmechanismen gefordert werden.

Analytisch betrachtet, ist es ohne Frage schwierig, kulturelles Wissen überhaupt einzugrenzen und von anderen Wissenstypen zu unterscheiden, wenn es so weit gefasst wird wie hier. Denn letztlich lassen sich auch die beiden vorgenannten Typen darunter subsumieren. Am ehesten scheint es dadurch gekennzeichnet zu sein, dass es am wenigsten funktionalisierbar ist oder eben die meisten funktionalen Optionen pluralistisch auf sich vereinigt. Diese Pluralismen eröffnen sich leichter und evidenter bei eher fixierten Subkategorien wie etwa dem religiösen, dem kunst-, musik-, literaturhistorischen, dem künstlerischen Wissen, mithin bei Wissenskontingenten, die aus überkommenen und anerkannten Kulturressorts stammen. Seit jeher attestiert man ihnen auch nonkonforme, kritische oder gar utopische Potenziale, die sie vor allzu plumper und direkter Verzweckung bewahren und ihnen Visionen von einem ‚besseren', ‚schöneren', humaneren Leben innewohnen lassen – ohne hier die vielfältigen Prämissen und Interpretationsnuancen der Kunsttheorie entfalten zu wollen und zu können.

Künstlerische Produktivität und Kreativität speisen sich sowohl aus jeweils kunsthistorischem Wissen, handwerklichem Können als auch aus Phantasie, Imagination und überschießender, utopischer Projektion, die sich kaum mehr im schlichten Wissensbegriff gänzlich fassen lassen, aber auf ihn als vielseitiges Fundament nicht verzichten können. Und erneut hängt es von der Perspektive und Wertung ab, ob man jedem Menschen ein gewisses Maß an diesen Talenten zubilligt, die nicht immer hinreichend gefördert und ausgebildet werden, oder sie nur dem Genie reservieren will.

6.4.4 Alltagswissen

Breit gefasstes kulturelles Wissen mündet unmittelbar in alltägliches ein oder ist sogar zu großen Teilen identisch mit ihm, sofern man Alltag als die umfassende kulturelle Praxis des Individuums versteht. Natürlich sind in ihm viele Aufgaben und Tätigkeiten routinisiert, gewissermaßen von klein auf sozialisiert und internalisiert, so dass sie unbewusst oder intuitiv bewerkstelligt werden. Auch sind sie geprägt von den sozio-kulturellen Kontexten und Rahmungen, wie sie diese auch jeden Tag neu realisieren, bestätigen, aber auch weiterentwickeln. Gewissermaßen gewinnen sie dadurch einen rituellen Status. Es ist eine „Art ‚implizites Wissen' von der Relevanz, Bedeutung und Geeignetheit bestimmter Handlungsweisen, das sich im Akteur durch soziale Einübung und Erfahrung im fortlaufenden Handlungsvollzug eingelebt hat" (Hörning 2001, 162). Dass es sich um Wissen, wenn auch schematisch sedimentiertes, handelt, lässt sich durch

Problematisierungs- und Bewusstwerdungsprozesse eruieren. Diese können durch aufrüttelnde Ereignisse und Krisen provoziert werden, in denen Menschen auf diese Routinen hingewiesen, sie ihnen förmlich vor Augen geführt, also bewusst, gemacht und problematisiert werden. In der Psychotherapie werden solche Krisenexperimente gezielt eingesetzt, um ungeahnte Fixierungen oder Verdrängungen aufzubrechen (Arbeitsgruppe 1973, Bd. 2, 189ff).

Alltägliches Wissen umfasst nicht nur Kenntnisse darüber, wie alltägliche Aufgaben und Tätigkeiten verrichtet werden, vom Einkaufen, von Kenntnissen über Nahrungsmittel und vom Kochen, von den Finanzen und Gartenarbeit bis hin zur Erziehung von Kindern, Umgangsformen und Autofahren, um nur einige zu nennen; es schließt zugleich operative Fertigkeiten ein, um mit Situationen, gewohnten wie überraschenden, mit eingespielten wie neuen Aufgaben, mit Menschen, seien sie vertraut oder fremd, angemessen, effizient und erfolgreich umgehen zu können. Gewissermaßen handelt es sich um Sozial- und Kulturtechniken (sic!), die mehr umfassen als die üblicherweise in schulischen Kontexten genannten wie Rechnen, Lesen und Schreiben, aber auch diese gehören natürlich in einer weithin durch Zeichen und Symbole repräsentierten Welt dazu. Dabei dürften diese Aufgaben in der weiteren Entwicklung nicht nur immer komplexer und aufwändiger werden, wie ja die Wirklichkeit selbst durch weitere Vernetzung, wechselseitige Abhängigkeiten und technische Lösungen immer komplexer und abstrakter wird; vielmehr werden dadurch ständig neue und mehr Anforderungen gestellt. Zwar erleichtern technische Lösungen physische Anforderungen in vielen Bereichen des Alltags (Handwerk, Finanzen, Mobilität, Transport etc.), aber sie werden dadurch – wie im professionellen Sektor – kognitiv anspruchsvoller und abstrakter, so dass ihr Funktionieren und ihre Handhabung erlernt und verstanden werden müssen. Aus dieser wachsenden Abstraktifizierung alltäglicher Tätigkeiten lässt sich wiederum die vielfach verbreitete Neigung nach konkreten, buchstäblich handgreiflichen und sinnlichen Aufgaben erklären, wie sie in der wachsenden Hobby- und Do-it-yourself-Bewegung und der so genannten Schwarzarbeit deutlich zum Ausdruck kommt.

Mindestens quantitativ dürfte auch das Wissen zunehmen, das Menschen durch und über Medien erwerben, da die Medien sowohl in ihrer Verbreitung als auch in ihrer Nutzung ständig wachsen. Auch dabei sind verschiedene Facetten zu unterscheiden: Die Medien-Geräte nehmen im Alltag immer größere Bedeutung ein. Ihre Technik – ihre Hardware – will bedient sein, ihre Software will verstanden und genutzt werden. Bei Fernsehen sind es Programmkenntnisse, die man beiläufig lernt, strukturelle Kenntnisse über die Programmproduzenten indes kaum. Computer und Internet bedürfen noch immer weithin der expliziten Instruktion und stellen derzeit nach wie vor die größte Herausforderung dar. In den Programmen spiegeln sich gewissermaßen noch einmal die gesamte Welt und der ganze Alltag, wie sie wichtige Momente der persönlichen, direkten Alltagsgestaltung geworden sind, so dass alles doppelt und mehrfach, in permanenter, vielfacher Bespiegelung, Beobachtung und Reflexion, vorhanden ist und auf jede/n einströmt. Das mag verwirren bis hin zur individuellen Selbstaufgabe (wie es bei vielen Fans einer Medienfigur der Fall ist), das erzeugt aber auch weithin notwendige Distanz und Indifferenz gegenüber den unspektakulären nichtmedialen Dingen und Ereignissen, wie vielfach beklagt wird.

Über die Medien selbst, ihre Genres und Formate, ihre Events und Stars, ihre Sensationen und Histörchen besitzen die Menschen offensichtlich ein immenses Wissen, sicherlich nebenbei erworben, auch flüchtig und assoziativ, aber gewiss nicht weniger prägend als das schulische oder kulturell anerkannte Wissen. Dabei kommt es immer wieder zu merkwürdigen Überschneidungen: So prätendiert die Schule wiederholt, dass die in ihr und durch sie erworbenen Fähigkeiten – etwa die literale Kulturtechnik, die naturwissenschaftlich-technischen, aber auch dramaturgischen und informatorischen Grundkenntnisse – unentbehrliche Voraussetzungen für die viel beschworene Medienkompetenz (Schell u.a. 1999), also für die Fähigkeit der angemessenen Nutzung der Medien und der gelungenen Verarbeitung ihrer Programme und Inhalte, seien. Außerdem wird beklagt, dass schulische Inhalte und Werte durch die demonstrative Omnipräsenz der Medien und ihre Nutzung ins Hintertreffen geraten. Umgekehrt erwecken die Medien Formen des überkommenen, aber verstaubten Bildungs- und Faktenwissens durch ihre vielfältigen Quiz- und Rateangebote immer wieder zu neuem Leben. Dabei erlebt das Publikum, dass sich solch für den Alltag eigentlich unnützes Wissen in Form von inzwischen recht lukrativen Preisgeldern durchaus auszahlen kann.

Über Medien erfahren die Menschen auch ständig etwas über den Alltag anderer Völker und Kulturen, so dass neben dem eigenen auch andere Alltage unentwegt präsent sind. Auch dies ist sicherlich eine neue, noch kaum reflektierte Qualität heutigen alltäglichen Wissens. Sie dürfte nicht zuletzt zu einer steigenden Pluralisierung und Diversifikation alltäglicher Handlungsweisen und Orientierungen beigetragen haben und weiterhin beitragen, die zudem durch die wachsende Mobilität und den sich verbreitenden Tourismus unmittelbar gestärkt werden. Inwieweit dadurch umgekehrt auch eine Angleichung, eine allmähliche Uniformierung des Alltags weltweit stattfindet, wie kultur- und tourismuskritische Positionen vermuten, ist empirisch noch nicht hinlänglich geprüft. In jedem Fall sind solche Entwicklungen und Tendenzen nicht allein von Medienwirkungen verursacht (Beck 1997, 115ff).

Alltägliches Wissen hat eine hohe Funktionalität für jede/n, aber sie wird kaum bewusst und bleibt daher latent. Quantitativ dürfte es das größte Volumen haben, sofern es dafür eine Messeinheit geben würde. Für die Realisierung und

Gestaltung von Alltag ist es unentbehrlich, wie dieser durch jenes Wissen unentwegt konstituiert, erweitert und modifiziert wird. Deshalb kann das Alltagswissen als wichtiges, ja eigentlich essentielles Erkenntnis- und Forschungsgebiet der Wissenssoziologie betrachtet werden, wie es die alltagstheoretischen und ethnomethodologischen Ansätze in den 70er Jahren vorgeschlagen haben. Sie sind seither nicht weiter verfolgt und ausgearbeitet worden – was wiederum belegt, dass und wie die kurante Rede von der „Wissensgesellschaft" noch ohne hinreichende analytische Substanz ist.

6.4.5 Natürlich-intuitives Wissen

Versteht man unter dem alltäglichen Wissen die sozialen und kulturellen Dimensionen der praktischen Lebensführung, lässt sich daneben noch ein vorgängiges, natürliches Wissenssegment annehmen. Es umfasst gewissermaßen die physischen und psychischen Komponenten der Natur des Menschen, ist noch unbewusster bzw. intuitiver vorhanden und dürfte ebenso nur bei Irregularitäten und Krisen bewusst und artikuliert werden. Gewissermaßen steuert es unwillkürlich die natürliche Reproduktion des Menschen, schützt den Körper wie die Psyche vor Risiken und Gefahren, weiß um bekömmliche oder unbekömmliche Nahrung und Umweltsituationen (Temperatur, Witterung), speichert Erfahrungen von Krankheiten, Genesungsmittel, von Glück und Wohlgefühl etc. Vermutlich gehen auch in dieses Wissen kulturelle und soziale Momente ein, aber ein Großteil dürfte universeller, anthropologischer Art sein, wie es sich im Laufe der Phylogenese herausgebildet hat. Für P. Bourdieu konstituiert sich just in diesem Wechselverhältnis die Grundlegung des Habitus, die vorbewussten Schemata praktischen Wissens: „Wir lernen durch den Körper. Durch diese permanente […] Konfrontation [von Körper und gesellschaftlicher Umgebung] dringt die Gesellschaftsordnung in die Körper ein" (Bourdieu 2001, 181).

Insbesondere den ‚Naturvölkern' traut man ein hohes Maß an solch natürlich-intuitivem Wissen zu, das zudem außerordentlich erfolgreich ist und mitunter erheblich mythologisiert wird. Gerade wenn das wissenschaftliche Wissen an seine Grenze gerät, wird dieses ‚Naturwissen' beschworen. Manche Epochen wie die Romantik haben es geradezu verklärt, aber auch unter dem Eindruck der Übermacht technisch-wissenschaftlichen Wissens wird es auch in der Neuzeit immer wieder herbeigerufen.

Im medizinischen und psychologischen Wissen findet es gewissermaßen seine expliziten, systematischen und professionellen Ausformungen. Aber in den Diskussionen und Kontroversen um die so genannte Naturmedizin und Homöopathie werden immer wieder Grenzen und Wertigkeiten zwischen diesem und dem professionell-wissenschaftlichen Wissen ausgelotet oder auch kontrovers festgezurrt. Erneut zeigen sich die verschiedenen Übergänge oder auch Bewertungen, die von diversen Warten aus oder nach unterschiedlich zugeschriebenen Funktionalitäten vorgenommen werden: Dem klassischen Schul-Mediziner erscheint vieles aus der Homöopathie als ungesichertes, gar irrationales ‚Naturwissen', wohingegen der Heilpraktiker jenen oftmals der Ignoranz der natürlichen Konstituenten und Prozesse des Menschen zeihen dürfte.

6.4.6 Weitere erforderliche Differenzierungen und Prägungen von Wissen

In eine solche funktionalistische Typologie könnten nun weitere Parameter einbezogen werden, die dreidimensionale Koordination erzeugen würden: So ist längst noch nicht hinreichend geklärt, welches Wissen wie dokumentiert, also medial, in Schrift, Bild, audiovisuell und digital, objektiviert ist und welches nicht, und wie die Anteile verteilt sind. Die westlich-nördlichen Gesellschaften mit ihren langen schriftlich-symbolischen Traditionen gehen dabei vielfach unbedacht von der Selbstverständlichkeit der Schrift aus, wohingegen unvoreingenommene Sichtweisen durchaus auf Relativierungen, Defizite und ungleiche Entwicklungen hinweisen (Robertson/Winter 2000; Becker 2002): Geschätzt wird die Zahl lebender Sprachen auf etwa 5.100, davon sollen gerade etwa 13 Prozent verschriftet sein, d.h. die überwiegende Mehrzahl aller Einzelsprachen ist ohne Schrift (Haarmann 1990, 19) und kann damit das Wissen ihrer Kulturen nicht dokumentieren und manifestieren. Zwar gehören zu den Schriftsprachen alle Weltsprachen, deren Sprecher mehr als 60 Prozent der Weltbevölkerung ausmachen, so dass die große Mehrheit der Menschheit Zugang zu verschriftlichem Wissen haben. Doch auch hierbei sind Einschränkungen zu beachten: Denn selbst in den entwickelten Schriftnationen existiert nach Angaben der UNESCO ein Bevölkerungsanteil von schätzungsweise bis zu 15 Prozent, der nicht hinreichend alphabetisiert ist und deshalb mit schriftlichen Informationen Schwierigkeiten hat. Zwei Drittel der Analphabeten der weltweit geschätzten 862 Millionen, nämlich etwa 600 Millionen, leben (2000) in den neun ärmsten Ländern, vor allem in Asien, und es sind zu zwei Dritteln Frauen.

Neben der Schrift muss die divergierende Versorgung mit ihren medialen Transporteuren, vom Druck bis zum Internet, berücksichtigt werden, um die Verteilung und die Rezeption von dokumentiertem Wissen zu ermitteln und seinen Anteil im Vergleich zum mündlich verbreiteten und nur handschriftlich oder mental gespeicherten Wissen einschätzen zu können. Mithin könnte neben der Unterscheidung dokumentiertes bzw. nicht-dokumentiertes Wissen noch jene des publizierten und nicht-publizierten, also nur privat dokumentierten Wissens hinzukommen. In qualitativer Hinsicht dürften Schrift und Druck durchaus Einfluss mindestens auf die Art der Dokumentation, womöglich sogar auf die mentale Struktur und Artikulation von Wissen gehabt haben (wie es oft genug in den kulturgeschichtlichen Betrachtungen befürchtet wurde und wird [Giesecke1991; 597ff; 665ff]): „Der ‚Buchdruck' hat zum Aufbau eines Informationssystems geführt, das einen ganz neuen Informationstyp in die Welt setzt. [...] Schrittweise wird das ‚rechte' oder ‚wahre' Wissen von einem nützlichen und bequemen Informationstypus zu einer unabweisbaren Notwendigkeit. Hand in Hand damit geht eine moralische Veraltung von Informationstypen, die nicht die Kriterien des neuen Wissens erfüllen – und auch von Handlungen, die nicht durch Programme, die sich auf dieses Wissen stützen, gesteuert werden. Was früher als ‚schlichte', einfache Handlung galt, wird bald zu einer ‚schlechten', im neuzeitlichen Sinne, Veranstaltung. ‚Kunst' ohne ‚Wissenschaft' wird zum besinnungslosen Brauch abgewertet. Im Vergleich zu den neuen Daten verlieren die überkommenen Weisheiten, Geheimnisse und Arkana an öffentlichem Ansehen" (Ebd., 665, 671; auch Giesecke 2002, 202ff).

Denn zunehmend wollen die nun dokumentier- und beliebig reproduzierbaren Textmengen logisch, nach inhaltlichen Bauprinzipien wie Deduktion oder Induktion oder nach Gesetzen der Rhetorik strukturiert, systematisch gegliedert und nach und nach, sequentiell und linear angeordnet sein. Und was vielfach verbreitet wird und einige Zeit gültig sein soll, besteht besser und länger in einer sachlichen, neutralen, diskursiven Sprache, die Distanz erzeugt, Transsubjektivität anstrebt sowie Allgemeingültigkeit prätendiert. Die Beschreibung, das Referat, die Darstellung, Sachtexte allgemein trennen sich von Bekenntnissen, Erlebnisberichten, praktischen Handreichungen und Erzählungen. Kapitel mit Überschriften, Unterpunkte, alphabetische und numerische Kennzeichnungen und Absätze ziehen in die Texte ein, und wer sein Wissen so strukturiert und detailliert darstellen will, dürfte seine Denkweisen daran ausrichten, so die breit geteilte Vermutung. Literale Wissensdokumentation wird somit zum Wegbereiter aufgeklärter, transparenter Wissensproduktion und moderner Verifikation.

Gegenteilige, mindestens ergänzende Einflüsse werden den bildlichen Darstellungen nachgesagt, die mit Film und Fernsehen im 20. Jahrhundert zudem dynamisch werden. Sie vermitteln ganzheitliche Wissenskomplexe, nicht nacheinander, sondern zunächst gleichzeitig, räumlich verteilt und angeordnet. Sie erzeugen assoziative oder disjunktive Einsichten, lassen die Wahrnehmung ungezielt schweifen (so dass sich das rezipierende Gehirn selbst Muster vorgeben muss oder nachträglich zur Einordnung aufbietet), schaffen keine logischen, sondern allenfalls sprunghafte, sensorische Aufmerksamkeiten und Hierarchien und bieten ebenso wenig transparente, nachvollziehbare, sondern bestenfalls dramatische Sequenzierungen an. Mithin dürften Bilder, zumal dynamisierte,

6 Von der „Knowledge Economy" zur „Wissensgesellschaft"? 145

ganz andere kognitive Dispositionen und Wissensstrukturen befördern als Texte. Dementsprechend sind sie in der literal voreingenommenen Kulturgeschichte wiederholt abgewertet oder sogar verurteilt worden (Schöttker 2003; Kümmel u.a. 2004), woran sich erneut verdeutlicht, dass nur bestimmte Formen bzw. Dokumentationsarten des Wissens anerkannt und geschätzt wurden und werden, andere weniger oder gar nicht. Insbesondere die schulische Bildung kämpft inzwischen einen vergeblichen Kampf, um ihren noch vornehmlich literalen und seriösen Bildungs- und Wissensbegriff gegenüber den leichteren, kommerziell und von Medien öffentlich lancierten Wissenskontingenten zu behaupten.

Gleichwohl ist fast jedem Medium – gleich welchen Typs, ob nur auditiv (Radio), visuell (Stummfilm, Comics, Computer) oder audiovisuell (Tonfilm, Fernsehen, Video) oder multimedial (WWW, Internet) – im Lauf seiner Entwicklung attestiert worden, zur Verbreitung, vor allem zur Popularisierung von Wissen beitragen oder gar gänzlich neue Formen des Lernens und der Bildung initiieren zu können. Solche Erwartungen, mitunter sogar handfeste Prognosen oder partiell empirisch belegte Evaluationen haben selten mit den Befürchtungen und Verdikten über gegenteilige Auswirkungen übereingestimmt, weshalb es jeweils kontroverse Einschätzungen über die Wissensproduktivität und die Bildungsfunktion von Medien gibt. Dabei vermischen sich oft kategoriale Einschätzungen der jeweiligen Medialität und ihrer codalen Optionen, wie sie bereits umrissen sind, mit gesellschaftlichen Formierungen und ökonomischen Prägungen. Dass etwa dem öffentlich-rechtlichen Rundfunk qua gesetzlichen Normierungen explizit eine Bildungsfunktion aufgetragen ist, scheint in den Konkurrenzgefechten mit den privatkommerziellen Sendern vergessen oder aufgegeben worden zu sein, sie wird jedenfalls nur noch unzureichend wahrgenommen (wiewohl sie von den einschlägigen Rundfunkgesetzen und Staatsverträgen sogar selbst von den privatkommerziellen erwartet wird.). Allerdings fallen solche Beurteilungen selbstverständlich wiederum unterschiedlich aus, entsprechend dem Wissens- und Bildungsbegriff, den man zu Grunde legt. Unter einem möglichst weiten Bildungsbegriff lässt sich einem Großteil der Medien- und Programminhalte Wissens- und Bildungspotenzial zuschreiben, eben weil die Medien, ihre Formate bzw. Produkte, Themen und Figuren selbst zum kuranten Wissensreservoir zählen, mindestens zum aktuellen, großenteils auch zum kulturellen und sozialen, und weil Menschen eigentlich nie nicht lernen (können). Jeweils die Bewertungen des Gelernten fallen unterschiedlich aus und unterliegen zeitgenössischen Prämissen.

Ein strengerer, insgeheim wertender Wissens- und Bildungsbegriff wirft den Medien hingegen vielfach funktional-codale Zurichtungen von Wissen vor: Wissen werde derzeit sensations-, mindestens aufmerksamkeitsheischend aufbereitet, fragmentiert, in konsumierbare Häppchen aufgeteilt, vereinfacht, bekömmlich und leger gemacht, seiner Zusammenhänge und Relativierungen beraubt, auf pure Fakten und Halbwahrheiten verkürzt, seiner herkömmlichen, begründeten Wertungen entledigt und der jeweiligen Beliebigkeit ausgesetzt, mithin trivialisiert und skandalisiert. Werden diese Massen von Wissensangebote, die die Medien weltweit unentwegt produzieren, aufbereiten und verbreiten, in die Kalkulation der Potenziale von „Wissensgesellschaften" einbezogen, müssten ihre Konturen und inhaltlichen Tendenzen wohl anders ausfallen, als es heute üblich ist. Aber empirisch dürfte dies kaum möglich sein, und Berechnungen wie die oben angeführten (siehe 6.3) würden dadurch noch skurriler. Meist werden sie die populären Medien(wissens)inhalte ignorieren, beachtet werden hingegen nur die wissenschaftlichen und/oder technologisch verwertbaren Erkenntnisse. Aber ökonomisch verwertbar und wertschöpfend sind die medialen Wissensproduktionen und -distributionen allemal, selbst wenn oder gerade weil sie mit Wissenskontingenten handeln, die banal, schlicht oder gar abstrus sind.

All diese Beobachtungen und Überlegungen bestätigen jedenfalls erneut, dass es mit der Diagnose der „Wissensgesellschaft" nicht weit her sein kann, wenn sie sich nur auf das – wie auch immer – anerkannte, wissenschaftliche und – von wem auch immer – als ökonomisch verwertbar kalkulierte Wissen kapriziert. Sicherlich können sie zu einem gewissen Maß gesellschaftlichen Fortschritt, Innovation und Konkurrenzfähigkeit markieren, aber vorzugsweise in den üblichen schlichten Parametern, die das vorherrschende System anbietet. Und weithin sind ja nicht einmal die Begrifflichkeiten und Bezugsgrößen übereinstimmend oder gar konsistent, die die empirischen Sachverhalte bezeichnen bzw. kalkulieren sollen. So entpuppen sich die Termini, wie gravitätisch und apodiktisch sie auch immer vorgetragen werden, noch weithin als Schlagwörter oder eben Etiketten, die etwas – nämlich gesellschaftlichen Wandel – markieren, was weder in seiner Richtung noch in seinem Ziel, weder in seiner Geschwindigkeit noch in seiner Intensität hinlänglich klar und präzise identifiziert ist. Vorstellungen von der Reichweite dieses gesellschaftlichen Wandels oder gar seiner Qualität werden zwar erahnt, sind aber längst noch nicht exakt und konkret genug vorhanden.

6.5 Kurante Paradigmen der „Wissensgesellschaft"

All diese Überlegungen unterstreichen erneut, wie wenig gründlich bislang die Diagnose über die Entstehung der „Wissensgesellschaft" aufgestellt wird, wie wenig differenziert sich man des Phänomens Wissen annimmt, seine historischen Entwicklungen rekonstruiert, die vielfältig schon betriebenen wissenschaftlichen Reflexionen und Analysen einbezieht und sich gesellschaftlicher Indikatoren wie sozialwissenschaftlicher Theorien versichert, um die viel beschworene neue Formation hinreichend zu beschreiben und zu validieren. Oft genug läuft es auf oberflächliche Beobachtungen, kursorische Einblicke und allfällige Übernahmen hinaus, die meist von technologischen Entwicklungen fasziniert sind und/oder sich mit pseudoobjektiven Indikatoren begnügen. Wie schon mehrfach in der Kommunikationsgeschichte bestätigt sich jene merkwürdige Dialektik, wonach erst Techniken entwickelt werden, die sich zunächst nach Bedarfen und Vermarktungschancen umschauen, dann aber gewissermaßen selbst verdinglicht werden und eine vermeintliche Eigendynamik gewinnen, womit sie neue Bedürfnisse, Organisationsformen, aber auch gesellschaftliche Strategien und Verwerfungen hervorbringen, mindestens diese verstärken oder in neuem Licht erscheinen lassen.

In der gegenwärtigen praktischen Beschäftigung sind es vornehmlich zwei Bereiche, die als Paradigmen der „Wissensgesellschaft" firmieren:

- zum einen die instrumentelle Generierung und Bearbeitung ökonomisch verwertbaren, produktions- und prozessorientierten Wissens, inzwischen vornehmlich als betriebliches Wissensmanagement bezeichnet;
- zum anderen die politische Sorge um die und die wissenschaftliche Befassung mit den so genannten wachsenden Wissensklüften (increasing knowledge gaps), die unter Einbezug des Zugangs und der Nutzung von PC und Internet inzwischen zur digitalen Spaltung erweitert worden sind.

6.5.1 Wissensmanagement

Je territorial entgrenzter, also globaler, je labiler und konjunkturell kurzlebiger sich die Märkte erstrecken, je komplexer, innovationsorientierter, aber auch je spezieller, auf kleine Marktsegmente zugeschnitten und zugleich in ihren Zyklen kürzer die Produktion ausfällt, je anfälliger, hektischer und üppiger die weltweiten Kapitalströme um den Globus zirkulieren und sich jeweils zu den günstigsten Konditionen kurzfristig binden, umso mehr (in dem ausgeführten Verständnis, instrumentelles ‚Wissen' brauchen die Unternehmen, umso mehr einschlägiges ‚Wissen' sammelt sich auch bei ihnen an und muss kurzfristig und mit diversen Prämissen bei ihnen abrufbar sein. Daher hat sich Wissensmanagement als systematische Lenkung und Gestaltung einschlägiger Wissensprozesse mindestens theoretisch durchgesetzt, wird von interessierter Seite – etwa von dem Magazin „Wissensmanagement" (www.wissensmanagement.net) – propagiert und gilt auch nicht mehr nur als eine der vielen kurzatmigen Managementideen. Das geflügelte Bonmot: „Wenn Siemens wüsste, was Siemens weiß" gilt nach wie vor als Ausdruck dafür, dass Unternehmen, zumal multinationale Konzerne, viel zu wenig aufarbeiten und dokumentieren, welche Erfahrungen, Konzepte, Ideen, Kenntnisse, Fähigkeiten, Fertigkeiten, Methoden und Techniken – und all dies firmiert bekanntlich als Wissen – in ihren Firmen, Abteilungen, bei ihren Mitarbeitern, aber auch bei ihren Kunden generiert, behalten und bei Handlungen und in Produkten eingesetzt werden. Aber nur unter diesen Voraussetzungen und mit entsprechenden Instrumenten scheint es den Unternehmen künftig zu gelingen, auf den diversifizierten, strukturell und kulturell noch unterschiedlichen Märkten reüssieren, geeignete und verkäufliche Produkte anbieten, neue Bedarfe entdecken, Marketingstrategien und Absatzkonzepte entwerfen sowie Innovationen initiieren zu können.

Weitgehend ist daher die von Frederick Winslow Taylor (1856 – 1915) und Henry Ford (1863 – 1947) eingeführte, arbeitsteilige Standardisierung der Produktion passé, an ihre Stelle treten kleinere, diversifizierte Produktmodule, Just-in-time- oder gar On-demand-Produktionen, die von Innovationen rasch abgelöst und modifiziert werden, sowie Projektplanungen und wechselnde Teamkonstellationen, zumal in weitgehend übersättigten Märkten. Dadurch expandieren und komplizieren sich die voraus laufenden und begleitenden Tätigkeiten, die Forschung und Entwicklung, das Design, das Marketing, der Service, die Schulungen und Weiterbildung, die Logistik, die Werbung, die Beratung, Betreuung und Wartung, die heute als „wissensintensive", industrienahe oder produktionsbegleitende Dienstleistungen bezeichnet werden (Bittlingmayer 2001): Ganzheitliche bzw. Systemlösungen aus einer Hand sind heute gefragt, nicht nur der schiere und schnelle Verkauf der Ware. Zugleich müssen die Belegschaften möglichst flexibel eingesetzt werden können, und zwar sowohl in ihren quantitativen Größenordnungen als auch mit ihren verschiedenen und unterschiedlich wichtigen Qualifikationen. Wenn sich also ihr Wissen und ihre Erfahrungen mindestens ein Stück weit von ihnen ablösen und objektiv speichern bzw. zur Verfügung halten lassen, gewinnen die Unternehmen eine größere Flexibilität und Handlungsfreiheit bei der Planung und beim Einsatz ihrer personellen Ressourcen.

Vielfältige Wissens- und Kompetenzformen sind mithin gefragt, vom obersten Management bis herunter zum einfachen Arbeiter, von weit reichenden Konzeptlösungen bis hin zu simplen Handreichungen und Tricks, von Erfolgsrezepten und -bilanzen bis hin zu Erfahrungen des Scheiterns, weil aus ihnen am besten Vorkehrungen gelernt werden, von Know-how, das gewissermaßen Teil der Unternehmens- und Organisationskultur wird, bis hin zu dem je individuellen Wissen jedes Einzelnen. Wissen ist daher immer auch eine subjektive und kontextgebundene Kategorie. Sie kann verborgen bleiben oder wird nicht preisgegeben, wenn Individuen um ihre Position und Anerkennung fürchten, sie kann ausgetauscht, erweitert und optimiert werden, wenn ein kooperatives, solidarisches Klima herrscht und begründete Aussicht auf Anerkennung und Belohnung besteht. Wissen wird auch vergessen und entgeht dem Unternehmen, wenn ein Mitarbeiter oder eine Mitarbeiterin krank wird oder ganz aus ihm ausscheidet. Daher gibt es eine Fülle von analytischen Modellen zum Wissensmanagement, die sich allerdings weitgehend in der Deskription der verschiedenen Dimensionen erschöpfen und – wie etwa die dokumentierte Wissenstreppe von North (1999) – relativ pragmatischen aus verschiedenen Disziplinen und Diktionen ihre Begriffe besorgen (Wilke 1998; Reinmann-Rothmaier 2001). Übereinstimmung scheint mindestens insoweit vorzuherrschen, als dass sie Wissen nicht mehr ausschließlich als technische Objektgröße fassen wollen, sondern außer solchen objektivier- und dokumentierbaren Dimensionen unweigerlich auch subjektgebundene, prozessorientierte und damit nicht positivistisch greifbare Faktoren hinzuziehen, weshalb inzwischen rudimentär konstruktivistische Ansätze in die Betriebswirtschaftslehre Einzug halten. Als so genannte Heuristiken, also als „Daumenregeln", Routinen und Maximen des gesunden Menschenverstandes, finden sie zunehmend Anerkennung, und manch einer hält das informelle Wissensmanagement für wichtiger als das systematische. Jedenfalls haben sich schon einige Hoffnungen auf ein perfektes, elektronisch fixiertes und beliebig abrufbares Wissensmanagement zerschlagen oder eben auf die objektivierbaren Dimensionen hin relativiert.

Außerdem werden in den diskutierten Konzepten zusätzliche Wissensressourcen und -träger einbezogen, denn Wissensmanagement mache nicht an den Unternehmensgrenzen halt, vielmehr müssen Kunden, Lieferanten, Allianzpartner („Wissensallianzen") und weitere externe Know-how-Träger integriert werden. Wissensmanagement habe nämlich das umfassende Ziel, alles „vorhandene Wissen optimal zu nutzen, weiterzuentwickeln und in neue Produkte, Prozesse und Geschäftsfelder umzusetzen" (North 1999, 3) – im Grunde also das gesamte unternehmerische Handeln einzubeziehen, wobei offenbar weniger die Ziele neu sind als die Methoden – vielleicht auch nur die Bezeichnungen der Methoden, die sich nicht zuletzt aufgrund der neuen, optimierten Technologien der Informationsbeschaffung, -speicherung, -weitergabe, -verfügbarkeit und -entwicklung ergeben (Ebd., 3f).

Denn es sind insbesondere die Informationstechnologien, also Computer, Internet und Intranet, Datenbanken und Expertensysteme, die zusätzliche Optionen eröffnen (oder auch nur suggerieren), um das für Unternehmen, ihre Produktion und ihren Markterfolg erforderliche Wissen schrittweise und zunächst partiell zu entsubjektivieren, d.h. der individuellen Obhut und Verfügung des Einzelnen zu entziehen, es objektiviert abzuspeichern und möglichst unter vielfältigen Prämissen verfügbar zu halten. Insofern muss betriebliches „Wissensmanagement" auch als ein zeitgemäßes, weil auf digitalen Speichern fußendes Instrument zur Rationalisierung der Produktion, zur Flexibilisierung der Arbeitsplätze und zur Mobilisierung des Personals verstanden werden. Geht es zudem einher mit Maßnahmen zum betrieblichen E-Learning, also zur selbsttätigen Weiterqualifikation der Beschäftigten mittels Online-Angeboten, ergibt sich eine weitere Optimierung der so genannten Humanressourcen, eine intelligente, auf ständige Innovationen und permanentes Lernen basierende Betriebsorganisation.

Insbesondere große, weltweit agierende Konzerne mit diversifizierten Produktpaletten bedienen sich solch flexibler Wissensbasierung und sind auch darauf angewiesen, wohingegen kleinere Betriebe mit schmaler Produktpalette und langjähriger Stammbelegschaft noch weniger dazu neigen. Diese Ausschöpfung und Vorhaltung der betriebsinternen Ressourcen und Kompetenzen wird geradezu als „Paradigmenwechsel" in der industriellen Produktion gefeiert (North 1999; Wirth 2002, 396). Entsprechend wird Wissensmanagement definiert als „ein ganzheitliches, integratives Konzept, das psychologische, organisatorische und informationstechnologische Faktoren beinhaltet, um die effektive Erschließung und den Transfer von Wissen zu gewährleisten" (Wilkens 1997). Es handelt sich also um einen systemischen oder organisatorischen Ansatz, aber er reicht – da Wissen nun einmal subjektiv generiert und verarbeitet wird – bis auf die individuelle Ebene herunter. Und bei ihr – so zeigen immer wieder Erfahrungen – sind vielfältige Kontingenzen, wenn nicht Vorbehalte angesiedelt, so dass praktische Konzepte von Wissensmanagement immer wieder auf den „subjektiven Faktor" rekurrieren und klimatische Bedingungen einkalkulieren müssen. Oftmals sei ein Gespräch an der Theke für das betriebliche Wissensmanagement wirksamer als alle aufwändigen Strategien und diffizilen Datenbank-Konzepte, heißt es oftmals hinter vorgehaltener Hand. Denn Mitarbeiter und Mitarbeiterinnen müssen bereit sein und motiviert werden, ihr gesamtes betriebliches Wissen – und dazu gehören ja nicht nur Erfolge und Fortschritte, sondern ebenso Umwege, Sackgassen und Misserfolge, aber auch nicht nur allein zweckrationale Kenntnisse, sondern auch soziale Dimensionen wie Teamfähigkeit, Empathie, Toleranz etc., die für die „Wissensarbeit" immer wichtiger werden – nicht nur preiszugeben, sondern so zu reflektieren, dass daraus generalisierbare Erkenntnisse und exemplarische Lernprozesse erwachsen können. Anderenfalls beschränkt sich ihr betriebliches Wissen auf die Dokumentation formaler Abläufe und allgemeiner Daten; sie kann gleichwohl von Wert sein, erfüllt aber nicht die umfassenderen, ambitionierten Anforderungen des Wissensmanagements: „Wer nicht versteht, was, wie und warum genau verbessert oder entschieden werden soll, der kann im betrieblichen Wissensmanagement kaum erfolgreich sein" (Wirth 2001, 396).

Die in den 90er Jahre aufkommende, so genannte Electronic oder New Economy hat wohl insgesamt darauf abgezielt, solche „wissensbasierten" Tätigkeiten schrittweise oder vollends von der materiellen, industriellen Produktion zu trennen, ihre Funktionsradien und Angebotstableaus zu erweitern und zu spezifizieren, nicht zuletzt jene, die durch die Expansion und Diffusion der Informations- und Kommunikationstechniken selbst, durch die sich multiplizierende Informationsflut und die anhaltende Medialisierung anfallen, und aus solch immaterieller Produktion ökonomische Wertschöpfung zu beziehen. Doch diese Konzeptionen haben sich auf weite Strecken – nicht gänzlich und wohl auch nicht bis in alle Zukunft hinein – als wenig einträglich, nicht allein rentabel erwiesen, mithin als wirtschaftliche Trugschlüsse. Die so genannte E-Hausse ist bald geplatzt, trotz oder gerade wegen Schwindel erregender Höhenflüge an der Börse. Heute gilt E-Economy weitgehend als zwar notwendige, aber nicht allein ausreichende Unterstützung und Begleitung der Old Economy, eben als weitere Sparte spezieller und gezielter Dienstleistung, nicht als Substitution und Alternative der materiellen Produktion.

Als einen Versuch, die eher pragmatischen Konzepte des Wissensmanagement theoretisch zu unterfüttern, kann das so genannte Münchener Modell des Wissensmanagement gewertet werden, das das Management von Wissen (in besagtem Sinn) unter psychologisch-pädagogischer Perspektive in die „Leitidee des Lernens" einordnet und damit einen bislang wenig verfolgten integrativen Ansatz theoretisch fundiert: Wissensmanagement soll dadurch „eine neue Wissens- und Leitkultur" in den Unternehmen etablieren, „in der Themen wie Wissensteilung und gemeinsame Wissensschaffung sowie die Entfaltung von Kreativität und vorhandenen Lernpotentialen eine weitaus größere Rolle spielen als dies bis dato der Fall ist" (Reinmann-Rothmaier 2001, 17). Doch mit diesem Anspruch sind die engen Grenzen betriebswirtschaftlicher Optimierung und Rationalisierung, die ja auch hinter dem Bestreben des Wissensmanagements stehen, unzweifelhaft überschritten, wird ja nichts anderes als eine „neue Kultur" des Wirtschaftens gefordert, die ihre Bewährungsprobe in einem härter werdenden, globalen Konkurrenzkampf mit ungeheurem Kostendruck erst noch bestehen müsste. Auch wenn das Münchner Modell mittels Lerntheorien ungleich besser theoretisch fundiert ist als viele der betriebswirtschaftlichen Rezepte, erschöpft es sich doch letztlich in der Skizzierung systematischer Möglichkeitsfelder, die nun als Querschnittsthemen interdisziplinär erforscht werden müssten.

6.5.2 Wachsende Wissensklüfte und digitale Spaltung?

Unaufhörliche Publikation, ja Generierung und umfassende Verbreitung von Informationen über Medien kennzeichnen die modernen Mediengesellschaften – mindestens in ihrem programmatischen Selbstverständnis. Die so genannten Qualitätsmedien wie die überregionalen Zeitungen und die seriösen Rundfunkkanäle rechnen sich Informationsverbreitung als eine ihrer hervorragenden und anerkannten Funktionen an. Via Internet, über diverse Provider, Hosts und Suchmaschinen besorgen sich die User jede erdenkliche Information, sei sie professionell aufbereitet, aus traditionellen Medien übernommen und nun online verbreitet oder von unzähligen Laien ins Netz gesetzt. Gleichwohl scheinen die Informationsleistungen und -gewinne entgegen vielen bis heute unbeirrt euphorischen Prognosen nicht automatisch und friktionslos zu gelingen. Längst wird über Daten- und Informationsflut geklagt, zumal diese ständig ansteigt und wohl unweigerlich auch zur Desinformation – zumindest bei bestimmten Bevölkerungskreisen – beiträgt.

Spätestens seit den 70er Jahren wächst daher die Erkenntnis, dass die positiven Erwartungen, die man an die demokratischen Medien und an ihre Erweiterungen richtet, nicht unbedingt, jedenfalls nicht überall und bei allen eintreten, vielmehr sich auch unerwünschte, dysfunktionale Folgen zeigen. Denn die strukturellen Chancen wie die subjektiven Kompetenzen, in der steigenden Informationsflut die jeweils wichtigen und richtigen Informationen zu bekommen, sind im Publikum ungleich verteilt. Offenbar reproduzieren sich in der Informationsversorgung und -aufnahme die allgemeinen ungleichen und hierarchischen Verhältnisse einer Gesellschaft, insbesondere die unterschiedlichen Bildungsvoraussetzungen und -chancen. Diese (wohl nicht ganz neue) Einsicht diskutiert die Medienwirkungsforschung mittlerweile mit der bekannten Hypothese von den wachsenden Wissensklüften (die im amerikanischen Original unterschiedlich als „differential growth of knowledge", „information gaps" oder „increasing knowledge gaps" bezeichnet werden). In die deutschsprachige Forschung ist dieser Ansatz vor allem von den Zürcher Kommunikationswissenschaftlern Ulrich Saxer und Heinz Bonfadelli eingebracht worden (Bonfadelli 1987; 1994; 1999, 237ff; 2002a; Horstmann 1991; Wirth 1997, Scheule u.a. 2004).

Erstmals 1970 haben die Kommunikationsforscher Philip J. Tichenor, George A. Donohue und Clarice N. Olien von der Minnesota-University die davor optimistische (oder auch naive) Annahme der Diffusionsforschung explizit dahingehend relativiert, dass die täglich verbreiteten Informationen der Medien nicht unbedingt und gleichmäßig zu einer allgemeinen Erhöhung des Wissensstandes der Menschen führen. Vielmehr haben sie und einige andere Forscher aufgezeigt, dass die Diffusion von Informationen unterschiedlich verläuft, und zwar entsprechend vielerlei Konditionen, die sowohl von den Modalitäten der Verbreitung (wie Art des Mediums, Thema bzw. Informationssujet, Zeitspanne) als auch von den subjektiven Dispositionen des Publikums (wie Medienkonsum, soziostrukturelle Faktoren, Interessen, Bildungsvoraussetzungen, Kognition und Motivation etc.) bedingt sind – im Grunde keine epochal neue Erkenntnis in der medialen Wirkungsforschung, deshalb auch schon als „nichtlinearer, selbstverstärkender" „Matthäus-Effekt" apostrophiert (Merten 1994, 323). Diese Erkenntnisse haben die amerikanischen Forscher in folgender, hier auf deutsch wiedergegebenen Sentenz paradigmatisch resümiert und damit besagte neue Forschungsperspektive begründet: „Wenn der Informationszufluss von den Massenmedien in ein Sozialsystem wächst, tendieren die Bevölkerungssegmente mit höherem sozioökonomischem Status und/oder höherer formaler Bildung zu einer rascheren Aneignung dieser Information als die status- und bildungsniedrigeren Segmente, so dass die Wissenskluft zwischen diesen Segmenten tendenziell zustatt abnimmt" (zit. nach Saxer 1978; Bonfadelli 2002a, 567).

Im Kern spezifiziert diese Hypothese mithin allgemeine Erkenntnisse über Ungleichheiten und Benachteiligungen in der Gesellschaft für die Distribution und Diffusion von (über Medien vermittelter) Information und (medialem) Wissen, wie sie die Soziologie in ihren Status- und Schichtmodellen, die Erziehungswissenschaft als ungleiche Verteilung von Bildungschancen und die Linguistik als sprachliche Defizite oder Differenzen thematisiert. Dementsprechend müssten sich Korrelationen oder sogar Abhängigkeiten zwischen diesen verschiedenen Disparitäten finden lassen, aber so gründlich und übergreifend sind die Studien bislang nicht vorgegangen. Nach fast dreißig Jahren empirischer Forschung (Bonfadelli 1994; 2002) weisen die meisten Studien Wissensklüfte nur bei relativ kurzfristigen, exakt begrenzbaren und gezielten „Informations"-Kampagnen (z.B. bei Werbung, der Verbreitung eines bestimmten Sujets oder der Bekanntmachung einer Person) in einer – selten genügend repräsentativ gewählten – Population auf, wie auch eine amerikanische Übersicht nach 25 Jahren „Knowledge Gap Hypothesis" bilanziert (Viswanath/Finnegan 1996).

Meist stellen sich die untersuchten Informationen als zeitversetzt und ungleich verteilt heraus, aber die vielfältigen Faktoren, die – außer den evidenten der Medien und der (vornehmlich politischen) Themen – dafür mutmaßlich auch verantwortlich sind, sind gemeinhin höchst unzureichend berücksichtigt worden, so dass bei vielen Studien erhebliche methodische Mängel zu monieren sind. Wie in der Medienwirkungsforschung üblich, neigen die meisten Studien zu singulären, linearen, wenn nicht monokausalen Faktorenanalysen und damit zu ebensolcher Identifikation möglicher Ursachen. Nur wenige Untersuchungen sind langfristig, also über die einmalige Erhebung hinaus angelegt; doch auch sie zeitigen inkonsistente Resultate: Die eine Hälfte bestätigt, dass sich Wissensklüfte verstärken, die andere Hälfte eruiert konstante oder gar rückläufige Wissensdisparitäten (Bonfadelli 1994, 223). Doch wie Wissen auf vielerlei Weise – und nicht nur über Medien – entsteht und fixiert wird, können auch diese Studien nicht hinreichend dokumentieren.

Besonders gravierend fällt dabei ins Gewicht, dass die Wissenskluftforschung seit ihrem Bestehen auch keinen theoretisch begründeten und hinreichenden Wissensbegriff entwickelt hat. Vielmehr wird er lediglich in den empirischen Studien pragmatisch anhand diverser Indices vorausgesetzt, bleibt also – wie sonst auch – vage, disparat und unbefriedigend (Bonfadelli 1994, 81; Wirth 1997, 94ff). Zwar sind inzwischen einfache Dichotomien – wie etwa L. Donohues und L. Tiptons (1973) Unterscheidung in „knowledge about" („Kenntnis von") und „knowledge of "(Wissen über") – weiter differenziert worden, und es werden Typen wie Themen- und Faktenwissen einerseits sowie Struktur- und Hintergrundwissen andererseits unterschieden (Bonfadelli 1999; 2002a), die von den Medien entsprechend unterschiedlich verbreitet werden – von den Printmedien etwa mehr Hintergrund und Struktur, vom Fernsehen mehr Fakten, Themen und assoziative Bilder. Um die Konzipierung eines „integrierten" Wissensbegriffs hat sich zwischenzeitlich der Münchner Kommunikationswissenschaftler W. Wirth bemüht, allerdings beschränkt er sich ebenfalls auf das durch die Medienrezeption erwerbbare politische Wissen. Wie aber Menschen generell diverse Wissensformen jeweils heterogen aufnehmen, behalten und artikulieren, welchen Einfluss ihr – wie immer erworbenes – „Vorwissen" auf Lernen, Verstehen, Erinnern und Anwenden hat und welche Gründe und Motive dafür jeweils verantwortlich sind, dafür liefern die Studien der Wissenskluftforschung nur unzureichende Explikationen. Mit den dafür zuständigen Forschungszweigen, der Kognitionswissenschaft und der Lernforschung, sind sie kaum noch abgeglichen. Außerdem gerät die Wissenskluftforschung wie alle empirische Forschung unweigerlich in das Dilemma kontingenter Relativierung bzw. nur noch kasueller Validität, wenn sie ihren Untersuchungsbereich weiter differenziert: Was in der einen Situation, mit dem einen Thema unter diesen Bedingungen mit der einen Population gilt, braucht noch lange nicht für die anderen Erhebungen mit differierenden Konditionen zu gelten.

Aber so vielfältig und unbestimmbar sind nun einmal subjektive Dispositionen. Daher plädiert K. Merten (1990) dafür, diverse Vermittlungsprozesse nach funktionalen Gegebenheiten zu differenzieren und auf den Kommunikationszusammenhang hin zu relativieren: Denn „ein bestimmtes Wissen (Inhalt) kann nicht nur informieren, unterhalten oder meinungsbildend sein, sondern es kann im Prinzip unendlich viele Funktionen haben" (Ebd., 31) – und dafür verantwortlich sind sowohl das Medium, das Sujet bzw. Thema, dessen soziale Relevanz für verschiedene Publikumsgruppen als auch die diversen Dispositionen und Attribute der Rezipienten, die Situation, die Dauer und Facettierung der Verbreitung etc. Folglich kann es keine unilineare, eindeutige Vermittlung geben, die vom Kommunikator stringent geplant ist und verursacht wird. Die „Wissensvermittlung" via Medien impliziert mithin alle Optionen und Nuancen, die auch sonst für die Wirkungsforschung virulent und kompliziert sind (ebenso Wirth 1997, 113ff). Deshalb müssen, so Bonfadelli (1994, 231), die Studien weitere

Kontextierungen des Untersuchungsfeldes und langfristige methodische Perspektiven vornehmen, um sich überhaupt alltäglichen Prozessen analytisch anzunähern. Denn häufig seien die erfragten, über Medien verbreiteten Themen zumal für ohnehin sozial und bildungsmäßig unterprivilegierte Populationen von geringer sozialer Relevanz. Deshalb fordert Bonfadelli „ganzheitlich" ausgerichtete Studien, in denen außer der sozialen Relationierung und Relevanzprüfung des Wissens auch die Relativierung des Medienkonsums für den Wissenserwerb und die Wissensreproduktion berücksichtigt werden (vgl. auch Wirth 1997, 296ff).

Nach wie vor steht die Erforschung von Zusammenhängen über Mediennutzung und ungleichen Wissenserwerb „erst am Anfang", so das jüngste Resümee (Bonfadelli 2002a, 598). Erkennbar sei immerhin schon, „dass vor jeder Mediennutzung das soziale Umfeld bezüglich Pluralität oder Konflikt einerseits, andererseits das durch die Medien oder Informationskampagnen zugänglich gemachte Informationsangebot von Relevanz sind".

Eine gewisse Erweiterung, aber auch variierende Reproduktion erfährt die Debatte um die Wissensklüfte durch die These von der „digitalen Spaltung", die als direkte Übersetzung von „digital divide" mit der Verbreitung des Internet seit den 90er Jahren kursiert (Kubicek/Welling 2000; Scheule u.a. 2004). Öffentliche Beachtung findet sie in den USA erstmals in dem im Juli 1995 veröffentlichten Bericht der National Telecommunications and Information Administration (NTIA), einer nachgeordneten Behörde des US Department of Commerce mit dem Titel *Falling Through the Net – A Survey of the Have-Nots in Rural and Urban America*. Im Rahmen des Current Populations Survey sind auch Daten zur Telefonverbreitung und -nutzung sowie zu PC- und Internetzugang und -nutzung erhoben und diese mit soziodemographischen Daten verglichen worden. Erhebliche soziale Diskrepanzen und Gefälle haben sich dabei insbesondere bei sozial benachteiligten Bevölkerungsgruppen ergeben, denen mit energischen Kampagnen begegnet worden ist. Der im Jahr 1998 publizierte Bericht mit dem Titel New *Data on the Digital Divide* hat beträchtliche Zuwächse gegenüber 1995 bei der Ausstattung und dem Zugang verzeichnet; da jedoch die besser gestellten Schichten noch größere Steigerungsraten aufweisen, hat die digitale Spaltung zwischen den sozialen Populationen nicht ab-, sondern zugenommen. Der Rückstand unter der schwarzen und hispanischen Bevölkerung ist sogar gewachsen.

Digitale Klüfte lassen sich also im Vergleich der Länder und Kontinente untereinander wie auch innerhalb einer Gesellschaft, nach sozialen Gesichtspunkten, feststellen. Die dafür herangezogenen Kriterien sind unterschiedlich, wie schon gezeigt wurde (s.o. Kap. 4.2): Zunächst ist es der Indikator der Zugänglichkeit, gemessen an der vorhandenen technologischen Infrastruktur, aber auch der Ausstattung der Haushalte mit PC und Internet-Anschluss. Ebenfalls eher objektiven Charakter haben die genannten Disproportionen hinsichtlich Server, Host und IP-Adressen sowie die Zahl und Umfänge der Web-Sites, der Links und ihrer dominanten sprachlichen Gestaltung (englisch). Außerdem lassen sich noch Anteile der Investitionen für IT-Technologien am Bruttoinlandsprodukt oder auch Umsätze des E-Commerce errechnen. Einen Indikator, nämlich die Kosten für Internetzugang in Prozent des Bruttoinlandsprodukts pro Kopf hat das *World Economic Forum* 2003 vorgestellt: Danach liegt in Schweden der Wert mit 0,12 am niedrigsten, in Bangladesh mit 81,07 am höchsten. Deutschland liegt mit 1,3 auf Platz 22 (Zimmer 2004, 174f). Auf subjektiver Seite werden die Nutzungsoptionen, ob privat oder beruflich, die -frequenzen und die -dauer registriert, ferner werden Tätigkeiten, Zwecke und Dienste erfasst, die man mit dem Internet vornimmt. Daraus wie auch durch Befragungen lässt sich erkennen, welchen Stellenwert und welches Image Internet inzwischen hat sowie über welche Kompetenzen die Nutzer verfügen, um mit ihm umzugehen. Zusammen mit den soziodemografischen Daten spiegeln sie erneut die unterschiedlichen sozialen Potenziale von und innerhalb von Gesellschaften wider. Zwar zeichnen sich zunehmend Angleichungen an die vorfindliche Sozialstruktur ab, die auch als „Normalisierung der Internet-Nutzung" markiert werden, so dass sich die anfänglichen Pionier-Gruppen (männlich, jüngeren Alters, formal hochgebildet, mit überdurchschnittlichen Einkommen) nivellieren; dennoch drohen auch in den entwickelten Gesellschaften gewisse Bevölkerungsgruppen ins Abseits der so genannten Informationsgesellschaft zu geraten: Ältere, formal geringer Gebildete, Migranten, Arbeitslose, Bewohner ländlicher Gebiete (Hasebrink/Herzog 2004, 149; Gerhards/Mende 2004).

Auch für die Bundesrepublik werden ähnliche Diagnosen angestellt, obwohl die Datenlage längst nicht so exakt wie in den USA und damit auch nicht vergleichbar ist (Kubicek/Welling 2000, 502ff.). Denn die Optionen, sich ähnliche oder ähnlich verwertbare Optionen zu beschaffen, wachsen mit den anhaltenden Medienkonvergenzen, so dass nicht mehr nur die Nutzungsdaten eines Mediums aussagefähig sind, sondern publikums- oder auch sujetspezifische Vergleichsstudien angestellt werden müssen. Diese sind dann wiederum mit den unterschiedlichen Lebensstilen und soziokulturellen Milieus zu verbinden. Auf diese Weise differenzieren sich simple Dichotomien zwischen Informationselite und „Unterhaltungsproletariat" erheblich aus, wie erste Fallstudien aufzeigen (Eichmann 2000).

Als verlässlichste und dichteste Datenkontingente erweisen sich inzwischen die jährlichen Erhebungen von ARD und ZDF zur Online-Nutzung in Deutschland (Van Eimeren u.a. 2003; van Eimeren u.a. 2004). Auch sie bestätigen immer noch eine gewisse soziale Differenzierung des Internetbesitzes und -zuganges, vor allem bei älteren, über 60jährigen Menschen und unter ihnen noch

6 Von der „Knowledge Economy" zur „Wissensgesellschaft"?

markanter bei den Frauen. Sie firmieren inzwischen als so genannte Offliner (Gerhards/Mende 2003; 2004), aber zugleich verstärken sich die kompensierenden Trends, so dass auf mittlere Sicht immer weniger von einer prinzipiellen Spaltung, als von einer sozial variierenden Funktionsgewichtung ausgegangen werden kann, sieht man von einigen gravierend benachteiligten und/oder kulturell und medial vernachlässigten Minderheiten ab. Ins Gewicht fällt dabei auch, wie die vorhandenen sozialen Diskrepanzen bewertet werden: Vertritt man die Position, dass Um- und Zugang mit und zum Internet eine unverzichtbare, womöglich sozial und kulturell notwendige Grundkompetenz und -funktion geworden ist oder bald wird, fallen die Urteile anders aus, als wenn man dieses Medium neben andere stellt und untersucht, welche Bedürfnisse die Rezipienten haben, wie sie sie und andere Aufgaben mit ihm erfüllen können und für welche Offerten sie in ihren Lebenslagen keinen Bedarf haben. Sicherlich sind diese höher für diejenigen, die in Ausbildung, Studium und Beruf sind, als für die, die sich in Rente und Pension befinden. Unter ihnen gibt es bereits nicht wenige, die sich enttäuscht oder auch einfach rational abwenden, weil sie dieses Mediums nicht bedürfen bzw. der nach wie vor aufzubringende Aufwand an technischer Ausstattung, Kosten und kognitiven Anforderungen aus ihrer Sicht nicht lohnt. So werden sich Zugang zum, Verbreitung und Nutzung des Internet letztlich an dem „individuell und konkret erkennbaren Nutzen" insbesondere für die noch existierenden oder erneut werdenden Offliner erweisen müssen (Gleich 2004, 234, Schweiger 2004).

Dennoch wird die These von den wachsenden Wissensklüften bzw. der Spaltung („divide") der Gesellschaft in „Informationsreiche" („information richs") und „Informationsarme" („information poors") bei öffentlichen Diskussionen über die künftige Gesellschaftsentwicklung, über den Wandel zur „Informations- und Wissensgesellschaft" pauschal und unentwegt beschworen. Dabei müssten sowohl nationale wie internationale Versionen und ihre jeweiligen Bedingungen unterschieden werden: Prinzipiell sind strukturelle Barrieren (Zugang) wie mangelnde Infrastrukturen, ungenügende Verbreitung von Geräten und finanzielle Restriktionen, die zu Diskrepanzen zwischen „Information-Haves" und „Information-Have-Nots" führen, von anderer Qualität als subjektive und demographische Disparitäten, die in den High-Tech-Nationen bei Frauen, Älteren und Personen mit niederen Bildungsabschlüssen noch zu verzeichnen sind (Deutscher Bundestag 2002, 262ff). Aber über die formalen Daten hinaus fehlen inhaltliche Indikatoren, die auf substanzielle und empirisch differenzierte Wissensreservoirs und -begriffe rekurrieren. Die kann die bisherige Forschung noch nicht aufbieten. Und vollends unterschiedlich fallen die Bewertungen der noch ungenügend erhobenen Defizite bzw. Differenzen aus. Ob es sich bei der Verbreitung und der durchgängigen Nutzung der Informationstechnologien um einen unabdingbare Fortschrittsoption handelt, die gleichsam automatisch die Lebensqualität, mindestens die Wettbewerbssituation und damit die ökonomische Prosperität einer Nation verbessert oder ob sich gerade für die ärmsten Länder der Welt auch andere, eben nicht vom industriellen Norden vorgespurten Entwicklungsmodelle denken lassen, ist in den einschlägigen Debatten erwartungsgemäß umstritten. Entsprechend unterschiedlich fallen die strategischen und ethischen Handlungsperspektiven aus (Scheule u.a. 2004).

Sicherlich ließen sich noch einige andere Paradigmen der „Wissensgesellschaft" anführen: hier zu Lande etwa die gegenwärtigen Diskussionen um verstärkte Bildungsanstrengungen oder um zu intensivierende Wissenschafts- und Innovationspolitik. Ob sie allerdings so paradigmatisch, sprich: eindeutig spezifizierbar für den gesellschaftlichen Wandel sind und ob sich für sie valide, eindeutig einzuordnende empirische Anhaltspunkte aufbieten lassen, die den viel beschworenen qualitativen Wandel einigermaßen verifizieren können, sei dahingestellt. Vieles davon ließe sich sicherlich auch in den überkommenen Konturen und als unweigerliche Konsequenzen der sich stets wandelnden Industriegesellschaft interpretieren, wofür ja etliche Beobachter plädieren. Sie reproduziert sich nach wie vor weiter, optimiert und transformiert sich in ihren diversen Segmenten. Ob sich diese Entwicklungen letztlich zu einem qualitativen Umbruch aufsummieren, lässt sich wohl erst retrospektiv beurteilen. So spricht vieles dafür, eher von einem kontinuierlichen, evolutionären Prozess auszugehen, der sowohl Beharrungs- wie Entwicklungstendenzen hat und weiter generiert, der Kompatibilitäten wie Ungereimtheiten in sich trägt und hervorbringt und dessen Richtung deshalb nicht eindeutig, sondern eher diffus ist, so dass sich die Rede von der bevorstehenden „Wissensgesellschaft" abermals eher wieder als attraktive Etikette denn als seriöser Befund herausstellt.

7 Trends und Segmente der „Wissensgesellschaft"

In Anbetracht solch analytischer Differenzierungen und zugleich noch theoretischer Unzulänglichkeiten müssten aus sozialwissenschaftlicher Sicht relevante gesellschaftliche Dimensionen – gerade auch der bundesdeutschen Gesellschaft – konkret untersucht und jeweils einschlägige Entwicklungen wie Transformationen dingfest gemacht werden. Jedesmal sind sie daraufhin zu befragen, in welchem Veränderungsstatus sie sich befinden und woraufhin sie sich verändern. Im Grunde läuft dies auf deren kontinuierliche Bestandsaufnahmen hinaus. Fraglos kann dies angesichts der Fülle und Vielfalt der Aspekte jeweils nur heuristisch und exemplarisch geschehen: Wirtschaft, Technik, Politik, Medien, Alltag, Kultur und Kunst sowie Wahrnehmen und Lernen sind solche Felder, die hier knapp thematisiert werden. Für sie ergeben sich jeweils folgende Fragen, die sich entsprechend den verfügbaren empirischen Daten und den prognostischen Perspektiven unterschiedlich intensiv und gesichert beantworten lassen:

- Welche Entwicklungen und Transformationen lassen sich in den gewählten gesellschaftlichen Sektoren und Handlungsbereichen verlässlich registrieren?
- Welche Indikatoren und Phänomene lassen sich konkret und/oder exemplarisch dafür anführen?
- Welche Ursachen, Faktoren und/oder Interessen und Motive können dafür identifiziert werden?
- Welche Zusammenhänge oder kausalen Wechselwirkungen mit den Informations- und Kommunikationstechnologien als die Triebkräfte für die Formierung der „Informationsgesellschaft" lassen sich erkennen?
- Welche darüber hinaus weisenden Bedarfe und Impulse, die für qualitative Umbrüche in Richtung „Informations- und Wissensgesellschaft" verantwortlich sein könnten, sind ersichtlich?
- Welche längerfristigen Prozesse und Veränderungen zeichnen sich in den Industrie- und/oder High-Tech-Gesellschaften ab, die schon vor den aktuellen Diskussionen um „Informations-" und/oder „Wissensgesellschaft" thematisiert wurden und derzeit auch parallel thematisiert werden, und wie lassen sie sich einordnen und bewerten?

Unter methodologischen Vorzeichen muss außerdem bedacht werden, dass ermittelte Daten immer schon ein Stück Vergangenheit dokumentieren und für die Zukunft allenfalls Trendprognosen aufgestellt werden können, zumal angesichts der strukturellen Komplexität und dynamischen Kontingenz sämtlicher Gesellschaftssysteme: Was heute noch plausibel und gewiss aussieht, kann sich morgen schon geändert haben. Erst historische Rekonstruktionen mit gehörigem zeitlichem Abstand können solidere, umfassendere und verlässlichere Ergebnisse liefern. Zudem steht jede zeitgenössische Beobachtung und Bewertung per se unter dem Vorbehalt gewisser Nähe und Perspektivik, die sich nicht zuletzt aus der jeweils gewählten theoretischen und analytischen Warte ergeben. Gerade für die anstehenden Transformationen kursieren bekanntlich viele kühne Theorien, euphorische Prophetien, haltlose Spekulationen, aber auch düstere Menetekel, wie ja schon dargestellt wurde. Doch selbst vermeintlich nüchterne technische Einschätzungen können sich verschätzen, wie etwa die Erwartungen über die Chancen des Bildschirmtexts in den 80er Jahren oder die des hochauflösenden Fernsehens in den 90er exemplifizieren. Ebenso können vorgeblich akkurat kalkulierte Prognosen irren, wie Boom und Absturz der „New Economy" eindrücklich, für viele auch schmerzlich bewiesen haben. So müssten auch die Aussagen und Trendextrapolationen dieser Publikation ständig fortgeschrieben, modifiziert, erweitert und möglicherweise sogar revidiert werden. Allein die nächsten technologischen Entwicklungen wie das vielfältige Handeln unzähliger Akteure zwingen dazu.

7.1 Globale und digitale Wirtschaft

Die hoch entwickelten Ökonomien der Industrienationen (vorzugsweise in der nördlichen Hemisphäre, aber auch zunehmend in den Schwellenländer bzw. in ihren entwickelten Zonen in der südlichen) wandeln sich in nahezu allen Sektoren durch die bereits genannten zentralen Tendenzen der Globalisierung und der Digitalisierung, weshalb auch oft vom digitalen und globalen Kapitalismus (Glotz 1999, 2001) die Rede ist: Gemeint ist einerseits die anhaltende Entgrenzung, Denationalisierung, Mobilisierung und weltweite Vernetzung des wirtschaftlichen Handelns, zumal von inter- bzw. transnationalen Konzernen. Unterstützt, ermöglicht und beschleunigt wird dieser Trend andererseits durch die fortschreitende Informatisierung, Digitalisierung und „Entmaterialisierung" aller Vermittlungs-, Transfer- und Transportaufgaben durch Informations- und Kommunikationstechnologien und ihrer Vernetzungen (vor allem des Internet). Beide Tendenzen lassen sich auch als „informatorische Globalisierung" kennzeichnen (Beck 1997, 39).

Zusammen bewirken sie weitere Arbeitsteilung und Arbeitsmarktkonkurrenz im internationalen Maßstab, freilich großenteils nicht unter egalitären Vorzeichen, sondern eher noch vorwiegend zum Nachteil der weniger entwickelten Länder. Vielfach wird sogar befürchtet, dass die unterschiedlichen Entwicklungsgeschwindigkeiten sich beschleunigen und dadurch die Divergenzen zwischen den Industrie- bzw. „Informationsgesellschaften" des Nordens und den weniger entwickelten Ländern des Südens bzw. Regionen vergrößern – was unter dem Schlagwort des „Digital Divide" (s.u. Kap. 6.5.2) thematisiert wird. Jedenfalls lösen diese Entwicklungen weitere Konzentrationsprozesse in den prosperierenden Branchen, zumal bei trans- und/oder multinationalen Unternehmen, aus; ferner erzeugen sie eine noch wenig nachhaltig orientierte und ökologisch verantwortliche Ausschöpfung von Ressourcen und Märkten, sie verstärken ökonomische, wechselseitige Abhängigkeiten von den weltweiten, rasch agierenden Finanzmärkten und Konjunkturen, sie erhöhen Verkehr- und Austauschströme sowohl materieller wie telekommunikativer Art, also ein Wachstum an Mobilität und Telekommunikation.

In ökonomischer und technischer Hinsicht gelten die Informations- und Kommunikationstechnologien als die basalen Triebkräfte für die Veränderungen der Gesellschaften, ihrer Strukturen und Organisationsformen, insbesondere ihrer Parameter und Prozesse des Wirtschaften. Allerdings ist man sich weltweit uneins darüber, wie hoch man die gesamte Wertschöpfung der Informationstechnologie am Bruttoinlandsprodukt taxieren soll. Je nach Definition und Rechenart kommen US-Ökonomen auf „vier, fünf, zwölf, 18 oder sogar 33 Prozent der amerikanischen Wirtschaftsleistung" – und damit noch auf vergleichsweise geringe Raten im Heimatland von Computer- und Internet-Technik (Fischermann 2003). Das deutsche Bundeswirtschaftsministerium taxiert die „Informationswirtschaft" – als zumindest rechnerischer und auch immer mehr operativer Zusammenschluss von Informationstechnologie und Telekommunikation – hier zu Lande als die nach Umsatz drittgrößte Branche hinter dem Automobilbau und der Elektrotechnik/Elektronik, wobei es zu letzterer ja durchaus eigene Verflechtungen gibt: Mit 784.000 Beschäftigten und mit einem Umsatz von 135 Mrd. Euro trägt die „Informationswirtschaft" 2002 rund 6,4 Prozent zum Bruttoinlandsprodukt bei. International ist Deutschland mit sechs Prozent der drittgrößte Ländermarkt nach USA (32,5 Prozent) und Japan (12,4 Prozent). Aber diese Proportionen markieren auch die ungleiche globale Verteilung. In Europa steht Deutschland mit einem Marktanteil von gut 21 Prozent an der Spitze, vor Großbritannien (20,6 Prozent) und Frankreich (15,1 Prozent).

Tabelle 1: Eckdaten der deutschen Informations- und Telekommunikations-Branche

	1999	2000	2001	2002
Erwerbstätige:				
ITK-Branche gesamt:	745.000	820.000	819.000	784.000
- Informationstechnik:	418.000	490.000	492.000	475.000
- Herstellung von Büromaschinen u. DV-Geräten:	117.000	108.000	104.000	95.000
- Software u. IT-Dienstleistungen:	301.000	382.000	388.000	380.000
- Telekommunikation:	327.000	330.000	327.000	309.000
- Herstellung von nachrichtentechnischen Geräten u. Einrichtungen:	76.000	83.000	80.000	70.000
- Telekommunikationsdienste:	251.000	247.000	247.000	239.000
Umsatz (in Mrd. Euro):				
ITK-Branche gesamt:	121,3	135,6	137,9	136,1
- Informationstechnik:	66,8	73,8	74,0	71,5
- Telekommunikation:	54,5	61,8	63,9	64,5
- nach Bereichen:				
- ITK-Hardware und Systeme:	41,7	46,6	42,5	38,1
- Software:	12,6	14,4	15,2	15,1
- IT-Services:	25,1	28,0	29,3	29,2
- Telekommunikationsdienste:	41,9	46,5	50,9	53,6

Quelle: BITKOM (zit. nach Bundesministerium für Wirtschaft und Arbeit 2004)

Während im Zeitraum 1996 bis 2000 ein enormes Wachstum und eine Steigerung der Arbeitsplätze um rund 200.000 zu verzeichnen waren, sind seit 2001 Stagnation und sogar Rückgänge des Umsatzes um 1,3 Prozent und der Beschäftigung um 36.000 Personen hinzunehmen. Auch 2003 bringt noch keine Aufholung der Rückgänge; erst für 2004 wird eine leichte Dynamik erwartet (Bundesministerium für Wirtschaft und Arbeit 2004).

Aus sozialhistorischer Sicht rücken eher die ökonomischen Notwendigkeiten in Vordergrund, die Bedarfe und Märkte nach solchen Technologien auslösen. Dabei gehen nicht immer alle Prognosen oder Höhenflüge in Erfüllung, wie etwa die Visionen um das papierlose, digitale Büro oder auch die Wachstumshoffnungen für Online-Konsum heute unschwer zu erkennen geben. Umgekehrt lassen die flexiblen, leichten und billigen Kommunikationsmöglichkeiten den Verkehr enorm anschwellen, dessen Logistik ebenso nur noch mit Informationstechnologien flexibel und effizient gemanagt werden kann. Auf der subjektiven Seite, bei den arbeitenden Menschen, verändern sich Arbeitsmentalitäten und -formen, Berufe, Ausbildungen und Qualifikationen.

7 Trends und Segmente der „Wissensgesellschaft" 163

In den Betrieben verschieben sich Entwicklungs-, Produktions- und Distributionsprozesse – allerdings oft ebenso wenig rasant und von Grund auf, wie es vor wenigen Jahren noch die Spekulationen um die New Economy glauben machen wollten. Heute lassen sich eher wieder unspektakuläre Re-Strukturierungsprozesse bis hin zur Rücknahme besonders radikaler Dezentralisierungen (outsourcing) von Betriebseinheiten beobachten, inzwischen scheint die New Economy als untergeordnete, gleichwohl unentbehrliche Infrastruktur-, Logistik- und Soft-Skills-Segmente in die Old Economy, also in herkömmlichen Branchen wie etwa im Automobilbau, weitgehend wieder integriert zu sein.

Bei der möglichst flexiblen und mobilen Produktionsweise mit rasch wechselnden Märkte wird es für Unternehmen bekanntlich immer wichtiger, das jeweils erforderliche Wissen verfügbar zu haben, also einschlägiges, verwend- und vermarktbares Wissen sowohl durch Forschung und Entwicklung zu generieren als auch bereits gewonnenes dokumentiert zu haben und einsetzbar zu halten. Daher werden mehr und mehr Produktions- und Arbeitsprozesse „wissensbasiert" ausgerichtet, und Wissensorganisation und -management – wie beschrieben (s. o. Kap. 6.5.1) – werden zu zentralen Querschnittsaufgaben. Dabei müssen strukturelle, technische, betriebswirtschaftliche und menschliche Faktoren einbezogen und produktiv miteinander verknüpft werden. Denn mit ebenso rasch wechselnden bzw. frei gesetzten Belegschaften, zumal interkultureller Zusammensetzung, kann betriebliches Wissen nicht allein auf subjektive Erfahrungen und individuelles Know-how rekurrieren – obwohl man auf sie, wie jüngste Befunde zeigen, nicht verzichten kann. Deshalb wird in den Betrieben und in der Theorie intensiv an Strategien wie Hilfsmittel des mindestens teilweise objektivierbaren Wissensmanagement gearbeitet.

Dazu gehören auch kontinuierliche, angemessene Qualifizierungen der MitarbeiterInnen, die nicht zuletzt auf die jeweils zeitgemäßen und praxisrelevanten Informationstechnologien und ihre Tools rekurrieren. Sind für diese Aufgaben und Fähigkeiten nicht schon gewisse Grundlagen in der allgemeinen Bildung gelegt bzw. wenigstens die psychischen Barrieren überwunden, sich auf die informationstechnologisch und/oder wissensbasiert ausgerichteten Arbeitsabläufe einzulassen und sie auch so weit wie möglich zu beherrschen, drohen der berufliche Ab- oder gar Ausstieg und damit oft auch die soziale Ausgrenzung. So ergibt sich vorrangig und gravierend die viel beschworene digitale Spaltung auf dem Arbeitsmarkt, weniger folgenreich im privaten Alltag, wo die Informationstechnologien vorzugsweise Unterhaltungsgeräte sind bzw. so genutzt werden (Schweiger 2004, Oehmichen 2004) – außer bei der allerdings noch geringen, aber wachsenden Gruppe der Online- (früher: Tele-)Arbeiter, die vornehmlich in vielerlei Dienstleistungsfunktionen tätig sind.

Informatisierung von Arbeit und Produktion wirkt sich im Wesentlichen in zwei Richtungen aus: zum einen als Rationalisierung und Umwälzung herkömmlichen Wirtschaftens, womit seine Produktivität enorm steigt, dadurch immer mehr Arbeitskräfte freigesetzt werden. Zumal einfach strukturierte Arbeitsplätze entfallen, und die weltweite Arbeitsteilung verschiebt sich entsprechend. Daher sind die in den 80er Jahren aufgestellten, aber auch schon in den 60er Jahren – etwa von H. Arendt – erahnten Prognosen, den Industriegesellschaften gehe allmählich die gewerbliche, bezahlbare Arbeit aus, in solch differenzierter Weise und mit besagtem Trend nach unten durchaus zutreffend. So bestätigt die Kommission für Zukunftsfragen 1997 erneut: „Durch die Globalisierung der Märkte und die Internationalisierung der Produktion sind in Deutschland vorwiegend arbeitsintensive Produktionsbereiche und niedrig qualifizierte Arbeitskräfte unter den Druck des weltwirtschaftlichen Wettbewerbs geraten. Konkret bedeutet dies, dass es zu einem Rückgang der Arbeitskräftenachfrage im Bereich niedrig qualifizierter Arbeitskräfte durch Produktionsverlagerungen in das Ausland in Form von Lohnveredelungen und Direktinvestitionen sowie vermehrten Importen gekommen ist. Der binnenwirtschaftliche säkulare Wandel, der zu einem fortschreitenden Ersatz von Arbeit durch Kapital und Wissen führt, wird durch die weltwirtschaftliche Entwicklung verstärkt. Allerdings wird sich in Zukunft auch der Wettbewerbsdruck auf kapital- und wissensintensive Produktionsbereiche sowie höher qualifizierte Arbeitskräfte intensivieren, weil mit zunehmendem wirtschaftlichen Aufholen der Schwellenländer und der mittel- und osteuropäischen Länder diese als zusätzliche Wettbewerber neben den früh industrialisierten Ländern in den entsprechenden Produktionsbereichen auftreten werden. Wie sich die Arbeitskräftenachfrage in Deutschland bei den höher qualifizierten Arbeitskräften aufgrund globaler Märkte und internationaler Produktion dann entwickeln wird, ist derzeit ungewiss" (zit. nach Beck 1997, 199f).

Als „zweite Globalisierungswelle" wird diese Entwicklung bereits identifiziert; und sie erfasst vor allem die Dienstleistungsbranche mit vielen personalintensiven Segmenten (z.B. Banken, Büros, Verkehr und Tourismus, Versandhandel, Beratung, selbst IT- und Software-Firmen), die nun von den Industriegesellschaften mittels Elektronik und weltweiter Vernetzung in High-Tech-Zonen der Schwellenländer, etwa besonders nach Indien, verlagert werden. IT enabled Services und Business Process Outsourcing – kurz ITeS und BPO – nennt die Branche das. Andere sprechen schlicht von Call-Centern und Backoffice. Nach Prognosen der US-Forrester Research werden amerikanische Arbeitgeber bis 2015 rund 3,3 Millionen Angestelltenjobs, darunter mehr als 450.000 bei IT-Firmen, in solche Billiglohn-Regionen verlagern. Ähnliches erwarten die Unternehmensberater von A.T. Kearney für Europa. Allein die Finanzinstitute in Deutschland, Österreich und der Schweiz sollen ebenfalls bis 2008 rund 100.000

Stellen verschieben. Und der eigentliche ITeS-Boom steht erst noch bevor. Sein Potenzial sei 20- bis 30mal höher als das der IT-Industrie im engeren Sinne, schätzt man (Möllhoff 2003).

Dadurch wird sich zum anderen die Informations- und Kommunikationsindustrie zu einem weiter wachsenden und umsatzstarken Sektor formieren, wie die oben dokumentierten Daten ausweisen: Als Querschnittsbereich reicht er von der Entwicklung, Technik, Produktion von Geräten, Netzen und Anlagen – gemeinhin als Hardware bezeichnet –, von Steuerungselementen, Betriebssystemen, Medien und Programmen – also Software – bis hin zu Inhalten, Genres, Oberflächen, Navigation, Consumer-Hilfen etc. – neudeutsch: content –, so dass jede Aufteilung – selbst nur statistischer Art – ungenau, wenn nicht unangemessen ausfällt und daher oft Umsatz und wirtschaftliche Wertschöpfung unterschiedlich errechnet werden.

7.2 Expansive Informations- und Kommunikationstechnologien

Von den großen Providern wie (AOL) Time Warner, T-Online und den so genannten Major Players der Medienbranche werden immer mehr der genannten, medialen Segmente zusammen betrieben, weltweit schreitet ihre Konzentration unaufhaltsam voran (Hachmeister/Rager 2003; Siegert 2003). Auf Seiten der Nutzung vollziehen sich entsprechende mediale Konvergenzprozesse fast unmerklich: Zunehmend werden Computer bzw. ihre Prozessoren noch unauffälliger und bedienungsfreundlicher als heute schon in komplexe Anwendungskonstellationen integriert – wie etwa beim Routenplaner im Auto oder beim UMTS-fähigen Handy –, so dass sich die einzelnen Komponenten immer weniger unterscheiden lassen. Insbesondere unter den Vorzeichen der Unterhaltungselektronik kündigen sich neue Verschmelzungen und Funktionsbündelungen an, weil sich in privaten Haushalten künftig zunehmend solche multifunktionellen Optionen mit vorrangig freizeitlichen Nutzungsmodalitäten absetzen lassen (Hasebrink u.a. 2004).

Trotz genereller Konsumflaute verzeichnete diese Branche 2002 ein deutliches Wirtschaftswachstum und setzte in Deutschland 10,3 Milliarden Euro um. Allerdings sind die schon mehrfach propagierten Visionen vom voll vernetzten Haus, in dem über einen Server sämtliche untereinander kompatiblen Elektronikgeräten gesteuert werden, längst noch nicht selbstverständliche Realität. Denn noch sind die verschiedenen Fabrikate nicht umstandslos miteinander kombinierbar, allein die handelsüblichen Digitalkameras speichern ihre Bilder auf sieben verschiedenen Chipkarten und in diversen Datenformaten. Außerdem verfügt höchstens die Hälfte aller bundesdeutschen Haushalte über einen entsprechend leistungsfähigen Computer, und verkabelt für das Heimnetzwerk sind die wenigsten (Hamann 2003). ‚Wireless' (LAN) wird daher die künftige Devise heißen, also drahtlose Verbindungen auch in den Haushalten, sofern dafür die nötigen Chipkarten und Software-Tools vorhanden sind. Doch sicherlich wird dann auch bald über elektromagnetische Spannungen und Schwingungen in den Haushalten wie bei den Handys debattiert werden.

Insgesamt zeigt die technische Entwicklungsgeschichte, dass die diversen Applikationen immer schneller marktreif werden und sich auch am Markt durchsetzen. Das Internet brauchte noch fast 30 Jahre, um sich einen weltweiten Markt zu erobern, das heute als Pars pro toto fungierende World Wide Web nur noch gut zehn Jahre, und bei den Handys löst eine Generation die andere rasch ab. So multiplizieren sich die technischen und formalen Optionen, bestimmte Kommunikationsaufgaben zu erledigen oder bestimmte Inhalte zu bekommen – ob sich die inhaltliche Vielfalt im ähnlichen Maße vermehrt hat, ist umstritten. Viele entdecken und beklagen nur „More of the Same" bzw. Redundanzen bei Produkten, Gattungen, Dramaturgien und Inhalten. Denn die Ressourcen Kreativität, Phantasie und relevante Inhaltlichkeit sind begrenzt bzw. lassen sich kaum marktgerecht generieren, multiplizieren und gestalten, weshalb die Reproduktion von Varianzen und oberflächlichen Modifikationen zu überwiegen scheint. Zudem müssen die vielen technischen Optionen sowie die standardisierten und nur variierten Produkte um die nicht unbegrenzt wachsende und vielfach schon die Sättigung erreichte Aufmerksamkeit des Publikums und der Konsumenten wetteifern, so dass die Strategien des Marketing, der Attraktion und Werbung immer (kosten)aufwändiger, schriller und mächtiger werden. Ein Event jagt das nächste, ein Medien-Hype übertrifft den anderen, ein Highlight übertrumpft das vorangegangene. Längst ist aber auch deutlich geworden, dass manche Visionen und Trendprognosen nicht so, mindestens nicht so schnell und stringent sich verwirklichen, wie sie dennoch unbeeindruckt immer wieder ventiliert werden. Die Rezipienten behaupten trotz ausgeklügelter Marketing- und Werbestrategien noch gewisse Selbständigkeit und Zögerlichkeit, sogar Widerspenstigkeit gegenüber den vielen, teils entbehrlichen Innovationen, und die Trends erweisen sich nicht zuletzt als probate selbstgefällige, ungesicherte Weissagungen eines sich ablösenden und selbst bestätigenden Prognose-Marktes (Schweiger 2004).

Gleichwohl ist der Informations-, Medien- und Content-Markt zu einer eigenen, prosperierenden Branche geworden, auf dem sich viele unterschiedliche Anbieter tummeln und es ein Neben- wie ein Nacheinander der Tendenzen gibt: Es reicht von der anspruchsvollen wissenschaftlichen Information bis hin zur seichten Unterhaltung, von der religiösen Erbauung und vom philosophischem Diskurs bis zum Sport und Klamauk, der Partnerberatung und Erotik, vom literarischen Werk bis zum Lernspiel, vom klassischen Konzert bis zu Pop und Rap,

7 Trends und Segmente der „Wissensgesellschaft" 167

vom cineastischen Spielfilm bis zu Comics, vom professionellen, zielgerichteten E-Learning-Kurs bis zum schwachsinnigen Quiz. Auch die Vertriebswege sind gänzlich unterschiedlich, konventionell bis virtuell. Immer noch sorgen herkömmliche Bibliotheken für die informationelle Grundversorgung und den freien Zugang von Individuen zu jedweder Information und Unterhaltung, tun es längst auch mit elektronischen Dienstleistungen, Internet-Anschlüssen und virtuellen Katalogen. Daneben offerieren große Medienkonzerne, wie sie sich besonders in der Hochphase der E-Economy gebildet haben, mediale Allround-Pakete zu lukrativen Preisen.

Entgegen manchen forschen Prognosen über das Ende der Massenmedien behaupten sich die überkommenen Medien auch im digitalen Umfeld enorm gut, selbst noch in gemeinwirtschaftlichen Strukturen als öffentlich-rechtliche Anstalten – wie für die bundesdeutschen Verhältnisse vor allem die seit über 30 Jahren erhobene langfristige Nutzungsstudie „Massenkommunikation" belegt (Berg/Ridder 2002; Kübler 2003b, S. 204ff): Das Fernsehen besteht weiterhin als das am häufigsten und am extensivsten genutzte Medium, inzwischen auch schon tagsüber und bis spät in die Nacht und nicht nur in den so genannten prime times. Mit der in 2004 einsetzenden Digitalisierung wird es noch konvergenztauglicher und dürfte sich weitere Dimensionen der Interaktivität, Individualisierung, aber auch der spartenspezifischen Programm-Multiplizierung erschließen. Der Hörfunk ist als Nebenbei-Begleiter unentbehrlich geworden und fast rund um die Uhr an. Auch er wird mit der Digitalisierung noch mobiler, kleinteiliger und flexibler. Kino und Film erleben künstlerische wie ökonomische Höhepunkte, allerdings auch wechselnde Konjunkturen, die nicht zuletzt einer enormen, immer rasanter werdenden Überproduktion und einem weltweiten oligopolistischen Markt geschuldet sind. Zeitschriften haben sich inhaltlich und formal enorm diversifiziert; Bücher taugen mittlerweile sogar zur Promotion halbseidener Medienstars. Nur die tägliche Zeitung findet zumal unter den Jüngeren immer weniger LeserInnen. Als Online-Produkt – zumal mit der kühnen Vision einer jeweils individuellen Ausgabe ‚on demand' – hat sie bislang noch nicht reüssieren können, verliert aber immer mehr Service-Funktionen und Werbemärkte an das Internet und ist derzeit wohl in der bedrohlichsten Krise. Auch eine alternative, freie, kaum durchkommerzialisierte Szene behauptet sich global im Internet und stellt qualitativ anspruchsvolle, auch konträre Informationen bereit, die in den Mainstream-Portalen nicht zu finden sind. Letztlich ist jede/r im Netz Producer und Consumer zugleich, so dass die überkommenen strukturellen Aufteilungen aufgehoben sind.

Die Individuen müssen sich ständig auf neue Optionen einstellen und sie nutzen lernen. Viele fühlen sich von der Fülle, Hektik und dem Auswahlzwang schon überfordert. Um sie zu mindern oder gar auszuweichen, werden feste Routinen und Orientierungsgewohnheiten entwickelt, greift man auf Bewährtes und Vertrautes zurück und weicht außergewöhnlichen Anforderungen aus. So wandelt sich die Informations- und Mediengesellschaft, so sehr sie dies in einigen objektiven Indikatoren repräsentieren mag, auf Seiten der Nutzung und Rezeption nicht quasi automatisch zur „informierten Gesellschaft", wie auch besagter *Enquete-Bericht* des Bundestags eingeräumt hat (Bundestag 1998)

7.3 E-Government: Erosion konventioneller Politik oder neue Partizipation?

Als neue „Athenische Ära" mit Partizipationschancen für alle und mit direkter Demokratie via Online hat der frühere amerikanische Vizepräsident Al Gore die sich abzeichnenden politischen Veränderungen, die von Information Highways, Computer und Internet hervorgerufen werden sollen, avisiert. Dass sich diese Evolution noch nicht, nicht so breit und wohl auch nicht so positiv einstellen wird, scheint inzwischen deutlich. Nicht nur technische und finanzielle Verzögerungen verlangsamen und beschneiden die kühnen Optionen, so dass gerade die öffentlichen Mega-Produkte – der digitale Polizeifunk, die neue Informationstechnik der Bundeswehr (Herkules), das Maut-Desaster oder ein einheitliches Computer-System für alle deutschen Finanzämter – als Prototypen für einen nicht mehr steuerbaren Gigantismus der Informationstechnologie firmieren (Asendorf 2004); auch machtvolle Blockaden und Beharrungen, die unterschiedlich motiviert und von vielen Interessen gesteuert werden, sind da am Werk.

Verfassungsrechtlich kann E-Government und E-Administration ohnehin erst eingeführt werden, wenn alle Bürgerinnen und Bürger Zugang zu Online-Optionen haben wie derzeit zu den konventionellen Wahlurnen. Davon ist die Bundesrepublik Deutschland 2003/3004 mit etwa der Hälfte der Bevölkerung, die online gehen kann und die sich sozio-demografisch erheblich ungleich verteilt, noch recht weit entfernt (Schweiger 2004). Ohnehin lässt sich fragen, ob direkte Demokratie via Mausklick überhaupt funktionieren kann oder ob es nicht gerade für sie der unmittelbaren Begegnung und des persönlichen Austausches von Argumenten bedarf.

Entstaatlichende und supranationale Tendenzen lassen sich gleichwohl ausmachen, die allerdings nicht nur von digitalen Kommunikationsmöglichkeiten beeinflusst sind, sondern vornehmlich den globalisierenden Trends des Wirtschaften und der Finanzströme geschuldet sind (Beck 1997; Castells 2001; 2002; 2003). Inwieweit sich der Nationalstaat des 19. und 20. Jahrhunderts mit seiner territorialen Souveränität und Gesetzgebungskompetenz angesichts supranationaler Integration, wirtschaftlicher Globalisierung, weltweiter Mobilität, Migration und Kommunikation allmählich überlebt, lässt sich auch ungeachtet von digitalen Medien und Internet fragen. Diese derzeit neu entstehenden Strukturen werden häufig mit dem Begriff einer „global governance" umschrieben: Damit soll avisiert werden, dass die nationalen Staaten und ihre Regierungen („governments") allmählich aus dem Zentrum des globalen Handelns verschwinden, wiewohl sie immer noch – etwa die 191 Mitglieder der Vereinten Nationen – die formalen Grundlagen für das internationale System bilden; vielmehr bilden sich zusehends Koalitionen ganz unterschiedlicher Akteure, die gemeinsam nach Lösungen gemäß der Maxime des kleinsten gemeinsamen Nenners suchen. Allerdings stellt sich bei den meisten dieser Akteure – seien sie Unternehmen, zivilgesellschaftliche Gruppierungen oder Interessensgruppen – die Frage nach ihrer demokratischen Legitimation und damit nach der Berechtigung ihres Agierens und Einflusses, da sich private, gruppenspezifische, öffentliche und administrative Interessen vermischen (Kleinsteuber/Thomaß 2004, 82). Analytisch lassen sich für die diversen politischen Aufgaben, Akteure und Wirkungsradien, mithin etliche Typologien identifizieren, die das vielfältige Geflecht von Einflussnahmen und Interessenswahrnehmung übersichtlicher machen sollen (Ebd.). In rechtlicher Hinsicht ist an der Konstitution und Ausgestaltung der „internationalen Informationsordnung" mit ihren verschiedenen Ebenen und Kompetenzen eine Vielzahl von Akteuren und Normen beteiligt. Mit diesem Begriff soll die „Summe der völkergewohnheitsrechtlichen, -vertragrechtlichen, innerstaatlichen sowie privatrechtlichen Regelungen auf den verschiedenen Teilgebieten grenzüberschreitender Information und Kommunikation, also die gewachsene rechtliche Ordnung der globalen Informationsgesellschaft, bezeichnet werden" (Tietje 2004, 23).

Als „Zwitter-" oder „Hybrid-Modell" propagiert dafür der Soziologe Ulrich Beck (1997, 183ff) – allerdings noch recht vage – das Konzept des „Transnationalstaates", der auf dem klassischen Nationalstaat aufbaut und den Übergang in die „Weltgesellschaft" organisieren soll. Er ist nicht mehr territorial gebunden, aber wegen seiner vielfältigen Aufgaben und Funktionen immer noch ein handlungsmächtiger Staat, er agiert sowohl in den Regionen und Lokalitäten als auch global, versteht sich „nach dem Prinzip des einschließenden Unterscheidens [...] als Provinz der Weltgesellschaft" mit einer polyzentrischen Weltpolitik, einem Weltmarkt, transnationalen Kooperationen, aber auch mit kultureller Vielfalt und multi-ethnischen Identitäten – wofür der Soziologe Roland Robertson (1992) das Kunstwort Glokalisierung – als Kombination von Globalisierung und Lokalisierung – erfunden hat (Beck 1997, 88ff). Denn letztlich werde Globalisierung nur im Kleinen, Konkreten, vor Ort, im eigenen Leben, in sinnlichen, kulturellen Symbolen für den Einzelnen erfahr-, begreif- und emotional erlebbar, und auch nur so lässt sie sich für die Wissenschaft empirisch erfassen.

Digitale Informationstechnologien und Vernetzungen machen diese Transformationen und Transfers, Kontakte und Arbeitsformen leichter, effizienter, sicherlich auch nahe liegender und dringlicher. So sind auf internationaler Ebene die Nicht-Regierungsorganisationen (NGOs) zu sich ständig vergrößernden Organisationseinheiten mit steigendem politischem Einfluss herangewachsen, die weder die nationalen Regierungen noch die internationalen Institutionen mehr ignorieren können. Vor allem die Vereinten Nationen suchen die Zusammenarbeit mit ihnen, um Egoismen und Hegemoniebestrebungen der Nationalstaaten einzudämmen oder gar zu konterkarieren.

Gerade auch bei der Organisation und Regulierung der internationalen, digitalen Informationsstrukturen, die ja nationale Regelungen unschwer überwinden, sind informelle Absprachen und Selbstverpflichtungen (z.B. Netiquette) von hohem Wert, die sich inzwischen eigenständige Instanzen wie *ICANN* (= *Internet Corporation for the Assigned Numbers and Names*) geschaffen haben (Hamm/Machill, 2001; Machilll/Ahlert 2001). Im Oktober 1998 gegründet, repräsentiert diese Organisation die globale Internet-Gemeinschaft (community), koordiniert technische Protokolle des Internet und überwacht die Verwaltung von Internet-Adressen und -Namen. Von den einen als erstes Beispiel für die freiwillige, zivilgesellschaftliche Selbstregulierung internationaler Kommunikation, die „global governance", gefeiert, weisen andere auf ihre mangelnde demokratische Legitimation hin, zumal sie öffentliche Aufgaben wahrnimmt (Tietje 2004, 20). Diesem Manko wollte man zunächst durch weltweite Online-Wahlen abhelfen, die aber infolge der ungleichen Zugänge zum Internet und unterschiedlicher Beteiligung nicht funktionieren konnten. Die umfassende Reform, der ICANN daraufhin 2002 unterzogen wurde, sieht die Entsendung von „authorithies" aus für das Internet relevanten Institutionen und Regierungen und damit den Status von Public-Private-Partnership vor. Das Modell einer privaten, reinen Self-Governance ist mithin zurückgenommen worden, womit seine rechtliche Begründung allerdings noch nicht abgeschlossen sein dürfte (Ebd.).

Jedenfalls sind solche Modelle der Selbstregulierung heute Plattformen und Resultate von (informations- und medien)ethischen Fragestellungen (*infoethics*), wie sie insbesondere von der UNESCO ventiliert werden (Kleinsteuber/Thomaß 2004, 91). Sie stellen sich angesichts der Informationsexplosion und besagter Aufmerksamkeitskonkurrenz der Medien verschärft, andererseits sind sie aber auch erforderlich, um die Unzuständigkeiten und Regelungsdefizite nationaler Gesetzgebung in internationaler Hinsicht mit eigenständigen Formen der Verbindlichkeit zu füllen (Wiegerling 1998).

Mit dem Schutz der Vereinten Nationen werden Visionen und Regelungen für die globale „Wissensgesellschaft" ersonnen und zu verabschieden gesucht, zuletzt auf dem UN-Weltgipfel zur Informationsgesellschaft im Dezember 2003:

Idee ist es, Informationsfreiheit als Weltbürgerrecht zu sichern und zu verankern, so dass jeder Mensch die gleichen Chancen für den Zugang zum Wissen dieser Welt „an jedem Ort und zu fairen Bedingungen" und damit die Chance zur politischen wie kulturellen Teilhabe hat oder erwirbt. Unter den strukturellen, defizitären Bedingungen auf dieser Welt kann es sich dabei vorerst nur um ein hohes Ziel in weiter Ferne handeln. Außerdem kann auch hier wiederum nur das objektivierte Wissen gemeint sein, womit zugleich erhebliche Selektionen und Gewichtungen zwischen den Kulturen verbunden sind, denn nur die entwickelten Nationen verfügen über leistungsfähige, ausdifferenzierte und historisch weit zurückreichende Dokumentations- und Speicherungssysteme (z.B. Archive, Bibliotheken, Medien, Provider, Wissenschaften), nicht aber die vielfach noch oralen Kulturen der südlichen Erdhalbkugel. Auch kann nur das objektivierte Wissen vermarktet und kommerziell genutzt werden, weshalb Wissen als „Erbe und Besitz der Menschheit", wie sie die angestrebte „Magna Charta der Wissensgesellschaft" nachhaltig schützen und bewahren will, ebenfalls diesen verzerrenden Prämissen unterliegt.

Doch auch in den nationalen Zivilgesellschaften zeichnen sich gravierende Verschiebungen von Macht und Repräsentanz ab: Einerseits katapultieren die Medien mit ihrem unersättlichen Präsenzbedarf und mit ihrer penetranten Tendenz zur Personalisierung Entscheidungs-, aber auch nur Show-Eliten unentwegt in den Vordergrund, drängen ihnen kaum mehr legitimierte Meinungs- oder gar Machtpositionen auf oder schreiben sie ihnen rücksichtslos zu, so dass die verfassungsrechtlichen Organe, insbesondere das Parlament, immer mehr das Nachsehen haben. Andererseits stoßen in dieses politische Vakuum informelle, offene Organisationen außerhalb der etablierten Parteien und Verbänden (wie *Greenpeace* oder *attac*), weil sie mit ihren meist speziellen Zielen und Inhalten Menschen an sich binden können, aber sie kaum mehr mit den als leere Rituale empfundenen Gepflogenheiten und Spielen innerer Demokratie oder auch Rankünen behelligen. Von großem Einfluss ist dabei, welche Themen die Medien auf ihre öffentlichkeitswirksame Agenda setzen und mit welchen Repräsentanten sie sie personalisieren. Diese müssen sich nicht unbedingt durch Kompetenz, Funktion oder Amt auszeichnen, zunehmend immer weniger, als vielmehr durch ihre vermarktbare Popularität, ihren Attraktionswert und ihre Fähigkeiten, Mainstreams der öffentlichen Meinung zu generieren und zu kanalisieren. Für sie machen sich die Medien vorgeblich zu Sprachrohren, obwohl sie oft genug solche Figuren selbst kreieren und nach ihren Kampagnen modellieren.

So verbergen sich hinter dem Schlagwort E-Democracy vielfältige, auch gegensätzliche Entwicklungen, deren Ursachen und Motive ebenso divergent lokalisiert und eingeschätzt werden müssen. Gewissermaßen laufen Erosionen, aber auch Reaktivierungen des Politischen nebeneinander her, konkurrieren sogar miteinander, aber ergänzen sich selten produktiv, weshalb der gesamte politische Sektor für viele nicht nur als verwirrend, sondern sogar zunehmend als suspekt und marginal erscheint. Die emotionalen Reaktionen reichen von massiven Reserven oder gar Abscheu bis hin zu bedrohlichen Unterstellungen eigennütziger Subversion und zynischer Machtpolitik. Die politische Bildung müsste sich mit diesem diffusen, oftmals lähmenden Gemisch irrationaler Einstellungen ungleich intensiver auseinandersetzen und konstruktive Wege der Rationalisierung und Transparenz aufzeigen.

Bedenklich sind auch die vielfältigen Optionen der Kontrolle und Überwachung, die mit der digitalen Rundum-Versorgung unausweichlich als latente Begleitung möglich sind, aber vom normalen Bürger nicht überprüft, ja nicht einmal hinreichend wahrgenommen werden können. Ob mit Kredit- oder Kundenkarte, mit Handy und elektronischer Kasse, mit digitalem Gesundheitsausweis und Pass, mit Überwachungskameras oder Internet-Einkauf – ständig und überall fallen Daten über das Individuum an, die seine Gewohnheiten, Bedürfnisse, Wege, Eigenschaften und Krankheiten unauffällig abbilden und ihn zum gläsernen oder digital erschlossenen Menschen machen. Rücken die Chips noch näher an ihn heran, wie es mit der digitalen Kleidung und erst recht mit Implantaten in den Körper geplant ist, ist der Mensch permanent digital gespurt und ortbar. Nichts mehr ist dann mehr persönlich oder gar intim, nichts lässt sich mehr verbergen oder kaschieren, allein die Datenfülle und ihre wohl kaum totale Erfassung versprechen dann noch einen geringen Schutz. Doch mit dieser Entwicklung perfektionieren sich auch die Registrier- und Klassifikationssysteme, so dass zumindest die auffälligen und abweichenden Daten beachtet werden. Die elektronischen Fesseln für frei gehende Gefangene sind bereits solche Produkte. Sie entlasten die überfüllten Gefängnisse, suggerieren eine vermeintliche Freiheit, aber ermöglichen eine perfektere, subtilere Kontrolle, als es jede konventionelle Überwachung vermag. Jedenfalls könnten all diese Entwicklungen das seit der Aufklärung entstandene Menschenbild enorm erschüttern, und es bedarf dringend der Fixierung von (gesetzlichen und ethischen) Grenzen, die die Informatik und ihre instrumentelle Verwertung nicht überschreiten dürfen (Pfitzmann 2004).

Gleichwohl erhoffen sich insbesondere die Kommunen als die genuinen Terrains der unmittelbaren Demokratie von den elektronischen Optionen eine Renaissance und Verbreitung der Partizipation, wie sie unter der angespannten Lage der öffentlichen Finanzen auch Rationalisierung der öffentlichen Verwaltung, aber auch bürgerfreundliche Service-Angebote anstreben. Etliche Städte wagen sich als Vorreiter in die E-Democracy und den E-Service, das virtuelle Bauamt der Stadt Esslingen (Media@Komm-Projekt) gilt als „Leuchtturm des E-Government". Insgesamt werden die Errungenschaften, in die schätzungsweise schon mehr als 11 Millarden Euro investiert worden sind, unterschiedlich eingeschätzt. Noch viel Aufwand und Energie gehen in den innerbehördlichen Austausch; die heimische Wirtschaft vor Ort, die an schneller, effizienter Verwaltungsabwicklung besonders stark interessiert ist und auf ihrer Seite auch das geeignete Equipment bereitstellen kann, wird noch zu wenig bedacht, und die Offerten an den Bürger scheitern oft noch an der Vielfalt und Komplexität der Aufgaben (Oberhuber 2004). Für viele eindeutige, zweckrationale Dienstleistungen lassen sich gewiss Online-Versionen finden und effizient einsetzen. Aber sie lassen sich erst als Substitutionen für konventionelle Angebote realisieren, wenn eine fast flächendeckende Versorgung von Internet und Online-Diensten gewährleistet ist, wovon für die Bundesrepublik Deutschland 2003/2004 noch keine Rede sein kann (Schweiger 2004). Solange müssen doppelte Strukturen aufrechterhalten bleiben, was sicherlich keine Kosteneinsparung bewirkt.

Andererseits nehmen die Probleme und ihre jeweils individuelle Komplexität in einer zunehmend interkulturell und zudem älter werdenden Gesellschaft zu, so dass der Bedarf an Beratung und Einzelfall-Entscheidungen steigt. Wenn also die Kommunen die administrativen Rationalisierungsgewinne durch die Informationstechnik vornehmlich zum Personalabbau einsetzen, zu dem sie aufgrund ihrer schrumpfenden Einnahmen gezwungen sind, verschlechtern sich aufs Ganze ihre Serviceleistungen – entgegen manchen optimistischen Verlautbarungen.

Trotz der begrenzten Reichweite versucht die Gesetzgebung Regelungen für den rasanten Wandel und die technischen Optionen zu finden und zu fixieren, und dies gleich auf drei Ebenen: für den Nationalstaat, die Bundesrepublik Deutschland, für die Europäische Union und ihre noch fortschreitende Integration sowie für die in Medien und Kultur noch begrenzt souveränen Bundesländer, also für die föderale Struktur. Europäisches, nationales und regionalstaatliches Handeln und Wollen verläuft da nicht immer parallel und muss oft genug aufwändig austariert werden. Daher sind die rechtlichen Koordinaten für die „Informationsgesellschaft" kaum mehr zu durchschauen und vertragen sich – zumal im internationalen und -kulturellen Vergleich – nicht immer ohne Friktionen. Ob die jeweilige Gesetzgebung überhaupt noch oder zumindest einigermaßen nachdrücklich der 1983 als neues Bürgerrecht gefeierten „informationellen Selbstbestimmung" des Individuums in der „Informationsgesellschaft" nachkommen und ihr gerecht werden kann, muss jeweils am einzelnen Gesetz überprüft werden. Doch gerade auch auf diesem Feld der digitalen Information und Vernetzung zeigen die jeweiligen Rechtssysteme, dass der Nationalstaat an seine gesetzgeberischen Grenzen gerät und Souveränität an transnationale Instanzen abgeben muss, sofern sich überhaupt noch Normen und Regeln finden und vor allem durchsetzen lassen. Außerdem intervenieren unterschiedliche Politikbereiche und Felder, so etwa die der internationalen Sicherheit gegen die der „informationellen Selbstbestimmung", und je nach aktuellen Zeitläuften wird für die eine oder andere votiert.

7.4 Medienflut und -konvergenz

Für den sich seit Ende des 19., Anfang des 20. Jahrhunderts herausgebildeten Medienmarkt mit vielfältig, medientechnisch wie funktional einigermaßen differenzierten (Massen)Medien werden nun unter der Vorgabe der Digitalisierung, Vernetzung und Telekommunikation, auch als hybrides Multimedium bezeichnet, zahlreiche Konvergenzen registriert und weitere prognostiziert. So internationalisiert sich der Medienmarkt weiterhin unter dem Einfluss der multi- oder fast supranationalen Medienkonzerne, die sich nicht zuletzt unter dem digitalen Boom formiert haben. Was die seit 2000/2001 schwelende ökonomische Flaute und die einhergehende Reduktion von Investitionen wie publizistischen Outputs auf mittlere Sicht verändern werden, ist gegenwärtig noch nicht hinlänglich einzuschätzen. Jedenfalls dürfte sich die Produktion von Inhalten und Formen (Content) unter den internationalen Konjunkturen und Mainstreams weiter standardisieren bzw. auf breit vermarktbare Schemata hin orientieren. Marken und Events bestimmen den internationalen Medienmarkt, dem abweichende und spezielle Kulturen unterworfen sind. Sie werden von der globalen Regie popularisiert, wenn sie sich in die herrschenden Koordinaten gefügt haben. Zugleich bleibt mediale Produktion stets Sinnproduktion, die vor Ort auf kulturelle und ethnische Besonderheiten Rücksicht nehmen muss und deshalb in den nationalen und regionalen Dimensionen immer noch eigensinnige Inhalte und Formen generiert.

Globalisierung auf der einen, Regionalisierung, wenn nicht Lokalisierung auf der anderen Seite kennzeichnen die Medienmärkte heute; aber auch weitere gegensätzliche Entwicklungen lassen sich anfügen: Noch immer beherrschen die etablierten Massenmedien die öffentliche Kommunikation und konzentrieren sich ökonomisch weiterhin, so dass wenige Global Players mediale Monopole weltweit, mindestens transnational (wie z.B. K. Rupert Murdoch mit der *The News Corporation Ltd.*) oder national (wie Silvio Berlusconi mit seinen Konzernen *Fininvest* und *Mediaset* in Italien) erreichen; insofern ist die überkommene Massenkommunikation immer noch präsent und wirkmächtig. Von keiner öffentlichen Instanz werden diese Medienmogule überwacht und reguliert; Vorkehrungen gegen Konzentration und Monopole enden noch immer an den nationalstaatlichen Grenzen (Hachmeister/Rager 2003; Kleinsteuber/Thomaß 2004, 89).

Andererseits diversifizieren sich die großen Publika angesichts der Vielfalt der technischen und inhaltlichen Angebote zunehmend, bis hin zur Individualisierung und Aufhebung der traditionellen Aufteilung in Sender und Empfänger bei der Online-Kommunikation, wo jede/r zugleich Rezipient als auch Produzent sein kann. Auch andere Arbeitsteilungen erodieren: etwa die zwischen beruflicher, gewerblicher und privater Kommunikation, nicht zuletzt spürbar an dem immer penetranteren Eindringen von Werbung in die Privatsphäre oder bei der öffentlichen Abwicklung von Privat- und Geschäftsgesprächen via Handy, sowie die zwischen Unterhaltung und Information, sichtbar allein schon an den gängigen Wortschöpfungen wie Infotainment, Edutainment, fun shopping etc.

Trotz globaler Standardisierungen und Nivellierungen des globalen Medien- und Konsumangebots, die vorrangig von der mächtigen US-Medien- und Konsumindustrie betrieben und als *McDonaldisierung* angeprangert werden, ist die Mediennutzung jeweils in die vorhandene Kultur eingebunden, gewissermaßen nicht allein dominant und prägend, sondern auch glokal diversifiziert und trägt zur interkulturellen Kommunikation bei: Kulturelle Normen, Traditionen, Praxen und Symbole, Bildungsstandards, Sprachen, Lesefähigkeit, natürlich auch die objektiven Voraussetzungen der Versorgung und Ausstattung mit Kommunikationstechnologien und Medien sowie deren rechtlich-politische Verfasstheit beeinflussen ihrerseits die Mediennutzung; ein einseitiger Mediendeterminismus, wie er nicht zuletzt von kulturkritischer Warte aus verfolgt worden ist, trübt den analytischen Blick für die Unterschiede und Spezifika (Hasebrink/Herzog 2004, 136).

Offensichtlich nimmt die Verbreitung von Rundfunk, als technische Infrastruktur wie als Endgeräte, als Markt, Werbeträger wie als Programmvielfalt, weltweit immer noch zu, steigen entsprechend die Reichweiten und Nutzung, wohingegen die Printmedien an Zahl, Wirtschaftskraft (Werbeaufkommen) und Resonanz verlieren. Besonders der Hörfunk hat sich „als unaufwändiger Begleiter durch den Tag etabliert" (Ebd., 146). In etlichen Ländern rückt schon das Fernsehen auch in diese Funktion ein, wodurch sich die Einschaltzeiten kontinuierlich erhöht haben und weiter erhöhen. In den USA, Japan, aber auch in süd- und osteuropäischen Ländern erreichen sie schon weit mehr als vier Stunden täglich, doch immer noch liegt die so genannte Prime Time – und damit Hauptsehzeit – am Abend, im Norden früher, im Süden später (Ebd., 146). Mit dieser durchgängigen Expansion der Nutzungszeiten haben weder die Programmzahl noch die -produktion entsprechend Schritt gehalten, so dass die Wahrscheinlichkeit steigt, „dass bestimmte (oft amerikanische) Produktionen überall in der Welt ausgestrahlt werden. Gleichzeitig ist es durch die Ausbreitung der Kabel- und Satellitentechnik für immer mehr Menschen möglich, ausländische und internationale Angebote zu nutzen" (Ebd., 157).

Entgegen vielen – auch euphemistischen – Erwartungen über eine allmähliche Gleichberechtigung oder auch Demokratisierung der internationalen Kommunikation durch die sich verdichtende technische Infrastruktur, steigende Distribution und Vernetzung sowie die daraus folgende erhöhte Zugänglichkeit zu Informationen scheinen sich die Strukturen der internationalen Informationsordnung nicht merklich verändert, geschweige denn verbessert zu haben. Noch in den 70er Jahren, auf Veranlassung der UNESCO auf ihrem Kongress 1976 politisch gefordert und 1981 in einem Aufsehen erregenden, weil deutlich Position beziehenden Bericht (MacBride 1981) dokumentiert, konnten die Industrieländer – allen voran die USA und Großbritannien – ihre kommunikative Dominanz im globalen Informations- und Medienmarkt unter dem opportunen Diktum der Informationsfreiheit (*free flow of information*) weitgehend aufrechterhalten. Dass damit der Ost-West-Konflikt auch auf dem Terrain der Information und Kommunikation ausgetragen und ideologisch instrumentiert wurde, hat dem Anliegen einer gerechten internationalen Informationsordnung, für die sich die UNESCO im Laufe ihrer 56jährigen Geschichte einsetzte (Breunig 1996), nicht genützt. Immerhin ist ihr größter Widersacher, die USA, 2003 nach 19 Jahren Abwesenheit in die Organisation zurückgekehrt (Kleinsteuber/Thomaß 2004, 91f).

Dennoch teilen die drei großen Weltnachrichtenagenturen AP (*Associated Press*), Reuters und AFP (*Agence France Presse*) die konventionellen Nachrichtenmärkte wie schon seit dem Ende des 19. Jahrhunderts weitgehend unter sich auf (Schulz 2002, 340ff). Doch mit Satellitentechnik und Internet haben sich neue, unkonventionelle Nachrichtenmacher weltweit durchgesetzt, allen voran seit 1980 der amerikanische 24-Stunden-Nachrichten-Sender CNN (*Cable New Networks*) des Medientycoons Ted Turner. Längst verfügt er über ein eigenes Korrespondentennetz rund um die Welt, aber mit signifikanten regionalen Gewichtungen, und über zahlreiche Tochterunternehmen, in Deutschland ist es *n-tv*. Denn auch CNN hat sich dem „glokalen" Trend angepasst und konzentriert sein ehedem globales Programm auf regionale Märkte, etwa mit einem spanischen, türkischen und deutschen Programm (Kamps/Meckel 1998, Kleinsteuber/Thomaß 2004, 85). Die Ungleichgewichte bei der Nachrichtenproduktion und damit in der internationalen Informationsordnung dürften sich aber dadurch nicht grundsätzlich verschieben, denn die kommerzielle, auf Katastrophen, Kriege und Sensationen ausgerichtete Nachrichtenmache ist wenig an Kontinuitäten, strukturellen Veränderungen und alltäglichen Problemen interessiert. Aber sie bestimmen nun einmal das Fundament und Gros der Weltgeschichte (Meckel/Kriener 1996).

Von kulturkritischer Warte aus wird daher die ständig wachsende Aufmerksamkeitsfokussierung und -verdichtung kritisiert, die die unentwegt steigende Zahl der Medien, Formate und Produkte bewirkt und neben der materiellen Ökonomie eine symbolische, nämlich die der Verteilung und Fesselung von Zuwendungen, hervorruft (Franck 1998). Beim Fernsehen, zumal beim privatkommerziellen, ist die sekundengenaue Quotenmessung zum absoluten Maßstab avanciert, der nicht nur über Werbe-Einkünfte, sondern auch über Erfolg oder Misserfolg von Sendungen und Formaten sowie über Karrieren des Personals entscheidet. Dafür jagen sich die vermeintlichen Novitäten und Highlights in immer rascheren Folgen, ständig müssen noch abstrusere Formate kreiert werden, die mindestens kurzfristig die Neugier und Sensationslust des Publikums zufrieden stellen; ebenso schnell wechseln die vorgeblichen Stars und Sternchen, die jeweils passend aus dem alltäglichen Nichts hervorgezaubert, glamourös katapultiert, aber ebenso abrupt und gnadenlos abserviert werden, wenn sich Formate und Gesichter abgenutzt haben. Standardisierung und Beschleunigung, die mit der Industrialisierung in der Produktion und im Verkehr begonnen und damals den Zeitgenossen markante Umstellungen (etwa im veränderten Zeitgefühl) abgefordert haben, haben sich längst auf die symbolische Reproduktion erweitert und dort sogar noch intensiviert, so dass nun Wahrnehmung und Kognition zumindest tendenziell so schnell und heftig takten wie ehedem die Fließbänder und die Schreibmaschinen in den Büros – nur dass sie es nun vermeintlich aus eigenem subjektivem Antrieb tun. Gestylte Oberfläche ist Trumpf, Utopie verkommt zu Science Fiction, Emotion zur voyeuristischen Sensation, ausgebeutet wird alles, was Attraktion und Aufmerksamkeit erzielt, Tabus fallen gnadenlos, werden dann als geheuchelte Entrüstung wieder aufgestellt, Substanz und Seriosität überleben nur noch in den Nischen vermeintlicher E-Kultur.

Präsent sein und Performance haben, egal wie und womit, wird dadurch zum absoluten Leistungsparameter nicht nur für die, die im Showbusiness sind oder darin etwas werden wollen, sondern fast schon in allen Lebensbereichen, selbst in einigen bislang seriösen und zurückhaltenden wie der Religion/Kirche und der Wissenschaft (Neckel 2000). In den USA beherrschen die electronic churches längst das öffentliche Bewusstsein und haben zu einer demonstrativen, mitunter schon fanatischen Religiosität und zu einem konservativen Rollback geführt, die die aufklärerischen Mäßigungen und Toleranzbestrebungen vielfach schon vertrieben haben.

„Publish or perish" dominiert auch längst die „scientific communities", wobei die solide gedruckte Publikation fast schon nicht mehr bestehen kann, da sie immer weniger wahrgenommen wird. Vielmehr muss sich auch Wissenschaft im Kampf um die mediale Aufmerksamkeit in den elektronischen Medien anpreisen und verkaufen, und wer es als scientific entertainer vermag, erringt die öffentliche Meinungsführerschaft, egal wie seriös und approbiert seine Erkenntnisse sind. Denn die Publicity-Gesetze werden zunehmend von den Medien diktiert, die ehedem akademischen Gepflogenheiten und Maßstäbe werden ihnen mehr und mehr geopfert.

Verändert haben sich erheblich auch Selbstverständnisse und Aufgaben des Journalismus, nicht zuletzt für und durch die neuen Online-Produkte: Der Chronist und Kommentator, von souveräner Warte aus das Weltgeschehen beobachtend, rückt immer mehr in den Hintergrund zugunsten des Entertainers, Service-Verpackers und PR-Spezialisten, der sich bevorzugt um den potenziellen Kunden als um den mündigen Medienbürger kümmert. Die ehedem bewährten Grenzen zwischen Redaktion, PR-Lancierung und Werbung verwischen zunehmend, zumal bei den Online-Medien, wo es kaum mehr als eines Klicks bedarf, um im nächsten Terrain zu landen. Dennoch dürfte zumindest für die Qualitätsprodukte der herkömmlichen Massenmedien der seriöse Journalismus überleben.

Trotz jener enormen Transformationen und Innovationen behaupten sich mindestens bei den durchschnittlichen Bundesbürgern hinsichtlich der Nutzung der Medien beachtliche Kontinuitäten – wie insbesondere die seit über 30 Jahren erhobene langfristige Nutzungsstudie „Massenkommunikation" belegt (Berg/Ridder 2002; Kübler 2003b, S. 204ff). Zwar ist man den neuen medialen Optionen mehrheitlich aufgeschlossen, und insbesondere technische Pioniere wie so genannte Early Adopters interessieren sich für sie, kaufen sie und passen sie schnell in ihren Alltag ein, aber recht bald relativieren sich ihr Neuigkeitswert und die Neugierde für ihre vorgeblichen innovativen Möglichkeiten – oft auch schon, weil bereits wieder etwas Neues ansteht. Dann kommen die eingespielten Gewohnheiten und Nutzungsvorlieben wieder hervor und weisen auch den neuen Techniken reduzierte und/oder bestimmte Funktionen zu. So erhöht sich zwar laufend die durchschnittliche subjektive Nutzungszeit für Medien, zumal jedes Medium einen gewissen Stellenwert beansprucht, aber ein gänzliches Verschwinden oder Ausboten eines ‚alten Mediums´ geschieht selten. Erklären lassen sich solche Normalisierungen, wenn man von bestimmten Grundbedürfnissen nach Unterhaltung, aktueller Information, auf Dabeisein und Ablenkung, auf Zeitvertreib, Unterhaltung und mindestens medialer Teilhabe ausgeht, die heute immer mehr technische Möglichkeiten der Befriedigung finden, aber subjektiv nicht unbegrenzt erweitert werden können. So fügen sich auch die Online-Medien in die strukturell erzeugten Alltagsgewohnheiten ein.

7.5 Alltag und Konsum: zwischen Gewohnheiten und elektronischen Optionen

Wenn „Informations"- und /oder „Wissensgesellschaft" ein umfassendes und durchdringendes Phänomen wie Konzept für den gesellschaftlichen Wandel sein soll, dann muss sie sich bis in die individuellen Lebenswelten der Menschen, bis in den Alltag und die Gewohnheiten jedes Einzelnen auswirken und dort auch neue Dimensionen zeitigen. Anders herum: der Alltag selbst wird ein anderer werden, und dadurch die neue gesellschaftliche Formation anders konstituieren. Denn andere Arbeitsweisen, veränderte Konsumgewohnheiten, verschiedene Gepflogenheiten und Verrichtungen bilden einen neuen Alltag, der in seiner Gesamtheit Gesellschaft verändert und neu formt.

Obzwar es zeitweise in der Ethnologie und Kultursoziologie eine intensive Diskussion um „Lebenswelt" und „Alltag" gegeben hat, sind die Entwürfe und Theorien nicht so weit gediehen, dass sie sich in allen ihren Dimensionen und Nuancen hinreichend analytisch erfassen lassen. Allenfalls können bestimmte Segmente exemplarisch herausgegriffen werden, zumal unter dem Blick ihres fundamentalen Wandels. Dass die Erlebnisorientierung oder gar Ausrichtung auf Freizeit und Spaß ein markantes Phänomen für postmoderne Gesellschaften ist, hat G. Schulze (1992) herausgearbeitet, wie eingangs dargestellt ist. In Medien und populären Diagnosen taucht ihre extreme Variante als so genannte „Spaßgesellschaft" auf, die sich nur noch von einem Event zum anderen, vom einen medialen Highlight zum nächsten katapultiert: Klamauk, Blödsinn, Trash, alles Gags und Gaga, so dröhnt es aus allen Kanälen, verspricht die Medien- und Freizeitindustrie (Kübler 2000). Sicherlich ist mit diesem Attribut ein symptomatischer Firnis gegenwärtiger Medieninszenierung gekennzeichnet, wenn er auch durch vielfältige strukturelle Gegebenheiten des subjektiven Alltags immer wieder gebrochen wird. Der dürfte für die meisten noch von grundlegenderen, härteren Parametern geprägt sein, die zumal in anhaltenden wirtschaftlichen Krisen, verbreiteter, struktureller Arbeitslosigkeit, schwindenden Sozialtransfers, brüchiger werdenden sozialen Infrastrukturen und für viele nicht gerade positiven Zukunftsaussichten schwerer wiegen und sie streckenweise niederdrücken. Von ihnen sind kleine, kurzfristige Fluchten in die bunte, sinnenfrohe Konsum- und Medienwelt stets willkommen und werden bereitwillig probiert. Insbesondere Jugendliche und so genannte Trend-People – übrigens auch einschließlich sich wissenschaftlich gebender Trendforscher – verfallen diesen Medien-Events und Pseudo-Relevanzen.

Noch nicht gravierend, aber doch symptomatisch sind Entwicklungen, die konventionelle Alltagsformen eher noch ergänzen, aber auch den künftigen digitalen Alltag erahnen lassen: etwa das Online-Shopping samt Online-Banking und

-Zahlungsverkehr sowie die Online-Kontakte. Denn sie haben ihre Vorläufer in anderen Medien – etwa im Telefon, in der Presse oder auch im Bildschirmtext – und können sich nun der digitalen, interaktiven Technologien bedienen. Mit enormen Wachstumsraten seit Ende der 90er Jahren kann etwa das Online-Shopping, die moderne Variante des Versandhandels, aufwarten. Allerdings sind die absoluten Raten noch so niedrig, dass solche Steigerungsquoten möglich geworden sind: Lag der Umsatz in Deutschland (aber die Grenze gilt ja nur bedingt) noch 1999 schätzungsweise bei 1,25 Milliarden Euro, so hat er sich bis 2003 fast verzehnfacht auf 11 Milliarden. Damit erreicht er nunmehr 2,5 Prozent des gesamten Einzelhandelsumsatzes, während es 1999 gerade 0,25 Prozent waren. Außerdem sind es ganz bestimmte Produktgruppen, die man vorzugsweise im Internet ordert (und die ihrerseits auf die Nutzung bzw. Nutzungsgruppen des Internets verweisen): Vorweg sind es Tickets bzw. Bestellungen für Reisen, Flüge, Bahnfahrten, Hotels und Veranstaltungen jedweder Art – mithin für Branchen, die den Online-Verkauf ihrerseits forcieren. Sodann folgen gewissermaßen medienaffine Produkte, also Computer, Computerzubehör, Software, auch CDs, CD-ROMs, Videos und DVDs. Dazu kommen Bücher, Karten und Zeitschriften, die ja von Medien-Anbietern wie dem Branchen-Primus *amazon.com* zusammen vermarktet werden. Sein enormer Erfolg rief ja viele Nachahmer (etwa auch vom mächtigen Medienkonzern Bertelsmann) auf den Plan; aber zugleich markiert er inzwischen auch die Grenzen des Online-Marktes, weshalb viele Konkurrenten bereits wieder aufgegeben haben (Riehm 2004).

Immer noch mehrgleisig muss der klassische Versandhandel fahren: mit Läden vor Ort, gedrucktem Katalog und Online-Auftritt, was sicher recht kostspielig ist. Aber offenbar lässt sich seine Klientel, die ja großenteils einfacheren sozialen Schichten entstammt und auch schon älter ist, nicht umstandslos und gänzlich auf Online umorientieren. So bringt es der Internet-Bekleidungshandel nur auf einen Anteil von unter einem Prozent und bestätigt damit, dass trotz mächtiger Werbeaufwendungen und findiger Anpreisung möglicher Vorteile – bis hin zur individuellen Maßanfertigung – für viele Einkaufen von Textilien noch etwas mit Erlebnis und sinnlichem Gespür zu tun hat.

Zu einer Art Volkssport ist inzwischen das Online-Versteigern über *eBay* geworden. Hier revitalisieren sich gewissermaßen der alte Tauschhandel, der Flohmarkt unter Privatpersonen, sieht man davon ab, dass sich auch viele gewerbliche und semi-gewerbliche Anbieter dort tummeln, sowie die Lust am Feilschen, Schachern, Versteigern bis hin zum Reiz des Ausstechens und Besiegens, so dass man oft Dinge erwirbt, die man gar nicht braucht oder will. Auf dem klassischen Markt, im orientalischen Basar oder auf der konventionellen Auktion waren (und sind) all diese Kauf-Usancen üblich, nun hat sie *eBay* erfolgreich gebündelt und ins Internet verlagert. Fast 70 Millionen Beteiligte aus

27 Ländern ließen sich bis 2003 registrieren. Sie handelten beispielsweise 2002 mit Waren und Diensten in Höhe von fast 15 Milliarden Dollar. Allein während des Weihnachtsgeschäfts 2002 sollen in Deutschland Waren und Dienste für fast zwei Milliarden Euro per Mausklick weggegangen sein (Schmid 2003). Vergleicht man diese Beträge mit den Umsätzen des gewerblichen Online-Handelns, lässt sich vermuten, dass das Internet den nichtgewerblichen, informellen Tausch mindestens ebenso fördert wie den gewerblichen. Welche längerfristigen Veränderungen dadurch im Einzelhandel bewirkt werden – befürchtet werden ja bereits eine weitere Konzentration auf wenige Billiganbieter, das Verschwinden des kleinen Einzelfachhandels und damit eine weitere Verödung der Innenstädte –, lässt sich vorstellen.

Intensive Nutzungsstudien finden wiederholt heraus, dass sich auch die viel bemühte Informationssuche im Internet vorrangig auf Unterhaltungssujets, nicht zuletzt auch auf Erotik und Pornografie, konzentrierten, mindestens so lange Internet eine Domäne männlicher Nutzung gewesen ist (Schweiger 2004, 102ff). Doch das interaktive Medium bietet natürlich über das Anschauen von Fotos und Videos hinaus die Chance der (in)direkten Kontaktaufnahme, so dass neben E-Commerce inzwischen das Online-Dating oder der virtuelle Kontakthof prosperieren. In den USA beeindrucken bereits in den letzten zwei Jahren immense Umsatzsteigerungen von 10 Millionen auf über 100 Millionen Dollar pro Quartal, und für Westeuropa werden Zuwächse von derzeit rund 10 Millionen Euro auf deutlich über 100 Millionen für das Jahr 2005 geschätzt. Überprüfbare Zahlen gibt es angeblich nicht, aber Indizien für die Steigerungspotenziale dieses neuen Businessmodells werden darin gesehen, dass inzwischen renommierte Branchenführer neben *FriendScout24* (Metro), *Neu.de* (Ströer) einsteigen und den ehemaligen Außenseitern oder Schmuddelagenten Konkurrenz machen wollen: *T-Online* als größtes Web-Portal zusammen mit dem Weltmarktführer *Match.com*, *Yahoo*, *AOL*, *Freenet*, das Bertelsmann-Portal *Lycos* und ZEIT-Verleger Stefan von Holtzbrinck mit *Parship*. Im Wesentlichen werden drei Gründe für den Erfolg des virtuellen Kuppelgeschäftes ausgemacht, die zugleich subtile Veränderungen in den sozialen Beziehungen indizieren: Zum einen ist die Kontaktsuche im Web recht effizient, vermeidet weitgehend emotionale und zeitliche ‚Fehlinvestitionen', bewahrt lange Zeit Distanz und garantiert problemlosen Rückzug. Fast lässt sich von einer gewissen Ökonomisierung der Beziehungen sprechen, denn verabredet und damit persönlich etwas riskiert wird erst, wenn gewissermaßen die wichtigsten Konditionen stimmen. Zum zweiten zeigt sich die wachsende Single-Gesellschaft – über 11 Prozent der 25- bis 44jährigen leben 2002 in einem Einpersonenhaushalt – in den Paarbeziehungen als reichlich desillusioniert. Gefühle erlaubt man sich offenbar erst, wenn man sich dem Gegenüber einigermaßen sicher ist (was dann angesichts der hohen Scheidungsraten doch nur für eine gewisse Zeit gilt). Daher werden „Suchkriterien" wie „Absolute Treue" und „Partner fürs Leben" bevorzugt angegeben, um das Risiko eines Beziehungsdesasters möglich gering zu halten. Schließlich – und in gewissem Widerspruch – erlauben die Online-Kontaktanzeigen recht freizügige Selbstdarstellungen bis hin zu Ausformulierungen erotischer Phantasien, die ungeniert ins Netz gestellt werden (Hornig/Sucher 2003). Ob dazu die allgemeine Libertinage in den Medien bis hin zur Zurschaustellung intimster oder auch abweichender Praktiken anhalten oder ob sich insgesamt die generelle Neigung zur Eigen-Performance einschließlich sexueller Vorlieben verstärkt hat, braucht hier nicht entschieden zu werden. Jedenfalls fungiert auch in dieser Hinsicht das Web als zugleich privates wie öffentliches Medium als Seismograph für psychische Veränderungen und mentale Wandlungen.

An weiteren Veränderungen des Alltags wird in den informationstechnologischen Labors mit instrumentellen und vermarktenden Intentionen intensiv gearbeitet. Ob die technischen Errungenschaften und Produkte dann tatsächlich den Alltag – und vor allem welchen Alltag und worin – so prägen und verändern, wie es jeweils Prognosen glauben machen wollen, bleibt abzuwarten. Jedenfalls wechseln die Triebkräfte so schnell wie die technischen Konjunkturen: War es noch vor zwanzig Jahren das Fernsehen, dann der PC und schließlich das Internet, ist es derzeit das Handy, das zu grandiosen Visionen anstiftet: Es soll in wenigen Jahren zur Kommunikationszentrale des gesamten Alltags werden; Mobilität und ständige Erreichbarkeit werden mithin zum Markenzeichen des künftigen Lebens. Mit weitaus höheren Leistungen lassen sich so genannte „Body-Area-Networks" entwickeln, bei der etliche Alltagsutensilien miteinander vernetzt sind und miteinander kommunizieren: „Die Uhr kommuniziert mit dem Handy, das Handy mit der Chipkarte und irgendwann mit der Brille, die dann als Bildschirm fungieren könnte" (Schwarzburger 2004). Die Kleidung wird elektronisch und kann Körperreaktionen (Blutzucker, Puls, Kreislauf etc.) kontrollieren; womöglich meldet sie die Daten gleich an den Hausarzt, die Krankenkasse oder an eine Service-Station, sofern solche noch vorhanden sind und finanziert werden können. Dass Wohnungen elektronisch überwacht und dort Kühlschränke, Vorhänge, Rollläden, Heizungen und Klimaanlagen gesteuert werden, hat B. Gates (u.a. 1997) in seiner Super-Digital-Villa bereits vorexerziert. Wird die Verbindung zum Konsummarkt und Einzelhandel über elektronische Kassen und Bestellsysteme hergestellt, lassen sich die täglichen Besorgungen automatisch erledigen. Abweichungen und Sonderwünsche müssen den Registratoren des „Smart-Environment" – wie es inzwischen heißt – jeweils gemeldet werden.

Bei intensiven Nutzern (Usern) von Spielen (so genannte MUDs), Foren und Chats lässt sich beobachten, dass sie sich in diversen virtuellen Gemeinschaften (virtual communities) bewegen, dort diverse mediale Identitäten (oder

Rollen) annehmen, miteinander interagieren und kommunizieren und sich gewissermaßen einen zweiten, eben virtuellen Alltag außerhalb ihres üblichen sozialen Hier und Jetzt zulegen. Denn die Mitglieder sind zusammen, „ohne physisch präsent zu sein; der Kommunikationsraum ist nicht sozio-geografisch lokalisiert, sondern ein imaginärer elektronischer ‚Ort' des Zusammenkommunizierens [...], den man [...] auch als weit gefassten Cyberspace bezeichnen" kann (Höflich 1995, 527). Allenthalben wird schon darüber spekuliert, wie sich dadurch Mentalitäten und Psychen von Individuen von Grund auf und langfristig verändern, wie sie buchstäblich die Bodenhaftung im Hier und Jetzt verlieren und nur noch oder weitgehend in Simulationen und Virtualitäten existieren (Münker/Roesler 1997; Turkle 1998). Aber analytisch aufschlussreicher dürfte es sein, zunächst einmal die vielen „Zwischenbereiche, von denen man nicht weiß, ob sie in erster Linie virtuell oder sozial sind" (Willand 2002, 36), auszukundschaften, da auch die meisten MUDs sicherlich auch noch einen realen Alltag haben, aber scheinbar umstandslos von ihm zu den virtuellen Dimensionen wechseln können, mithin „Schwellenbewohner" (Turkle 1998, 435) sind und sich jeweils das Passende und/oder Angenehme heraussuchen. Ob sich daraus neue Identitäten formieren, die sich auch empirisch greifen lassen, und eben nicht nur ephemere, modische Artefakte, die man sich feuilletonistisch zurechtmacht, wird wohl erst die Zukunft weisen.

Solch technische Visionen und gelegentliche Erprobungen haben die menschliche Phantasie nämlich schon seit jeher beflügelt; sie erwachsen aus der linearen Verlängerung und stringenten Ausschmückung technischer Potenziale, ohne sie hinreichend in soziale und kulturelle Kontexte der empirisch vorfindlichen Wirklichkeit zu fügen. Sie hat ihre eigene Entwicklungsdynamik, entfaltet sich weit weniger konsequent, sondern widersprüchlich, mit Rückschritten, Retardierungen, Abweichungen, Seitenwegen und unvorsehbaren Sprüngen. Zudem differenziert sie sich infolge vieler gesellschaftlicher Verwerfungen ständig stärker aus, ganz entgegen den homogenisierenden Potenzialen der Technik und des Marktes. Insbesondere in globaler Hinsicht weist sie solch wachsende Spannweite aus, und viele sehen dafür nicht zuletzt den raschen Wandel in die Industrienationen mitverantwortlich, der zwangsläufig zu relativen größeren Diskrepanzen führt.

Befasst man sich daher mit den diversen Alltagen intensiver, entdeckt man nach wie vor viel Gegenläufiges, bei weitem nicht immer zu Vereinbarendes: Sicherlich haben sich viele Formen alltäglichen Zusammenlebens durch die sozialen und ökonomischen Veränderungen aneinander angenähert; ein gewisser urbaner, mittelschichtig geprägter Lebensstil, der sich nicht zuletzt durch die abhängige Beschäftigung in Industrie und Dienstleistung kennzeichnet, dürfte bis auf wenige ländliche Nischen durchgängig sein. Nicht mehr mehrheitlich verbreitet bzw. überdauernd gelebt wird die überkommene Familienstruktur, mit Eltern und (zwei) Kindern. Da sind eher diverse Lebensabschnitte zu registrieren, in denen sich wechselnde Konstellationen ergeben. Längere Ausbildungszeiten, die Berufstätigkeit von Frauen und Männern, Mobilitätsanforderungen durch Beruf und Arbeitsplatz, wechselnde Partner-Beziehungen und abnehmende Kohäsion von Ehe und Familien führen zu solch labilen, sich wandelnden Etappen.

Schon seit längerem beobachtet und beschreibt die Soziologie (Beck 1986) die fortschreitende Pluralisierung der Lebensentwürfe, die wachsende Individualisierung der Biografien. Gemeint ist damit, dass kollektive Rahmungen aus Sozialstruktur, Schicht und Kultur immer weniger allein prägend sind für Lebensgestaltung und Alltag des Einzelnen, es vielmehr situative und funktionale Optionen gibt, die daran mitwirken. Gleichwohl sind strukturelle Vorprägungen nicht gänzlich eliminiert – und vielfach wollte man sie in einer Euphorie möglichst großer Chancengleichheit bereitwillig übersehen –, wie zumindest jüngste empirische Erhebungen über Bildungskarrieren und -chancen bestätigt haben. So wird man bei solchen Diagnosen die jeweilige empirische Substanz und den ideologischen Gehalt sorgfältig abwägen müssen. Denn als kurantes Versprechen werden sowohl von der Politik – erinnert sei an das verräterische Label von der Ich-AG, als ob eine Person eine Aktiengesellschaft gründen und verkörpern könnte – wie von den Medien das individuelle Marketing und die rigorose Selbstvermarktung unaufhörlich gefordert. Solidarität, Gemeinsinn und compassion werden nur noch bei unverbindlichen Feiertagsanlässen beschworen, im Alltag setzt die Ellenbogengesellschaft das individualisierte Marktprinzip bis zum Scheitern des Einzelnen rücksichtslos durch.

All diese Diskontinuitäten, insbesondere brüchige, zu spät begonnene und zu früh endende Berufskarrieren, Arbeitslosigkeit, schwindende Erwerbsarbeitsplätze, die wachsende Zahl nicht mehr auskömmlicher Erwerbsarbeit bzw. Billiglohnarbeitsplätze, mangelnde Qualifikationen, sinkende Realeinkommen, Krankheiten, Scheidung, gekürzte Sozialtransfers, hohe Aufwendungen für Kinder und andere Lebensrisiken schmälern zwischenzeitlich Budgets und Optionen für viele, nicht nur in den sozial unteren Schichten, sondern bis weit in die Mittelschichten hinein. Bereits viele Kinder müssen heute erleiden, zu den sozial Armen zu gehören und nicht mehr all die gleißnerischen Verlockungen der Konsumwelt genießen zu können. Dadurch ergeben sich erhebliche soziale Diskrepanzen, auch Benachteiligungen, die sich immer weniger hinter der opulenten Fassade einer Wohlstandsgesellschaft verstecken lassen. Sie wirken sich natürlich auch auf die Teilhabe an den Medien und Informationstechnologien aus, wobei das Fernsehen für die Rezipienten das billigste, zugleich am meisten multifunktionale Medium ist und dadurch mindestens tendenziell die sozialen Unterschiede nivelliert.

7 Trends und Segmente der „Wissensgesellschaft" 185

Auch in ethnisch-kultureller Hinsicht haben sich die bundesdeutschen Alltage erheblich diversifiziert, so dass Multikulturalität längst ein soziales Kennzeichen geworden ist. Das wird im bundesdeutschen Mainstream gern und weitgehend ignoriert, scheint aber an den Rändern und Nischen, mittlerweile auch in speziellen Medien, unleugbar auf. Je eher sie selbständig zu nutzen sind und spezielle Publika ansprechen, wie es mit dem Internet möglich ist, je intensiver fügen sie sich in jene multikulturellen Alltage ein und spiegeln sie wider. So ist das Internet mit seinen unzähligen Websites inzwischen zu einem authentischeren medialen Spiegel geworden als die meisten anderen Medien, selbst wenn sie – wie die so genannten offenen Kanäle in Hörfunk und Fernsehen – solchen Minderheiten geöffnet sind und von ihnen ausgiebig genutzt werden.

Dass sich hinter jenem Medienglacis auch etliche Schattenseiten verbergen und womöglich sogar verstärken, darauf weisen immer wieder die Thesen und die Befunde der digitalen Spaltung hin (siehe Kap. 6.5.2). Sie müssen in der alltäglichen Verbreitung und Nutzung der digitalen Medien, also von PC und Internet, ebenso verzeichnet werden wie in betrieblichen und ökonomischen Umfeldern, wenngleich sich mit der weiteren Distribution jeweils neue soziale Konstellationen herausbilden. Die Gruppe der Offliner wird ständig kleiner, aber die wenigen, die aus welchen Gründen auch immer übrig bleiben, werden immer resistenter und geraten damit an den sozialen Rand (Gerhards/Meine 2003; 2004). Deshalb müssen vielfältige Divergenzen in der Nutzung der neuen Medien, die als Defizite, aber auch als Differenzen interpretiert werden können, aufgearbeitet werden: im Zugang, in den Motiven, in den Modalitäten und Schwerpunkten der Nutzung, erst recht aber in den noch kaum untersuchten Folgen dieser Disparitäten, also in den so genannten „Wissensklüften". Dabei wird man präziser als bisher klären müssen, um welche Typen und Qualitäten von Wissen es sich bei unterschiedlichen sozialen und kulturellen Milieus in der Tat handelt, wie und wodurch sie verursacht sind und welche Anteile an diesen Disparitäten die neuen Technologien haben.

Denn immer klarer stellt sich heraus, dass neue Medienangebote einen zusätzlichen oder verbesserten Zweck erfüllen müssen und nicht um ihrer selbst willen gekauft oder genutzt werden, wie etliche Protagonisten zumindest anfangs glauben machen wollten. Diese Konditionen musste inzwischen auch die E-Commerce-Branche teilweise schmerzlich lernen und ihre zunächst hochfliegenden Erwartungen korrigieren und differenzieren. In einem Land mit einem so dichten Ladennetz wie die Bundesrepublik lassen sich beispielsweise Frischwaren nicht über Online-Versand verkaufen; nur wenige Waren – bezeichnenderweise Medien selbst – haben sich daher als Online-Renner herausgestellt und stützen die noch auf dem E-Market verbleibenden Anbieter. In anderen Ländern mit dünnerer Besiedelung, großen Entfernungen und einem weitmaschigen

Marktnetz dürften sich andere Optionen ergeben. Außerdem aktivieren sich auch ältere Strukturen und Prozeduren in neuer Version, wie elektronischer Tauschhandel und Versteigerung zeigen. Sie vermengen sich mit der allgegenwärtigen Suche nach Unterhaltung und Erlebnis: E-Shopping und -Bargaining mithin mit eingebautem Entertainment-Effekt.

Je mehr die Medien in den Alltag integriert sind und kontinuierlich ihren außergewöhnlichen Event-Charakter verlieren, der dann von den Programmen mit Verve und Sensation wiedererweckt werden muss, umso stärker reproduzieren ihre Nutzung und die sie umgebenden Gewohnheiten die sozialen Strukturen, auch Unterordnungen und Benachteiligungen des jeweiligen Alltags, bis etwa in die Wohnungseinrichtung und in die Beziehungen der Familien und der Geschlechter hinein. Dabei ergeben sich ganz verschiedene Wechselwirkungen, nicht simple Kausalitäten: Wie eine Familie generell ihre Beziehungen regelt, spiegelt sich in der Verfügbarkeit über den Fernsehapparat bzw. den Computer wider, wie umgekehrt deren kompetente Handhabung auch Prestige und Einfluss mitprägen kann.

Insbesondere Jugendliche und ihre Clique definieren sich nicht zuletzt über Medien, deren Promotionsstrategien und ihre Programmvorlieben, weisen dem Besitz und der Nutzung von Mediengeräten bestimmte soziale Bedeutung zu und zeichnen sich durch Fanzugehörigkeiten aus. Gleichwohl versuchen sie auch immer wieder, den vorgestanzten Prägungen und Bindungen durch unkonventionelle, rebellische Usancen zu entkommen. Sie kreieren begrenzt authentische Lebensentwürfe und Stilformen, um sich abzugrenzen und eigene Identitäten – wenigstens zeitweise – herauszubilden und zu erproben. Oft genug haben sie dabei auch eigene mediale Formate entwickelt. Sind diese dann erfolgreich und lassen sie sich vermarkten, wofür eine trendsettende Publicity sorgt, werden sie von den Konsum- und Medienkonzernen einverleibt und als (vermeintlich) neue Styling- und Modekonzepte lanciert und vermarktet. Oft genug gelingt es den Marketingschmieden auch schon, solche vorgeblich authentischen Stile und Formate synthetisch zu erzeugen und den Jugendlichen als ihr originäres Styling anzudrehen. Erstmals gelang dies prominent mit der künstlichen Formation der so genannten Yuppies in den 80er Jahren. So sind die Medienwelten gewissermaßen ständig up-to-date; sie werden immer engmaschiger und penetranter, zumal sie sich in unendlich vielen und oberflächlich unterschiedlichen Konvergenzen und Potenzierungen kreuzen, und auf Dauer lässt sich ihnen nicht mehr entgehen.

7.6 Event und Virtualität statt Aura und Utopie? Digitale Kultur und Kunst

Wie sich Kultur und Kunst unter dem Einfluss von Digitalisierung, Vernetzung und Globalisierung wandeln, darüber wird unendlich viel und kühn spekuliert: Virtualität, Immaterialität, Vernetzung, Hybridität und Simulation firmieren dafür als Zauberwörter, die nicht zuletzt von postmodernistischen und -strukturalistischen Theoretikern eher assoziativ, mitunter kryptisch denn analytisch und explikativ in die Debatte geworfen werden: „Selbsteinschätzung und kulturelle Identität gewinnen wir heute weniger aus den Bildern, welche die traditionellen Sitten, Gebräuche, Riten oder Kulte bereithalten, sondern [...] aus diesem geradezu unerschöpflichen und beliebig verfügbaren Arsenal digitaler Imaginationen in Medien und Internet. [...] Das World Wide Web und die zur Orientierung im Netz entwickelten Webbrowser leisten einen wichtigen Beitrag zur Prägung transkultureller Bilder, aber auch zur analytischen Differenzierung der Welt. [...] Teile des ‚Realen' und des Fiktionalen beeinflussen die sich wandelnde Bilderfahrung. Gleichzeitig dringen sie in den virtuellen globalen Medienraum ein. Die Gegenwart lehrt uns, dass statische durch dynamische Simulationsbilder ersetzt werden. Sie bestimmen das kollektive Gedächtnis und werden als solche in den Bildern der Video- und Medienkunst thematisiert" (Haustein 2003, 30f).

Ob solche Thesen treffend und stichhaltig sind oder eben nur diffuse Visionen eloquent, aber substanzlos verbalisieren, darüber streiten sich die Geister, wie umgekehrt viele von ihrer Eleganz und Phantastik fasziniert sind (Kac 1997). Doch eigentlich sind solche Veränderungsprozesse zumal von Wahrnehmung und Mentalität, von Perspektivik und Weltsicht ungleich langfristiger angelehnt, sie bedürfen schon der ausführlichen und weit zurückgreifenden historischen Rekonstruktion, nicht nur der kurzatmigen und modernistischen Paradigmenschöpfung:

Schon mit den ersten technischen Medien, damals mit Fotografie und Film, sind der Verlust der Aura und die unendliche Reproduzierbarkeit der Kunst angemahnt worden: „Die Entschälung des Gegenstandes aus seiner Hülle, die Zertrümmerung der Aura, ist die Signatur einer Wahrnehmung, deren *Sinn für das Gleichartige in der Welt* so gewachsen ist, dass sie es mittels der Reproduktion auch dem Einmaligen abgewinnt", diagnostiziert schon 1936 Walter Benjamin (1970, 19) in seinem berühmten Essay *Das Kunstwerk im Zeitalter seiner technischen Reproduzierbarkeit* und konstatiert, dass damit die Kunst nicht nur ihr „kultisches Fundament" verlor, sondern auch „auf immer der Schein ihrer Autonomie [erlosch]" (Ebd., 25). Aber erst mit dieser „Funktionsveränderung" kann die Kunst – im dialektischen Umkehrschluss – ihr neues Verständnis und Fundament entwickeln, nämlich ihre „Fundierung auf eine andere Praxis, [...] ihre Fundierung auf Politik" (Ebd., 21). Und erst dadurch kann sie sich demokratisieren bzw. öffnen für die Belange der breiten Bevölkerung. Die technische Reproduzierbarkeit der Kunst ist mithin eine unentbehrliche, wenn auch zwiespältige Voraussetzung dafür, das sich Kunst auf die „Realität der Massen" einlässt, wie umgekehrt sich die Massen in ihrem Denken und Handeln an ihr orientieren können.

Was Kunst mit ihrer Reproduzierbarkeit verloren oder gewonnen, ob sie ihre Authentizität und ihr Potenzial zur utopischen Sinnstiftung, letztlich ihr Wesen eingebüßt hat, wird seither kontrovers diskutiert. Die Vertreter der Kritischen Theorie haben diese Entwicklung mit der treffenden Kategorie der „Kulturindustrie" (Adorno/Horkheimer 1969) markiert, um damit die fortschreitende Kommerzialisierung und Standardisierung, aber auch Internationalisierung der Kunstproduktion, freilich unter der Ägide Hollywoods, zu kennzeichnen. Zugleich haben sie Kunst und Medienproduktion in eine strikte Opposition zueinander gesetzt: „Neu aber ist, dass die unversöhnlichen Elemente zwischen Kunst, Kultur und Zerstreuung durch ihre Unterstellung unter den Zweck auf eine einzige falsche Formel gebracht werden: die Totalität der Kulturindustrie" (Ebd., 144).

Wenn heute hingegen fast schon selbstverständlich von „Medienkultur" (Hickethier 2003, 222ff) gesprochen wird und damit die unversöhnlichen Gegensätze wieder – unbedacht oder absichtlich – zusammengefügt werden, mithin die Medien dadurch aufgewertet oder sogar von ihren potenziellen dekultivierenden Wirkungen exkulpiert werden, dann scheint der Sprachgebrauch pragmatisch auf die Expansion und Vervielfachung der Medien, auf die anhaltende Medialisierung der Kultur zu reagieren und sie zu akzeptieren: Kunst und Kultur sind demnach kaum mehr ohne mediale Unterstützung, wohl aber auch nicht ohne solcherart Formung vorstellbar. Ohne Frage ist diese Definition und Perspektive zugleich beeinflusst von der Reichweite des Medienbegriffs, der sich für manche ebenso enorm erweitert hat. Eine Medien(kultur)geschichte als Menschheitsgeschichte, beginnend beim rekonstruktiven Beginn und bei der dokumentierten Überlieferung menschlicher Geschichte überhaupt, also vor mehr als 30.000 Jahren vor unserer Zeitrechnung, entwirft der Lüneburger Medienwissenschaftler W. Faulstich (1997) und sieht das erste Medium in der Frau und ihrem Matriarchat. Danach ist jede menschliche Geschichte medial fundiert und geprägt. Andere Medienhistoriker (Wilke 2000) sehen Mediengeschichte wie bisher mit der Möglichkeit der technischen Reproduktion und Vervielfältigung der Kommunikation beginnen, was erstmals mit der Drucktechnik im 15. Jahrhundert gelingt, sofern man nicht die Chance der Objektivierung durch Zahlen und Buchstaben (Schrift) als Vorformen dazurechnen will. Gleichviel: Medienkultur als weitgehend universale und omnipräsente Version menschlicher Kultur vorauszusetzen, scheint schon eine tendenzielle Entwicklungszäsur zu markieren, die allerdings theoretisch noch nicht gänzlich durchdacht oder wenigstens unterschiedlich gesehen wird.

In der aktuellen ökonomischen Krise mit ihren Restriktionen für die öffentlichen Haushalte, die teils erzwungen, teils politisch beabsichtigt sind, geraten öffentliche Kultur und Kulturpolitik gewissermaßen in eine bedrohliche Zangenbewegung: auf der einen Seite die fortschreitende Kommerzialisierung, Privatisierung und Medialisierung von Kunst- und Kulturproduktion, die meist nur noch bestimmte, nämlich profitable und deshalb im nivellierenden, internationalen Mainstream schwimmende Produkte erzeugt, fördert und zulässt und auf der anderen Seite Subventionsverweigerung und Drosselung öffentlicher Kulturversorgung und unkonventioneller, abweichender Kunstproduktion, von den Museen, Galerien, Ausstellungen, Theatern, Bibliotheken, alternativen, selbst initiierten Kulturzentren, Stadtteilkultur etc. bis hin zu Schulen und Hochschulen. Vorbei sind offenbar die produktiven Zeiten zahlreicher Kulturinitiativen, die großzügigen Förderungen einer breiten Infrastruktur und vieler spontaner, alternativer Bewegungen. Schon wird ein Niedergang, zumindest eine Einschränkung kultureller Vielfalt und Ungezwungenheit beklagt; auch die wenig spektakuläre, aber Tradition und Zusammenhänge sichernde Sammlung, Archivierung und Dokumentation findet kaum mehr genügend Anerkennung und Unterstützung. Allein große, schrille Events oftmals mit mehr Werbung und Publicity als mit Substanz und Originalität finden öffentliches, sprich: mediales Echo und entsprechende Publikumsresonanz. Langfristig dürften sich dadurch sowohl das Kulturverständnis als auch der Kulturgenuss verändern, wovon womöglich der Terminus Medienkultur bereits zeugt.

7.7 Mediales Edutainment statt Lernen und Gedankenarbeit?

Jedes Mal, wenn ein neues Medium aufkam und sich verbreitete, erst recht, wenn eine neue Medientechnologie sich breit durchsetzte, sind Erwartungen, aber auch Befürchtungen über Veränderungen des Lernens bis hin zu Transformationen der Bildung ventiliert worden. Zwischen Medientechnologien und Bildungstheorie wie -praxis lassen sich daher enge, konzeptionelle Symbiosen rekonstruieren. Sie reichen von recht technokratischen, instrumentellen Vorstellungen, die gemeinhin kausale, mindestens konditionelle Veränderungen – in der Regel: Verbesserungen – des Lernens durch neue Technologien annehmen und daher jeweils seine weitere Technifizierung favorisieren, bis hin zu strikten Kontradiktionen, die die Behinderung, wenn nicht Zerstörung des Lernens durch neue Technologien befürchten und daher ihre Implementierungen in Lernprozesse mehr oder weniger vehement ablehnen. Dazwischen bewegen sich vielfältige pragmatische Positionen, die sich entweder ins Unvermeidliche schicken oder bereichsspezifische Einsätze, auch die angemessene Thematisierung der jeweils neuen Medientechnologien akzeptieren und sich um die Fundierung und Verbreitung der viel bemühten Medienkompetenz, heute auch von computer und/oder information literacy, bemühen.

In der Retrospektive dürften sich dennoch kaum genügend empirische Belege finden lassen, dass das Lernen im Laufe der Medienentwicklung leichter, effektiver, profunder und anhaltender geworden ist, aber auch nicht für sein Gegenteil, also dass es zunehmend problematischer, oberflächlicher und kurzatmiger ausfällt. Eher gewiss scheint zu sein, dass es vielfältiger, anschaulicher, weniger steuerbar, differenzierter und damit insgesamt komplexer geworden ist, da sich die Lernoptionen, -wege und -methoden, aber auch die -inhalte und letztlich die -normen vervielfältigen und pluralisieren. Immer weniger plausibel ist es deshalb, einen bestimmten Kanon an Zielen, erst recht an Inhalten als verbindlich zu erklären und autokratisch durchzusetzen, trotz aller gegenläufiger populärer und auch politisch-populistischer Bestrebungen in der Öffentlichkeit oder auch von Seiten der Bildungspolitik, Standards und Normen zu dekretieren, die immer mal wieder angestrengt werden. Gewachsen sind auch die technischen Möglichkeiten, die Lerngegenstände zu veranschaulichen, sie modular und multimedial zu gestalten, sie gewissermaßen beliebig und jederzeit in ihrer annähernd authentischen Form zu simulieren.

Relativiert oder gar ein wenig verdrängt sind dadurch die abstrakteren Lernformen allein mittels Text und Symbolen, die zudem oft und lange in der Obhut, in der monopolen Verfügung des Lehrenden waren. Schülern jedweden Alters und jedweder Fähigkeit ermöglichen die neuen Medientechnologien, unmittelbar und eigenständig auf den jeweiligen Lernstoff zuzugreifen und ihn sich anzueignen. Damit sei eine prinzipielle Emanzipation des Lernenden, eine Demokratisierung und Selbstständigkeit des Lernens möglich, ist oft genug und jeweils neu propagiert worden. Auch dem Internet wird erneut ein „Bildungswert" per se zugeschrieben (Marotzki u.a. 2000). Denn es

- ermögliche den Zugriff auf alle möglichen, aktuellen und weltweit verfügbaren Inhalte und Informationen, die bislang für Schüler nicht erreichbar gewesen sind;
- erlaube die selbstständige Aneignung jedes einzelnen, mit je individuellen Lernwegen mit eigenem Tempo, speziellem Vorgehen und für beliebig viele Inhalte;

- schaffe höhere Motivationen, da die Inhalte anschaulicher, aufwändiger aufbereitet, die Lernwege und -methoden frei wählbar sind und das so multimediale Lernen weniger dem in der Schule als dem (spielerischen) Mediengebrauch in der Freizeit gleicht;
- verändert Aufgaben, Selbstverständnis und Rolle des Lehrenden; sie sind nicht mehr die unangefochtenen Herrscher über den Lernstoff und seine Vermittler, sondern mutieren zu Arrangeuren der selbstständig zu nutzenden Lernumwelten, zu Anstiftern und Moderatoren des individuellen Wissensmanagement ihrer Schüler und motivieren sie dazu, „Wissen zu verknüpfen und komplexe Zusammenhänge zu verstehen" (Priemer/Zajonic 2002, 156).

Allerdings sind die meisten Inhalte im Internet ja nicht uneigennütziger Produktion, sondern unterliegen den Marktgesetzen, sind also kommerziell, und ihre Qualität lässt vielfach auch zu wünschen übrig. Willkür und Widersprüchlichkeit, Überflut und Desorientierung sind daher der Preis des elektronischen Lernens, und viele User sind dadurch überfordert, mindestens verwirrt. Alle empirischen Erhebungen finden daher immer wieder einen recht eingeschränkten Umgang mit dem Internet, ein Begnügen mit wenigen bekannten, gewohnten Informationsstrategien und Recherchen, wenn nicht instinktive Vermeidungsformen heraus (zuletzt Blödorn/Gerhards 2004). Beeinflusst sind sie von den soziokulturellen Bedingungen der Lernenden, ihren kognitiven Fähigkeiten, ihrer Motivation und ihrem allgemeinen Bildungsgrad. Eine isolierte, gar kausale Beziehung zwischen Internet und Lernen ist ebenso unangemessen wie bei allen anderen Medientechnologien davor (für die sie gleichwohl phasenweise unterstellt wurde). Der theoretischen Vielfalt des Internet-Lernens steht mithin faktisch ein recht enges, relationales Spektrum gegenüber, das nur durch gezielte, persönliche Anleitung und kontinuierliches Training geöffnet werden könnte. Insofern sind dem viel gerühmten selbstständigen Lernen doch wieder Grenzen gesetzt.

Gleichwohl wirbt mediales Lernen mit dem attraktiven Image, alles sei kinderleicht, spielerisch, vergnüglich und in jedem Fall erfolgreich: Lernen im Schlaf, nebenbei und automatisch, das sind die Etiketten, die – besonders von der Werbung – vorzugsweise ventiliert werden, und alle gedankliche Anstrengung, alle Ausdauer und Mühe Lügen strafen. Edutainment heißt dafür das Zauberwort, das sich wie andere Komposita aus dem suggestiven ‚entertainment' und ‚education' zusammenfügt. Es soll gewissermaßen zum Markenzeichen der „Informationsgesellschaft" werden und signalisieren, dass es mit dem Monopol des öffentlichen, formell-institutionellen und direkten Lernens endgültig vorbei sei. Schon wurde das Ende der Schule kühn avisiert, und auch für das Studium wird das autonome E-Learning propagiert (Stoll 1999). Dies dürfte sich für die

Grundlegung der allgemeinen Bildung so gewiss nicht einstellen, eher favorisiert man heute kombinierte Formen des Präsenz- und direkten Lernens mit Phasen des Online-Lernens, genannt „blended learning", wobei spezielle Zuordnungen von Inhalten und Lernformen angemessen austariert werden müssen. Viele Software-Anbieter konzentrieren sich inzwischen stärker auf das informelle, zusätzliche Lernen – für die Schüler und Schülerinnen etwa am Nachmittag – und auf die berufliche Weiterbildung (Kübler 2001).

Technische Voraussetzungen für das Online-Lernen an Schulen war natürlich ihre adäquate technische Ausstattung. Nur ein ganz geringer Teil der etwa 30.000 Schulen hatte Mitte der 90er Jahre nach einer Machbarkeitsstudie der Gesellschaft für Informatik einen Online-Zugang. Die chronisch defizitären Bildungshaushalte der Länder konnten diese immensen zusätzlichen Ausgaben nicht bewerkstelligen, weshalb im April 1996 der Bund (Bundesministerium für Bildung und Forschung) zusammen mit der Deutschen Telekom die Initiative *Schulen ans Netz* gründete: Mit 36 Millionen DM von Seiten der Telekom und 23 Millionen von Seiten des Bundes sollten in den folgenden drei Jahren zunächst 10.000 Schulen ans Netz gebracht werden, um dadurch das Schulsystem weiterzuentwickeln. Nach ersten Erfolgen wurden die Investitionen auf 100 Millionen DM aufgestockt, so dass Ende 2001 alle berufsbildenden Schulen am Netz waren. Ein Jahr später waren 92 Prozent der Schulen mit Computern ausgestattet, davon waren 58 Prozent ans Internet angeschlossen (Bundesministerium 2002). Nach der inzwischen erreichten Vollversorgung der Schulen mit Computern und Internetanschlüssen will sich die Initiative nun um die „Verbreitung von Inhalten rund um den Unterricht über seine Portale" kümmern (Schulen ans Netz 2004). Dadurch sollen die Medien stärker als bisher in den Unterricht und in die Spezifika der Fachdidaktiken integriert werden. Nicht zuletzt mangelt es an diesbezüglicher Fortbildung der Lehrerinnen und Lehrer, aber auch an einer kontinuierlichen technischen Wartung und Pflege von Geräten und Infrastruktur in den Schulen.

Erneut wird aber auch das Lernen, werden seine Ziele und Normen, seine Wege und Erfolge prekär. Beklagt werden die Anstiftung und die Neigung zur oberflächlichen Aneignung von Lernhäppchen, zerstückelten Pseudofakten und Sensationen, ohne Kontext und Hintergrund, zur nur noch reizorientierten Beliebigkeit und zur Umgehung von Schwierigkeiten, das Buhlen um Aufmerksamkeit und Unterhaltsamkeit, nachlassende Konzentration, fehlende Ausdauer und Entdeckerfreude, schwindende Individualität und Eigenständigkeit. Aufgenommen und kurzzeitig behalten wird das, was gerade angesagt, leicht verfügbar, vorrangig platziert und grell dekoriert ist – wie es vor allem die audiovisuellen Medien, primär das Fernsehen, inzwischen auch das multimediale Internet, offerieren. Information statt Wissen, laute die Devise des medialen Lernens heute.

Angesichts der Überfülle von Inhalten und desorientierenden Informationen gibt man sich rasch zufrieden, begnügt sich mit dem Mainstream und fragwürdigen Highlights, will keine Zeit und Kraft an eigenständige Lösungen, Umwege und Sackgassen verschwenden, sondern bewegt sich auf den ausgespurten Highways des Informations- und Kommerzmarktes. Hauptsache schnell, modisch in, populär, unaufwändig und sofort konsum- bzw. anwendbar.

Doch sozial und kulturell vorgeprägte Dispositionen sind offenbar nicht so umgehend zu überwinden, wie allenthalben insinuiert wird. Denn bei vielen der eilends aufgelegten Projekte stellt sich zunehmend folgenwirksam heraus, dass sie die (womöglich veränderten) ontogenetischen Grundlagen von Wahrnehmung, Kognition und Lernen kaum oder nur einseitig berücksichtigt haben. Außerdem haben die jüngsten internationalen Vergleichsstudien der Lernleistungen im Auftrag der OECD wie die PISA- und IGLU-Studien nachdrücklich und auch schmerzlich belegt, dass Lernen nicht von den sozialen Kontexten abgekoppelt werden kann, in denen Kinder aufwachsen und lernen, mithin keine simple Mensch-Maschine-Relation darstellt. Im Vergleich zu der Vielzahl von praktischen Konzepten wird über die vielfältigen kognitiven Prozesse, die bei der Interaktion und Kommunikation mit den neuen Medien von Bedeutung sind, also über die Bedingungen und Prozesse von Aufmerksamkeit, Wahrnehmung, Wissenserwerb, Gedächtnis, Denken und Verstehen noch zu wenig und vor allem zu wenig gründlich nachgedacht. Einige Fähigkeiten dürften sich als anthropologische Universalien erweisen, andere – wie etwa die verstärkte Visualisierung, das Lernen in Bildern – gewinnen an Relevanz und bedürfen größerer analytischer Aufmerksamkeit.

Dennoch brauchen gegenwärtige Institutionen des intentionalen, formellen Lernens wie etwa die Schule nicht die fast ausschließlich approbierten Formen des Lernens zu bleiben. Gerade unter dem Anspruch des lebenslangen Lernens, der sich durch die Flexibilisierung der Berufskarrieren und der Arbeitsplätze noch verstärken und verstetigen wird, sowie mit den vielfältigen medialen Optionen dürften sich Formen des informellen, funktionalen Lernens verbreiten und ihre größere Disponibilität unter Beweis stellen. Allerdings müssen die jeweiligen Kontextbedingungen in die Konzepte einbezogen werden, um Lernprozesse erfolgreich zu gestalten. Erst auf solch grundlagentheoretischer Fundierung lassen sich Ziele und Methoden von E-Learning realistisch und zielführend einschätzen, wie sich durchaus auch Optionen und Erfahrungen für spielerische Lernformen via Internet, CD-ROM und DVD ergeben können.

8 Resümee: „Wissensgesellschaft" ante portas?

Alle Untersuchungs- und Anwendungsbereiche, in der sich Trends, aber auch schon Strukturen der „Informations-" und/oder „Wissensgesellschaft" abzeichnen, zeigen enorme Spannweiten, wenn nicht Widersprüchlichkeiten dessen, was sich unter diesen Labeln vollzieht, erfahren und diskutiert wird. Eher unfreiwillig decken die beschriebenen Entwicklungen indes zugleich auf, wie unterschiedlich, aber auch wie wenig inhaltlich und beliebig die Begriffe von Information und Wissen jeweils verwendet werden. Mithin lässt sich die kurante Rede, dass die „Wissensgesellschaft" die treffendere und zeitgemäßere Bezeichnung für die gegenwärtigen Transformationsprozesse und für deren zentrale Zielrichtung sei, von analytischer und theoretischer Warte aus noch keineswegs bestätigen. Der Terminus bleibt bislang eine Leerformel, allenfalls eine sich allmählich füllende utopische Vision. Und so ist die Frage durchaus berechtigt, ob es nötig ist, „in den Begriff ‚Information' […] so viel Verheißung hineinzuschauen, wie es die Evangelisten der ‚Informationsgesellschaft' oder der so genannten Wissensgesellschaft gern tun" (Gaschke 2003).

Wenn schon Information aus kommunikationswissenschaftlicher Sicht als „subjektabhängige Konstruktion von Sinn", in sozialer Wechselbeziehung mit einem Alter Ego und im sozialen Kontext, betrachtet wird und werden muss, worauf menschliches Handeln unweigerlich rekurriere (Löffelholz/Altmeppen 1994, 571) – und eben nicht nur als abstrakte Dimensionen von Datentransfer, Unerwartetheitswahrscheinlichkeit oder Neuigkeitsrelation –, dann gilt solche Subjekt- und Kontextbezogenheit ungleich mehr für Wissen, und zwar sowohl für seinen Erwerb, seine Aneignung und Verarbeitung wie für seine Speicherung, Aktivierung und Handlungsrelevanz. Alle Objektivierungsversuche laufen daher substantiell fehl oder sind allenfalls partiell zutreffend. Wissen lässt sich weder vollständig angemessen speichern noch managen noch organisieren noch verkaufen – wiewohl solche Metaphern weiterhin eindrücklich ventiliert werden. Aber es sind jeweils nur Derivate davon, die man im technischen Sinne angemessener als Daten bezeichnet, im informationswissenschaftlichen womöglich als Informationen, wobei allerdings dieser Informationsbegriff gegenüber dem oben genannten schon ein reduzierter ist.

Anders formuliert: Wenn Wissen medial dokumentiert und vermittelt wird, bedarf es erneut menschlicher Subjekte, die es aufnehmen, eigentlich (re)konstruieren, verarbeiten und für neue Situationen operationabel machen. Mithin sind alle, noch so modernen und intelligenten Informations- und Kommunikationstechnologien nur Hilfsmittel, Mittel zum Zweck, aber nicht Zweck und Ziel selbst. Zwar mögen sie die Speicherung, Strukturierung und Vermittlung von Information ungemein erleichtern, beschleunigen und potenzieren, aber ohne menschliche Vernunft und Sinnzuweisung bleiben sie – selbst als automatisch agierende Roboter – tot, dumm und bedeutungslos. Immerhin stellen sie täglich unter Beweis und fordern auch immer wieder neu dazu heraus, dass sich einzelne Komponenten menschlichen Wissens und Handelns isolieren, programmieren und automatisieren lassen und so als vermeintlich autonome Figurationen dem User entgegentreten. Womöglich beflügeln solche Erkenntnisse und Errungenschaften die kurante Rede von der erhöhten Wissensbasierung, die ja konkret gemeinhin einen verstärkten Einsatz von Computern, Programmen und Netzwerken und damit veränderte, weithin komplexere Tätigkeiten bedeuten.

Auf der anderen Seite prognostiziert die Computerindustrie schon seit etlichen Jahren unentwegt und arbeitet auch intensiv daran, dass die nächsten Generationen von Computern und Netzwerken zunehmend in den alltäglichen und betrieblichen Tätigkeitsformen und ihren ursprünglichen Gerätschaften ‚verschwinden', eben nicht mehr die ‚Wissensmaschine' Computer und seine Programme die unmittelbaren und oft auch belastenden Objekte der intellektuellen Auseinandersetzung und des motorischen Umgangs sein werden. Und viele Prognosen lauten dahingehend, dass erst mit der Verwirklichung eines „menschenzentrierten Computerbaus" die Weiterentwicklung, womöglich der nächste Boom der Informationsindustrie möglich werde. Es sollen Geräte sein, deren Benutzung sich wirklich intuitiv erschließt, die in vorhandene Technologien und Produktionsabläufe vollständig integriert werden, aus dem jeweiligen Kontext heraus ihre Aufgaben erledigen, selbstständig hinzulernen und vor allem nicht ständig abstürzen: Einkaufen wird wieder Einkaufen, egal ob offline oder online, und nicht mühsames Zurechtfinden bei Internet und *ebay*; Briefeschreiben geht wieder wie früher, mit elektronischem Stift für die Handschrift oder per mündlichem Diktat, und nicht mehr im kümmerlichen E-Mail-Feld unter vorab zu wählendem Browser, und vor allem wird die vollautomatisierte, kinderleicht zu bedienende Unterhaltungselektronik zum faszinierenden, multifunktionalen Zentrum für alle Kommunikations-, Spiel- und Medientätigkeiten.

Jedenfalls: wenn „die Generierung von Wissen, die Verfügung von Wissen, die Anwendung von Wissen und ein umfassendes Wissensmanagement zunehmend die Lebens- und Arbeitsformen und damit auch die Strukturen der modernen Gesellschaft bestimmen werden" (Mittelstraß 1998, 15), dann muss man sowohl über die elementaren, ontogenetischen Prozesse des Erwerbs, der Verarbeitung, der Speicherung wie der Anwendung von Wissen wie über seine soziale

Verteilung, Konditionierung und Prädikatisierung in allen Lebensbereichen ungleich mehr wissen, als es heute der Fall ist. Kognitionswissenschaft und Lerntheorie, Hirn- und Handlungsforschung müssen gemeinsam bessere Erkenntnisse und Ergebnisse zeitigen, wie es wiederum einer umfassenden, konkret wie global ausgerichteten Wissenssoziologie bedarf – und vor allem müssen sie zusammenarbeiten und ihre Erkenntnisse wechselseitig abgleichen. Erst dann lassen sich begründete Aufschlüsse und empirische Anhaltspunkte über die wachsende Bedeutung von Wissen in den modernen Gesellschaften verifizieren.

Solange dabei so sorglos oder auch unredlich umgegangen wird, wie hier gezeigt, oder eben nur vermeintlich eindrucksvolle Leerformeln getauscht werden, bleibt die „Wissensgesellschaft" als vorgeblich neue Formation oder auch nur qualitativer neuer Status ein Mythos. Über dessen prinzipielle Beschaffenheit und kulturgeschichtliche Bedeutung soll hier nicht erneut verhandelt werden; auch als Analogon für die Medien und Mediengesellschaft ist der Terminus ja schon häufig bemüht worden (Heuermann 1994; Eurich 1998; Wiegerling 1998, Rössler/Krotz 2005; Raabe u.a. 2008): Im wesentlichen fungiert der Mythos dabei als projektive Parabel für kulturell und gesellschaftlich typische bzw. dominante Weltdeutungen, seien sie überhöhend, verklärend und/oder simplifizierend, freilich auch mit einem Substrat von Wahrhaftigkeit, wonach das Subjekt trotz oder gerade wegen der verwirrenden Informationsfülle immer noch strebt. Denn das Gespür für gesellschaftlichen Wandel, für die Um- und Abwertung überkommener Erwerbsarbeit, für die wachsenden kognitiven Anforderungen und die sich beschleunigenden Innovationsbedarfe in der Wirtschaft, aber auch darüber hinaus für Transformationen in sämtlichen Segmenten der Gesellschaft ist weit verbreitet.

Doch längst noch nicht sind Strukturen und Mentalitäten hinreichend entwickelt und flexibel genug, um mit allen diesen Veränderungen und Herausforderungen klar zu kommen. So läuft vieles nebeneinander her, manches auch gegeneinander: die Expansion und der Relevanzgewinn von Informationstechnologie und Medien, vor allem ihrer kommerziellen Unterhaltungs- und Werbesegmente, die steigende Nachfrage und Bedeutung von Bildung (wobei die Dualität von allgemeiner, meist unverwertbarer und instrumenteller Bildung längst noch nicht ausgestanden ist), ändernde, diskontinuierliche, multikulturelle Lebenseinstellungen und sich vervielfältigende Biographien und Karrieren, Globalisierungsprozesse nicht nur in der Ökonomie, sondern auch im Tourismus und bei zwischenmenschlichen Kontakten, mit der wachsenden Verflechtung von Kommunikationsoptionen und direkten Erfahrungsmöglichkeiten weltweit, die sich in einem selbstverständlich werdenden Näherrücken, aber ebenso in einem womöglich skeptisch beäugten Zu-Nah-Kommen anderer Regionen und Völker niederschlagen, und noch in etlichem mehr. Ob sich all diese diffusen, teilweise sogar widersprüchlichen Entwicklungstrends und mehr noch begleitenden Einschätzungen auf den pauschalen, schlichten Nenner des „Wissens" und der „Wissensgesellschaft" fokussieren lassen (oder ob nicht in wenigen Jahren andere Epitheta diese ablösen), ist mehr als fraglich. Und ebenso wenig ist ausgemacht, ob und wie die vorhandenen Strukturen und Mentalitäten, die ja durchaus noch in überständigen Korsetts, auch Interessenbegünstigungen stecken, diese Veränderungen tragen können. Nicht ohne Grund neigen noch viele Diagnosen dazu, die gegenwärtige Phase noch als Ausläufer der überkommenen Gesellschaftsstruktur – sei sie als Industriegesellschaft, sei sie als Spätkapitalismus bezeichnet – zu identifizieren, die zwar schon Anzeichen des Neuen in sich trägt und gelegentlich hervorwagen, aber noch keine konsistente, innovative Gestalt erkennen lässt (Bittlingmayer 2001, 22).

An der Produktion und Verbreitung solcher Mythen sind die Medien in doppelter Weise beteiligt: Zum einen sind sie ohne Frage die mächtigsten, begierigsten Produzenten und Transporteure solcher Mythen jeglicher Art – insofern sind die Erzählungen in modernen Gesellschaften mindestens in dieser Hinsicht beileibe noch nicht zu Ende, wie es J. F. Lyotard (1979; 1986) aus seiner Sicht diagnostiziert. Zum anderen fungieren sie inzwischen als die stärksten Antriebskräfte und Multiplikatoren für den gesellschaftlichen Wandel – oder sie werden als solche gesehen, wodurch ja die neue Formation, die „Wissensgesellschaft", zustande kommen soll und jener Mythos von ihr generiert wird. Insofern gehen Medien und soziale Mythen mittlerweile in der Tat sehr enge, reziproke Beziehungen ein, potenzieren sich ständig weiter und lassen vielfach nicht mehr zwischen realer Substanz und imaginativer, projektiver Virtualität sicher unterscheiden. Daher wird noch länger und intensiver an dem Projekt und Konzept der „Wissensgesellschaft" gearbeitet und diskutiert werden müssen.

Inzwischen scheinen sich die Akzente von Forschung und öffentlichem Diskurs deutlich verlagert zu haben, sind allerdings einerseits noch heterogener und divergierender geworden, andererseits differenzieren sie sich bereichsspezifisch und pragmatisch aus, sind mithin weniger auf die Erschließung und Kartographie der gesamten gesellschaftlichen Transformation, des systemischen Rahmens, gerichtet denn auf Segmente und Funktionen diverser Komponenten sozialen Wandels. Ob er sich als grundsätzlich, epochal, global abzeichnet oder eben nur als segmentär, spezifisch, fallweise und funktional, können Sozialwissenschaften letztlich nur empirisch, mit operationablen und nachweisbaren Kriterien, klären. Universale Entwürfe zu gesamtgesellschaftlichen Stadien überlassen sie philosophischer Spekulation oder prognostischer Heuristik.

Als Parameter haben sich eingebürgert, außerhalb- oder innerhalb des Dienstleistungsbereichs eine so genannte Informationswirtschaft zu postulieren und deren volkswirtschaftliche Potenziale zu messen bzw. in Relation zu anderen

Sektoren volkswirtschaftlicher Wertschöpfung zu setzen. Nicht so einfach bzw. umstrittener ist nach wie vor, welche Branchen und Tätigkeiten zu diesem Sektor zählen und wie ihr Output entsprechend in Anrechnung zu bringen ist. Denn ‚Information' ist nun einmal ein nicht eindeutig definierbares Produkt oder Gut wie andere und ihre Wertschöpfung funktioniert anders, da es nicht verbraucht bzw. beliebig wiederverwertet werden kann. Wird die Produktion von technischer Hardware und Infrastruktur hinzugerechnet, bezieht man sich auf den klassischen Sektor industrieller Produktion und subsumiert sie nicht ganz angemessen als Informationsökonomie. Denn ebenso gut könnten dann fast alle technischen Produkte berücksichtigt werden, sofern und da sie gemeinhin heute auf Software und digitale Steuerung rekurrieren.

Zu den so genannten ‚Informations- und Wissensarbeitern' werden je nach Klassifikation viele Berufe und Tätigkeiten gezählt, die ebenso bei den herkömmlichen Dienstleistungen anzusiedeln sind wie etwa Erziehungs- und Bildungsberufe, juristische Professionen oder die Tourismusbranche. Wohl haben sie alle mit professionellem Wissen, wohl eher mit einschlägigen Qualifikationen zu tun, aber ihre Tätigkeiten heute – selbst wenn sie vielfach oder bevorzugt mit Unterstützung digitaler Informationstechnologien bewerkstelligt wird –, haben sich nicht so grundlegend geändert oder gar neu konstituiert, dass sich aus diesem Wandel umstandslos eine neue Qualität für die gesamte gesellschaftliche Figuration folgern lässt. Umgekehrt sind viele Qualifikationen und Tätigkeiten mit der Digitalisierung verschwunden oder zumindest in ihren intellektuellen und professionellen Ansprüchen geschrumpft, man denke nur an die traditionsreiche Berufe der Setzer und Drucker im Printbereich, aber auch bei den audiovisuellen Medien dezimieren sich Berufsfelder wie Fotografie, Beleuchtung und Akustik, Schnitt und Montage, Malerei und künstlerische Grafik. Die Filmbranche steht noch vor ihre Umstellung sowohl in der Produktion wie in der Distribution und Vorführung. Auch in der direkten Kommunikation wie bei Sekretärinnen, Übersetzung, Buchhaltung, Dokumentation/Archiv gibt es Rückgänge. Dafür seriöse, umfassende Verlust- und Zuwachskalkulationen anzustellen und nicht umgehend alle neue Felder der Informationsökonomie zuschlagen, ist bislang noch nicht erreicht.

Solch nötige Differenzierungen fügen sich in besagte Perspektivierungen ein: Ob die Veralltäglichung, Kommerzialisierung, aber auch Kommunitarisierung (Vergemeinschaftung) des Internet als Web 2.0, die wachsende Virtualisierung direkter Kommunikation, die Funktionalisierung und Medialisierung von wissenschaftlichem Wissen, die Transformationen des wissenschaftlichen Publikationsmarktes und mit ihnen die sich wandelnden Funktionen traditioneller Wissensarchivierungs- und -verteilsysteme wie Bibliotheken und Archive, die Rolle der Intellektuellen, die Fragen nach Qualität, Anerkennung und Legitimation von Bildung wie überhaupt die nach der Substanz, (ideologischen) Richtung und Nachhaltigkeit der Wissensgenerierung heute thematisiert werden – all diese und viele andere Untersuchungssujets lassen sich fraglos als Beiträge zur Fundierung und Ausgestaltung der so genannten „Informations-" und „Wissensgesellschaft" verstehen, aber sie können auch ohne diesen universalen Rahmenbezug aufgeworfen und bearbeitet werden.

Aus gegenwärtiger Sicht werden vorzugsweise folgende Themen diskutiert bzw. erweisen sich für eine weitere Analyse und Bewertung als dringlich:

- Die Zugänglichkeit und vor allem die Kompetenzen im Umgang und Gebrauch von Internet und folgender Netzwerksysteme müssen nicht nur in den hoch entwickelten Nationen und Regionen gefördert und garantiert werden, sondern möglichst weltweit. Zwar dürfte sich der viel beschworene digital divide nicht so krass einstellen, zum einen weil die Entwicklung und Diffusion der digitalen Informationstechniken rasant voranschreiten, zum anderen weil sich noch viele Aufgaben und Tätigkeiten auch ohne sie bewerkstelligen lassen (bzw. bewerkstelligt werden müssen). Aber so lange die Ungleichheit in Zugänglichkeit und Nutzungskompetenz bestehen oder gar wachsen, sind Prognosen über die globale Informatisierung und Mediatisierung und damit über die Etablierung neuer Gesellschaftsformationen unangebracht oder ideologisch.
- Sämtliche Informations- und Datenbereiche müssen frei und für alle offen sein (open access) und sie müssen sich so gegenüber wachsender Proprietisierung und Kommerzialisierung relevanter Informationen behaupten. Dazu gehören auch der Aufbau bzw. die Instandhaltung und Weiterentwicklung von gemeinwirtschaftlichen Informationsinfrastrukturen wie Bibliotheken, Archive, Museen, Theater, Datenbanken, public broadcasting. Gerade der wissenschaftliche Publikationsmarkt durchläuft seit einiger Zeit eine massive Konzentration und damit Verknappung der Publikationsmöglichkeiten, die mit einer drastischen Preiserhöhung durch die Monopolisten einhergeht. Ob sie durch öffentliche digitale Publikationsformen konterkariert werden kann, wie von führenden Gremien wie dem Wissenschaftsrat vertreten wird, bleibt abzuwarten. Immerhin schrumpft damit der überkommene, anerkannte Markt der wissenschaftlichen Publikation (Lexika, Hand- und Lehrbücher, Monografien, Zeitschriften), womit sich nicht nur approbierte Wertigkeiten verschieben, sondern auch kulturelle Errungenschaften bedroht sind.
- Die Kehrseite der fast ungehinderten Optionen, Daten zu sammeln, zu verwalten und preiszugeben, ist die immer wieder angeprangerte Massierung persönlicher Daten, die durch immer komplexer werdende Sortierungs- und Kombinationsstrategien zu unzähligen speziellen Profilen jedes Individuums figuriert werden können, damit nicht nur unheimliche Transparenz bis hin

zum gläsernen Bürger, Patienten und Konsumenten ermöglichen, sondern auch kriminellen Missbrauch begünstigen. Damit ergeben sich nicht nur Rationalisierungs- und Steuerungsoptionen, die in komplexen Gesellschaften mit vielfältigen Vernetzungen wohl unausweichlich sind, sondern ganz ungeahnte, neue Formen der kommerziellen Verwertung und Profitmaximierung. Ob dagegen wirksamere Gesetz und Mechanismen des Datenschutzes etwas ausrichten können, wie Politiker bei jedem neu entdeckten Skandal eilfertig sowohl fordern wie auch versichern, scheint fraglich. Denn die permanenten digitalen Spuren, die jeder durch den Gebrauch digitaler Technologien unweigerlich verursacht, sind meist gar nicht bewusst, geschweige denn, dass man ihrer Herr werden kann. Zweischneidigkeit wie Unberechenbarkeit von Datensammlung und -nutzung gehören mithin zum ambivalenten Bild der „Wissensgesellschaft".

- Die Generierung und Entfaltung kreativer, alternativer und utopischer Wissensformen und Qualifikationen müssen nicht nur ermöglicht, sondern forciert werden, um für die dringender werdenden, weithin global ausgerichteten Probleme Lösungen zu finden, aber auch erproben zu können. Dafür reicht die bewährte, vielfach eingespurte Produktion instrumentellen und meist ökonomisch rentablen Wissens nicht aus, vielmehr müssen unabhängige brain trusts – wie sie etwa der *Club of Rome* u.a. einmal verkörperte – möglichst im internationalen Rahmen von UNO und UNESCO aktiviert, gefördert und auch mit operativen Ressourcen ausgestattet werden.

- Wenn es eine „Verwissenschaftlichung der Gesellschaft" wie eine „Vergesellschaftung von Wissenschaft" (Weingart 2003; Weingart u.a. 2007; Mayntz u.a. 2008), nämlich eine wachsende Interdependenz gibt, müsste zugleich eine wirksamere öffentliche Kontrolle und Steuerung von Wissenschaft etabliert und der grassierenden Kommerzialisierung, Instrumentalisierung und Privatisierung von Wissenschaft durch die expandierende Auftrags- und angewandte Industrieforschung entgegengewirkt, zumindest sie komplementär begleitet werden. Dazu müsste die öffentliche Hand stärker in wissenschaftliche Infrastruktur investieren und mehr Fördermittel bereitstellen. Darin hat insbesondere Deutschland im Vergleich zu anderen Nationen wie die USA, Japan und China einen erheblichen Nachholbedarf.

- Ohne Frage vervielfacht und pluralisiert sich das alltägliche, allgemeine, professionelle Wissen ständig, womöglich in exponentiellen Raten, gemessen hat es noch niemand, kann wohl auch niemand; vor allem wächst mit der Expansion digitaler Informations- und Kommunikationskanälen seine öffentliche Präsentation und Relevanz, wovon Wikipedia, Google, aber auch all die anderen interaktiven Plattformen zeugen. Eine „Medialisierung des Wissens" (Schäfer 2007) ist also längst nicht nur auf die Wissenschaften begrenzt; sie dürften den ungleich kleineren Part ausmachen, vielmehr und viel umfangreicher entwickeln sich all die anderen Wissensbestände bzw. ihre Zurschaustellung. Die unzähligen Ratgeber- und Quizmedien sind davon nur eine besonderes auffällige Spezies. Dabei sind Formierungen und Vermarktungsstrategien unentwegt am Werk, um Wissen – wissenschaftliches wie alltägliches – für die kuranten medialen Präsentationen passend und attraktiv zu machen. Kulturkritisch werden die grassierende Simplifizierung und Sensationalisierung, die personalisierende Zuspitzung und Trivialisierung in den meinungsführenden Medien beklagt. Aber zugleich mehren sich auch alternative, offene, sogar kostenfreie, allerdings vom Markt marginalisierte Publikationsmöglichkeiten, gerade mittels der digitalen Informationstechnologien, bis hin zu esoterischen, abstrusen Versionen. Prinzipiell ist jedwede Wissensvariante heute zugänglich, sofern sie von Menschen erdacht und geäußert wird; allerdings mögen ihre Auffindbarkeit, Diffusion und damit Beachtung recht beschränkt sein.

- Die unausweichliche Kehrseite davon ist – quantitativ betrachtet – die immense Informationsüberhäufung, die ständige, unentrinnbare Kommunikationsüberlastung, unter der Individuen in den entwickelten Informationsgesellschaften leiden und sich deshalb vielfach nach überschaubaren, dosierten und geprüften Informationsrepertoires sehnen und gar zeitweilig in kommunikations- und informationslose Zonen fliehen. Von medizinischer, neurologischer und psychischer Seite wird dem Mensch längst bescheinigt, nur eine begrenzte Aufnahme-, Verarbeitungs- und Erinnerungskapazität zu haben, und es werden Rezepte für das rechte und richtige Maß an Informationsvermittlung angeraten. Insofern dürften die Diskrepanzen zwischen wohl unaufhaltsam steigendem Informationsoutput und stagnierender subjektiver Informationsrezeption wachsen, der Kampf gegen die so genannte Informationsverschmutzung hat ja bereits begonnen und zeitigt auch da Extreme zwischen asketischer Informationsidylle und rastlosem Informationsoverkill. Dies umso nachhaltiger, da – qualitativ betrachtet – eine ungeheure, letztlich völlige Pluralisierung, wenn nicht Heterogenisierung von Information und Wissen einhergehen, die viele überfordern und sie orientierungs- und ratlos werden lassen. Das nicht mehr aufkündbare „Anything goes" der (Post)Moderne fordert von jedem Subjekt die Entwicklung und Aufrechterhaltung eigenständiger Maßstäbe und Normen, an denen es sich ausrichten muss. Wenn diese fehlen bzw. die Fähigkeiten, sie zu entwickeln und pragmatisch einzusetzen, nicht erlernt werden, steigt die Anfälligkeit für wohlfeile, oft marktschreierisch verbreitete fundamentalistische Strömungen, die die demonstrierte Liberalität und weltanschauliche Neutralität der „Wissensgesellschaft" bizarr konterkarieren.

- Offensichtlich wird es künftig verstärkt darauf ankommen, sich um die soziokulturellen und individuellen Bedingungen wie Chancen der Wissensgenese bzw. um die persönlichen Voraussetzungen und Möglichkeiten, Wissens zu kreieren und zu erwerben, zu kümmern, gemeinhin als Lernen und Bildung bezeichnet. Es wundert daher nicht, dass sich die öffentliche Debatte in diese Richtung verlagert hat und weiter verlagert, zumal nach den verheerenden Ergebnissen der Pisa-Studien und anderen vergleichende Lernstands- bzw. Lernfähigkeitserhebungen. Insbesondere für die deutsche Gesellschaft mussten sie registrieren, dass sie das eigentlich essentielle und unbedingt erforderliche Konstituens einer modernen Gesellschaft, nämlich Chancengleichheit jedes Individuums ungeachtet seiner sozialen Herkunft und Lebensumstände und optimale Förderung seiner Lern- und Wissensfähigkeiten zu ermöglichen, nicht gewährleisten kann. Bildung und Wissen sind stärker als in nahezu allen anderen vergleichbaren Gesellschaften soziokulturell determiniert. Mithin reicht die ‚soziale Konstruktion des Wissens' (vgl. Berger/Luckmann 1980) bis in jede individuelle Lerngeschichte hinein und unterstreicht erneut, dass Wissen nicht neutral und subjektlos zu konzipieren und der Aufbau einer bzw. der Wandel zur Wissensgesellschaft bei jedem einzelnen Individuum beginnt. Diese basale Erkenntnis wird von vielen systemischen Ansätzen ignoriert, entsprechend bleiben ihre Konzepte einer Wissensgesellschaft fragmentarisch.
- Erneut bestätigt sich: Information und Wissen sind keine materiellen Produkte wie andere, erst recht keine Waren (nur ihre kommerzielle Formierung bzw. Haut lässt sich vermarkten); und je häufiger man darüber reflektiert und schreibt, umso mehr riskiert man, sie unangemessen zu verdinglichen und zu schablonisieren. Dieser unausweichlichen Dialektik müsste sich jede analytische Beschäftigung gewusst bleiben. Denn Information und Wissen bleiben volatil, subjektabhängig, flexibel, nur begrenzt standardisierbar, eben auch nicht konsumierbar und zu verbrauchen; sie entstehen überall, absichtlich wie intuitiv, stringent oder auch diffus, passend oder auch verquer, verbreiten sich gesteuert, aber auch gänzlich unkalkulierbar, werden bewahrt, erinnert oder vergessen, regenerieren, reorganisieren und konstituieren sich ständig neu, in jeder menschlichen Erfahrung und Kommunikation. Ebenso wird Wissen reduziert, verkehrt, verdrängt und vergessen (Weinrich 2005), nach plausiblen wie irrationalen, intentionalen und unwillkürlichen Kriterien. Selektionsregeln dafür gibt es nur für bedachtes Bewahren und Aussondern bestimmter Wissensrepertoires, die größeren Volumina verschwinden unbeachtet. Für das geschätzte kulturelle Erbe werden immer wieder Kanonisierungen erdacht und exerziert, doch auch sie sind abhängig von Zeitläufen, gesellschaftlichen Konstituenten und jeweils herrschenden

Wertgefügen. Bibliotheken, Archive, Museen und Datenbanken fungieren als Thesauri des anerkannten und objektivierten Wissens. Aber sie bedürfen der öffentlichen Wertschätzung und Alimentation, die nicht immer gegeben sind und in jedem Fall einer grassierenden Kommerzialisierung und Privatisierung entgegenstehen. Anzunehmen ist auch, dass mit der anhaltenden Informationsfülle und Wissensexplosion, zumal sie sich meist mit dem schrillen Etikett ‚neu' die knappe öffentliche, vor allem mediale Aufmerksamkeit erkämpfen, proportional überkommene Reservoirs und Traditionen schwinden und in Vergessenheit geraten. Dann wäre die Wissensgesellschaft ebenso symptomatisch eine Unwissensgesellschaft.

Mit fortschreitender Befassung stellt sich mithin das Projekt ‚Wissensgesellschaft' als eines mit recht verschiedenen, auch unvereinbaren Facetten heraus, und es dürften künftig noch mehr werden. Ob es insgesamt dieses Label behalten wird oder ein anderes bekommt, hängt davon ab, welche realen Faktoren und Indikatoren jeweils von Belang sind bzw. in Betracht gezogen werden. Und es ist davon auszugehen, dass deren Entstehen, Wandel und Verschwinden mindestens so rasant vor sich gehen werden wie die jeweils dafür vorgeschlagenen und verbreiteten Nominationen.

9 Literatur

Altvater, E. u. Mahnkopf, B. (2002): Globalisierung der Unsicherheit. Arbeit im Schatten, Schmutziges Geld und informelle Politik. Münster

Altvater, E., Baethge, M. u.a. (1985): Arbeit 2000. Über die Zukunft der Arbeitsgesellschaft. Hamburg

Arbeitsgruppe Bielefelder Soziologen (Hg.) (1973): Alltagswissen, Interaktion und gesellschaftliche Wirklichkeit. 2 Bde. Reinbek bei Hamburg

Asendorpf, D. (2004): Absturz von Amts wegen. Nach dem Maut-Desaster kommt das Fiscus-Fiasko: Das Computerprogramm für die Finanzämter ist gescheitert. Beim Arbeitslosengeld droht die nächste Software-Pleite. In: DIE ZEIT, Nr. 30, 15. Juli 2004, S. 25f

Baecker, D. (2007): Studien zur nächsten Gesellschaft. Frankfurt/M.

Barthes, R. (1964; 2003): Mythen des Alltags. Frankfurt/M.

Bateson, G. (1981): Ökologie des Geistes. Anthropologische, psychologische, biologische und epistemologische Perspektiven. Frankfurt/M.

Beck, T. (2004): In die Röhre geguckt. Nanotechniker haben gewaltige Versprechungen gemacht. Einlösen konnten sie bisher keine einzige davon. In. DIE ZEIT, Nr. 20. 6. Mai 2004, S. 33

Beck, U. (1986): Risikogesellschaft. Auf dem Weg in eine andere Moderne. Frankfurt/M.

Beck, U. (1989): Risikogesellschaft. Überlebensfragen, Sozialstruktur und ökologische Aufklärung. In: Aus Politik und Zeitgeschichte. Beilage zur Wochenzeitung „Das Parlament", B 36, 1. September 1989, S. 3- 13

Beck, U. (1993): Die Erfindung des Politischen. Zu einer Theorie reflexiver Modernisierung. Frankfurt/M.

Beck, U. (1997): Was ist Globalisierung? Irrtümer des Globalismus – Antworten auf Globalisierung. Frankfurt/M.

Beck, U. (1998): Perspektiven der Weltgesellschaft. Frankfurt/M.

Beck, U. (1999): Schöne neue Arbeitswelt. Vision: Weltbürgerschaft. Frankfurt/M.

Beck, U., Giddens, A. u. Lash, S. (Hg.): Reflexive Modernisierung. Eine Kontroverse. Frankfurt/M.

Becker, J. (2002): Information und Gesellschaft. Wien u. New York

Bell, D. (1973): The Coming of Post-Industrial Society. A Venture in Social Forecasting. New York (dtsch: Die nachindustrielle Gesellschaft. Frankfurt/M u. New York 1975; Neuauflage 1985; 1996)

Benjamin, W. (1970); Das Kunstwerk im Zeitalter seiner technischen Reproduzierbarkeit. Frankfurt/M.

Bentele, G., Brosius, H.-B. u. Jarren, O. (Hg.) (2003): Öffentliche Kommunikation. Handbuch Kommunikations- und Medienwissenschaft. Wiesbaden

Berg, K. u. Ridder, C.-M. (Hg.) (2002): Massenkommunikation VI. Eine Langzeitstudie zur Mediennutzung und Medienbewertung 1964 – 2000. Baden-Baden

Berger, P.L. u. Luckmann, Th. (1966; 1980): Die gesellschaftliche Konstruktion der Wirklichkeit. Eine Theorie der Wissenssoziologie. Frankfurt/M.

9 Literatur

Bergsdorf, W. (2006): Herausforderungen der Wissensgesellschaft. München
Bericht der Kommission "Zukunftsperspektiven gesellschaftlicher Entwicklungen" (1983), erstellt im Auftrag der Landesregierung von Baden-Württemberg. Stuttgart
Bertelsmann Stiftung (Hg) (2002): Was kommt nach der Informationsgesellschaft? 11 Antworten. 2. Aufl. Gütersloh
Bittlingmayer, U. H. (2001): „Spätkapitalismus" oder „Wissensgesellschaft". In: Aus Politik und Zeitgeschichte. Beilage zur Wochenzeitung „Das Parlament" B. 36, S. 15 – 22
Bittlingmayer, U.H. (2005): „Wissensgesellschaft" als Wille und Vorstellung. Konstanz
Bittlingmayer, U.H. (2006): Strukturierende Vorüberlegungen zu einer kritischen Theorie der Wissensgesellschaft. In: Ders. u. Bauer, U. (Hg.), a.a.O., S. 11 – 23
Bittlingmayer, U.H. u. Bauer, U. (Hg.) (2006): Die „Wissensgesellschaft". Mythos, Ideologie oder Realität. Wiesbaden
Blödorn, S. u. Gerhards, M. (2004): Informationsverhalten der Deutschen. Ergebnisse einer Repräsentativbefragung. In: Media Perspektiven 1/2004, S. 2 – 14
Bolz, N. (1994): Das kontrollierte Chaos. Vom Humanismus zur Medienwirklichkeit. Düsseldorf u.a.
Bolz, N., Kittler, F., Tholen, G. Ch. (Hg.) (1994): Computer als Medium. München
Bonfadelli, H. (1987): Die Wissenskluftforschung. In: M Schenk: Medienwirkungsforschung. 2 Bde, Bd. 1, Tübingen, S. 305 – 323
Bonfadelli, H. (1994): Die Wissenskluft-Perspektive. Massenmedien und gesellschaftliche Information. Konstanz
Bonfadelli, H. (1999; 2000): Medienwirkungsforschung. 2 Bde. Konstanz
Bonfadelli, H. (2002): Die Wissenskluft-Perspektive. Theoretische Perspektive, methodische Umsetzung, empirischer Ertrag. In: Schenk, M.: Medienwirkungsforschung. 2. Aufl. Tübingen, S. 568 – 604
Böschen, S. u. Schulz-Schaeffer, I. (Hg.): Wissenschaft in der Wissensgesellschaft. Opladen
Bourdieu, P. (1979): Entwurf einer Theorie der Praxis auf der ethnologischen Grundlage der kabylischen Gesellschaft. Frankfurt/M
Bourdieu, P. (1982): Die feinen Unterschiede. Kritik der gesellschaftlichen Urteilskraft. Frankfurt/M.
Bourdieu, P. (2001): Mediationen. Zur Kritik der scholastischen Vernunft. Frankfurt/M.
Braun, S. u. Fuhrmann, J. (1970): Angestelltenmentalität. Berufliche Position und gesellschaftliches Denken der Industrieangestellten. Bericht über eine industriesoziologische Untersuchung. Neuwied
Breunig, C. (1996): Internationale Kommunikationspolitik im Wandel. Alte und neue Initiativen der UNESCO. In: Meckel, M. u. Kriener, M. (Hg.), a.a.O., S. 67 – 84
Briefs, U. (1984): Informationstechnologien und Zukunft der Arbeit. Mikroelektronik und Computertechnik. Köln
Bundesministerium für Bildung und Forschung (Hg.) (2002): IT-Ausstattung der allgemeinbildenden und berufsbildenden Schulen in Deutschland. Eine Bestandsaufnahme vom Mai 2002. Bonn

Bundesministerium für das Post- und Fernmeldewesen (Hg.) (1976): Telekommunikationsbericht. Kommission für den Ausbau des technischen Kommunikationssystems – KtK, Bde 1 – 8. Bonn (Auszüge in: Media Perspektiven 1/1976)

Bundesministerium für Wirtschaft (Hg.) (1995): Die Informationsgesellschaft. Fakten, Analysen, Trends. Bonn

Bundesministerium für Wirtschaft (Hg.) (1996): Info 2000. Deutschlands Weg in die Informationsgesellschaft. Bericht der Bundesregierung. Bonn

Bundesministerium für Wirtschaft und Arbeit (Hg.) (2004): Branchenfocus - Informationswirtschaft (geladen am 24.03. 2004)

Bundesministerium für Wirtschaft und Arbeit und Bundesministerium für Bildung und Forschung (Hg.) (2003): Informationsgesellschaft Deutschland 2006. Aktionsprogramm der Bundesregierung. Berlin

Bundesministerium für Wirtschaft und Technologie u. Bundesministerium für Bildung und Forschung (Hg.) (2002): Informationsgesellschaft Deutschland. „Innovation und Arbeitsplätze in der Informationsgesellschaft des 21. Jahrhunderts". Fortschrittsbericht zum Aktionsprogramm der Bundesregierung. Berlin und Bonn

Burke, P. u. Wolf, M. (2001): Papier und Marktgeschrei: Die Geburt der Wissensgesellschaft. Berlin

Capurro, R. (1978): Information. Ein Beitrag zur etymologischen und ideengeschichtlichen Begründung des Informationsbegriffs. München

Carrier, M. (Hg.) (2007): Wandel oder Niedergang? Die Rolle der Intellektuellen in der Wissensgesellschaft. Bielefeld

Castells, M. (2001; 2002; 2003): Das Informationszeitalter. 3 Bde. Opladen

Castells, M. (2005): Die Internet-Galaxie. Wiesbaden

Ceruzzi, P. (1999): A History of Modern Computing. Cambridge, MA/London

Debatin, B. (1999): Allwissenheit und Grenzenlosigkeit. Mythen um Computernetze. In: Wilke, J. (Hg.): Massenmedien und Zeitgeschichte. (Schriftenreihe der DGPuK, Nr. 26). Konstanz, S. 481 – 493

Delp, L. (Hg.) (2006): Das Buch in der Informationsgesellschaft: ein buchwissenschaftliches Symposion. Wiesbaden

Der Bundesminister für Forschung und Technologie (Hg.) (1984): Informationstechnik. Konzeption der Bundesregierung zur Förderung der Entwicklung der Mikroelektronik, der Informations- und Kommunikationstechniken. Bonn

Deutscher Bundestag (Hg.) (2002): Schlussbericht der Enquete-Kommission „Globalisierung der Weltwirtschaft. Opladen

Deutscher Bundestag, 13. Wahlperiode (22.08.1998): Schlussbericht der Enquete-Kommission „Zukunft der Medien in Wirtschaft und Gesellschaft – Deutschlands Weg in die Informationsgesellschaft. Drucksache 13/11004 (Buchfassung: Bonn 1998)

Deutscher Bundestag, 14. Wahlperiode (27. Juni 2002): Schlussbericht der Enquete-Kommission „Globalisierung der Weltwirtschaft – Herausforderungen und Antworten". Drucksache 14/9200, Berlin

Deutscher Bundestag, 9. Wahlperiode (28.03.1983): Zwischenbericht der Enquete-Kommission „Neue Informations- und Kommunikationstechniken". Drucksache 9/2442

9 Literatur

Dewe, B. u. Weber, P. J. (2007): Wissensgesellschaft und lebenslanges Lernen: Eine Einführung in bildungspolitische Konzeptionen der EU. Bad Heilbrunn

Donges, P. (2008): Medialisierung politischer Organisationen. Wiesbaden

Donges, P. (Hg.) (20007): Von der Medienpolitik zur Media Governance? Köln

Dörner, A. (2001): Politainment. Politik in der medialen Erlebnisgesellschaft. Frankfurt/M.

Dörr, D. (2002): Die europäische Medienordnung. In: Haas, H. u. Langenbucher, W. R. (Hg.): Medien- und Kommunikationspolitik. Wien, S. 131 – 179

Dostal, W. (1995): Die Informatisierung der Arbeitswelt. In: Mitteilungen aus der Arbeitsmarkt- und Berufsforschung, 28. Jg., H. 4, S. 527 – 543

Dreyfus, H. L. (1985): Die Grenzen künstlicher Intelligenz. Was Computer nicht können. Königstein/Ts.

Dreyfus, H.L. (1993): Was Computer noch immer nicht können. In: Deutsche Zeitschrift für Philosophie 41, S. 653 – 680

Drucker, P. F. (1949): The New Society. New York

Drucker, P. F. (1969): The Age of Discontinuities. London (deutsch: Die Zukunft bewältigen. Düsseldorf u. Wien)

Drucker, P. F. (1989): The New Realities. Oxford

Drucker, P.F. (1993): Post-Capitalist Society. Oxford

Dworschak, M. (2004): Rapunzel bis Regenzeit. Im Internet wächst eine gewaltige Enzyklopädie als Werk von Freiwilligen heran. In: DER SPIEGEL, Nr. 10, 1. 3. 04, S. 174f

Eichmann, H. (2000): Medienlebensstile zwischen Informationselite und Unterhaltungsproletariat. Wissensungleichheiten durch differentielle Nutzung von Printmedien, Fernsehen, Computer und Internet. Frankfurt/M.

Eisenegger, M. (2005): Reputation in der Mediengesellschaft. Konstitution, Issues Monitoring, Issues Management. Wiesbaden

Eisenstadt, S.N. (1964): Breakdowns of Modernization. In: Economic Development and Cultural Change, 12, pp. 245 – 367

Erbring, L. (Hg.) (1995): Kommunikationsraum Europa. Konstanz (Schriften der DGPuK, Nr. 21)

Etzioni, A, (1968): The Active Society. A Theory of Societal and Political Processing. London (dtsch: 1975)

Eurich, K. (1998): Mythos Multimedia. Über die Macht der neuen Technik. München

Eurich, K: (1991): Tödliche Signale. Die kriegerische Geschichte der Informationstechnik. Frankfurt/M.

Expertenkommission Neue Medien – EKM Baden-Württemberg (1981): Abschlussbericht. 3 Bde. Stuttgart

Farkas, V. (2005): Mythos Informationsgesellschaft: was wir aus den Medien nicht erfahren. Rottenburg

Faulstich, W. (1996, 1997, 1998, 2002): Die Geschichte der Medien. Bislang 4 Bde. Göttingen

Faulstich, W. (2000): Medium. In: Ders. (Hg.): Grundwissen Medien. München, 4. Aufl., S. 21 – 108

Faulstich, W. (2002): Einführung in die Medienwissenschaft. München

Faulstich, W. (2004): Medienwissenschaft. Paderborn
Faulstich, W. (Hg.) (2004): Grundwissen Medien. 5. vollständig überarbeitete und erheblich veränderte Auflage. Paderborn.
Filipovic, A. (2007): Öffentliche Kommunikation in der Wissensgesellschaft. Bielefeld
Filipovic, A. u. Kunze, A.B. (Hg.) (2003): Wissensgesellschaft. Herausforderungen für die christliche Sozialethik. Münster u.a.
Fischbach, R. (2005): Mythos Netz: Kommunikation jenseits von Raum und Zeit. Zürich
Fischermann, T. (2003): Revolution im zweiten Anlauf. Die New Economy ist nur scheintot, schon der nächste Boom kann sie wiederbeleben. In: DIE ZEIT, Nr. 42, 9. Oktober 2003, S. 31f
Fischermann, T. (2004): Wo sind die Pioniere? Vor dem Börsengang von Google: Das Silicon Valley ist auf der Suche nach der Zukunft – doch die nächste Innovationswelle droht an Kalifornien vorbeizugehen. In: DIE ZEIT, Nr. 20, 6. Mai 2004, S. 26
Fourastié, J: (1954): Die große Hoffnung des zwanzigsten Jahrhunderts. Köln
Franck, G. (1998): Ökonomie der Aufmerksamkeit. Ein Entwurf. München
Fried, J. u. Süßmann, J. (Hg.) (2001): Revolutionen des Wissens. Von der Steinzeit bis zur Moderne. München
Fritz-Vannahme, J. (2004): Die Alte Welt lernt nicht dazu. Bis zum Jahr 2010 wollen die Regierungschefs Europas die weltbeste Wissensgesellschaft schaffen. Eine Bilanz zum bevorstehenden EU-Gipfel. In: DIE ZEIT Nr. 14, 25. März 2004, S. 34
Fuhrmann, M. (2002): Bildung. Europas kulturelle Identität. Stuttgart
Funder, M. (Hg.) (2005): Jenseits der Geschlechterdifferenz? Geschlechterverhältnisse in der Informations- und Wissensgesellschaft. München
Gaschke, S. (2003): Wie man sich in Deutschland informiert. In: DIE ZEIT. Nr. 45, 30. Oktober 2003, S. 64
Gates, B. u.a. (1997): Der Weg nach vorn. München
Gemperle, M. u. Steckeisen, P. (Hg.) (2006): Ein neues Zeitalter des Wissens? Kritische Beiträge zur Diskussion über die Wissensgesellschaft. Zürich
Gerhards, M. u. Mende, A. (2003): Offliner 2003: Stabile Vorbehalte gegenüber dem Internet. ARD/ZDF-Offline-Studie 2003, in: Media Perspektiven 8/2003, S. 359 – 373
Gerhards, M. u. Mende, A. (2004): Offliner 2004: Anpassungsdruck steigt, Zugangsbarrieren bleiben bestehen. ARD/ZDF-Offline-Studie 2004, in: Media Perspektiven 8/2004, S. 371 – 385
Giddens, A. (1995): Konsequenzen der Moderne. Frankfurt/M.
Giddens, A. (1996): Leben in einer posttraditionalen Gesellschaft. In: Beck, U., Giddens, A. u. Lash, S. (Hg.), a.a.O., S. 113 – 194
Giddens, A. (2001): Entfesselte Welt. Wie die Globalisierung unser Leben verändert. Frankfurt/M.
Giesecke, M. (1991): Der Buchdruck in der frühen Neuzeit. Eine historische Fallstudie über die Durchsetzung neuer Informations- und Kommunikationstechnologien. Frankfurt/M.
Giesecke, M. (2002): Von den Mythen der Buchkultur zu den Visionen der Informationsgesellschaft. Trendforschungen zur kulturellen Medienökologie. Frankfurt/M.

Gleich, U. (2004): Digital Divide: Führen Internet und Digitales Fernsehen zu einer neuen Wissenskluft. ARD-Forschungsdienst. In: Media Perspektiven 5/2004, S. 233 – 238
Glotz, P. (1999): Die beschleunigte Gesellschaft – Kulturkampf im digitalen Kapitalismus. München
Glotz, P. (2001): Von Analog nach Digital. Unsere Gesellschaft auf dem Weg zur digitalen Kultur. Stuttgart u. Wien
Gorz, A. (2004): Wissen, Wert und Kapital. Zur Kritik der Wissensökonomie. Zürich
Groebel, J. u.a. (1995): Bericht zur Lage des Fernsehens. Für den Präsidenten der Bundesrepublik Deutschland. Gütersloh
Gross, M.; Hoffmann-Riem, H. u. Krohn, W. (2005): Realexperimente. Ökologische Gestaltungsprozesse in der Wissensgesellschaft. Bielefeld
Grunwald, A.; Banse, G.; Coenen, Ch. U. Hennen, L. (Hg.) (2006): Netzöffentlichkeit und digitale Demokratie. Tendenzen politischer Kommunikation im Internet. Berlin
Haarmann, H. (1990): Universalgeschichte der Schrift. Frankfurt u. New York
Habermas, J. (1985): Die Neue Unübersichtlichkeit. Kleine Politische Schriften V. Frankfurt/M.
Hachmeister, L. u. Rager, G. (2003): Wer beherrscht die Medien? Die 50 größten Medienkonzerne der Welt. Jahrbuch 2003. München
Hamann, G. (2003): Fernseher an Kamera, bitte kommen…Ein Traum wird wahr. Die Industrie vernetzt alle Geräte, vom DVD-Player bis zur Musikanlage – wenn sie von einer Marke sind. In. DIE ZEIT, Nr. 35, 21. August 2003, S. 19
Hamm. I. u. Machill, M. (Hg.) (2001): Wer regiert das Internet? ICANN als Fallbeispiel für Global Internet Governance. Gütersloh
Hans-Bredow-Institut für Medienforschung an der Universität Hamburg (Hg.) (2004) : Internationales Handbuch Medien 2004/2005. Baden-Baden
Hartmann, F. (2006): Globale Medienkultur. Technik, Geschichte, Theorie. Wien
Hasebrink, u. u. Herzog. A. (2004): Mediennutzung im internationalen Vergleich. In: Hans-Bredow-Institut (Hg.), a.a.O., S, 136 – 158
Hasebrink, U., Mikos, L. u. Prommer, E. (Hg.) (2004): Mediennutzung in konvergierenden Medienumgebungen. München
Hauke, P. u. Umlauf, U. (Hg.) (2006): Vom Wandel der Wissensorganisation im Informationszeitalter. Bad Honnef
Haustein, L. (2003): Videokunst. München
Heesen, J. (2004): Technik als Mission. Wie Vereinte Nationen und G8 die digitale Spaltung überwinden wollen. In: Scheule, R. M. u.a. (Hg.), a.a.O., S. 213 – 224
Heidenreich, M. (2002): Merkmale der Wissensgesellschaft. In: Dobart, A. (2002): Lernen in der Wissensgesellschaft. Beiträge des OECD/CERI-Regionalseminars für deutschsprachige Länder in Esslingen (Bundesrepublik Deutschland) vom 8. – 12. Oktober 2001. Innsbruck, S. 224 – 364
Heidenreich, S. (2004): FlipFlop. Digitale Datenströme und die Kultur des 21. Jahrhunderts. München
Hellmann, G. (Hg.) (2007): Forschung und Beratung in der Wissensgesellschaft: Das feld der internationalen Beziehungen und der Außenpolitik. Baden-Baden

Hengsbach, F. (2002): Zauberwelt „Wissensgesellschaft" – sieben Thesen. 29. DEKT, Frankfurt am Main 13.– 17. Juni 2001. Hochschulzentrum Globale Wissenschaft. Epd-Dokumentation 2002-06-03

Hepp, A.; Krotz, F. u. Winter, C. (Hg.) (2005): Globalisierung der Medienkommunikation. Eine Einführung.

Hepp, A.; Krotz, F.; Moores, S. u. Winter, C. (Hg.) (2006): Konnektivität, Netzwerk und Fluss. Konzepte gegenwärtiger Medien-, Kommunikations- und Kulturtheorie. Wiesbaden

Hepp. A. (2004): Netzwerke der Medien. Medienkulturen und Globalisierung. Wiesbaden

Heuermann, H. (1994): Medienkultur und Mythen. Regressive Tendenzen im Fortschritt der Moderne. Reinbek bei Hamburg

Hickethier, K. (2003): Einführung in die Medienwissenschaft. Stuttgart, Weimar

Hinke, H.A. (2007): Wissensgesellschaft und Wissensmanagement. Konsequenzen und Szenarien für Arbeit, personal, Organisation und Gesellschaft. Aachen

Hoffmann-Riem, W. (1998): Schleichwege zur Nicht-Entscheidung. Fallanalyse zum Scheitern der Enquete-Kommission „Neue Informations- und Kommunikationstechniken". In: Politische Vierteljahresschrift, H.1, S. 58 – 84

Höflich, J. R. (1995): Vom dispersen Publikum zu ‚elektronischen Gemeinschaften'. Plädoyer für einen erweiterten kommunikationswissenschaftlichen Blickwinkel. In: Rundfunk und Fernsehen, 43. Jg., 1995, H. 4, S. 518 – 537.

Hofmann, J. (2001): Digitale Unterwanderungen: Der Wandel im Innern des Wissens. In: Aus Politik und Zeitgeschichte. Beilage zur Wochenzeitung „Das Parlament" 31. August 2001, B 36/2001, S. 3 – 6

Holtz-Bacha, C. (1997): Das fragmentierte Medien-Publikum. Folgen für das politische System. In: Aus Politik und Zeitgeschichte. Beilage zur Wochenzeitung „Das Parlament", B. 42/97, SD. 13 – 21

Horkheimer, M. u. Adorno, Th. W. (1944; 1969): Dialektik der Aufklärung. Philosophische Fragmente. Frankfurt/M.

Hornidge, A.-K. (2007): Knowledge Society: Vision and social construction of reality in Germany and Singapor. Berlin u.a.

Hornig, F. u. Sucher, J. (2003): Jagd auf einsame Herzen. In. DER SPIEGEL, Nr. 32, 4. August 2003, S. 96ff

Hörning, Karl H. (2001): Experten des Alltags. Die Wiederentdeckung des praktischen Wissens. Weilerswist

Horstmann, R. (1991): Medieneinflüsse auf politisches Wissen. Zur Tragfähigkeit der Wissenskluft-Hypothese. Wiesbaden

Howaldt, J. (2004): Neue Formen sozialwissenschaftlicher Wissensproduktion in der Wissensgesellschaft: Forschung und Beratung in betrieblichen und regionalen Innovationsprozessen. Münster u.a.

Hrachovec, H. u. Pichler, A. (Eds.) (2008): Philosophy of the information society. Frankfurt/M. u.a.

Hubig, Ch. (2000): Unterwegs zur Wissensgesellschaft. Grundlagen – Trends – Probleme. Berlin

Huntington, S.P. (1996): Der Kampf der Kulturen. The Clash of Civilizations. Die Neugestaltung der Weltpolitik im 21. Jahrhundert. München

9 Literatur

Huyssen, A. u. Scherpe, K. R. (Hg.) (1997): Postmoderne. Zeichen eines kulturellen Wandels. Reinbek bei Hamburg

Imhof, K, (2006): Mediengesellschaft und Medialisierung. In: Medien & Kommunikationswissenschaft. 54. Jg., Hr. 2, S. 191 – 215

Imhof, K; Blum, R; Bonfadelli, H. u. Jarren, O. (Hg.) (2004): Mediengesellschaft. Strukturen, Merkmale, Entwicklungsdynamiken. Wiesbaden

Jaeckel, M. u. Haase, F. (Hg.) (2005): In medias res: Herausforderung Informationsgesellschaft. München

Jarren, O u. Donges, P. (2006): Politische Kommunikation in der Mediengesellschaft. Eine Einführung. 2.Aufl. Wiesbaden

Jarren, O. (2001): „Mediengesellschaft" – Risiken für die politische Kommunikation. In: Aus Politik und Zeitgeschichte. Beilage zur Wochenzeitung „Das Parlament", B 41-42, 5. Oktober 2001, S. 10 – 19

Junge, T. (2008): Gouvernementalität der Wissensgesellschaft: Politik und Subjektivität unter dem Regime des Wissens. Bielefeld

Kac, E. (1997): Das Internet und die Zukunft der Kunst: Immaterialität, Telematik, Videokonferenzen, Hypermedia, Networking, VRML, Interaktivität, Bildtelefone, Software für Künstler, Telerobotik, Mbone und darüber hinaus. In: Münker, S. u. Roesler, A. (Hg.), a.a.O., S. 291 – 318

Kamps, K. u. Meckel, M. (1998): Fernsehnachrichten. Prozesse, Strukturen, Funktionen. Wiesbaden

Karpenstein-Eßbach, C. (2004): Einführung in die Kulturwissenschaft der Medien. Paderborn

Kausch, M. (1988): Kulturindustrie und Populärkultur. Kritische Theorie der Massenmedien. Frankfurt/M.

Kempter, K. u. Meusburger, P. (Hg.) (2006): Bildung und Wissensgesellschaft. Berlin u. Heidelberg

Kiepas, A. (Hg.) (2006): Informationsgesellschaft und Kultur: Internet – globale Kommunikation – Identität. Berlin

Kirchenamt im Auftrag des Rates der Evangelischen Kirche in Deutschland (Hg.) (1985): Die neuen Informations- und Kommunikationstechniken. Chancen, Gefahren, Aufgaben verantwortlicher Gestaltung. Bertelsmann

Kleinsteuber, H.J. (1997): Informationsgesellschaft: Entstehung und Wandlung eines politischen Leitbegriffs der neunziger Jahre. In: Gegenwartskunde 1, S. S. 41 – 52

Kleinsteuber, H.J. (2000): Technikberatung in der Demokratie. Die Enquete-Kommission des Deutschen Bundestages zu „Zukunft der Medien". Ein Erfahrungsbericht. In: Martinsen, R. u. Simonis, G. (Hg.): Demokratie und Technik – (k)eine Wahlverwandtschaft? Opladen, S. 271 - 303

Kleinsteuber, H.J. u. Rossmann, T. (1994): Europa als Kommunikationsraum. Akteure, Strukturen und Konfliktpotentiale in der europäischen Medienpolitik. Opladen

Kleinsteuber, H.J. u. Thomaß, B. (2004): Kommunikationspolitik international – ein Vergleich nationaler Entwicklungen. In: Hans-Bredow-Institut (Hg.), a.a.O., S. 78 – 99

Klook, D. u. Spahr, A. (Hg.) (2000): Medientheorien. Eine Einführung. 2. korr. u. erw. Aufl. München

Knoblauch, H. (2004): Kritik des Wissens. Wissensmanagement, Wissenssoziologie und die Kommunikation. In: Wyssusek, B., a.a.O., S. 275 – 290

Knoblauch, H. (2005): Wissenssoziologie. Konstanz

Koch, H.-A. (Hg.) (1990): Welt der Information. Wissen und Wissensvermittlung in Geschichte und Gegenwart. Stuttgart

Koschnick, W. (1990): Rupert Murdoch. Der Medientycoon. Düsseldorf u.a.

Kracauer, S. (1929; 1971): Die Angestellten. Frankfurt/M.

Krallmann, D. u. Ziemann, A. (2001): Grundkurs Kommunikationswissenschaft. München

Krämer, S. (1997): Vom Mythos „Künstliche Intelligenz" zum Mythos „Künstliche Kommunikation" oder: Ist eine nicht-anthropomorphe Beschreibung von Internet-Interaktionen möglich? In: Münker/Roesler (Hg.), a.a.O., S. 83 - 107

Krämer, S. (Hg.) (1998): Medien, Computer, Realität. Wirklichkeitsvorstellungen und Neue Medien. Frankfurt/M.

Krech, H. (1998): Der Weltgeist: 1350 Petabytes. Wieviel Wissen gibt es auf der Welt? Kognitionsforscher wagen eine quantitative Antwort. In: DIE ZEIT Nr. 46, 5. Nov. 1998, S. 46

Kreibich, R. (1986): Die Wissenschaftsgesellschaft. Von Galilei zur High-Tech Revolution. Frankfurt/M.

Kreuzer, H. (Hg.) (1987): Die zwei Kulturen. Literarische und naturwissenschaftliche Intelligenz. C.P. Snows These in der Diskussion. München

Krippendorf, K. (1994): Der verschwundene Bote. Metaphern und Modelle der Kommunikation. In: Merten, K. u.a. (Hg.), a.a.O., S. 79 – 113

Krotz, F. (2007). Mediatisierung. Fallstudien zum Wandel von Kommunikation. Wiesbaden

Kubicek, H. u. Rolf, A. (1985): Mikropolis. Mit Computernetzen in die "Informationsgesellschaft. Hamburg

Kubicek, H. u. Welling, S. (2000): Vor einer digitalen Spaltung in Deutschland? Annäherung an ein verdecktes Problem von wirtschafts- und gesellschaftspolitischer Brisanz. In: Medien und Kommunikationswissenschaft, 48. Jg. 2000, H. 4, S. 497 – 517

Kübler, H.-D, (1986): Informatisierung – Formierung – Militarisierung: Offene Fragen an die Kommunikationswissenschaft. In: Ahlemeyer, H.W. und Stobbe, H.-G. (Hg.): Die Universität zwischen Ökonomisierung und Militarisierung? Zur Sinnkrise in den Wissenschaften. Münster, S. 154 – 162

Kübler, H.-D. (1999): Medienpolitische Stückwerke. Wie und warum die Enquete-Kommissionen des Bundestages versagten. In: medien + erziehung, 43. Jg., Nr. 3, Juni, S. 162 – 170

Kübler, H.-D. (2000): Alles Gaga oder: die pure Lust am Banalen? Analytische Sondierungen darüber, was unterhält. In: medien praktisch 24. Jg., H. 96, Oktober 2000, S. 4 – 10

Kübler, H.-D. (2001): Learning by Surfing? Digitale Lernmythen und Wissensillusionen. In: Bürdek, B. (Hg.): Der digitale Wahn. Frankfurt/M, S. 147 – 177

Kübler, H.-D. (2002): Nachrichtenrezeption, Informationsnutzung, Wissenserwerb. Diskrepanzen wissenschaftlicher Zugänge. In: Wolfenbütteler Notizen zur Buchgeschichte. In Zusammenarbeit mit dem Wolfenbütteler Arbeitskreis für Bibliotheks-,

Buch- und Mediengeschichte, hrsg. v. der Herzog August Bibliothek, 27. Jg., H. 2, S. 219 – 254

Kübler, H.-D. (2003a): Bildung zwischen Markt, Medien und ideellem Wert. Fünfzehn Thesen. In: Wiedemann, D. u. Lauffer, J. (Hg.): Die medialisierte Gesellschaft. Beiträge zur Rolle der Medien in der Demokratie. Bielefeld, S. 266 – 279

Kübler, H.-D. (2003b): Kommunikation und Medien. Eine Einführung. Münster u.a.

Kübler, H.-D. (2006): Informationsgesellschaft. In: Henning, Christoph (Hg.): Marxglossar. Freiburg, S. 143 – 154

Kübler, H.-D. (Hg.) (1984): Jenseits von Orwell. Analysen zur Instrumentierung der Kultur. Frankfurt/M.

Kübler, H.-D. u. Elling, E. (Hg.) (2004): Wissensgesellschaft. Neue Medien und ihre Konsequenzen. Bonn

Kuhlen, R. (1995): Informationsmarkt. Chancen und Risiken der Kommerzialisierung von Wissen. Konstanz

Kuhlen, R. (2004): Optionen und Obligationen nationaler und globaler Informationspolitik nach und vor dem Weltgipfel zur Informationsgesellschaft (WSIS). In: Information. Wissenschaft und Praxis 55 (2004) 4, S. 199 – 209

Kümmel, A., Scholz, L. u. Schumacher, E. (Hg.) (2004): Einführung in die Geschichte der Medien. Paderborn

Kunczik, M. u. Zipfel (2001): Publizistik. Ein Studienhandbuch. Köln u.a.

Lane, R. E. (1996): The Decline of Politics and Ideology in a Knowledgeable Society. In: American Sociological Review 31, S. 649 – 662

Lange, B.-P. u.a. (1982): Sozialpolitische Chancen der Informationstechnik. Zur staatlichen Förderung einer Sozialen Informationstechnologie. Frankfurt/M. u. New York

Laughlin, R. B. u. Bischoff, M. (2008): Das Verbrechen der Vernunft: Betrug an der Wissensgesellschaft. Frankfurt/M.

Lehmann, K. u. Schetsche, M. (Hg.) (2005): Die Google-Gesellschaft. Vom digitalen Wandel des Wissens. Bielefeld

Lenk, K. (1991): Ideologiebegriff und Ideologiekritik. In: Kerber, H. u. Schmiederer, A. (Hg.) (1991): Soziologie. Arbeitsfelder, Theorien, Ausbildung. Ein Grundkurs. Reinbek bei Hamburg, S. 183 – 212

Lenk, K. (Hg.) (1984): Ideologie. Ideologiekritik und Wissenssoziologie. Frankfurt/M. 9. Aufl.

Lepenies, W. (1985): Die drei Kulturen. Soziologie zwischen Literatur und Wissenschaft. München

Leschke, R. (2003): Einführung in die Medientheorie. München

Liessmann, K. P. (2006): Theorie der Unbildung. Die Irrtümer der Wissensgesellschaft. Wien

Löffelholz, M. u. Altmeppen, K.-D. (1994): Kommunikation in der Informationsgesellschaft. In: Merten, K. u.a. (Hg.), a.a.O., S. 570 – 591

Luhmann, N. (1980): Gesellschaftliche Struktur und semantische Tradition. In: Ders. (1980): Gesellschaftsstruktur und Semantik. Studien zur Wissenssoziologie der modernen Gesellschaft. Bd.1. Frankfurt/M, S. 9 – 71

Luhmann, N. (1984): Soziale Systeme. Grundriss einer allgemeinen Theorie. Frankfurt/M.

Luhmann, N. (1990): Die Wissenschaft der Gesellschaft. Frankfurt/M.

Luhmann, N. (1995): Die Soziologie des Wissens: Probleme ihrer theoretischen Konstruktion. In: Ders.: Gesellschaftsstruktur und Semantik. Studien zur Wissenssoziologie. Bd. 4. Frankfurt/M., S. 151 – 180

Luhmann, N. (1996): Die Realität der Massenmedien. 2. erw. Aufl. Opladen

Luhmann, N. (1997): Die Gesellschaft der Gesellschaft. 2 Teilbände. Frankfurt/M.

Lyotard, J. F. (1979; 1986): Das postmoderne Wissen. Ein Bericht. Wien

Maasen, S. (1999): Wissenssoziologie. Bielefeld

MacBride, S. (1981): Viele Stimmen – eine Welt. Kommunikation und Gesellschaft – heute und morgen. Bericht der Internationalen Kommission zum Studium der Kommunikationsprobleme unter dem Vorsitz von Sean MacBride an die UNESCO. Konstanz

Machill, M. u. Ahlert, C. (2001): Wer regiert das Internet? ICANN als neue Form der Kommunikationsregierung. In: Publizistik, 46. Jg., H. 3, S. 295 – 316

Machlup, F. (1962): The Production and Distribution of Knowledge in the United States. Princeton, N.J

Marcum, J.W. (2006): After the information age: A dynamic learning manifesto. New York u.a.

Marotzki, W., Meister, D. M. u. Sander U. (Hg.): Zum Bildungswert des Internet. Opladen

Marr, M. (2004): Wer hat Angst vor der Digitalen Spaltung? In: Medien & Kommunikationswissenschaft. 24. Jg., Hr. 1, S. 76 – 94

Marti, A.B.C. (1994): Entwicklung und Probleme audiovisueller Medien in der EG. Münster/Hamburg (Medien & Kommunikation Bd. 20)

Martinsen, R. (2006): Demokratie und Diskurs: Organisierte Kommunikationsprozesse in der Wissensgesellschaft. Baden-Baden

Mattelart, A. (2003): Kleine Geschichte der Informationsgesellschaft. Berlin

Matthes, J. (Hg.) (1983): Krise der Arbeitsgesellschaft? Verhandlungen des 21. Deutschen Soziologentages in Bamberg 1982. Frankfurt/M u. New York

Mayntz, R; Neidhardt, F; Weingart; P. u. Wengenroth, U. (Hg.) (2008): Wissensproduktion und Wissenstransfer. Wissen im Spannungsfeld von Wissenschaft, Politik und Öffentlichkeit. Bielefeld

McLuhan (1968; 1994): Die magischen Kanäle. Understanding Media. Düsseldorf, Dresden

Mead, G. H. (1934; 1975): Geist, Identität und Gesellschaft aus der Sicht des Sozialbehaviorismus. Frankfurt/M.

Meadows, D. L. u.a. (1972): Die Grenzen des Wachstums. Bericht des Club of Rome zur Lage der Menschheit. Reinbek bei Hamburg

Meckel, M. (2001): Die globale Agenda. Kommunikation und Globalisierung. Wiesbaden

Meckel, M. u. Kriener, M. (Hg.) (1996): Internationale Kommunikation. Eine Einführung. Opladen.

Meja, V. u. Stehr, N. (Hg.) (1982): Der Streit um die Wissenssoziologie. 2 Bde. Frankfurt/M.

Meja. V. u. Stehr. N. (1982): Zum Streit um die Wissenssoziologie. In: Dies. (Hg.), a.a.O., Bd. I, S. 11 – 23

Melody, W. H. (1990): Communication Policy in the Global Information Economy. In: Ferguson, M. (Ed.): Public Communication: The New Imperatives. London, p. 16 – 39

Merten, K (1990).: Inszenierung von Alltag: Kommunikation, Massenkommunikation. In: Ders. u.a. (Hg.) Studienbrief 1 des Funkkollegs "Medien und Kommunikation". Weinheim und Basel, S. 79 – 108

Merten, K. (2002): Medien als Steigbügelhalter. In: Message 2/2002, S. 46 – 49

Merten, K., Schmidt, S.J. u. Weischenberg, S. (Hg.) (1994): Die Wirklichkeit der Medien. Eine Einführung in die Kommunikationswissenschaft. Opladen

Merten; K. (1994): Wirkungen von Kommunikation. In: Ders., Schmidt, S.J. u. Weischenberg, S. (Hg.), a.a.O., S. 291 – 328

Merton, R. K. (1970; 1985): Entwicklung und Wandel von Forschungsinteressen. Aufsätze zur Wissenschaftssoziologie. Frankfurt/M.

Mettler-Meibom, B. (1987): Soziale Kosten in der Informationsgesellschaft. Überlegungen zu einer Kommunikationsökologie. Frankfurt/M.

Michie, D. u. Johnston, R. (1985): Der kreative Computer. Künstliche Intelligenz und menschliches Wissen. Hamburg u. Zürich

Mittelstraß, J. (1998): Information oder Wissen – vollzieht sich ein Paradigmenwechsel? In: BMBF (Hg.): Zukunft Deutschland in der Wissensgesellschaft. Tagungsband des Kongresses am 16. Februar 1998 in Bonn. Bonn, S. 11 - 16

Möllhoff, C. (2003): „Wir sind die Gewinner". Die zweite Globalisierungswelle rollt. Banken und Software-Firmen verlagern jetzt auch immer mehr hoch qualifizierte Arbeitsplätze nach Indien. In: DIE ZEIT, Nr. 44, 23. Oktober 2003, S. 23

Moore, G. (1965): Cramming More Components Onto Integrated Circuits. In: Electronics. Vol. 38, No. 8

Morley, D. (2006): Media, Modernity and technology. London u.a.

Müller, H.-R. u. Wassilios, S. (2007): Bildung im Horizont der Wissensgesellschaft. Wiesbaden

Müller-Doohm, S. (2000): Kritische Medientheorie – die Perspektive der Frankfurter Schule. In: Neumann-Braun, K. u. Müller-Doohm, S. (Hg.), a.a.O., S. 69 – 92

Müllert, N. (1982): Das Räderwerk des technischen Fortschritts – Endstation : Menschen wie Computer? In: Ders. (Hg.), a.a.O., S. 42 – 60

Müllert, N. (Hg.) (1982): Schöne elektronische Welt. Computer – Technik der totalen Kontrolle. Reinbek bei Hamburg

Münch, R. (1991): Dialektik der Kommunikationsgesellschaft. Frankfurt/M.

Münker, S. u. Roesler, A. (Hg.) (1997): Mythos Internet. Frankfurt/M.

Neckel, S. (2000): Die Macht der Unterscheidung. Essays zur Kultursoziologie der modernen Gesellschaft. Frankfurt/M.

Negt, O. (2001): Arbeit und menschliche Würde. Göttingen

Neumann-Braun, K. u. Müller-Doohm, S. (Hg.) (2000): Medien- und Kommunikationssoziologie. Eine Einführung in zentrale Begriffe und Theorien. München

Nonaka, I u. Takeuchi, H. (1995): The Knowledge-Creating Company – How Japanese Companies Create the Dynamics of Innovation. New York, Oxford

North, K. (1999): Wissensorientierte Unternehmensführung- Wertschöpfung durch Wissen. 2. aktual. und erw. Aufl. Wiesbaden

Oberhuber, N. (2004): E-Mail ans Amt. Online-Scheidung ist möglich, ein Gewerbe via Internet anzumelden hingegen mühsam. Das Angebot der virtuellen Rathäuser leidet darunter, dass die kommunalen Pioniere nicht zusammenarbeiten. In: DIE ZEIT Nr. 23, 27. Mai 2004, S. 29

Oberliesen, R. (1982): Information, Daten und Signale. Geschichte technischer Informationsverarbeitung. Reinbek bei Hamburg

Oehmichen, E. (2004): Mediennutzungsmuster bei ausgewählten Nutzertypen. Empirische Erkenntnisse zur Online-Nutzung. In: Hasebrink, U. u.a. (Hg.), a.a.O., S. 115 – 146

Offe, C. (1984): „Arbeitsgesellschaft". Strukturprobleme und Zukunftsperspektiven. Frankfurt/M. u. New York

Otto, P. u. Sonntag, Ph. (1985): Wege in die Informationsgesellschaft. Steuerungsprobleme in Wirtschaft und Politik. München

Pangolos, J. (Hg.) (2005): Informatisierung von Arbeit, Technik und Bildung: eine berufswissenschaftliche Bestandsaufnahme. Münster

Peter, U. (2006): Mediengesellschaft Antike? Information und Kommunikation vom Alten Ägypten bis Byzanz. Berlin

Pfitzmann, A. (2004): Die Wissenschaft stößt heute in gefährliche Dimensionen vor. Interview. In: Das Parlament, 54. Jg., Nr. 1/2, Berlin 12. Januar 2004, S. 3

Polanyi, M. (1966; 1983): The Tacit Dimension. New York (dt. Implizites Wissen. Frankfurt/M. 1985)

Pontzen, D. (2006): Nur Bild, BamS und Glotze? Medialsierung der Politik? Berlin

Porat, M.U. (1976): The Information Economy. Stanford

Priemer, B. u. Zajonic, R. (2002): Das Internet in der Welt der Bildungsmedien. Eine aktuelle Einschätzung aus didaktischer Sicht. In: medien + erziehung, 46. Jg., H. 3, S. 154 – 163

Prisching, M. (2008): Bildungsideologien. Ein zeitdiagnostischer Essay an der Schwelle zur Wissensgesellschaft. Wiesbaden

Prokop, D. (1984): Heimliche Machtergreifung: neue Medien verändern die Arbeitswelt. Das Buch zur Fernsehserie. Frankfurt/M.

Pühringer, K. u. Zielmann, S. (Hg.) (2006): Vom Wissen und Nicht-Wissen einer Wissenschaft: kommunikationswissenschaftliche Domänen, Darstellungen und Defizite. Berlin u.a.

Raabe, J.; Stöber, R. Theis-Berglmair, A.M. u. Wied, K. (Hg.) (2008): Medien und Kommunikation in der Wissensgesellschaft. Konstanz

Rat für Forschung, Technologie und Innovation (1995): Informationsgesellschaft – Chancen, Innovationen und Herausforderungen. Hrsg. vom Bundesministerium für Bildung, Wissenschaft, Forschung und Technologie. Bonn

Ratzek, W. (2003): Der Human Factor in der Informationswelt – der Informationswelt ein Gesicht geben. In: Information. Wissenschaft & Praxis, 54. Jg., 2003, S. 477 – 479

Rehäuser, J. u. Krcmar, H. (1996): Wissensmanagement in Unternehmen. In: Schreyögg, G. u. Conrad, P. (Hg.): Wissensmanagement. Berlin, S. 1 – 40

Reinmann-Rothmeier, G. (2001): Eine integrative Sicht auf das Managen von Wissen: Das Münchener Modell. In: wissensmanagement online (Ausgabe Sept./Okt 2001) (www.wissensmanagement.net/online/archiv/2001/09_1001/muenchener_modell.shtml) (geladen 19. Juli 2004)

under # 9 Literatur

Renzl, B. (2004): Zentrale Aspekte des Wissensbegriffs – Kernelemente der Organisation von Wissen. In: Wyssusek, B., a.a.O., S. 27 – 42
Resch, Ch. (2005): Berater-Kapitalismus oder Wissensgesellschaft? Zur Kritik der neoliberalen Produktionsweise. Münster
Riehm, U. (2004): E- Commerce. Begriff, Geschichte, aktueller Stand und Ausblick. In: Kübler, H.-D. u. Elling, E. (Hg.), a.a.O. (i.Dr.)
Riesman, D. (1958) Leisure and Work in Post-Industrial Society. In: Larrabee, E. and Meyersohn, R. (Ed.): Mass Leisure. Glencoe. Ill., p. 363 – 385
Robertson R. (1992): Globalization: Social Theory and Global Culture. London
Robertson, C. Y. u. Winter, C. (Hg.) (2000): Kulturwandel und Globalisierung. Baden-Baden
Rohrbach, D. (2007): Knowledge Societies Development and Inequality Trends: Evidence from 19 OECD countries between 1970 and 2002. Köln (Diss.) (in Deutsch (2008): Wissensgesellschaft und soziale Ungleichheit. Ein Zeit- und Ländervergleich. Wiesbaden)
Ropohl, G. (1991): Technologische Aufklärung. Beiträge zur Technikphilosophie. Frankfurt/M.
Rössler, P. u. Krotz, F. (Hg.) (2005): Mythen der Mediengesellschaft – The Media Society and ist Myths. Konstanz
Roszak, Th. (1986): Der Verlust des Denkens. Über die Mythen des Computer-Zeitalters. München
Roth, G. (1992): Das konstruktive Gehirn: Neurobiologische Grundlagen von Wahrnehmung und Erkenntnis. In: Schmidt, S. J. (Hg.): Kognition und Gesellschaft. Der Diskurs des Radikalen Konstruktivismus 2, Frankfurt/M., S. 277 – 336
Ruchatz, J. (2004): Das Telefon – ein sprechender Telegraf. In: Kümmel, A. u.a. (Hg.), a.a.O., S. 125 – 150
Rusch, G. (1994): Kommunikation und Verstehen. In: Merten, K. u.a. (Hg.), a.a.O., S. 60 – 78
Russel, B. (1957, 2003): Lob des Müßiggangs. München
Rust, H. (2002): Am ehesten: Ideengesellschaft. In: Bertelsmann Stiftung (Hg.), a.a.O., S. 40 – 67
Sandbothe, M. (1997): Interaktivität – Hypertextualität – Transversalität. Eine medienphilosophische Analyse des Internet. In: S. Münker u.A. Roesler (Hg.), a.a.O., S. 56 – 82
Saxer, U. (19878): Medienverhalten und Wissensstand. Zur Hypothese der wachsenden Wissenskluft. In: Buch und Lesen. Betelsmann Texte 7, Gütersloh, S. 35 – 70
Schäfer, M.S. (2007): Wissenschaft in den Medien. Wiesbaden
Scheibel, M. (2008): Architektur des Wissens. Bildungsräume im Informationszeitalter. München
Schell, F., Stolzenburg, E. u. Theunert, H. (Hg.) (1999): Medienkompetenz. Grundlagen und pädagogisches Handeln. München
Schenk, M. (2002): Medienwirkungsforschung. 2. vollständig überarb. Aufl. Tübingen
Scheule, R. M., Capurro, R. u. Hausmanninger, Th. (Hg.) (2004): Vernetzt gespalten. Der Digital Divide in ethischer Perspektive. München

Schiller, H. I. (1984): Die Verteilung des Wissens. Information im Zeitalter der großen Konzerne. Frankfurt/M.
Schmid, K. (2003): Auf Patrouille im Netz. In: DIE ZEIT, Nr. 24, 5. Juni 2003, S. 20
Schmidt, S.J. (1994): Konstruktivismus in der Medienforschung. Konzepte, Kritiken, Konsequenzen. In: Merten, K. u.a. (Hg.), a.a.O., S. 592 – 623
Schnabel, U. (2004): Gut gemeint ist schlecht erfunden. Ob schneller Brüter oder Bildtelefon. Die meisten Innovationen sind Misserfolge. Das wird gern verschwiegen und kaum untersucht. Eine „Floppologie" könnte Fehler vermeiden helfen. In: DIE ZEIT, Nr. 23, 27. Mai 2004, S. 48
Schöttker, D. (Hg.) (2003): Mediengebrauch und Erfahrungswandel. Beiträge zur Kommunikationsgeschichte. Göttingen
Schröder, K. Th. u.a. (1989): Die Bundesrepublik auf dem Weg zur Informationsgesellschaft? In: Aus Politik und Zeitgeschichte. Beilage zur Wochenzeitung „Das Parlament", B 15, 7. April 1989, S. 17 – 24
Schulen ans Netz: Historie (www.schulen-ans-netz.de/san/historie/indes.php.) Geladen am 25. April 2004)
Schulz, W. (1997a): Neue Medien – Chancen und Risiken. Tendenzen der Medienentwicklung und ihre Folgen. In: Aus Politik und Zeitgeschichte. Beilage zur Wochenzeitung „Das Parlament", B 42, 10. Oktober 1997, S. 3 – 12
Schulz, W. (1997b): Politische Kommunikation. Theoretische Ansätze und Ergebnisse empirischer Forschung zur Rolle der Massenmedien in der Politik. Opladen/Wiesbaden
Schulz, W. (2002): Kommunikationsprozess. In: Noelle-Neumann E. u.a. (Hg.): Fischer-Lexikon Publizistik Massenkommunikation. Frankfurt/M. 153 – 182
Schulz, W. (2002): Nachricht. In: Noelle-Neumann, E. u.a. (Hg.) Fischer Lexikon Publizistik Massenkommunikation. Frankfurt/M., S. 328 – 362
Schulz, W. (2003): Politische Kommunikation. In: Bentele, G., Brosius, H.-B. u. Jarren, O. (Hg.): Öffentliche Kommunikation. Handbuch Kommunikations- und Medienwissenschaft. Wiesbaden, S. 458 – 480
Schulz, W. (2008): Politische Kommunikation. Theoretische Ansätze und Ergebnisse empirischer Forschung. 2.. vollst. überarb. u. erweiterte Aufl. Wiesbaden
Schulze, G. (1992): Die Erlebnisgesellschaft. Kultursoziologie der Gegenwart. Frankfurt/M. u. New York
Schumacher, E. (2004): Revolution, Rekursion, Remediation: Hypertext und World Wide Web. In: Kümmel, A. u.a. (Hg.), a.a.O., S. 255 – 280
Schütz, A. (1932; 1974): Der sinnhafte Aufbau der sozialen Welt. Eine Einführung in die verstehende Soziologie. Frankfurt/M.
Schütz, A. u. Luckmann, Th. (1979; 1984): Strukturen der Lebenswelt. 2 Bde, Frankfurt/M.
Schwartz, D. (2007): Digitale Bibliotheken und Portale. Hamburg
Schwarzburger, H. (2004): Direkt ins Hirn gepflanzte Chips. Informatik und Mikroelektronik stehen vor neuen Quantensprüngen. In: Das Parlament, 54. Jg., Nr. 1 / 2 vom 12. Januar 2004, S. 8
Schweiger, W. (2004): Mythen der Internetnutzung – Ursachen und Folgen. In: Hasebrink, U. u.a. (Hg.), S. 89 – 113

Senoner, M. (1997): Die Springflut der Daten. Der sprunghafte Anstieg des Wissens ist ein Gerücht. In: DIE ZEIT, Nr. 21, 16. Mai 1997, S. 38

Shannon, C. E. a. Weaver W. (1949): The Mathematical Theory of Communication. Urbana/Ill.

Shannon, C. E. u. Weaver, W. (1976): Mathematische Grundlagen der Informationstheorie. München

Siegert, G. (2003): Medienökonomie. In: Bentele, G. u.a. (Hg.), a.a.O,, S. 228 - 244

Sjurts, I. (23004): Medienkrise und Unternehmensstrategien der Global Player: Persistenz vs. Dekonstruktion der Wertschöpfungsketten. In: Hans-Bredow-Institut (Hg.), a.a.O., S. 100 – 111

Snow, C. P. (1967): Die zwei Kulturen. Literarische und naturwissenschaftliche Intelligenz. Stuttgart

Sommer: M. (2001): Von der Industrie- zur Wissensgesellschaft. Stellungnahme zur öffentlichen Anhörung der Enquete-Kommission „Globalisierung der Weltwirtschaft - Herausforderungen und Antworten" zum Thema „Von der Industrie- zur Wissensgesellschaft: Wirtschaft, Arbeitswelt und Recht, Privatisierung und Patentierung von Wissen" am 08.10.01). Berlin: Deutscher Bundestag (Kdrs. 14/12a)

Sonntag, Ph. (Hg.) (1983): Die Zukunft der Informationsgesellschaft. Frankfurt/M.

Spinner, H. F. (1994): Die Wissensordnung. Ein Leitkonzept für die dritte Grundordnung des Informationszeitalters. Opladen

Srubar, I. (2006): Die Unwissengesellschaft. Moderne nach dem Verlust von Alternativen. In: Tänzler, D.; Koblauch, H. u. Soeffner, H.-G. (Hg), a.a.O., S. 139 – 154

Statistisches Bundesamt (Hg.): Volkswirtschaftliche Gesamtrechnungen. (www.destatis.de, geladen am 27. Juli 2004)

Stehr, N. (1994): Arbeit, Eigentum und Wissen. Zur Theorie von Wissensgesellschaften. Frankfurt/M.

Stehr, N. (2001): Moderne Wissensgesellschaften. In: Aus Politik und Zeitgeschichte. Beilage zur Wochenzeitung „Das Parlament" 31. August 2001, B 36/2001, S. 7 – 14

Stehr, N. u. Meja, V. (1982): Zur gegenwärtigen Lage wissenssoziologischer Konzeptionen. In: Dies. (Hg.), a.a.O., Bd. II, S. 893 – 957

Steinbicker, J. (2001): Zur Theorie der Informationsgesellschaft. Ein Vergleich der Ansätze von Peter Drucker, Daniel Bell und Manuel Castells. Opladen

Steinbuch, K. (1969): Die informierte Gesellschaft. Stuttgart

Steinmüller, W. (Hg.) (1988): Verdatet und vernetzt. Sozialökologische Handlungsspielräume in der Informationsgesellschaft. Frankfurt/M.

Stockmann, R. (2004): Computer. In: Faulstich, W. a.a.O., S. 157 – 181

Stoll, C. (1999): LogOut. Warum Computer nichts im Klassenzimmer zu suchen haben und andere High-Tech-Ketzereien. Frankfurt/M.

Streich, B. (2005): Stadtplanung in der Wissensgesellschaft. Ein Handbuch. Wiesbaden

Tänzler, D.; Knoblauch, H. u. Soeffner, H.-G. (Hg) (2006): Zur Kritik der Wissensgesellschaft. Kostanz

Thema: Enquete-Kommission „Zukunft der Medien": in: Das Parlament, 25. September 1998

Thema: Informationsgesellschaft. In: Das Parlament vom 9./16. August 1996

Tichenor, P.H. et. Al. (1970): Mass Media Flow and Differential Growth in Knowledge. In: Public Opinion Quarterly, 34, S. 159 – 170

Tietje, C. (2004): Grundzüge und rechtliche Probleme der internationalen Informationsordnung. In: Hans-Bredow-Institut (Hg.), a.a.O., S. 15 – 39

Touraine, A. (1972): Die postindustrielle Gesellschaft. Frankfurt/M.

Touraine, A. (1988): Return of the Actor. Minneapolis

Treibel, A. (1993): Einführung in soziologische Theorien der Gegenwart. Opladen

Turkle, S. (1998): Leben im Netz. Identität in Zeiten des Internet. Reinbek bei Hamburg

Ulrich, O. (Hg.) (1984): Die Informationsgesellschaft als Herausforderung an den Menschen. Frankfurt/M.

Ursul, A.D. (1970): Information. Eine philosophische Studie. Berlin

Van Dijk, J. (2005): The Deepening Divide. Inequality in the Information Society. Thousand Oaks

Van Dülmen, R. u. Rauschenbach, S. (Hg.) (2004): Macht des Wissens. Die Entstehung der modernen Wissensgesellschaft. Wien

Van Eimeren, B., Gerhard, H. u. Frees, B. (2003): Internetverbreitung in Deutschland: Unerwartet hoher Zuwachs. ARD/ZDF-Online-Studie 2003. In: Media Perspektiven, H. 8, 2003, S. 338 – 358

Van Eimeren, B., Gerhard, H. u. Frees, B. (2004): Internetverbreitung in Deutschland: Potenzial vorerst erschöpft? ARD/ZDF-Online-Studie 2004. In: Media Perspektiven, H. 8, 2004, S. 350 – 370

Vise, D.A. u. Malseed, M. (2006): Die Google-Story. Hamburg

Viswanath, K. a. Finnegan, J.R. (1996): The Knowledge Gap Hypotheses: Twenty Years Later. In: Burleson, B.R. (Ed.): Communication Yearbook 19. London u.a., S. 187 – 227

Von Foerster, H. (1993): Wissen und Gewissen. Versuch einer Brücke. Hg. V. S.J. Schmidt. Frankfurt/M.

Von Glasersfeld, E. (1997): Radikaler Konstruktivismus. Ideen, Ergebnisse, Probleme. Frankfurt/M.

Weber, M. (1921; 1988): Gesammelte Aufsätze zur Religionssoziologie. 7. Aufl. Tübingen

Weber, S. (2003a): Konstruktivistische Medientheorien. In: Ders. (Hg.), a.a.O., S. 180 – 201

Weber, S. (2003b): Systemtheorien der Medien. In: Ders. (Hg.), a.a.O., S. 202 – 223

Weber, S. (2007): Das Google-Paste-Syndrom. Wie Netzplagiate Ausbildung und Wissen gefährden. Hannover

Weber, S. (Hg.) (2003c): Theorien der Medien. Von der Kulturkritik bis zum Konstruktivismus. Konstanz

Webster, F. (2006): Theories of the Information Society. Third Edition. London u.a.

Wehner, J. (2000): Wie die Gesellschaft sich als Gesellschaft sieht – elektronische Medien in systemtheoretischer Perspektive. In: Neumann-Braun, K. u. Müller-Doohm, S. (Hg.), a.a.O., S. 93 – 124

Weil, F. (2001): Die Medien und die Ethik. Grundzüge einer ‚brauchbaren Medienethik'. Freiburg

9 Literatur

Weil, F. (2004): Digital Devide und Digitale Dynamik. Über den tatsächlichen Handlungsbedarf. In: Scheule, R. M. u.a. (Hg.), a.a.O., S. 179 – 188

Weingart, P. (2003): Wissenschaftssoziologie. Bielefeld

Weingart, P. (2005): Die Stunde der Wahrheit. Zum Verhältnis der Wissenschaft zu Politik, Wirtschaft und Medien in der Wissensgesellschaft. Weilerswist

Weingart, P.; Carrier, Martin u. Krohn, Wolfgang (Hg.) (2007): Nachrichten aus der Wissensgesellschaft. Analysen zur Veränderung der Wissenschaft. Weilerswist

Weingarten, R. u. Fiehler, R. (Hg.) (1988): Technisierte Kommunikation. Opladen

Weinrich, H. (2005): Lethe. Kunst und Kritik des Vergessens. München

Weizenbaum, J. (1978): Die Macht der Computer und die Ohnmacht der Vernunft. Frankfurt/M.

Wersig, G. (1971): Information, Kommunikation, Dokumentation. München u. Berlin

Wersig, G. (1973): Informationssoziologie. Hinweise zu einem informationswissenschaftlichen Teilbereich. Frankfurt/M.

Wersig, G. (1993): Fokus Menschen. Bezugspunkte postmoderner Wissenschaft. Wissen, Kommunikation, Kultur. Frankfurt/M.

Werth, C. (1998a): Die Herausforderungen des Staates in der Informationsgesellschaft. Beilage zur Wochenzeitung Das Parlament, B 40 vom 25. September 1998, S. 22 – 29

Werth, C. (1998b): Medien-Enquete soll ihre Arbeit wieder aufnehmen. In: Das Parlament, Nr. 53 vom 25. Dezember 1998, S. 11

Wiegerling, K. (1998): Medienethik. Stuttgart, Weimar

Wiener, N. (1969): Kybernetik. Regelung und Nachrichtenübertragung in Lebewesen und Maschine. Reinbek bei Hamburg

Wiesner, G. u. Wolter, A. (2004): Die lernende Gesellschaft: Lernkulturen und Kompetenzentwicklung in Wissensgesellschaft. München

Wilke J. (2000): Grundzüge der Medien- und Kommunikationsgeschichte. Von den Anfängen bis ins 20. Jahrhundert. Köln u.a.

Wilke, J. (1990): Regionalisierung und Internationalisierung des Mediensystems. In: Aus Politik und Zeitgeschichte. Beilage zur Wochenzeitung „Das Parlament", B 26, 22. Juni 1990, S. 3 – 19

Wilkens, N. (1997): Was ist Wissensmanagement? Online-Dokument: http://home.t-online.de/home/norbert.wilkens/wm.htm. Download am 22. Mai 2000

Willand, I. (2002): Chatroom statt Marktplatz. Identität und Kommunikation zwischen Öffentlichkeit und Privatheit. München

Willke, J. (1998): Organisierte Wissensarbeit. In: Zeitschrift für Soziologie, 27, S. 161 – 177

Wirth, W. (1997): Von der Information zum Wissen. Die Rolle der Rezeption für die Entstehung von Wissensunterschieden. Opladen

Wirth, W. (2001): Individuelles Wissensmanagement und das Internet. Kommunikationswissenschaftliche Perspektiven. In: Maier-Rabler, U. u. Latzer, M. (Hg.): Kommunikationskulturen zwischen Kontinuität und Wandel. Universelle Netzwerke für die Zivilgesellschaft. Konstanz, S. 393 – 410

Wyssusek, B.(Hg.) (2004): Wissensmanagement komplex. Perspektiven und soziale Praxis. Berlin

Zillien, N. (2006): Digitale Ungleichheit. Neue Technologien und alte Ungleichheiten in der Informations- und Wissensgesellschaft. Wiesbaden

Zimmer, J. (2004): Die Entwicklung des Internets in globaler Perspektive. In: Hans-Bredow-Institut (Hg.), a.a.O., S. 168 – 179

Sachregister
(erstellt von Anna Lisa Goliasch)

Adenauer-Ära 12
AFP (Agence France Press) 176
Aktionsprogramm Innovation und Arbeitsplätze in der Informationsgesellschaft des 21. Jahrhunderts 70
Alltagswissen 104, 142
Amazon 180
Angestelltengesellschaft 22
AOL 34, 181
AOL Time Warner 80, 165
AP (Associated Press) 176
Apple 49
APANET 51f
Arbeitsgesellschaft 22
ARD 156
Attac 171
Aufklärung 98, 131
Axiales Prinzip 25

Bartering 36
Bell Telephone Company 83
Bericht Info 2000: Deutschlands Weg in die Informationsgesellschaft 67
Bericht Multimedia – Mythen, Chancen und Herausforderungen des TAB 67
Bericht zur Lage des Fernsehens 15
Bericht zur Entwicklung der Informationsgesellschaft aus der Sicht der BRD 65
Bertelsmann 180f
Bertelsmann Stiftung 17

Bildschirmtext 47, 63, 160, 180
Bildung 132, 137f, 145, 192
Bildungsangebote 94
Bildungsausgaben 79
Bildungsbegriff 137f, 145
Bildungssoftware 71
Bildungssystem 78
Bildungswissen 100, 115
Blended learning 192
Boulevardisierung 27
Breitband 57, 73
Bruttoinlandsprodukt 11, 33, 78-80, 156, 161
Buchdruck 144
Büro für Technologiefolgenabschätzung beim Deutschen Bundestag (TAB) 67
Bundesagentur für Arbeit 73
Bundesministerium für Bildung und Forschung 192

CERN 53
Chatroom, Chat 36, 49, 182
Chip (karten) 50, 121, 165, 172, 180
Club of Rome 11
CNN 80, 176
Coca-Cola 80
Comics 145, 167
Computer (PC) 25f, 29, 36f, 49f, 55f, 60, 66, 82, 86, 119-122, 140, 145, 149, 161, 165f, 168, 180, 186, 192, 195

Computer literacy 94, 127, 190
Computerpolis 60
Content 32f, 36f, 165, 174
Content-Markt 166
Content-Packaging 57
Cross-Media(-Verfahren) 37, 57

D1 Telekom 55
D2 Mannesmann 55
DAPRA 51
Data Gloves 50
Datentransfer 55
Deregulierung 63, 77f
Deutsche Bundespost 14, 47
Deutsche Gesellschaft für Publizistik und Kommunikationswissenschaft 46
Deutsche Telekom 14, 192
Deutschland Portal www.deutschland.de 71
Deutungswissen 112, 116
Dienstleistung 22f, 41, 44, 52, 56, 60f, 76f, 89, 95, 111, 148, 151, 167, 173, 183
Dienstleistungsbranche 164
Dienstleistungsgesellschaft 17, 26, 44, 60, 118
Dienstleistungswirtschaft 96
Digitale Medien 32, 169, 185
Digitaler Hörfunk 75
Digitales Büro 162
Digitale Signatur 72
Digitale Spaltung (digital divide) 54, 72, 78, 80-82, 94, 147, 155, 185
Digitalisierung 26, 33, 36, 57, 68, 160f, 163, 167, 174, 187
Digitalkamera 165
Dokumentenmanagement 69

Domain 52f
Duales System 15, 31

Early Adopters 178
Ebay 180, 195
E-Business 55
E-Commerce 54f, 57, 61, 156, 181, 185
E-Democracy 172f
Edutainment 175, 191
E-Economy 151, 167
EG-Kommission 75, 77
E-Government 70f, 73f, 80, 168
Elektronischer Geschäftsverkehr 72
E-Learning 150, 167, 193
Electronic churches 177
Ellenbogengesellschaft 184
E-Mail 49, 52f, 129, 195
ENIAC Röhrencomputer 49
Enquete-Kommission des Deutschen Bundestags 16, 67f, 70, 86, 93f, 97
Enzyklopädie 131f
Episteme 98
Erfahrungen 98, 103, 105, 107, 109, 135, 139, 147f, 163
Erfahrungswissen 116
Erlebnisgesellschaft 41, 43, 46, 130
Erlösungswissen 100
E-Service 173
Euratom 77
Event-Orientierung 44
Explizites Wissen 123-125

Fachliches Wissen 135
Faktenwissen 141, 154
Fax 51
Fernsehen 36f, 42, 48, 56f, 75, 140, 144, 154, 167, 175, 177, 182, 184f, 192

Fernseher 36
Fertigkeiten 103, 113f, 123, 128, 130, 140, 148
Film 36, 49, 51, 54, 144, 167, 187
Fininvest 35, 174
Forza Italia 35
Fotografie 51, 187
Frankfurter Schule 14, 101
Fraunhofer-Institut für Systemtechnik und Innovationsforschung 66
Freenet 181
Freizeitgesellschaft 23, 60
Friendscout24.de 181
FTP (File Transfer Protocol) 51

G-8-Staaten 72, 80
GATT (General Agreement on tarifs and trade) 77
Gebrauchswissen 103, 114
Gesellschaftlicher Wandel 19, 38, 41, 47, 61f, 127, 146, 158, 179
Gesellschaftsmilieus 42
Gewohnheitswissen 103
Globale Gefährdung(en) 38, 41
Global Governance 169f
Global Information Infrastructure (GII) 76
Global Information Technology Report 2002 54, 74
Globalisierung 12, 46, 68, 70, 86, 93-95, 160, 164, 169, 174, 187, 196
Global Players 34, 57, 174
Glokalisierung 169
GPL (General Public Licence) 52
Greenpeace 12, 171
Grünbuch der EG-Kommission 75, 77
GSM (Groupe Spécial Mobile) 55

Habitus 42, 100, 105, 137, 142
Halbleitertechnik 49
Handlungskonzept IT in der Bildung – Anschluss statt Ausschluss 72
Handlungskonzept Neue Medien in der Bildung 72
Handlungswissen 112, 116
Handy 47, 51, 55, 129, 165f, 172, 175, 182
Hardware 56, 122, 140, 165
Herrschaftswissen 100
Hochauflösendes Fernsehen (HDTV) 74, 158
Hörfunk 48, 75, 167, 175, 185
Homepage 49
Host 52f, 152, 156
HTML (Hyper Text Markup Language) 53
HTTP (Hyper Text Transfer Protocol) 53

IBM 71
ICANN (Internet Corporation for the Assigned Numbers and Names) 170
Ideologie 98-101
IGLU (Internationale Grundschul-Lese-Untersuchung) 69, 193
Implizites Wissen 98, 117, 123-125, 139
Individualisierung 38-40, 62, 167, 175, 184
Industrialisierung 18, 59, 118, 134, 177
Industriegesellschaft 21, 27, 37f, 44, 46, 60, 62, 66, 92f, 130, 136, 158, 164
Information economy 61, 96
Informationeller Kapitalismus 18

Information Highway 62, 168
Information literacy 190
Informationsarbeiter / Information workers 60f, 65
Informationsaustausch 55
Informationsfreiheit 81, 171, 176
Informationsindustrie 60, 165
Informationskampagne Deutschland schreibt sich mit .de 71
Informationskosten 59
Informationsmarkt 33, 90, 166, 176, 193
Informationssektor 45, 66, 69
Informationstechnik 47, 63f, 66f, 81, 83, 95, 118, 126f, 151, 168, 173
Informationstechnologie(n) 17-19, 22, 26, 47, 57, 61, 65, 67, 69, 72, 74, 77f, 80, 90, 94, 128, 159-163, 170, 184, 196
Informationswirtschaft 33, 66, 96, 161
Informatisierung 18, 22, 61f, 66, 160, 164
Infotainment 27, 36, 175
Initative "BundOnline 2005" 71f
Initiative "D 21" 71
Initiative „Schulen ans Netz" 192
Integrierte Schaltkreise 49
Intel 50
Intellektuelle Technologie 25
Intelligente Schnittstelle 56
Interaktive Kommunikation 67
Internationale Informationsordnung 169, 176
Internationalisierung 31, 34, 164, 188

Internationales Institut für vergleichende Gesellschaftsforschung 64
International Telecommunication Union / Internationale Fernmeldeunion (ITU) 81
Internet 32, 36, 49-58, 61, 69, 71, 73, 81, 140, 143, 145, 147, 149, 152, 155-157, 160, 166-170, 172f, 176, 180-182, 185, 187, 190-193, 195
Internet Explorer 54
Internet-User 53f
Intranet 69, 149
IP (Internet Protokoll) 52-54, 156
ISDN (Integrated Services Digital Network) 50
ISOC (Internet Society) 53

Kabelfernsehen 13, 31, 63, 75
Kino 42, 167
Klassenlosigkeit 39
Kollektives Wissen 107
Kommerzialisierung 31, 68, 115, 188f
Kommission für den Ausbau des technischen Kommunikationssystems (KtK) 13
Kommission Zukunftsperspektiven gesellschaftlicher Entwicklungen 64
Kommunikation 27-30, 82, 84-86, 101, 106, 119, 129, 169f, 174-176, 188, 193
Kommunikationsgesellschaft 27, 91
Kommunikationsindustrie 165
Kommunikationsnetzwerke 61
Kommunikationsökologie 64
Kommunikationsrevolution 48f

Kommunikationstechnik 61, 63, 66, 87, 95, 118, 127, 151
Kommunikationstechnologie(n) 26, 47, 61, 67, 69, 72, 74, 78, 90, 128, 159-161, 175
Konstruierte Realität 30
Konstruktivismus 86, 105f
Konvergenz(en) 34f, 57, 77, 121, 174, 186
Künstliche Intelligenz 119
Kulturelles Wissen 138f
Kulturindustrie 27, 80, 188
Kybernetik 83, 86, 120

Langspielplatte 57
Leistungswissen 100
Liberalisierung 76f, 80
Linux 52
Lochkarte 57
Lochstreifen 57
Lokalisierung 169, 174
Lycos 181

Mainstream-Kommunikation 35
Major Players 165
Marketing 23, 36, 94, 129, 148, 166, 184
Massengesellschaft 48f
Massenkommunikation 49, 167, 174, 178
Massenmedien 14, 30-32, 36, 48, 61, 84f, 101, 153, 167, 174, 178
Massenpartizipation 23
Match.com 181
McDonalds 80, 175
Mediale Information 82
Medialisierung 27, 31f, 151, 188f
Media literacy 94
Mediaset 35, 174

Mediengesellschaft 31, 46, 130, 168
Medienindustrie 49
Medienkommunikation 30
Medien(kultur)geschichte 31, 48f, 188
Medienkompetenz 190
Medienkultur 27, 188f
Medienmarkt 33, 166, 176
Medienordnung 31
Medientechnologie(n) 47, 57, 189f
Medienwandel 57
Medienwirtschaft 33
Mediokratie 27
Mehrfachvermarktung 36
Mehrfachverwertung 57
Merchandising 36
Mèties 98
Microsoft 47, 49, 53f, 56, 81
Mikroelektronik 49, 61, 66
Mikrofiche 57
Mikrofilm 57
Mikroprozessor(en) 49
Mobilisierung 57
Moderne 14f, 28, 38-40
MOOs (Mud Object Oriented) 122
Mozilla 54
MUDs (Multi User Dungeons) 49, 122, 182f
Münchner Modell des Wissensmanagement 151
Multimedia 56, 61, 69
Multitasking 37, 57

Nachricht 83
Nachrichtentheorie 83
National Telecommunications and Information Administration (NTIA) 155
Natürlich-intuitives Wissen 142

Netiquette 170
Netscape 53f
Netzwerk(e) 52, 54, 90,
Neu.de 181
New Economy 55, 93, 150, 160, 163
News Corporation Ltd. 35, 174
Newsgroups 49
NGOs (Non-Governmental Organisations) 80, 170
Normwissen 116
Notebook/Laptop 51
N-tv 176

OECD 65, 76, 79f, 193
Öffentlich rechtlicher Rundfunk 32, 36, 68, 145
Ökologische Zerstörung 40
Ökonomische Wertschöpfung 22, 49, 151
Ökonomisierung der Medien 34
Offliner 157, 185
Old Economy 55, 151, 163
On-demand 148, 167
Online-Banking 179
Online-Dating 181
Online-Shopping 179
Open Source 52
Orientierungswissen 112
Outsourcing 164

Palmtop 51
Parship 181
Papierloses Büro 162
Pentagon 51f
Pentium-Prozessor 50
Phonograph 47
Phronesis 98
PISA 69, 193
Portal 50-plus-ans-Netz.de 73

Post-/ nachindustrielle Gesellschaft 24, 26
Postmoderne 14, 44, 113
Praktisches Wissen 113f
Primärer Sektor 44
Private Rundfunkanbieter 13, 36
Privatisierung 31, 63, 189
Product-Placement 36
Produktivwissen 112
Professionelles Wissen 134f
Programm Internet für alle – 10 Schritte auf dem Weg in die Informationsgesellschaft 71
Programm der EG Forecasting and Assessment in the field of science and technology (FAST) 76
Projekt MEDIA@Komm 72f, 173

Qualitätsmanagement 74
Quantitative Informationstheorie 84
Quartärer Sektor 44, 72

Radio 56, 145
Regionalisierung 174
Reuters 176
Rezeptwissen 103
Risikogesellschaft 37f, 40, 74
Routine 135
Rundfunk 68, 175

Satellit 173, 176
Satellitenfernsehen 31, 75
Schelllackplatte 57
Schematisierung 43
Schrift 119, 143f, 186
Sekundärer Sektor 44
Sensationalisierung 44
Server 156
Serviceorientierung 27

Siemens 81, 147
Smart-Environment 182
SMS 47
Soft skills 22, 163
Software 32, 53, 56, 69, 122, 127, 140, 165f, 192
Soziale Ungleichheit 38
Spielkonsolen 36
Sponsoring 36
Spracherkennung 50
Standardisierung 35, 52, 186, 188
Stiftung Digitale Chancen 71
Studie "Massenkommunikation" 167, 178
Stummfilm 145

TCP (Transmission Control Protocol) 52f
Techne 98, 134
Technologierat der Bundesregierung 67
Technologische Revolution 26, 67
Technologisches Wissen 110
Telearbeit (er) 61, 97, 163
Telefon 36, 50, 83, 86, 119f, 129
Telegraf 36, 83, 87, 119f
Telekommunikation 49, 69, 76, 80, 161, 174
Telekommunikationsgesetz 73
Telematik 12, 61f, 74
Teleprocessing 49
Telnet 51
Tertiärer Sektor 44
Time Warner 34
Tonband 57
Tonfilm 145
T-Online 165, 181
Tonwalze 57
Touch Screen 50
Transnationalisierung 34

Typisierungen 103

Überflussproduktion 37
UMTS (Universal Mobile Telecommunications System) 51, 55, 57f, 72, 165
UNESCO 80f, 90, 143, 170, 176
Uniformierung 36
Urheberrecht 68, 73
URL (Uniform Resource Locator) 53

Vereinte Nationen (UN) 80f, 170f
Vernetztes Haus 165
Vernetzung 33, 36, 173f, 176, 187
Vernunft 98, 113, 121
Viacom 35
Video 57, 145, 180
Virtuelle Gemeinschaft (virtual community) 182
Virtueller Arbeitsmarkt 73
Virtuelle Welt 49

Wandel der Sozialstruktur 24
Welthandelsorganisation (WTO) 77
Weltkommunikation 35, 63
Weltweite Vernetzung 36, 49, 160
Werbung 32, 36, 49, 166, 175, 178, 189
Wikipedia 132
Wissenschaftliches Wissen 91, 110, 113, 131f, 134, 142
Wissensindustrie / knowledge industry 23f
Wissenskluft / -klüfte 78, 147, 152-155, 157, 185
Wissensmanagement 73, 95, 123, 147, 149-151, 163, 191
Wissensökonomie 87
Wissenssoziologie 99-102, 104-107

Wissenstreppe 123f, 149
Wissenswirtschaft 60, 96
WLAN (Wireless Local Area Network) 51, 58, 166
World Economic Forum 54, 74, 156
WWW (World Wide Web) 33, 52f, 55, 61, 145, 166, 187

Yahoo 181

ZDF 156
Zeitschrift 167, 180
Zeitung 167
Zivilisationsverelendung 37

Aus dem Programm Kommunikationswissenschaft

Christina Holtz-Bacha (Hrsg.)
Frauen, Politik und Medien
2008. IV, 269 S. Br. EUR 29,90
ISBN 978-3-531-15693-4

Bernd-Peter Lange
Medienwettbewerb, Konzentration und Gesellschaft
Interdisziplinäre Analyse von Medienpluralität in regionaler und internationaler Perspektive
2008. 346 S. Br. EUR 34,90
ISBN 978-3-531-15115-1

Patrick Rössler
Skalenhandbuch Kommunikationswissenschaft
(Arbeitstitel)
2009. ca. 350 S. Br. ca. EUR 39,90
ISBN 978-3-531-15453-4

Manfred Rühl
Kommunikationskulturen der Weltgesellschaft
Theorie der Kommunikationswissenschaft
2008. ca. 252 S. Br. ca. EUR 29,90
ISBN 978-3-531-14063-6

Christian Schicha / Carsten Brosda (Hrsg.)
Handbuch Medienethik
(Arbeitstitel)
2009. ca. 500 S. Br. ca. EUR 34,90
ISBN 978-3-531-15822-8

Bernd Schorb / Anja Hartung / Wolfgang Reißmann (Hrsg.)
Medien im höheren Lebensalter
(Arbeitstitel)
2009. ca. 500 S. Br.
ISBN 978-3-531-16218-8

Winfried Schulz
Politische Kommunikation
Theoretische Ansätze und Ergebnisse empirischer Forschung
2., vollst. überarb. und erw. Aufl. 2008.
393 S. Br. EUR 29,90
ISBN 978-3-531-32962-8

Erhältlich im Buchhandel oder beim Verlag.
Änderungen vorbehalten. Stand: Juli 2008.

www.vs-verlag.de

VS VERLAG FÜR SOZIALWISSENSCHAFTEN

Abraham-Lincoln-Straße 46
65189 Wiesbaden
Tel. 0611.7878-722
Fax 0611.7878-400

Aus der Reihe Medien - Kultur - Kommunikation

Johanna Dorer / Brigitte Geiger / Regina Köpl (Hrsg.)
Medien – Politik – Geschlecht
Feministische Befunde zur politischen Kommunikationsforschung
2008. 285 S. (Medien - Kultur - Kommunikation) Br. EUR 29,90
ISBN 978-3-531-15419-0

Julian Gebhardt
Telekommunikatives Handeln im Alltag
Eine sozialphänomenologische Analyse interpersonaler Medienkommunikation
2008. 391 S. (Medien - Kultur - Kommunikation) Br. EUR 34,90
ISBN 978-3-531-15989-8

Jutta Röser / Tanja Thomas / Corinna Peil (Hrsg.)
Alltag in den Medien – Medien im Alltag
(Arbeitstitel)
2008. ca. 270 S. (Medien - Kultur - Kommunikation) Br. ca. EUR 24,90
ISBN 978-3-531-15916-4

Tanja Thomas (Hrsg.)
Medienkultur und soziales Handeln
Unter Mitarbeit von Marco Höhn
2008. 321 S. (Medien - Kultur - Kommunikation) Br. EUR 29,90
ISBN 978-3-531-15128-1

Waldemar Vogelgesang
Jugend, Alltag und Kultur
(Arbeitstitel)
Eine Forschungsbilanz
2009. ca. 400 S. (Medien - Kultur - Kommunikation) Br. ca. EUR 49,90
ISBN 978-3-531-14478-8

Carsten Winter / Andreas Hepp / Friedrich Krotz (Hrsg.)
Theorien der Kommunikations- und Medienwissenschaft
Grundlegende Diskussionen, Forschungsfelder und Theorieentwicklungen
2008. 464 S. (Medien - Kultur - Kommunikation) Br. EUR 34,90
ISBN 978-3-531-15114-4

Ulla Wischermann / Tanja Thomas (Hrsg.)
Medien – Diversität – Ungleichheit
Zur medialen Konstruktion sozialer Differenz
2008. 284 S. (Medien - Kultur - Kommunikation) Br. EUR 29,90
ISBN 978-3-531-15385-8

Erhältlich im Buchhandel oder beim Verlag.
Änderungen vorbehalten. Stand: Juli 2008.

www.vs-verlag.de

VS VERLAG FÜR SOZIALWISSENSCHAFTEN

Abraham-Lincoln-Straße 46
65189 Wiesbaden
Tel. 0611.7878 - 722
Fax 0611.7878 - 400

MIX
Papier aus verantwortungsvollen Quellen
Paper from responsible sources
FSC® C105338

If you have any concerns about our products,
you can contact us on
ProductSafety@springernature.com

In case Publisher is established outside the EU,
the EU authorized representative is:
**Springer Nature Customer Service Center GmbH
Europaplatz 3, 69115 Heidelberg, Germany**

Printed by Libri Plureos GmbH
in Hamburg, Germany